KB088992

진주상무사

보부상에서 근대 시장상인으로

진주상무사

보부상에서 근대 시장상인으로

국립진주박물관
Jinju National Museum

발간사

국립진주박물관은 근·현대 진주지역의 상업과 상인의 활동을 기록한 중요 문화유산인 진주상무사晉州商務社 관련 자료를 역주하고, 해제·논문을 덧붙인 '진주상무사—보부상에서 근대 시장상인으로'를 발간합니다.

지난 2014년 12월과 2016년 2월 두 차례에 걸쳐 국립진주박물관은 진주상무사와 진주상공회의소가 보관해오던 진주상무사 관련 문화재 86건 98점을 기증받은 바 있습니다. 기증된 자료는 내용을 파악하고 성격에 따라 분류하여 87건 87점으로 정리하였는데, 보부상 조직의 임원 명단이 기록된 책인 『사전 청금록四廛靑襟錄』 등을 비롯하여 각종 문서, 인장, 현판, 영수증, 건축도면 등 다양합니다.

국립진주박물관은 이를 기념하여 2016년 5월 24일부터 10월 30일까지 박물관 기획전시실에서 기증 자료를 소개하는 특별전 '진주상무사 – 진주상인 100년의 기록'을 개최하였습니다. 이번에 발간하는 책은 특별전 당시 학계에 연구 자료로 제공하겠다는 약속을 지키기 위한 것입니다. 이 자리를 빌어 귀중한 자료를 기증하여 주신 소정문·정영빈 진주상무사 전·현 대표님과 회원 여러분, 진주상공회의소 하계백 회장님과 직원들에게 진심으로 감사드립니다.

상무사는 1899년 결성된 전국적인 보부상 단체로, 진주상무사는 상무사 진주지부의 성격을 가지는 '진주지역 상인들의 조직'을 말합니다. 바로 이점에서 진주상무사는 오늘날 진주 상공인들을 대표하는 진주상공회의소의 뿌리가 되는 조직이기도 합니다.

물론, 상무사는 19세기 말에 결성되었지만, 이에 앞서 진주지역 보부상단은 19세기 전반 이미 조직을 갖추고 활동하고 있었음을 진주상무사 관련 기증 자료는 보여줍니다. 1834년 당시 등짐장수인 부상조직의 임원 명단이 기록된 '어과전 천금록魚果廛千金錄'이 바로 그것으로, 이를 통해서 진주지역 상인 조직의 역사가 지금부터 거의 200년 가까이 거슬러 올라감을 알 수 있습니다.

상무사는 국가의 지원 아래 전국적으로 조직되었지만, 현재 관련 자료가 남아 있는 곳은 진주를 비롯하여 경상도 고령과 창녕, 삼가, 울산 및 충청도 예산과 덕산, 부여, 홍성 등 많지 않습니다. 이 가운데 진주상무사 자료는 지난 2016년 특별전을 통해 처음으로 일반에 공개되었으며, 이 전시에 소개되지 못한 자료를 포함하여 역주와 해제, 관련 논문을 곁들여 책으로 출판한다는 점에서 남다른 의미가 있습니다.

국립진주박물관은 이 책을 통하여, 진주지역 상업의 변천 과정과 상공인들의 지역 발전을 위한 노력이 국내외에 알려지는 기회가 되기를 바랍니다. 아울러 19세기 전반까지 거슬러 올라가는 진주 상업의 뿌리와 발전상을 돌아보고 진주지역의 산업이 새롭게 도약하는 계기가 되기를 기대합니다.

소중한 문화재를 기증해주신 진주상무사와 진주상공회의소 관계자 여러분께 다시 한번 감사드립니다. 무엇보다 2014년 당시 국립진주박물관 학예연구실장으로 기증 업무를 주관하였던 임학종 국립김해박물관장님은 2016년 2차 기증 당시에도 도움을 아끼지 않으셨습니다. 이와 함께 기증 관련 실무와 특별전 개최, 이 책에 수록된 해제와 논고 등을 맡아 수고해 준 국립진주박물관의 이효종 학예연구사와 최윤경 부산대학교 한국민족문화연구소 전임연구원에게도 고마운 마음을 전합니다.

또한 원문 자료의 탈초 및 번역을 담당한 하영휘 성균관대 동아시아학술원 교수님과 조선후기 상업사 전공자로 윤문 및 감수를 맡은 이욱 순천대 사학과 교수님, 보부상 연구자로 귀중한 논고를 보내주신 조재곤 서강대 연구교수님의 참여가 없었더라면 이 책이 모양을 갖추어 세상에 나올 수 없었을 것입니다. 바쁘신 와중에 시간을 내어 주신 노고에 거듭 감사드립니다.

임진왜란 특성화 박물관이자 경상남도의 역사와 문화를 전시·소개하고 있는 대표 박물관인 국립진주박물관은 앞으로도 진주상무사 관련 자료와 같이 지역의 소중한 근현대 문화유산을 발굴하고 소개하는 노력을 게을리하지 않을 것을 약속드립니다.

2017년 12월
국립진주박물관장
최 영 창

차례

세부 차례

일러두기

1. 이 자료집은 진주상무사와 진주상공회의소가 기증한 진주상무사 관련 문서와 자료(87건 87점)를 소개하기 위하여 국립진주박물관에서 발간하는 것이다.

2. 이 자료집의 목차는 문서와 자료에 담긴 내용에 따라 크게 1) 진주상인과 그 조직 2) 상인들의 회합장소 3) 경제적 이익 보호 노력으로 분류하고, 다시 세분하였다.

3. 번역문을 먼저 제시하고 원문은 우측 또는 뒤에 함께 수록하였다. 번역문은 검정색, 원문은 파랑색으로 표기하여 구분하였다.

4. 원문 가운데 훼손 등으로 판독이 불가능하지만, 관련된 다른 자료를 통해 추정이 가능한 것은 회색의 글자로 표시하여 구분하였다.

5. 훼손이 심하거나 결실되어 판독이 불가능한 글자는 '□'로 표시하였다. 그리고 문장 또는 많은 부분이 판독되지 않는 것은 ' : '로 표시하였다.

6. 원문에 나오는 간지와 연호는 번역문에서 괄호 안에 서기西紀를 별도 표기하였다.

7. 번역문은 한자를 가능한 풀어서 현대에 사용하는 의미에 가까운 문장으로 바꾸었지만, 해당 단어가 복잡한 의미를 담고 있는 경우 한자를 한글로만 번역하고 각주로 설명하였다.

8. 동일인으로 추정되나 한자를 다르게 기재한 것은 원문의 표기를 따랐다.

9. 도량형의 경우는 한자음 그대로 표기하는 것을 원칙으로 하였다.

해제

진주상무사 자료에 대하여

이효종 국립진주박물관 학예연구사

I. 머리말

이 글에서는 2014년와 2016년 두 차례에 걸쳐 진주상무사와 진주상공회의소가 국립진주박물관에 기증한 진주지역의 상인조직에 관한 자료를 소개한다.[1] '진주상무사晉州商務社'는 19세기 초반 진주지역의 보부상단褓負商團에 그 기원을 두고 결성되어 여러 차례 명칭을 변경하면

---

[1] 국립진주박물관은 2014년과 2016년 두 차례에 걸쳐 진주상무사와 진주상공회의소로부터 진주상무사 자료 86건 98점을 기증(정리 과정에서 87건 87점으로 분류)받았다. 이 기증은 지역의 소중한 문화유산을 안전하게 보존, 관리하여 후손에게 남겨주고 연구와 전시에 널리 활용하기를 바라는 기증자 측의 배려에 힘입은 것이다. 지면을 빌려 다시 한 번 감사를 드린다.
기증받은 문화재는 1년 여에 걸쳐 보존 처리를 하였다. 2016년에 특별전 '진주상무사晉州商務社: 진주상인 100년의 기록'(2016. 5. 24~2016. 10. 30)을 개최하여 지역 주민과 학계의 지대한 관심을 받았다.

서 오늘날에 이른 진주지역의 대표적인 상인조직이다. 이 조직은 만들어진 이후 중앙의 보부상단 역사와 함께 연관되어 변화, 발전하였다.[2]

보부상단은 조선후기 시장의 발달에 힘입어 조직된 상인조직으로 상인조직의 발전과정을 보여줄 뿐만 아니라 19세기 후반·20세기 초반 중요한 정치조직의 하나로 활약하였다. 이런 점에서 이번에 소개되는 진주상무사의 자료는 좁게는 진주 지역의 보부상단 역사를 복원하는 데 중요할 뿐만 아니라, 넓게는 중앙 보부상단의 역사를 보다 풍부하게 규명하는 데 기여할 것으로 기대된다.

또한 현재까지 소개된 기존 보부상단의 자료와 달리, 이 자료는 경상우도慶尙右道의 수부首府인 진주晉州에서 활동한 보부상단의 자료라는 점에서 보부상 조직에 대한 새로운 내용을 담고 있다. 조선시대 진주는 대구大邱·경주慶州·안동安東·상주尙州 등과 함께 경상도의 대표적인 군현郡縣 가운데 하나로 지역의 정치·경제·사회·문화의 중심지였다. 또 임진왜란이 끝난 뒤인 1604년에 진주는 경상우도병마절도사영慶尙右道兵馬節度使營이 설치되어 경상우도의 군정을 관리하는 곳이었으며, 1896년의 행정개편으로 경상남도慶尙南道 도청道廳이 설치된 경상남도의 중심도시이기도 하였다. 그러므로 이 자료는 경상우도병마절도사영(1604~1895년)과 경상남도 도청(1896~1925년) 시절의 진주상인들의 실상을 보여주는 자료라 하겠다.

....

2 진주상무사는 1980년대까지 활동하였는데, 지난 100여 년간 진주지역 상인을 상징하는 조직이었다. 상무사는 한때 전국적으로 조직되어 국가의 지원을 받고 활발하게 활동하였다. 그러나 현재 상무사 관련 문화재는 경상도의 진주·고령高靈·창녕昌寧·울산蔚山·삼가三嘉와 충청도의 부여扶餘·예산禮山·홍성洪城 등에 남아 있다.

본격적인 연구는 앞으로의 과제로 미루고, 이 글에서는 수록된 자료를 중심으로 자료의 특징을 소개하고자 한다. 이를 위해, 먼저 자료를 유형별로 분류한 뒤 이를 전체적으로 살펴보고, 다시 주제별로 나누어 개별 자료에 대해 세부적으로 검토하도록 하겠다.

II. 자료에 대한 유형별 분류

기증된 자료는 『사전 청금록』을 비롯한 문서, 인장, 현판, 영수증, 건축도면 등 다양한 종류와 내용을 담은 문화재 87건 87점이다. 이 자료들은 19세기 중반 이래 진주지역의 대표적인 상인조직의 기록이고, 광복 이후에도 진주의 중심지에 자리 잡은 진주중앙시장을 배경으로 활동한 상인들의 기록으로서 19세기 중반부터 현대까지 진주지역의 상업 발달과 상인 활동을 구체적으로 보여주고 있다.

주요 자료들은 다음의 표 1과 같이 분류할 수 있다.

유형별로 볼 때, 자료는 1) 진주상인과 그 조직에 관한 자료, 2) 진주상인들의 회합장소에 관한 자료, 3) 경제적 이익보호 노력에 관한 자료로 구분할 수 있다.

첫째, '진주상인과 그 조직에 관한 자료'로는 상인조직의 임원진 명단, 조직 운영 규칙, 인장과 신분증 등이 있다. 이를 종류별로 나누면, '회칙과 임원명부'와 '인장과 신분증'으로 구분할 수 있다. '회칙과 임원 명부'로는 1848년부터 작성되기 시작한 어과전 천금록魚果廛千金錄을 비롯하여 면주전 청금록綿紬廛青衿錄, 사전 청금록四廛青襟錄, 진주상무

표 1 진주상무사 자료 분류기준표

대분류	소분류	주요 자료명
진주상인과 그 조직에 관한 자료	회칙과 임원 명부	魚果廛千金錄(1848~1912년)
		綿紬廛靑衿錄(1876~1912년)
		四廛靑襟錄(1884~1938년)
		晉州商務社規則(1938년)
		會則(1969년)
	인장과 신분증	印章·信標本·魚果商身分證
진주상인들의 회합장소에 관한 자료	회합장소 건립 관련 문서	四廛勸助文(1885년)
		募緣文(1902년)
		右商務社義捐錄(1936년)
		本社建築日記(1937년)
	회합장소 보관 현판	右都所刱設初期序文(1887년) 등 7점
경제적 이익보호 노력에 관한 자료	중앙정부 발급 문서	漢城府完文謄(1880년)
		判下商理所完文節目(1882년)
		判下公局右社慶尙右都所節目(1884년)
		判下商理局節目(商理局序文 等)
		(1885년)
		東亞改進敎會商業課章程(1905년)
		商務右團章程(1908년)
		指明書(1908년)
	경남 및 진주 작성 문서와 자료	乾魚廛完文(1856년)
		完文(1878년)
		魚各廛完文(1882년)
		都所節目(1887년)
		釜山港出入各物內外口錢定式節目
		(1888년)
		北魚廛完文(1891년)
		慶南商務視察完文(1901년)
		決意書(1935년)

사 규칙晉州商務社規則, 회칙會則 등이 있다. 이 자료에는 상인조직의 운영 규칙을 규정한 완문完文이나 절목節目, 회칙이 수록되어 있으며, 역대 임원의 명단이 연도순으로 기록되어 있다. 이 자료를 통해, 진주상인의 임원진 구성, 조직 운영 방식과 그 변화, 경제 활동 범위를 시기별로 살필 수 있다. 특히, 임원 명단은 진주지역의 주요 상인들을 추적하는 데 기초적인 자료로 활용될 수 있을 것이다.[3]

'인장과 신분증'은 구성원들에게 상인조직의 권위를 과시하는 도구로서 조직적인 복종을 요구하는 데 이용되었다. 인장은 1883년에 제작된 혜상공국 우사 경상우 도반수惠商公局右社慶尙右都班首 인장을 비롯하여 모두 24점이 남아 있다. 이 인장들은 대체로 해당 시기에 사용되었을 것으로 추정되는데, 그 중에는 현재 남아 있는 문서 어디에도 찍히지 않은 인장도 있다.[4] 또 호패號牌의 형식으로 1884년에 만들어진 어과상魚果商 신분증身分證이 남아 있다. 호패 형식을 갖고 있는 어과상 신분증은 처음 발견된 사례로 학계의 주목을 끈다. 이런 형식의 신분증은 1884년 당시 국가권력이 보부상을 어떻게 생각하고 조직하려 하였는지를 잘 보여주는 자료이다. 즉, 국역國役의 대상으로 개별 백성을 파악하기 위해 제작된 호패처럼, 호패 형식의 어과상 신분증은 보부상 구성원을 파악하여 국가기구의 직접 통제하에 두고 운영하려 한 의도를 보

....

3 이 자료와 함께 진주지역에 남아 있는 호적戶籍, 신문新聞, 문서文書 등의 자료와 비교연구를 실현한다면, 진주지역의 상인조직에 대해 보다 입체적이고 심화된 이해가 가능할 것이다.

4 문서에 찍혀 있지 않은 인장은 지금은 파악되지 않는 잊혀진 조직을 찾아내는 실마리를 제공하는 자료이기도 하다.

여주는 증거라 하겠다. 또 신표본信標本도 국가가 호패와 비슷한 목적으로 제작한 것으로 이해할 수 있는 자료이다.[5]

둘째, '진주상인들의 회합장소에 관한 자료'에는 상인들의 권익 보호와 단합을 위해 건물을 세우면서 모은 기부금의 기록과 건축 일기, 그리고 준공된 건물에 걸어두었던 현판이 있다. 이는 다시, '회합장소 건립 관련 문서'와 '회합장소 보관 현판'으로 구분할 수 있다. 먼저 회관 건립 관련 문서를 살펴보자. 진주 상인조직은 세 차례에 걸쳐 회관을 건립(또는 보수)하였다. 1887년 공사당公事堂을 진주성 부근 진주시장 내에 세웠고,[6] 1902년 이 건물을 한 차례 보수하였다. 그리고 1937년 홍수로 무너지자, 오늘날의 옥봉동으로 자리를 옮겨 진주상무사 건물을 새로 세웠는데, 이 건물이 현재까지 남아 있다. 이 세 차례의 건축(또는 보수)을 위해, 지역 상인들은 기부금을 모금하였다. 이를 기록한 것이 사전 권조문四廛勸助文(1885년), 모연문募緣文(1902년), 그리고 우상무사 의연록右商務社義涓錄(1936년) 같은 기부금 명부이다. 이 기부금 명부에는 기부자의 이름과 금액이 적혀 있다. 단순히 기부자의 이름만 쓰고 금액을 기록한 경우도 있지만, 상인단체의 명칭과 함께 기부자의 이름을 쓴 경우도 있다. 때문에 이 자료를 분석하면, 1880년대부터 1937년까지 진주와 그 주변 지역의 상인조직에 관한 기초적인 지식을 얻을

....

5 여기에 소개하는 신표 견본은 충청도 저산8구苧産八區의 보부상 조직이 소장하고 있던 신표 견본과 동일한 것이다. 충청도 저산8구는 모시가 많이 생산되던 부여·홍산·남포·비인·한산·서천·임천·정산 등의 8읍을 말한다.
6 진주성도晉州城圖에 의하면, 19세기 후반의 진주시장은 오늘날의 진주성 북동쪽에 자리 잡고 있었다. 당시 진주 읍내 장터는 객사客舍 앞에서 진주성의 신북문新北門(현 중앙로 터리)으로 오는 대로에 위치하고 있었다.

수 있다. 예를 들면, 1885년에 작성된 사전 권조문四塵勸助文에는 당시 경상우도 지역의 상인조직이 어떤 형태로 구성, 운영되었는지를 엿볼 수 있다. 이 기록에 의하면, 삼가三嘉나 의령宜寧 같은 작은 군郡의 상인 조직은 하나의 임소任所로 함께 묶여 공동으로 경제 활동을 하고 있었 다. 이는 오늘날에도 삼가 지역과 의령 지역이 경제적으로 유기적인 관 계를 맺고 있는 것과 일맥상통한다.

한편, 회관에는 7점의 현판이 걸려 있었다. 이 현판들은 1887년 처 음으로 제작되어 설치된 이래 회관의 보수와 중건이 이루어질 때마다 추가로 제작하여 설치되었다. 현판 자료를 통해, 당시 사람들이 회관의 중건과정에서 무엇을 중시하였고, 어떤 사람들에 대해 감사하였는지 를 알 수 있다. 현판에는 회관을 만들 때 노력을 아끼지 않은 사람들에 대한 감사의 글과 주요 기부자들의 명단이 적혀있다. 또 현재 남아 있 는 현판 중에는 왜 현판의 형식으로 걸려 있는지를 알 수 없는 '시주명 단' 현판도 있어 앞으로 추가적인 조사를 필요로 한다.

셋째, '경제적 이익보호 노력에 관한 자료'에서는 사회·경제적으로 취약하였던 보부상단의 구성원들이 자신의 신변 보장을 위해 상부상 조하거나, 관官의 장교將校들과 결탁하여 경제적인 이익을 도모하는 모 습도 보인다. 이 문서들은 발급지역을 기준으로 '중앙정부 발급 문서' 와 '경남 및 진주 작성 문서와 자료'로 구분하였다. 중앙에서 발급한 문 서는 중앙정부가 보부상 조직을 어떻게 운영하려 했는지를 보여주는 자료이면서 지역의 보부상 조직이 중앙의 지시에 어떤 식으로 적응하 였는지를 가늠할 수 있는 기준이 되기도 한다. 예를 들면, 1908년 동아 개진교육회東亞開進敎育會의 중앙조직이 진주지부에 보낸 지명서指明書는

중앙조직의 지시에 대해 지방조직이 어떻게 대응하였는지 엿볼 수 있는 자료이다.[7]

한편, 1856년에 작성된 건어전 완문乾魚廛完文을 비롯하여 경남과 진주지역에서 작성된 문서는 진주지역 상인조직의 성격 변화를 반영하고 있다. 즉, 19세기 중반 보부상 조직으로 시작된 진주 상인조직은 상인 상호간의 상부상조를 주된 내용으로 하는 규칙을 강조하거나 주현의 장교將校들과 친밀한 관계를 맺어 경제적 이익을 취하려는 모습을 보여주고 있다. 특히, 1888년에 작성된 부산항 출입각물 내외구전 정식절목釜山港出入各物內外口錢定式節目은 개항 이후 진주를 비롯한 경남지역의 경제적 변화를 반영하고 있다. 동래부에서 발행한 이 문서에는 개항 이후 무역에서 각 물건에 대한 구전口錢을 정하고 있다. 앞으로 같은 시기의 유사한 성격의 문서가 추가로 발굴된다면, 이 자료는 경남지역 상업 관행의 변화를 이해하는 데 중요한 자료가 될 것으로 기대한다.

1910년 국권을 잃은 뒤, 진주지역 상인조직도 일시적으로 침체를 겪은 것으로 보인다. 그러다가 1910년대 후반부터 진주상인은 조직을 정비하면서 자신들의 경제적 이익을 옹호하기 위해 노력하고 있다. 이 시기에 작성된 자료 중 1917년부터 1951년까지 작성된 금전출납부金錢

---

7 주지하다시피, 1899년부터 1904년까지 활동한 상무사는 보부상단의 역사에서 가장 정치적 영향력이 큰 조직으로 알려져 있다. 그런데 이 시기에 진주상인들은 임원진의 명단을 기록한 문서에 상무사에서 내려 보낸 인장을 사용하지 않고 기존의 상리국商理局(1885~1895년) 인장을 찍고 있다. 그런데 상무사의 후신인 동아개진교육회의 임원진은 상무사 시절에 사용한 인장과 문서를 회수하기 위한 지명서를 내려 보냈다. 사전청금록 같이 진주상인들에게 가장 중요한 문서에도 상무사의 인장을 찍지 않았던 것을 보면, 상무사 인장이 찍힌 문서가 얼마나 많이 만들어졌는지 의문이 든다.

出納簿와 금전수지부金錢收支簿에는 일제강점기 진주상인들의 활동이 자세히 담겨 있다.[8] 이 자료를 통해 일제강점기 진주 상인조직 활동의 구체적인 내용을 들여다 볼 수 있다. 그 외에도 진주상인들의 경제적 이익 옹호 노력은 1935년의 결의서決意書에서 구체적으로 나타난다. 이 자료는 진주시장의 발전이라는 명목하에 진주시장의 시설을 개선하고 시장세를 올리자 이에 저항하는 상인들이 결의서를 낸 기록이다. 이때 이루어진 단결의 힘으로 진주상인들은 진주상무사 건물을 짓게 된다. 그러나 1938년 상무사 건물을 짓고 난 뒤 얼마 되지 않아 전시경제체제가 되어, 진주 상인조직은 1945년 광복되기 전까지 이렇다 할 활동을 하지 못한 것으로 보인다. 그렇지만 1935년~1937년의 활동은 광복 이후 진주상인들의 활동에 크게 영향을 끼친 것으로 여겨진다. 그것은 광복 이후 진주 상인조직의 명칭을 '진주상무사'라고 계속 사용한 것에서 알 수 있다.[9]

----

8 이 자료는 지면 관계로 이번 자료집에 실리지 않았다. 그러나 진주 상인조직의 활동에 대한 구체적인 내용이 담겨져 있어 일제강점기 상인들의 활동을 살피기 위한 1차 자료로 활용될 것으로 여겨진다.

9 진주상무사는 1980년대까지 진주중앙시장 상인을 중심으로 활발하게 활동하였다. 이후 상무사에 참여한 상인들이 노령화되어 거의 활동이 중단되었고, 현재는 역대 상인에 대한 제사를 음력 10월 하순에 지내는 일만 하고 있다. 제사를 지낼 때 '진주상무사지령晉州商務社之靈'이라 쓰인 위패를 사용하고 있다.

III. 진주상인과 그 조직에 관한 자료

1. 회칙과 임원 명부

여기서는 진주 상인조직의 변화를 보여주는 자료를 중심으로 소개하겠다. 진주 상인조직은 부상과 보상이 따로 조직되어 운영되다가 1884년경에 하나의 조직으로 합쳤다. 그런데 통합된 조직이 있음에도 불구하고, 기존의 부상조직과 보상조직은 따로 조직을 유지, 운영하고 있었다는 점이 눈에 띈다. 이 조직이 완전히 해소되는 것은 1912년이다. 이를 보면 19세기 후반의 진주 상인조직은 부상조직, 보상조직, 그리고 이를 통합한 상인조직이 함께 운영되었다고 할 수 있다. 또 통합된 조직은 국권을 잃은 뒤에도 계속 유지되다가 1938년에 이르러 일시적으로 중단되고 있다. 이를 개별 자료를 통해 정리하면 다음과 같다.

어과전 천금록魚果廛千金錄

1848년부터 1912년까지 작성된 어과전魚果廛(부상조직負商組織)의 운영규칙과 임원명단을 기록한 책이다. 이 자료는 진주상인 관련 문서 중 가장 오래된 것으로 1834년부터 진주지역 어과전을 담당한 부상조직의 임원명단이 수록되어 있다.[10] 1834년 당시 부상조직은 훈장訓丈, 공원公員, 집사執事라는 임원진을 두고 조직되어 있었다. 그뒤 1853년에 진

---

10 최초로 임원 명단이 적힌 1834년에는 "갑오년甲午年 훈장訓丈 남춘성南春性, 공원公員 이중대李仲大, 집사執事 배태인裵太仁"이라고 기록되어 있다.

주지역 부상조직의 대표 명칭을 기존의 훈장訓丈에서 훈장訓長으로 바꾸었다. '가르치는 어른[訓丈]'에서 '가르치는 대표[訓長]'로 바뀐 것인데, 이 명칭의 변화는 부상조직이 보다 위계적이고 정교화된 조직으로 변모한 것을 반영한다. 이후 1859년에 '훈장訓長'은 다시 '접장接長'이라는 명칭으로 변경되었고, 이듬해 1860년에는 '반수班首'라는 명칭이 추가되어 사용하기 시작한다. 이와 같은 명칭의 추가와 변화는 조직의 성격 변화를 반영한 것으로 추정된다.

한편, 1869년 임원명단과 1870년 임원명단 사이에 '1862년 8월에 작성 시행된 절목節目'을 수록하고 어과전 임방魚果廛任房이라는 도장을 찍었고, 1884년 이전까지 이 도장을 사용하였다. 그리고 1884년 이후부터 1912년까지 '보 경상 임소 접장褓 慶尙任所接長', '진주 상리국 임소 접장표晉州商理局任所接長標'와 '진주 상리국 임소 반수표晉州商理局任所班首標'를 연이어 사용하고 있다. 이러한 인장 사용의 변화 또한 진주 부상조직의 변화를 살피는 데 중요한 단서가 된다고 생각한다.

이 책에는 두 번에 걸쳐 상인조직의 운영규칙을 담은 완문과 절목이 있다. 즉, 1848년 5월에 작성된 완문完文과 절목節目, 1862년 8월에 작성된 절목節目이 그것이다. 1848년 5월에 작성된 완문과 절목에는 문서를 작성하게 된 취지와 10개 조목의 조직운영규칙을 기록하고 있다. 완문에는 강한 결속력을 가진 부상단이 경제적인 이해 때문에 구성원 상호간에 해를 입히는 행위를 예방하고, 구성원 간에 서로 상부상조하고자 절목을 만들었다고 밝히고 있다. 그리고 이 문서의 권위를 위해 영사營使, 즉 경상우도 병마절도사의 수결을 받았다. 그리고 상인조직의 운영규칙인 절목에는 병들어 죽은 보부상을 매장하고, 임원의 초상에 부의 금액을 적은 내용, 연장자를 모욕하는 자를 엄격히 다스리고 연소자가 연장자에게 존경을 표하라는 내용같이 유교적인 생활규범을 반영한 조목이 있다. 하지만, 시장 내에서 술을 마시고 주정을 부리거나 노름과 같은 잡기를 하는 행상을 엄히 다스리고, 물건을 매매할 때 시세를 어기고 억지로 매매하는 자를 엄격하게 처분하게 하거나, 훔친 물건을 파는 행위를 금하는 조목이 있어, 부상단이 장시 내에서의 상거래 관행을 안정적으로 운영하려고 노력했음을 알 수 있다. 특히, 부상 동료 중 훈장 앞에서 얼굴을 찡그리거나 불순한 말을 하는 자를 엄히 다스린다는 기록이 주목을 끈다. 이는 부상단 내의 위계질서를 잡아 이를 통해 상단의 원활한 운영과 상거래의 안정을 지향하고 있음을 보여주는 조목이기 때문이다.

'1862년 8월에 작성 시행된 절목節目'은 임원이 초상을 당하였을 때 부의금이 늘어난 것을 제외하면 1848년의 경우와 내용적으로 거의 비슷하다. 다만 주목할 것은 어과전 임소魚果廛任所에서 그 내용을 기록하고 그 위에다 도장을 날인하였다는 점인데, 이 시기의 진주부상단은 어과전 임소라는 조직을 만들어 운영했음을 보여준다.

면주전 청금록綿紬廛靑衿錄

1876년부터 1912년까지 작성된 면주전綿紬廛 등 보상조직에 대한 기록이다.[11] 면주전은 명주 등 옷감을 파는 보상褓商을 말한다. 이 책에

....

11 진주와 그 주변 지역은 면화가 많이 생산되어 면직물 생산지로 유명하였다. 또 인근 의령은 종이 생산지로 유명하였다. 이런 배경이 면주전의 발달에 크게 기여하였을 것으로 보인다.

는 완문完文과 절목節目, 그리고 임원 명단이 기록되어 있다. 많은 부분이 떨어져 나가고 문서상태가 좋지 않아 정확한 내용을 알기 어렵다. 남아 있는 완문을 살펴보면, 보상 조직이 설립된 취지를 알 수 있다. 완문에 의하면, '다른 도의 보상褓商들이 진주목사에게 등장等狀을 올렸다. 그 등장에는 진양은 교통의 요지로 임방任房 3명을 임명하여 상규를 지켰는데, 진주 상인들이 외지 보상들에게서 물건을 뺏는 일이 생겼다는 것이다. 이는 다른 지역 상인들이 진주에 오지 않게 할 뿐만 아니라 진주 상인들에게도 불명예스런 일이다. 없어진 임방을 다시 설치하고 매매할 때 서로 지켜야 할 법규를 세우려 한다.'는 내용을 수록하고 있다. 이 완문에 의하면, 진주의 보상들은 없어진 보상의 임방을 다시 설치하여 상거래를 안정시키려 했음을 알 수 있다.

원 자료의 결락 때문에 많은 절목이 사라지고 현재 21개의 절목이 확인된다. 이 중 임원의 초상 때 부의금 관련 조목(6조목), 3월 잔치·8월 명절·12월 세의歲儀(연말 때 주는 선물)를 위해 돈을 거두는 조목(4조목), 노름과 같은 잡기를 하다가 발각되면 벌금 등 처벌을 하는 조목(1조목), 임방이 거간을 두고 받기 어려운 물건을 받아내는 조목(1조목)이 있다. 이 조목들을 통해 진주 보상 조직이 조직원 상호간의 친목 도모뿐만 아니라 상거래의 안정을 위해 노력했음을 알 수 있다.

사전 청금록四廛靑襟錄

1884년부터 1938년까지 진주지역 사전(四廛)의 역대 임원명단을 기록한 책이다. 사전은 베를 취급하는 포전布廛, 물고기와 과일을 취급하는 어과전魚果廛, 비단을 취급하는 금전錦廛, 종이를 취급하는 지전紙廛을 말한다. 이 책에는 사전을 만들게 된 배경과 조직체계를 담은 서문序文, 규식절목規式節目, 임원 명단 순으로 수록되어 있다.

1884년 1월에 작성된 서문에는, 떠돌아다니다가 죽어서도 장례도 제대로 치루지 못하는 보부상의 처지를 국왕이 불쌍히 여겨 보부상 조직을 정비하게 되었다면서 조직 정비 내용을 기술하고 있다. 즉, 서울에 상리소 공국商理所公局을 두어 열국列國과 재화를 유통하는 것을 관장하게 하고, 통령統領을 두어 팔도에 재화를 개통하게 하고, 상소商所에 각 임방任房을 두게 하였다는 것이다. 그리고 경상도에는 상소 우도소商所右都所를 창설하여 보부상단의 기강 확립과 폐단 근절, 그리고 보부상의 장례문제를 해결하게 하였다는 내용을 담고 있다.

서문의 끝에는 우도 도반수右道都班首 김우권金禹權, 도접장都接長 서홍준徐弘俊, 명사장明事長 오명신吳明信, 반수 공원班首公員 이화실李和實, 도공원都公員 김용식金用植·이경순李璟淳, 서기書記 최경우崔璟祐, 집사執事 박영식朴永植 등 사전청금록을 작성할 당시 활동한 인물을 기록하고 있다. 그 뒤에는 1938년까지 진주상인들의 임원명단이 적혀 있다. 인장印章은 '보경상 임소 접장褓 慶尙任所接長', '진주 상리국 임소 접장표晉州商理局任所接長標'와 '진주 상리국 임소 반수표晉州商理局任所班首標'가 순차적으로 찍혀 있다.

진주상무사 규칙晉州商務社規則

1938년경 진주상무사 조직의 운영에 관한 규칙을 기록한 문서이다. 이 문서에는 진주상무사의 명칭, 목적, 소재지, 회의일자, 임원의 정원과 역할 등 조직운영에 관한 내용을 자세하게 기록하고 있다. 진주

상무사 인장이 찍혀 있고 소재지도 진주 옥봉동으로 되어 있는 것으로 보아, 이 자료는 상무사 건물을 중건한 직후인 1938년경에 작성된 것으로 추정된다. 이 규칙은 일제강점기 이후 진주상인들의 성격변화, 즉 행상조직으로서의 보부상 조직이 정주상인으로 변화한 것을 반영한다고 여겨진다. 주로 오늘날의 진주중앙시장을 중심으로 활동한 상인들의 명단이 규칙의 후반부에 적혀 있다.

회칙會則

1969년 6월 진주시 상무사晉州市商務社에서 작성, 발표한 회칙이다. 회칙에는 회의 취지와 목적, 회원자격, 임원진의 정원과 역할을 기록하고 있다. 이 회會의 목적은 회원 상호간의 친목단결과 '상도의심商道義心'을 높이고, '미풍양속美風良俗'으로 남에게 모범을 보여주는 것이라 하고, 회원 자격은 진주시내 거주 상인을 대상으로 한다고 규정하였다. 이를 보면, 이때 상인조직의 성격은 진주시내 거주 상인들 간의 친목도모와 상도덕 관리를 주요 목적으로 하고 있는 것을 알 수 있다. 이 회칙은 광복 이후 진주 상인조직의 성격과 그 운영을 보여주는 문서이다.

2. 인장과 신분증

어느 조직이든 인장은 조직의 권위를 상징하는 것이고, 신분증은 구성원의 정체성을 분명히 하는 도구로 이용된다. 진주상인들의 자료에서도 이를 반영하는 인장과 신분증, 신표본이 나와 있어 이를 통해 진주상인의 역사를 추적할 수 있다.

진주상무사에서 보관하고 있던 인장은 모두 24과이다. 1880년대에 만들어진 인장으로는 경상김천신표慶尙金泉信標(1880년경), 혜상공국 우사 경상우 도반수惠商公局右社慶尙右都班首(1883년), 혜상공국 우사 강원도 도반수惠商公局右社江原道都班首(1883년), 진주 상리국 임소 반수표晉州商理局任所班首標(1884년), 진주 상리국 임소 접장표晉州商理局任所接長標(1884년), 금전신장錦廛新章(1884년 전후), 사천군 팔호 우지사장泗川郡八湖右社章, 내용 미상 인장內容未詳印章이 있다. 1890년대에 만들어진 인장으로는 경상남도 상무우사 도상무원장 이운영慶尙南道商務右社都商務院章李運永, 진주 우사 사무원지장晉州右社事務員之章, 경상남도지부장지장慶尙南道支部長之章 등이 있다.

1920년대에 제작된 인장으로는 상무회 경남 진주군지부지인商務會慶南晉州郡支部之印(1920년대), 상무회 경상도지부인商務會慶尙道支部印(1920년대), 상무회 진주군지부장장商務會晉州郡支部長章(1920년대), 경상남도 지부장지장慶尙南道支部長之章(1920년대)이 있다.[12] 1930년대에서 1940년대에 사용된 인장으로 진주상무사인晉州商務社印(1937년), 진주상무사晉州商務社(1937년), 만주일보사 경남지국장지인滿洲日報社慶南支局長之印, 만주일보 경남지국인滿洲日報慶南支局印, 만주일보 경남지국滿洲日報慶南支局 등이 있다.

이 밖에 진주 상우 친목계장晉州商友親睦稧章 같이 광복 이후에 만들어진 것으로 추정되는 것도 있다.

----

12 상무회商務會라는 조직이 1920년대에 활동한 상인 조직이라는 것을 알려주는 문서로 상무회 긴용철商務會緊用綴과 상무회 참고철商務會參考綴이 있다.

1883년 신표는 혜상공국惠商公局이 보부상단 소속 상민商民에게 지급한 신분증명서다. 신표본은 신표 발행의 지침이 되었다. 진주상인들이 이 신표본에 따라 작성한 문서가 남아 있는 사례는 현재까지 발견되지 않았다.

어과상 신분증魚果商身分證

1884년 진주지역 어과상에게 발급한 호패 형식을 띠고 있는 신분증이다. 신분증에는 종사하는 업종, 이름, 나이, 활동지역, 가입연도가 새겨져 있다. 예를 들면, 어물과 과일을 파는 상인 이두석李斗石은 35세로 갑신년1884년에 우사右社에 가입하였다.[13] 호패 형식으로 보부상의 신분을 기록한 자료는 현재까지 진주의 사례가 처음이다.

IV. 진주상인들의 회합장소에 관한 자료

1. 회합장소 건립 관련 문서

1884년 하나의 조직으로 합쳐진 진주지역의 보부상단은 구성원들의 의지처이면서 활동 근거지로서 공사당公事堂의 건립을 추진하였다.

---

13 앞면: 어과상 이두석 년삼십오 진주장내魚果商李斗石年三十五晉州掌內
　　뒷면: 갑신 입참 우사甲申入參右社 (낙인烙印)

그래서 1887년에 진주시장 내에 공사당을 건립하게 되었다. 사전 권조문四廛勸助文은 이 건축물의 건립을 위해 기부금을 낸 사람들의 명단을 적은 것이다. 그리고 모연문募緣文은 공사당 건립 15년 뒤 건물의 중수를 위해 모금한 기록이다. 그리고 우상무사 의연록右商務社義涓錄과 본사 건축일기本社建築日記는 1937년에 홍수로 무너진 상인조직의 건물을 새로 세울 때 기부자 명단과 건축비 사용 내역을 담은 기록이다. 이 기록은 상인조직의 건물건축에 대한 기록을 적은 것으로도 중요할 뿐 아니라 당시 물가를 구체적으로 기록한 자료로서도 중요하다고 하겠다. 또 시기별 기부자 및 기부단체의 변화를 통해 지역의 상업 활동과 그 변화를 추적하는 자료로도 활용할 수 있다.

사전 권조문四廛勸助文

1885년 진주 행상들이 회의소인 도소都所의 회당會堂 건립을 위해 쓴 권조문과 성금을 낸 사람을 기록한 책이다. 1885년 2월에 작성된 사전 권조문四廛勸助文에는 '본래 정해진 거처가 없는 우리 행상은 몸이 아프면 제대로 치료하기 어려워 객사하는 경우가 많았다. 좌우사左右社를 창설한 후 도소都所를 설치하여 애경사에 서로 축하하고 문상하라는 경영의 관칙이 또한 지엄하다. 그런데 진주 관할은 남쪽의 대처라고 말만 할 뿐, 도소의 회당이 없다. 이에 우사右社 각 전廛의 소속 상인들은 능력대로 은혜를 베풀어 도소를 세우자'는 내용이다. 성금은 경상도 지역뿐 아니라 함경도 함흥咸興의 상인까지 기부금을 내어 전국적인 범위였다. 회당은 건립을 추진한 지 2년 만인 1887년에 준공되었다.

모연문募緣文

1902년 9월 상무사 경상남도 진주군 우지사의 도소都所 중수를 위해 성금을 모으는 내용을 담은 책이다. 이 책에는 1887년에 우사右社라는 현판을 걸고 세워진 공사당이 세월이 흘러 낡게 되었고, 보수를 위해 공사비용을 거둔다는 내용을 담고 있다. 이 책은 상무사로 활동하던 시기에 작성된 것이어서, 상무사 활동 시기의 진주상인을 살펴보는 데 중요하다. 1902년 9월 당시 화주化主는 박장근朴長根, 최주호崔柱灝, 이윤기李潤琪이고, 당시 반수班首는 이용근李鏞根이며, 장무원掌務員은 김경환金景煥이었다. 겸진주군수 서리 행사천군수 좌우사 도반수兼晉州郡守署理行泗川郡守左右社都班首 윤尹이 주인朱印을 하고 있는데, 이때의 '윤'은 윤순백尹順伯으로 추정된다.[14]

우상무사 의연록右商務社義涓錄

1936년 5월 21일 진주 상인과 지역 상공인들이 홍수로 무너진 상무사 건물의 재건을 위해 의연금을 낸 것을 기록한 장부이다. 이 책에는 상무사 의연금을 거두는 취지문과 의연금을 낸 사람의 명단이 기록되어 있다. 서문에는 보부상을 보호해 왔던 상무사의 역사를 소개하고, 현재 부진에 빠진 상무사를 진작시키고자 상무사 건축의 개축을 하게 되었으므로 공사비용을 내 줄 것을 바라는 내용을 담고 있다. 발기인發

---

14 윤순백은 1902년 10월에는 사천군수로 있었음이 확인된다(조재곤, 「상무사와 진주상인」, 본 자료집, 514쪽). 『모연문募緣文』은 이보다 1개월 앞선 1902년 9월에 작성되었지만, 여기에 등장하는 '겸진주군수 서리 행사천군수 좌우사 도반수兼晉州郡守署理行泗川郡守左右社都班首 윤尹'도 윤순백일 가능성이 높을 것으로 보인다.

起人으로 문장현文章現, 강선호姜善昊, 이주현李周見, 강문현姜汶鉉, 강기현姜琦鉉, 강석진姜錫珍, 심화진沈鏵振, 김봉옥金奉玉, 신선준申先俊 등이 적혀 있다. 정상진鄭相珍을 비롯한 지역의 상공인이 기부금을 냈다. 이 가운데 구인회具仁會는 광복 이후 지역의 대표적인 상공인으로 성장하여 지역 상공업 발전에 크게 이바지하였다.

본사 건축일기本社建築日記

1937년 상무사 건물을 건축하던 당시에 사용된 비용을 기록한 일기이다. 이 자료는 상무사 건축 전 과정에 대한 회계장부라 할 수 있다. 즉 건축비용, 기부금 명단과 액수, 건축을 위한 대출 내용, 임금 지불 내용, 주요인물의 접대 내용 등을 담고 있다. 또한 각종 건축 자재의 가격을 기록하고 있어 당시 생활상을 살펴보는 데 중요한 자료라 하겠다.

2. 회합장소 보관 현판

진주상무사 건물에 걸려 있던 현판은 모두 7점이 있었다. 이 현판들은 진주 상인조직의 역사를 반영하는 자료로서 의미가 있다. 즉, 당시 상인들이 무엇에 관심을 갖고 있었으며, 무엇에 감사하였는지를 알 수 있는 자료이다.

우도소 창설초기 서문右都所刱設初期序文

1887년 1월 회당 건립 당시 도움을 준 화주化主 오위장五衛將 이방호李芳浩 등 5인의 공적을 기리는 내용을 담은 현판이다. 이 현판에는 서울의 혜상공국惠商公局과 진주의 우도소右都所의 설치 이후 상인의 기강이 잡히고 시장세가 가벼워져 시장이 발전하고 있다는 점과 회당會堂이 진주시장[진시晉市]에 건축되었다는 점을 기록하고 있다. 화주化主는 오위장五衛將 이방호李芳浩, 오위장五衛將 오명신吳明信, 오위장五衛將 서홍준徐弘俊, 오위장五衛將 이봉룡李鳳龍, 유학幼學 하기룡河琦龍이고, 서기공원이었던 최경우崔景祐가 글을 지었다.

우도소 창설초기 임원 및 시주 명단右都所刱設初期任員及施主名單

1887년 1월 진주 지역 보부상들의 조직인 우도소와 사전四廛 상인들이 회당을 건립했을 당시 걸렸던 현판이다. 현판에는 우도소 창설 당시의 도반수都班首 김우권金禹權을 비롯하여 사전의 반수班首 등 주요 상인들의 인명이 나오고, 그 다음에 주요 기부자 명단이 적혀 있다. 1884년 상소 우도소商所右都所 창설 초기에는 도반수都班首 오위장五衛將 김우권金禹權, 도접장都接長 오위장五衛將 서홍준徐弘俊, 명사장明事長 오위장五衛將 오명신吳明信, 도공원都公員 이경순李璟淳·김용식金用植 등이었다. 1884년 사전 설립 당시에는 반수班首 박수오朴受五, 반수班首 지득화池得化, 반수班首 박응오朴應五이었다. 또 1887년 현판을 걸 당시의 접장接長은 오위장五衛將 이봉용李鳳瑢, 공원公員 김명식金明植·이경순李璟淳이었다. 이러한 인물들에 대한 개별적인 정보는 아직 밝혀진 바가 없으며, 앞으로 관련 자료를 찾아 추적해야 할 것으로 보인다.

시주 명단施主名單

1890년 3월 시주자의 명단을 기록한 현판이다. 시주자는 가선대부

겸오위장嘉善大夫兼五衛將 탁용학卓龍學 처 숙부인淑夫人 조씨趙氏, 가선대부
행용양위부호군嘉善大夫行龍驤衛副護軍 김일규金一圭 처 의령 남씨南氏, 솔여
率女 진양 강씨, 김윤성金允成 처 밀양 박씨, 가선대부 겸오위장 김화영金
化永 처 숙부인 경주 최씨, 권만세權萬世 처 전주 전씨全氏, 황석종黃石鍾 처
진양 강씨, 부판富板 모친 반남 박씨 등이다. 현재 남아 있는 현판의 기
록을 통해 이 기부자들이 무슨 명목으로 기부하였는지 알 수 없다.

감하실기感賀實記

1938년 5월 정상진의 기부에 감사하는 글을 새긴 현판이다. 정상진
鄭相珍은 당시 진주지역의 대표적인 부호로 상무사 중건 기금으로 300
원을 기부하였는데 자신의 생일에 다시 200원을 상무사의 운영비로
내놓았다. 이를 감사하게 여긴 상무사의 임직원이 이 현판을 새겨 걸게
된 것이다. 영위領位 강선호姜善昊, 반수班首 이주현李周見, 사장社長 강기현
姜琦鉉, 본방本房 신선준申先俊, 집사執事 박윤식朴允植 외 사원 일동이 이를
감사한다고 쓰고, 박희영朴熙瑛이 글을 썼다

회구문懷舊文

1938년 7월 상무사를 중건할 때 거금을 내고 여러모로 주선한 문장
현文章現을 추모하고 기념하는 현판이다. 문장현은 부유한 상인으로 성
공하였는데, 건축을 위한 기부금을 모을 때 150원이라는 거금을 내었
다. 건축 당시 그는 병이 매우 깊었고, 상무사 건물의 중건을 보지 못하
고 세상을 떠나자 그를 추모하는 현판을 제작한 것이다. 영위領位 강선
호姜善昊, 반수班首 이주현李周見, 사장社長 강기현姜琦鉉, 본방本房 신선준申先

俊, 우상무사右商務社 일동이라고 표기하였다.

상무사 중건기商務社重建記

1938년 8월 박희영朴熙瑛이 상무사 중건을 기념하여 쓴 글을 새긴 현판이다. 이 현판에서는 상무사의 중건을 주관한 영위領位 강선호姜善昊를 비롯하여 상무사 건물의 중건에 힘쓴 임원의 공적을 기리고 상무사 건물과 그 주변의 풍광을 예찬하고 있다.

희사방명喜捨芳名

1938년 상무사 건물의 중건 당시 의연금을 낸 사람을 기록한 현판이다. 이 현판에는 정상진鄭相珍·문장현文章現·강선호姜善昊·구인회具仁會 등 지역 상공인들이 의연금을 낸 것이 새겨져 있다. 이 자료는 지역의 주요 상공인들의 이름이 많이 나오고 있어 이후 이 지역의 상업 활동을 살피는 데 중요한 기초 자료로 활용할 수 있을 것이다.

V. 경제적 이익보호 노력에 관한 자료

1. 중앙정부 발급 문서

1876년 이후 국가는 지방의 보부상 조직을 중앙 조직의 하부기관으로 운영하려고 하였다. 그러한 노력을 보여주는 문서들은 아래와 같다. 그런데 이 문서들 중에는 혜상공국 전후의 문서와 상무사 이후의 동아개진교육회의 문서가 남아 있다. 상무사의 문서가 발급되어 진주에 오지 않았는지 아니면 발급되어 보관되어 오던 문서가 중간에 사라진 것인지 현재로서는 알 수 없지만, 상무사 발급 문서가 없다는 것은 흥미롭다. 또 진주지역 보상 조직과 관련된 한성부완문 등漢城府完文謄(1880년)과 판하 상리소 완문 절목判下商理所完文節目(1882년)은 남아 있는데, 부상 조직과 관련된 문서는 남아 있지 않다.[15]

한성부완문 등漢城府完文謄

1879년 한성부에서 발급된 한성부완문漢城府完文을 1880년에 경상우도 도접장 유익보兪益甫가 베껴서 진주 임소에 둔 문서이다. 이 문서에는 완문完文과 절목節目이 수록되어 있다.

완문에는 '상업은 물건을 매매하고 유통시켜 생활에 기여하고, 행상들도 접장이 있어 무리를 통제하여 부랑을 금지하며, 장시와 주막에서도 이들이 무뢰배가 아닌 것을 알고 있다. 그러나 영읍의 아전과 하인 무리가 행상을 무뢰배나 명화적으로 몰아 모함한다. 이런 일을 없애기 위해 한성부에서 팔도 도접장八道都接長을 차출하고, 체문帖文과 도장으로 행상의 신원을 보증하게 한다'는 내용을 담고 있다. 이 완문은 당시 행상단들이 처한 현실과 국가의 행상단 관리 방침을 잘 보여주고 있다. 절목은 37개 조목으로 되어 있는데, 도접장의 설치와 운영, 신분증의 운영, 임소의 설치와 행상단 내부규칙, 접장의 설치와 운영, 객주에 관한 규정, 좌상坐商에 대한 조목 등이 실려 있다.

....

15 이헌창, 「조선말기 보부상과 보부상단」, 『국사관논총』 38, 1992, 162~164쪽.

이 문서는 중앙정부에서 보낸 문서 중 가장 오래된 것으로 1880년 경 중앙정부가 진주의 보상 조직을 흡수하려는 시도가 담긴 것으로 보인다.

판하 상리소 완문 절목判下商理所完文節目

1882년에 작성, 발급된 상리소商理所의 완문과 절목이다. 완문에는 '상업 활동이 백성의 생업에 중요하고, 상민들도 한마음으로 나라를 위해 열심히 일하고 있다. 그런데 떠돌아다니는 보부상의 처지가 불쌍하고, 또 침탈당하는 폐단이 있어 임금이 도소를 설치하여 팔도의 상민들이 귀의할 곳을 마련하였다'는 내용을 수록하고 있다. 절목은 모두 26개 조목인데, 상리소 당상과 도접장의 임무와 역할, 도접장의 선출과 임기, 접장의 차출, 임소의 상민 명부, 신표의 격식과 운영, 도적 방지와 상거래 폐단 척결 등이 적혀 있다. 특히 이 문서에는 앞의 한성부완문 등에는 보이지 않는 부상의 수세를 금지하는 조목이 있다. 이 문서도 보상의 활동 지침을 담고 있는 자료라 하겠다.

판하공국 우사 경상우도소 절목判下公局右社慶尙右都所節目

1884년 혜상공국이 우사를 운영하는 절목이다. 이 책에는 서문, 혜상공국 설치 내력, 절목이 적혀 있고 마지막 부분에 혜상공국당상의 수결이 쓰여 있다.

서문에는 '상민은 사민 중 하나이다. 팔도의 보상은 빈한貧寒한 사람으로 신의에 힘쓰고 법과 분수를 지키지만, 관부의 횡액이나 장시의 침탈을 당하면 억울함을 호소하기 어려운 백성이다. 이에 임금이 혜상공국惠商公局을 창설하고 상민을 맡아 관리하게 하였다. 혹 불량한 무리가 숙원을 풀고자 여리閭里에서 함부로 침탈을 자행하거나 상민을 사칭하고 장세場稅를 강제로 걷으면, 법에 따라 처벌받을 것이다.'는 내용이 수록되어 있다.

혜상공국 설치 연혁을 보면, 1883년 8월 7일 부상과 보상을 군국아문에 소속시키라는 국왕의 전교에 따라 8월 19일 좌의정 김병국이 부상과 보상을 함께 관할하는 혜상공국의 설립을 주장하였고, 9월 2일에 어영대장御營大將 한규직韓圭稷을 혜상공국 공사당상惠商公局公事堂上으로 임명하였다. 1884년 3월에 감사와 유수가 혜상공국의 총판을 예겸하고, 수령은 분판을 예겸하여 보부상을 관할하게 하였다. 절목에는 혜상공국이 관할하는 일과 견제하는 방법, 임소任所의 설치, 금지하는 약조約條가 적혀 있다.

이 책에서는 혜상공국 공사당상 한규직이 주목된다. 한규직은 당시 경상우도 병마절도사 한규설韓圭卨의 친형으로 혜상공국 창설의 핵심인물이었다. 이런 이유로 진주지역에서는 한규설·한규직 형제와 관련된 석각石刻이 남아 있다.[16]

판하 상리국 절목判下商理局節目

1887년에 발급된 상리국商理局의 운영에 관한 절목이다. 상리국은 1883년에 설치된 혜상공국惠商公局이 폐지된 뒤 1885년에 새로 생긴 보부상 조직이다. 이 책에는 상리국에 관련된 국왕의 지시와 임원진 임

....

16 진주 남강변 촉석루 밑의 절벽에는 한규직과 한규설의 이름이 크게 새겨져 있다.

명, 절목 등을 담고 있다.

서문에서는 혜상공국을 폐지하고 상리국을 설치한 이유를 주로 담고 있다. 본문은 국왕의 전교傳敎와 절목으로 구성되어 있다. 1885년 8월 10일에는 원래 상인[原商人]을 보호할 수 있는 절목節目을 만들라는 국왕의 지시가 내려졌다. 9월 11일에 협판내무부사 민응식閔應植, 민영익閔泳翊, 이종건李鍾健이 상리국 총판商理局總辦에 임명되었다. 1885년에 작성된 9개의 절목에는 각읍 소재 원보부상 명단을 성책하여 순영감영에 보고하고, 부상負商과 보상褓商을 엄격히 구별할 것, 위조를 방지하기 위한 표지標識의 형식, 좌우사左右社의 비용 운용에 대한 규정 등이 실려 있다. 1887년 2월 27일에는 한규설韓圭卨과 민영환閔泳煥을 상리국총판으로 임명한다는 국왕의 명령이 내려졌다. 이때 추가된 절목에는 통령統領·도반수都班首·도접장都接長을 비롯한 임원의 수, 선발원칙, 임무에 대한 규정을 자세히 기록하였으며, 상리국 소속 보부상들의 행동 수칙도 적혀 있다.

이 책의 내용 가운데 갑신정변 당시 사망한 한규직을 대신하여 그의 아우 한규설이 상리국총판이 된 사실이 주목된다. 1887년 2월 한규설이 상리국 총판으로 임명되자, 진주지역 부상들은 전임 경상우도 병마절도사 한규설의 공적을 현창하는 비석을 세웠다.[17]

....

17 이 비석은 현재 진주성 내 비석거리에 세워져 있다. 비석의 내용은 뒤의 병총판 한규설 혁폐불망비兵總辦韓圭卨革弊不忘碑에서 소개하겠다.

동아개진교회 상업과 장정東亞改進敎會商業課章程

1905년 9월에 동아개진교육회가 만들어 보낸 장정이다. 이 책에는 서문, 상업과 규칙商業課規則, 부칙규례附則規例, 임원명단이 적혀 있다. 서문에는 '갑오경장 이후 상권이 외국에 넘어가 서울의 육의전을 폐지하지 않았는데도 스스로 폐업을 하여 시골의 부상과 보상들이 의지할 데가 없게 되고 상업의 유통이 완전히 막혔다. 이에 황제의 명령으로 조직을 만들었는데, 그 조직도 나뉘고 운영이 제대로 되지 못하였다. 상업을 확장하는데 세력을 나누어서는 안 되므로, 각 전과 부상과 보상이 합쳐 하나의 회會를 만들고, 칙령장정勅令章程과 조례를 작성하니, 모든 상민은 이를 준수하자'는 내용을 담고 있다. 서문의 끝 부분에 "위로 황실皇室을 보호하고 아래로 재원을 풍부히 길러 성은에 우러러 보답하자"고 적고 있어, 서양과 일본 세력의 본격적인 경제 침탈을 막으려는 당시 상인들의 의지가 반영되어 있다.

상무우단 장정商務右團章程

1908년 4월 발급된 동아개진교육회의 장정이다. 이 책에는 회장 조중응趙重應 등의 서문과 동아개진교육회 상무세칙東亞開進敎育會商務細則, 임원 명단, 좌우단 소속 물종건左右團所屬物種件 등이 기록되어 있다. 조중응은 서문에서 '우리나라의 쇠퇴와 부진은 백성의 지혜가 어둡고 빈약하여 수십 년 동안 정부가 교육 확장과 실업 발달에 힘썼으나 효과를 보지 못하였다. 최근에 개진교육회開進敎育會를 창립하였으나 효과가 없었다'면서 다시 회원의 엄격한 선발과 미비한 규칙의 정비를 통해 상업을 진작시켜 국력을 기르자고 주장하였다. 1905년에 만들어진 동아개진교육회가 일본에 의해 제대로 활동을 하지 못하자 이를 진작시키고자 1908년에 조직 정비를 하던 당시의 사정을 보여주고 있다.

지명서指明書

1908년 4월 동아개진교육회 상업과東亞開進敎育會商業課 부사무副司務 김광희金光熙와 위홍석魏洪奭이 경남 진주지회 상무좌우단商務左右團의 신구임원新舊任員과 상인에게 중앙 조직의 결정 사항을 알린 글이다. 이 글에는 동아개진교육회 상업과가 새로 생겨 상인들이 의지할 조직이 생겼다는 점을 지적하고, 새로 임명된 임원의 이름을 알리고, 예전에 사용하던 구공문과 인장을 상업과에 보내라는 내용이다. 이 지명서는 위의 상무우단 장정과 함께 진주상인에게 전달되었다고 여겨지는데, 동아개진교육회의 중앙조직이 지방조직을 정비하려 한 시도로 보인다.

2. 경남 및 진주 작성 문서와 자료

경남과 진주지역에서 작성된 문서는 주로 완문이나 절목의 형태로 짧은 내용을 담고 있어 체계적인 정보를 얻기 위해서는 보다 많은 자료를 함께 조사하여야 할 것으로 생각된다. 특히 현재 남아 있는 자료는 순전히 진주지역 상인들이 지방의 관官과 관계를 맺으면서 자신들의 경제적인 이익을 위해 노력한 내용이 담긴 자료이므로 이에 대한 자세한 검토가 필요하다고 생각한다.

이 문서들 중 건어전 완문乾魚廛完文(1856년), 완문完文(1878년), 어각전 완문魚各廛完文(1882년), 북어전 완문北魚廛完文(1891년)은 진주지역 부상조직과 관련된 문서들이라 할 수 있다. 현재 진주지역의 부상조직과 관련하여 중앙정부로부터 받은 문서는 남아 있지 않다. 그 대신 지역 내에서 생산된 부상조직의 문서가 다수 남아 있다는 것이 주목을 끈다.

건어전 완문乾魚廛完文

1856년 2월 건어전을 하는 부상들이 서로 돕기 위해 규정을 만든 내용이다. 1853년경에 건어전을 하는 부상들이 재원을 모아 초상을 치르고 매장하기 시작하였는데, 이때 규정을 정하고 완문을 쓴 것이다. 경상우병사의 수결이 있고, 절목에는 5개 조목이 적혀 있다. 이 문서는 진주지역의 부상조직이 보다 정교화되는 과정을 잘 보여준다.

완문完文

1878년 4월 사천의 사령청 사령과 건어전 임원 간의 우의를 도모한다는 내용을 담고 있는 완문이다. 그리고 이 양자 간의 관계를 사천의 장교청에서 공증을 하고 있다. 당시 부상조직은 시장세 수세와 관련하여 관의 장교, 사령들과 결탁하여 상호간에 이익을 도모하고 있었는데 이를 보여주는 자료라 하겠다. 이 책에는 완문과 사천관 장방泗川官將房의 수결, 명단이 적혀 있다. 건어전의 대방大房 김광열金光悅, 부수副首 김만억金萬億, 공원公員 김우창金禹昶·김택인金宅仁과 사천 사령청의 1번 도사령一番都使令 손경식孫慶植, 2번 도사령二番都使令 천도권千道權, 3번 도사령三番都使令 오병식吳秉植 등 21인이 약조하였다.

어각전 완문魚各廛完文

1882년 6월 진주목에서 작성, 발급된 완문이다. 이 책에는 완문과 명단, 절목이 수록되어 있다. 완문에는 최근 진주에 임방任房이 없어 행상규례行商規例가 문란하다면서 다시 임소를 설치하고 임원을 임명하여 시장 내의 질서를 세우자는 내용을 담고 있다. 남아 있는 문서에는 직위를 알 수 없는 천상락千相洛, 별공원別公員 박덕원朴德元, 한산 공원閑散公員 김성겸金成兼, 집사執事 유한필劉漢必, 동몽 대방 총각童蒙大房摠角 정암회鄭岩回, 공원公員 김기조金己祚, 조사助事 김작은놈[金自斤老末]이라는 명단이 붙어 있다.

도소 절목都所節目

1887년 2월 도소都所에서 일하고 있는 총각 비방摠角備房에게 수고비조로 구전口錢을 주는 규정을 정한 문서이다. 이 문서에 의하면, 구전은 금전錦廛에서는 청물靑物 1근당 1전, 화석火石 1척隻당 5전, 건금乾金 1척당 5전, 유황琉黃 매 근당 1푼씩, 백반白礬 1근당 1푼, 낙죽烙竹과 백죽白竹 1첩貼당 3푼, 색죽色竹 매 첩당 5푼으로 하고, 어과전魚果廛 중에서는 멸오치두승세滅吳致斗升貰(멸치거래에서 생기는 세 추정)는 장날마다 걷어 모으게 하고 있다. 도소가 보상의 물품과 부상의 일부 품목에 대한 구전을 총각비방의 수고비로 인정하고 있는 것이다.

병총판 한규설 혁폐불망비兵總辦韓圭卨革弊不忘碑

1887년 진주를 비롯한 7개 읍의 부상負商들이 시장세의 폐단을 해결한 전 경상우도 병마절도사 한규설을 기리기 위해 세운 비석이다.[18]

한규설은 1884년 진주에 사전이 창설될 당시 경상우도 병마절도사였다. 이때 그는 보부상의 이해관계에 얽힌 중요한 조치를 취하였던 것으로 보인다. 이후 한규설은 갑신정변 때 사망한 친형 한규직을 대신하여 상리국 총판으로 취임하였다. 진주지역의 부상들은 권력의 중심에 선 전직 경상우도 병마절도사와의 인연을 강조하면서 보부상의 지역 내 위세를 강조하고자 병총판 한규설 혁폐불망비를 세운 것으로 보인다. 이후 한규설은 개화파를 지원하는 등 개혁적인 무관으로 활동하였으며, 1905년 의정부 참정대신으로 을사조약을 끝까지 반대하였다.[19]

부산항 출입각물 내외구전 정식 절목釜山港出入各物內外口錢定式節目

1888년 2월에 동래부사가 동래부 내 향청鄕廳·무청武廳·질청作廳의 관속, 부산항 출입 상민, 객주 등과 함께 모여 부산항에서 유통하는 물품의 구전口錢을 정하고 이를 공증한 문서이다. 이 책에는 내구內口·일본인에게 적용되는 조목, 외구外口·조선인에게 적용되는 조목의 물품의 구전 정식, 영원히 혁파되는 조목[永革秩], 상민과 객주가 사적으로 주는 구문 정식이 적혀 있고, 마지막에 경상좌우도 도회소慶尙左右道都會所의 임원 명단이 수록되어 있다. 이 문서는 부산항에서 일어나는 수출입 물품의 구전 정식을 정하고 이를 동래부사를 비롯하여 좌수座首, 중군中軍, 행수 군관行首軍官, 집사 행수執事行首, 병방 군관兵房軍官, 공형公兄 등이 보증하고 있다.

....

18 이 비석은 현재 진주성 내 비석거리에 세워져 있다.
19 유영익, 「甲午更張 이전의 俞吉濬」, 『甲午更張硏究』, 一潮閣, 1990, 102~103쪽.

북어전 완문北魚廛完文

1891년 3월 북어전北魚廛·생어전生魚廛·남초전南草廛 3전의 구전口錢을 징수함에 있어 절목과 구전의 수효를 정한 문서이다. 이 문서의 내용은 '장교의 등장을 보니, 장교의 역役이 많은데 보조가 적다면서, 본 읍의 장시에 구전이 없는 북어전, 생어전, 남초전에 구전을 붙여 장교의 보조를 위해 세를 거두게 한다'는 것이다. 진주목사를 비롯하여 승발承發 조종환趙宗煥, 호방戶房 강백우姜栢佑, 이방吏房 김종선金鍾善, 호장戶長 강문황姜紋璜 등의 수결이 있다. 이 문서는 진주장시에서 부상의 품목인 북어전, 생어전, 남초전의 구전을 거두게 하는 내용이다.

경남 상무시찰 완문慶南商務視察完文

1901년 3월 궁내세무宮內稅務 겸 경남 상무시찰兼慶南商務視察 김상학金相鶴이 경상남도 양산梁山 원동포院洞浦에서 상무사 운영에 관한 완문, 임원명단, 절목 등을 적은 책이다. 이 자료는 창녕상무사 소장 자료에서도 발견된다. 완문에는 '상권이 외국에 넘어가 내부에는 상품유통이 막혀 행상과 좌고가 폐업되는 지경에 이르렀다. 이에 칙명을 받들어 상무사를 설치하고 지사를 각도 각군에 설치하여 상업에 힘쓰고자 하였다. 상무를 의논할 만한 사람을 뽑아 부상과 보상 조직의 도내 도지사를 설치하고 상품 매매에 대한 몇 조목을 기록한다'는 내용이 담겨 있다.

결의서決意書

1935년 4월 18일 진주시장 상인들이 진주읍晉州邑의 시장세 인상에 항의하여 서약서誓約書를 작성하고 상인들의 연대 서명을 받은 문서이다. 상인들은 상설시장 사용료 인하 외에 불필요한 외등外燈의 설치 취소, 무료 공중수도의 가설, 시장구내 위생기관의 완비 등을 요구하였다. 실행위원實行委員은 강선호姜善昊, 서기완徐奇完, 문장현文章現, 김진선金振銑, 강문현姜汶鉉, 강석진姜錫珍, 오경표吳景杓 김봉옥金奉玉, 배극중裵克仲, 박덕수朴德守, 김수범金守凡, 장두남張斗南, 김만두金萬斗, 김상우金尙宇, 박조원朴祚元, 서세완徐世完, 하석금河石金, 신선준申先俊, 공태학孔泰鶴이고, 서약인誓約人은 소내진蘇乃珍 등 120여 명이다.

변영만 찬 봉은옹찬 병인卞榮晚撰鳳隱翁贊幷引

1949년 10월 진주에 기거하던 변영만卞榮晚이 말년의 정상진鄭相珍을 예찬한 글을 담은 편액이다.[20] 변영만은 진주에 왔다가 정상진을 보고 그에 대해 예찬하는 글을 지었다. 변영만은 국무총리를 지낸 변영태卞榮泰와 논개論介의 시인으로 유명한 변영로卞榮魯의 형으로 법률가이자 학자이다.

....

20 정상진의 손자 정인화鄭仁和의 구술에 의하면, 정상진鄭相珍(호 봉은鳳隱, 1878~1950년)은 본명이 정우용鄭佑鎔으로 포은 정몽주의 17대손이다. 정상진의 할아버지는 하동군 청암면 궁항弓項, 홀메개에 거주하였다. 할아버지가 일찍 사망하자, 할머니는 진주로 나왔다가 충청도 영동으로 재가하였다. 이때 정상진의 아버지는 어머니를 따라 충청도 영동으로 갔다. 이후 아버지는 할머니의 유언에 따라 20대쯤에 진주로 와 시장에서 장사를 하게 되고 30대의 나이에 늦게 결혼하여 세 아들을 두었다. 정상진은 그 중 큰아들이다. 진주시장 구 종로, 현 갤러리아 백화점 부근에서 정상진 부자父子가 노점상을 하였는데, 정상진의 아버지는 약종상을 하고, 정상진은 건어물상을 하였다. 정상진은 서당 교육도 받지 못하였으나, 근면 성실로 진주 최고의 부자가 되었다. 1950년 1월 72세로 사망하였다. 본가는 비봉산 아래에 있는 비봉루 밑에 위치하고 있다.

VI. 맺음말

이상으로 진주상무사 자료에 대해 살펴보았는데, 여기에서는 앞선 내용을 요약하면서 향후 과제에 대해 의견을 제시하는 것으로 결론을 대신하고자 한다.

진주상무사 자료는 사전 청금록을 비롯하여 87건 87점의 다양한 종류의 문화재로 구성되어 있다. 이 자료들은 19세기 전반 이래 현대까지의 진주지역 상업을 살펴 볼 수 있는 1차 사료로 가치가 높다. 이 자료들은 크게 '진주상인과 그 조직에 관한 자료', '진주상인들의 회합장소에 관한 자료', 그리고 '경제적 이익 보호 노력에 관한 자료'로 나누어 볼 수 있는데, 그 특징을 살펴보면 다음과 같다.

첫째, '진주상인과 그 조직에 관한 자료'로 어과전 천금록 등과 같은 회칙과 임원 명부, 인장과 신분증이 있다. 이 자료들은 진주 상인조직의 임원 명단과 규약을 담고 있어 진주상인들에 대한 기초적인 자료라 할 수 있다. 또 인장과 신분증은 진주 상인조직의 실제 운영을 반영한 자료라 하겠다.

둘째, '진주상인들의 회합장소에 관한 자료'로는 사전권조문 등과 같은 회관 건립 관련 문서와 우도소 창설초기 서문 같은 현판이 있다. 상인회관은 진주상인들의 활동 구심점으로 기능하였는데, 이를 건립하거나 보수하기 위해 기부금을 모았다. 이 기록을 통해, 우리는 당시 진주상인들의 인적 교류 네트워크를 확인할 수 있다.

셋째, '경제적 이익 보호 노력에 관한 자료'는 중앙정부에서 발급한 문서와 경남·진주지역에서 만들어진 문서가 있다. 중앙정부에서 발급한 문서를 통해, 우리는 보부상조직의 성격 변화를 알 수 있을 뿐 아니라 중앙정부가 지방의 보부상조직을 운영하기 위해 어떤 조치를 하였는지를 한눈에 살필 수 있다. 이에 반해, 경남과 진주지역에서 작성된 문서는 그 수량이 비록 적지만 지역의 보부상조직이 지역의 상업활동을 위해 어떤 노력을 해왔는지를 규명하는 데 중요한 자료이다. 시기별로 미묘한 변화가 보이는 것도 향후 본격적인 연구에서 주목할 부분이다.

마지막으로, 진주상무사 자료는 근대 진주의 역사를 재구성하는 데도 도움을 줄 것이다. 기존의 지역사 자료들은 주로 양반가와 그 후손들의 것이 대부분이었다. 그런데 진주상무사 자료에는 양반 외에 상민층常民層과 관련된 기록이 다수 포함되어 있다. 그러므로 이 자료에 나오는 개별 인물에 대한 구체적인 조사가 이루어진다면, 19세기부터 오늘날까지의 진주 사회의 변화상을 보다 입체적으로 규명할 수 있을 것이다.

I

진주상인과
그 조직에 관한
자료

1. 회칙과 임원명부

어과전 천금록魚果廛千金錄[1]

1834~1912

◆

□□□□□□□□□□목

□□□□□천금록이라 한다

무진년 3월 일

◆

□□□□□□□□□□目

□□□□□謂之千金錄

戊辰三月 日

----

1 어과전 천금록魚果廛千金錄: 이 책의 표제가 떨어져 나가 정확한 책명을 알 수 없다. 그러
나 어과전 임방魚果廛任房 또는 어과전魚果廛이라는 인장이 찍혀 있어 어과전의 천금록
인 것으로 보인다. 책으로 엮은 시기는 무진년이지만, 구체적인 연도는 알 수 없다.

◆

무신년(1848) 5월 일

□□□□□□□□□절목

무릇 우리 동료가 남과 북에서 부평초처럼 떠다니는 신세이면서, 물고기가 모이는 것처럼 만나게 된다. 혹은 형이라 부르고 혹은 아우라 부르며 스스로 관포지교[2]에 비교하다가, 재물이 다하게 되면 처음에는 욕설을 하고 결국에는 서로 구타하여 살해하는 변고도 간혹 있다. 이것이 어찌 두렵지 않은가. □□□ 동료들이 이렇게 문란한 것은 다름이 아니다. □□□□□ 사람들을 평소에 경계시키는 □□□□□□ 정성을 대략 이렇게 □□□□□□ 어기는 사람이 있거든 □□□□□ 절목의 조항에 따라 엄하게 징치할 것이다.

무신년(1848) 5월 일

영사[3]

1. 어떤 동료를 막론하고 병으로 죽거든 통문을 내고 주검을 거두어 염하여 매장하도록 할 것.
1. 장유유서의 법을 모르고 함부로 욕하거나 모욕하는 자는 특별히 엄히 다스릴 것.

....

2 관포지교管鮑[之交]: 춘추시대 제齊나라 관중管仲과 포숙아鮑叔牙의 아름다운 우정을 말한다.
3 영사營使: 경상우병사이다. 정부에서 보부상 조직을 결성하면서, 지방에서는 감사나 병사가 총괄 관리하게 하였다. 진주에는 경상우병영이 있었기 때문에, 경상우병사가 보부상을 총괄하였다.

◆

戊申五月　日(朱印)

□□□□□□□□節目

凡我同僚　自南自北　情同浮萍　跡涉聚魚　或稱兄稱弟　自比管鮑是如可　其於財

盡之日　則初焉辱說　畢境則交加毆打　殺越之變　間或有之　此豈不懍然乎　□□

□同僚之如是紊亂者　無他　□□□□□之人無平日警□□□□□□之誠　略此

□□□□□□有犯科□□□□□節條　嚴懲以齊

戊申五月　日(朱印)

營使

一　無論某僚　因病身死是去等　當發通收斂　以爲掩身體埋瘞之地是齊

一　不知年齒之法　無難辱說凌踏者　別般嚴治是齊

1. 주정하는 무법자와 노름과 같은 잡기를 하는 무뢰배 또한 엄히 다스려 금지시킬 것.

1. □□ 매매할 때 시세대로 사들이되, □□□□로 매매하는 자 또한 엄히 다스릴 것.

1. □□□□□□□□한 곳에서 안면을 찡그리거나 사역을 □□하는 자는 엄히 다스릴 것.

1. 훔친 물건을 사들이지 않음으로써, 동료로 하여금 나쁜 처지로 섞여 들어가지 않도록 하며,

1. 어린 사람이 길에서 나이 많은 동료를 만나면 반드시 절하여 존경을 표하고 조금이라도 함부로 대하지 말 것.

1. 훈장[4]이 죽으면 상포 1필, 돈 3냥, 백지 1속을 부의로 할 것.

1. 공원[5]이 죽으면 상포 1필, 돈 1냥 5전, 백지 1속을 부의로 할 것.

1. 집사[6]가 죽으면 돈 1냥, 백지 1속을 부의로 할 것.

갑오년(1834)　　　　　　　　甲午年

　훈장 남춘성　　　　　　　訓丈 南春性

　공원 이중대　　　　　　　公員 李仲大

　집사 배태인　　　　　　　執事 裵太仁

을미년(1835)　　　　　　　　乙未年

....

4 훈장訓丈: 지방 보부상 조직의 우두머리. 통상 '접장'이라고 하였다.
5 공원公員: 보부상 임원 중 하나. 장시의 상거래 질서를 유지하는 업무를 맡았다.
6 집사執事: 보부상 임원 중 하나. 보부상 조직의 실무를 담당하였다.

一 酗酒無法者 雜技無賴者 則亦當嚴治以止是齊

一 □□賣買之時 以時勢買得而 □□□□賣買者 則亦爲嚴治是齊

一 □□□□□□□□之處 面不順□□□□使役者 嚴治是齊

一 不買盜賣物件 無使同僚混入於玉石俱焚[7]之地 爲㫆

一 年少之人 路逢年老同僚 則必拜致敬 少無慢忽是齊

一 訓丈身死 則喪布一疋錢參兩白紙一束 賻儀爲齊

一 公員身死 則喪布一疋錢一兩伍戔白紙一束 賻儀爲齊

一 執事身死 則錢一兩白紙一束 賻儀爲齊

훈장 김대성	訓丈 金大成
공원 이성대	公員 李性大
집사 조곡성	執事 趙谷城
병신년(1836)	丙申年
훈장 조관일	訓丈 趙寬一
공원 이춘대	公員 李春大
집사 변삼개	執事 卞三介
정유년(1837)	丁酉年
훈장 이중대	訓丈 李仲大
공원 황함안	公員 黃咸安

....

7 옥석구분玉石俱焚: 옥과 돌이 함께 불타 버린다는 뜻으로, 착한 사람이나 악한 사람이 함
   께 망한다는 뜻이다.

집사 이서월   執事 李西月

무술년(1838)   戊戌年

훈장 서만억   訓丈 徐萬億

공원 홍만석   公員 洪萬石

집사 김예주   執事 金禮周

기해년(1839)   己亥年

훈장 오인채   訓丈 吳仁采

공원 김성억   公員 金成億

집사 한청주   執事 韓淸州

경자년(1840)   庚子年

훈장 황성이   訓丈 黃成伊

공원 김만대   公員 金萬大

집사 김서경   執事 金西京

□□년[8]   □□年

⋮   ⋮

⋮   홍만진   ⋮   洪萬陳

집사 정옥천   執事 鄭玉千

□□년[9]   □□年

....

8   신축년(1841)으로 추정된다.

9   임인년(1842)으로 추정된다.

⋮	⋮
⋮ 이선춘	⋮ 李先春
집사 김수원	執事 金守元

□□년[10]

□□年

⋮	⋮
⋮ 김도여	⋮ 金道汝
집사 강경기	執事 姜京畿

□□년[11]

□□年

⋮	⋮
⋮ 주 박윤보	⋮ 州 朴允甫
서면 공원[12] 한수득	西面公員 韓首得
단성 공원 한수득	丹城公員 韓首得
집사 최추봉	執事 崔秋奉

기유년(1849)

己酉年

훈장 문도흥	訓丈 文道興
공원 김종운	公員 金宗雲
집사 나쾌중	執事 羅噲重
윤 억	尹 億

....

10 계묘년(1843)으로 추정된다.
11 무신년(1848)으로 추정된다.
12 서면 공원西面公員: 어과전 보부상 임원의 하나. 어과전 상인 중 '서면'의 장시를 단속하는 업무를 맡았다.

경술년(1850)   庚戌

    ⋮   □□□   ⋮   □□□[13]

    공원 최옥득   公員 崔玉得

    집사 최정출   執事 崔定出

신해년(1851)   辛亥年

    훈장 박종엽   訓丈 朴宗燁

    공원 조재인   公員 趙在仁

    집사 성　룡   執事 成　龍

임자년(1852)   壬子年

    훈장 문도흥   訓丈 文道興

    공원 한수득   公員 韓守得

    별공원 최옥득   別公員 崔玉得

    집사 윤장단   執事 尹長短

계축년(1853)   癸丑年

    훈장[14] 이선춘   訓長 李先春

    공원 성선룡   公員 成善龍

    별공원 김창신   別公員 金昌臣

    공원 김흥렬   公員 金興烈

···············

13 □□□: 도찰(칼로 긁어내어 고치는 일)하였다.

14 훈장訓長: 기존의 훈장訓丈이 훈장訓長으로 달리 표기되기 시작한다. 1859년부터는 훈
    장이 접장으로 명칭이 바뀐다.

집사 전치문	執事 全致文

갑인년(1854) · 甲寅年

훈장 조재인	訓長 趙在仁
공원 최옥득	公員 崔玉得
별공원 최돌몽	別公員 崔乭夢
집사 김일득	執事 金日得

을묘년(1855) · 乙卯年

훈장 한수득	訓長 韓守得
공원 전도성	公員 全道性
별공원 황학기	別公員 黃學技
집사 이만응	執事 李萬應

병진년(1856) · 丙辰年

훈장 김종운	訓長 金宗雲
공원 금순만	公員 琴順萬
별공원 민원철	別公員 閔元喆
별집사 문경호	別執事 文慶鎬
집사 김팔백	執事 金八百

□□□년[15] · □□□年

⋮ 김일득	⋮ 金日得

....

15 정사년(1857)으로 추정된다.

별공원 한득복	別公員 韓得福
유사 이춘천	有司 李春川
집사 김인득	執事 金仁得

무오년(1858) 3월 초3일	戊午三月初三日
훈장 성선용	訓長 成善用
공원 윤□렬	公員 尹□烈
집사 박근출	執事 朴根出

기미년(1859) 3월 초3일	己未三月初三日
접장 성송택	接長 成松澤
공원 김철성	公員 金哲成
별공원 조성업	別公員 趙成業
집사 이행록	執事 李幸祿

경신년(1860) 3월 초3일	庚申三月初三日
반수[16] 김두홍	班首 金斗洪
접장 이몽치	接長 李夢致
공원 임영춘	公員 任永春
□□원 양철은	□□員 梁哲隱
집사 우명복	執事 禹命福

신유년(1861) 3월 초3일	辛酉三月初三日

....

16 　반수班首: 조직의 우두머리로 명예직이다. '반수'라는 직책이 이때 새로 등장한다.

반수 김두홍	班首 金斗洪
접장 최옥득	接長 崔玉得
공원 변희문	公員 卞喜文
별공원 박월손	別公員 朴月孫

임술년(1862) 3월 초3일 　　　　壬戌三月初三日

반수 최천익	班首 崔千益
접장 윤장단	接長 尹長短
공원 나우첨	公員 羅又沾
별공원 박월손	別公員 朴月孫

계해년(1863) 3월 초3일 　　　　癸亥三月初三日

반수 김두홍	班首 金斗洪
접장 금명순	接長 琴鳴舜
공원 이행록	公員 李幸祿
별공원 조성업	別公員 趙成業
집사 송대손	執事 宋大孫

갑자년(1864) 3월 초3일[17] 　　　甲子三月初三日

⋮	⋮
⋮　　김철성	⋮　　金哲成
공원 김일득	公員 金日得
집사 최성룡	執事 崔成龍

....

17　갑자년(1864)으로 추정된다.

을축년(1865) 3월 초3일	乙丑三月初三日
반수 김두홍	班首 金斗洪
접장 성송택	接長 成松澤
별공원 조성업	別公員 趙成業

병인년(1866) 3월 초3일	丙寅三月初三日
반수 김두홍	班首 金斗洪
접장 김도성	接長 金道成
공원 박윤홍	公員 朴允弘
개차접장[18] 최옥득	改次接長 崔玉得
별공원 박 희	別公員 朴 喜

정묘년(1867) 3월 초3일	丁卯三月初三日
반수 김두홍	班首 金斗洪
접장 홍성도	接長 洪聖道
공원 고치관	公員 高致寬
별공원 양철은	別公員 梁哲隱
집사 김한산	執事 金韓山

무진년(1868) 3월 초3일	戊辰三月初三日
반수 김두홍	班首 金斗洪
접장 변희문	接長 卞喜文

----

18 개차접장改次接狀: 보부상 임원 중 하나로 보이는데, 구체적인 역할은 알 수 없다. 문자
    상으로는 '접장' 예정자로 보이는데, 이후 연도 명단에서 '최옥득'이 접장으로 나오는 사
    례가 없다.

공원 김내성	公員 金乃成
별공원 석학성	別公員 石學聲
집사 조종수	執事 曺宗水
총각 좌상[19] 김창원	摠角座上 金昌原
서면 좌상[20] 문성욱	西面座上 文成旭
공원 하필윤	公員 河必潤
별공원 안국신	別公員 安國信
사천 공원 박창복	泗川公員 朴昌福
⋮	⋮
집사 윤흥문	執事 尹興文
단성 공원 김효동	丹城公員 金孝洞
북창 공원 류명보	北倉公員 柳鳴甫

기사년(1869) 3월 초3일　　　　　　己巳三月初三日

반수 김두홍	班首 金斗洪
접장 홍성도	接長 洪聖道
공원 최석룡	公員 崔錫龍
집사 강고미	執事 姜古未
총각 대방[21] 이우성	惣角大房 李佑成

19 총각 좌상總角坐商: 보부상 조직의 산하단체로 미혼자의 모임인 '동몽청' 또는 '총각청'
　　이 있다. 보부상 조직의 지휘에 따라 대외적으로 물리적인 실력행사를 담당하였다. 이
　　총각청의 임원을 '총각 좌상'이라고 부른 것으로 보인다.
20 서면 좌상西面坐商: 보부상 임원의 하나. 지방 보부상 조직 중 면 단위 조직에서 보이는 임원
　　명이다. 공원보다 위에 나오는 것으로 보아, 면 단위 조직의 우두머리가 아닌가 생각된다.
21 총각 대방總角大房: '총각 좌상'과 같은 의미로 보인다.

임술년(1862) 8월 시행되는 본방 임소 절목기

1. 어떤 동료를 막론하고 병으로 죽으면, 즉시 염하여 매장하도록 할 것.

1. 장유유서의 법도를 모르고 함부로 욕하거나 모욕하는 자는 특별히 빼버릴 것.

1. 물건을 매매할 때 시세대로 사되, 억지를 부려 매매하는 자 또한 엄히 다스려 금지시킬 것.

1. □□ 동료로서 훈장이나 접장 앞에서 얼굴을 찡그리거나 불순한 말로 거역하는 자는 엄히 다스려 빼버릴 것.

1. 훔친 물건을 사지 않음으로써, 동료로 하여금 나쁜 처지로 섞여 들어가지 않도록 할 것.

1. 어린 사람이 길에서 나이 많은 동료를 만나면 반드시 절하여 존경을 표하고 조금이라도 소홀히 하지 말 것.

1. 반수의 상에는 돈 10냥, 백지 1속, 술 1병으로 부의를 할 것.

1. 접장의 상에는 돈 10냥, 술, 백지로 부의를 할 것.

1. 공원이 죽으면 돈 5냥, 술, 백지로 부의를 할 것.

1. 집사가 죽으면 돈 2냥으로 부의를 할 것.

1. 산방 임소[22]의 공원이 죽으면 돈 1냥으로 부의를 할 것.

임소[23]

....

22 산방 임소散房任所: 구체적인 내용을 알 수 없다.
23 임소任所: 임방이라고도 하며, 군현이나 도 단위로 설치된 보부상의 자치조직이다.

壬戌八月爲始 本房任所節目記

一 無論某僚 因病身死是去等 卽當以爲掩身體埋葬之地是齊

一 不知年齒之法 無難辱說凌視者 別般拔去是齊

一 物件賣買時 以時勢買得 而若或生抑□□□ 則亦爲嚴治禁斷是齊

一 □□□僚 不知□長□之處 面不□□辭不順拒逆者 則嚴治拔去是齊

一 不買盜賣物件 無使同僚混入於玉石俱焚之地爲旀

一 年少之人 路邊年老同僚 則必拜致敬 少無慢忽是齊

一 班首身喪 則錢拾兩白紙一束酒一壺賻儀是齊

一 接長身喪 則錢拾兩酒白紙賻儀是齊

一 公員身死 則錢伍兩酒白紙賻儀是齊

一 執事身死 則錢貳兩賻儀是齊

一 散房任所公員身死 則錢一兩賻儀爲齊

任所

경오년(1870) 3월 초3일 　　　　　　　庚午三月初三日

　　반수 성송택 　　　　　　　　　　班首 成松澤

　　접장 최경출 　　　　　　　　　　接長 崔敬出

　　공원 최성룡 　　　　　　　　　　公員 崔成龍

　　별공원 서일석 　　　　　　　　　別公員 徐壹石

　　집사 박기철 　　　　　　　　　　執事 朴基哲

신미년(1871) 3월 초3일 　　　　　　　辛未三月初三日

　　반수 성송택 　　　　　　　　　　班首 成松澤

　　접장 김내성 　　　　　　　　　　接長 金乃成

　　공원 이춘업 　　　　　　　　　　公員 李春業

　　문서 공원 최경희 　　　　　　　　文書公員 崔景希

　　별공원 서일석 　　　　　　　　　別公員 徐壹石

　　집사 김화서 　　　　　　　　　　執事 金化瑞

임신년(1872) 3월 초3일 　　　　　　　壬中三月初三日

　　반수 성송택 　　　　　　　　　　班首 成松澤

　　접장 금명순 　　　　　　　　　　接長 琴鳴舜

　　공원 이유순 　　　　　　　　　　公員 李有舜

　　문서 공원 최경희 　　　　　　　　文書公員 崔景希

　　별공원 서일석 　　　　　　　　　別公員 徐壹石

　　집사 김화서 　　　　　　　　　　執事 金化瑞

계유년(1873) 3월 초3일 　　　　　　　癸酉三月初三日

반수 성송택	班首 成松澤
접장 고성범	接長 高聖凡
공원 정만필	公員 鄭萬弼
문서 공원 강백순	文書公員 姜百淳
별공원 박근성	別公員 朴根成
집사 박재용	執事 朴再用
총각 대방 강원이	楤角大房 姜元伊

갑술년(1874) 3월 초3일	甲戌三月初三日
반수 성송택	班首 成松澤
접장 최석용	接長 崔錫用
공원 박응오	公員 朴應五
문서 공원 강백순	文書公員 姜百淳
별공원 박근성	別公員 朴根成
집사 박수철	執事 朴壽哲
총각 영수 허기성	楤角令首 許己成

을해년(1875) 3월 초3일	乙亥三月初三日
반수 성송택	班首 成松澤
접장 하칠봉	接長 河七奉
공원 이문철	公員 李文哲
별공원 서일성	別公員 徐日成
집사 이화실	執事 李化實
총각 영수 강원이	楤角令首 姜元伊

병자년(1876) 3월 초3일 丙子三月初三日

반수 성송택 班首 成松澤

접장 이우성 接長 李右成

공원 이문철 公員 李文哲

별공원 서문일 別公員 徐文日

별공원 김도응 別公員 金道應

집사 김재근 執事 金在根

총각 영수 김봉길 憁角令首 金奉吉

개차 영수 허기성 改次令首 許己成

정축년(1877) 3월 초3일 丁丑三月初三日

반수 김도성 班首 金道成

접장 이업이 接長 李業伊

공원 박근선 公員 朴根善

집사 강원이 執事 姜院伊

별공원 김화백 別公員 金化伯

별공원 최치관 別公員 崔致寬

신태옥 申泰玉

총각 영수 박용이 憁角令首 朴用伊

무인년(1878) 3월 초3일 戊寅三月初三日

반수 김도성 班首 金道成

접장 □창복 接長 □昌福

공원 배주혁 公員 裵周赫

집사 □재화   執事 □在和

□□ □□□   □□ □□□[24]

외촌   外村

문선 좌상 김신재   文善座上 金信哉

공원 김처문   公員 金處文

북어전 좌상 문극중   北魚廛座上 文極仲

공원 강경오   公員 姜敬五

사천 공원 제필준   泗川公員 諸弼俊

반성 공원 강덕순   班城公員 姜德淳

집사 김순안   執事 金順安

북창 공원 잉임[25]   北倉公員 仍任

소촌 공원 잉임   召村公員 仍任

서면 공원 황화은   西面公員 黃化殷

단성 공원 이성실   丹城公員 李成實

엄정공원 정양선   欕亭公員 鄭兩善

기묘년(1879) 3월 초3일   己卯三月初三日

반수 변희문   班首 卞僖文

반수겸접장 변희문   班首兼接長 卞喜文

공원 이화실   公員 李和實

집사 김환이   執事 金煥伊

....

24   □□ □□□: 먹으로 지워져 있다.

25   잉임仍任: 유임을 뜻한다.

이은진	李恩津
총각 영수 김인수	惣角令首 金仁壽
총각 공임 김귀인	惣角公任 金貴仁
경진년(1880) 3월 초3일	庚辰三月初三日
반수 김정세	班首 金廷世
접장 이문철	接長 李文喆
공원 강원이	公員 姜元伊
집사 성두홍	執事 成斗弘
현갑득	玄甲得
총각 영수 정암우	楤角令首 鄭巖禹
공원 김귀인	公員 金貴仁
조사[26] 김석원	助事 金石元
개차 영수 김옥천	改差令首 金沃川
신사년(1881) 3월 초3일	辛巳三月初三日
반수 최경출	班首 崔慶出
접장 고성범	接長 高聖範
공원 정만필	公員 鄭萬弼
도집사 김용식	都執事 金容植
김영철	金永哲
총각 영수 정암회	惣角領首 鄭巖回

....

26 조사助事: 총각방의 임원 중 하나로 보인다. 구체적인 업무는 알 수 없다.

공원 박성만	公員 朴聖萬
조사 이광엽	助事 李光燁
별공원 박덕원	別公員 朴德源
별공원 천창석	別公員 千昌錫

임오년(1882) 3월 초3일	壬午三月初三日
반수 하칠룡	班首 河七龍
접장 변기성	接長 卞基成
공원 천창석	公員 千昌錫
집사 유한필	執事 劉漢弼
옥희석	玉希錫
총각 대방 정암회	惣角大房 鄭巖回
공원 이용대	公員 李用大
조사 김작은놈	助事 金者斤老未
별공원 박덕원	別公員 朴德源
김영철	金英哲
김성겸	金聖兼
단성 공원 박성철	丹城公員 朴聖哲
집사 성석금	執事 成石金
서면 좌상 안국신	西面座上 安國信
공원 손경린	公員 孫京吝
집사 주문석	執事 朱文石
곤양 좌상 김태용	昆陽座上 金泰庸

공원 최허용	公員 崔許容
집사 정석구	執事 鄭碩九
사천 좌상 제석준	泗川座上 諸碩俊
공원 윤재화	公員 尹載和
집사 이효갑	執事 李孝甲
엄정 공원 백낙구	欕亭公員 白洛球
소촌 공원 김봉원	召村公員 金鳳元
집사 이필준	執事 李弼俊
반성 공원 백희득	班城公員 白希得
집사 김희철	執事 金稀喆
북창 공원 임치언	北倉公員 林致彦
문선 북어 좌상[27] 김대진	文善北魚座上 金大鎭
공원 정기안	公員 鄭基安
계미년(1883) 3월 초3일	癸未三月初三日
반수 변희문	班首 卞喜文
접장 이화실	接長 李和實
공원 조창훈	公員 趙昌勳
집사 한덕삼	執事 韓德三
김석원	金錫元
총각 영수 한주석	惚角令首 韓周石

....

27 문선 북어 좌상文善北魚座上: 문선장에서 북어를 거래하는 상인들을 관리·감독하는 업무를 맡은 사람이다.

조사 오문준	助司 吳文俊
별공원 김용식	別公員 金龍植
김성겸	金聖兼
단성 공원 박성철	丹城公員 朴聖哲
집사 (공란)	執事 (공란)
서면 좌상 황화은	西面座上 黃化殷
공원 손경린	公員 孫京吝
집사 박춘근	執事 朴春根
곤양 좌상 김태용	昆陽座上 金泰庸
공원 최허용	公員 崔許容
진교 공원 김환이	陳橋公員 金桓伊
집사 정석구	執事 鄭石九
사천 좌상 제석준	泗川座上 諸碩俊
공원 김한서	公員 金漢瑞
집사 이효갑	執事 李孝甲
엄정 공원 백낙구	欕亭公員 白樂球
소촌 공원 김달준	召村公員 金達俊
집사 (공란)	執事 (공란)
반성 공원 백희득	班城公員 白希得
집사 (공란)	執事 (공란)
북창 공원 황청일	北倉公員 黃淸一
문선 문어 좌상[28] 강치문	文善文魚座上 姜致文
공원 박학원	公員 朴學元

북어 좌상 강경선	北魚座上 姜敬善
공원 정이범	公員 鄭以範
대야천 공원 서춘보	大也川公員 徐春甫

갑신년(1884) 3월 초3일	甲申三月初三日
접장 박장근	接長 朴長根
공원 김용식	公員 金容植
집사 옥희석	執事 玉希碩
박채원	朴彩元
총각 영수 이용대	楤角領首 李容大
조사 김작은놈	助司 金少老未
별공원 성두홍	別公員 成斗洪
⋮ 상	⋮ 尙
⋮ 석	⋮ 石
공원 강화성	公員 姜化聖
김극명	金克明
곤양 좌상 김태용	昆陽座上 金泰庸
공원 김작지	公員 金作之
집사 김조청	執事 金祚淸
서면 좌상 서문일	西面座上 徐文一
공원 문갑이	公員 文甲伊

....

28 문선 문어 좌상文善文魚座上: 문선장에서 문어를 거래하는 상인들을 관리·감독하는 업
무를 맡은 사람이다.

집사 박춘근	執事 朴春根
단성 공원 이문석	丹城公員 李文石
집사 김주택	執事 金周宅
북창 공원 황천만	北倉公員 黃千萬
반성 공원 이복문	班城公員 李福文
소촌 공원 김달준	召村公員 金達俊
엄정 공원 백낙구	欕亭公員 白樂球
사천 공원 최기백	泗川公員 崔基伯
을유년(1885) 1월 23일	乙酉正月二十三日
접장 제석준	接長 諸錫俊
공원 천부귀	公員 千富貴
별공원 한영준	別公員 韓英俊
집사 이용대	執事 李容大
김두천	金斗天
총각 영수 박재관	揔角領首 朴在寬
조사 오문준	助司 吳文俊
단성 공원 강수영	丹城公員 姜守永
집사 정금용	執事 鄭今用
반성 공원 이봉문	班城公員 李鳳文
집사 김도석	執事 金道石
⋮ 박경식	⋮ 朴景植
집사 김도영	執事 金道永

⋮　　공원 임치언	⋮　　公員 林致彦
서면 좌상 손경준	西面座上 孫敬俊
공원 이복만	公員 李福萬
집사 박춘근	執事 朴春根
사천 공원 김한서	泗川公員 金漢瑞
집사 서경필	執事 徐敬必
곤양 좌상 최희용	昆陽座上 崔希用
공원 정원석	公員 鄭元石
집사 최금석	執事 崔今石
진교 공원 김환이	辰橋公員 金煥伊
집사 김상문	執事 金尙文
문선 좌상 강경오	文善座上 姜京五
공원 김극명	公員 金克明
별공원 강화선	別公員 姜華善
집사 조석순	執事 曺碩順
문어전 좌상 김치영	文魚廛座上 金致永
공원 김경진	公員 金敬振
별공원 김처홍	別公員 金處洪
공원 배자준	公員 裵子俊
집사 한용숙	執事 韓瑢淑
소촌 좌상 노상문	召村座上 盧尙文
집사 정가굴	執事 鄭可屈

병술년(1886) 1월 23일	丙戌正月二十三日
반수 오명신	班首 吳明信
접장 이화실	接長 李和實
공원 김용식	公員 金用植
별공원 박광덕	別公員 朴廣德
⋮　　김두오	⋮　　金斗五
□방 공원 김수업	□房公員[29] 金壽業
본군방 공원 최	本軍房公員 崔
진군방 공원 강태성	鎭軍房公員 姜泰成
본방 집사 김기언	本房執事 金基彦
이용대	李容大
총각 비방 이기만	惣角備房 李基萬
서면 좌상 손인선	西面座上 孫仁善
공원 박춘근	公員 朴春根
단성 공원 강순서	丹城公員 姜順瑞
곤양 공원 최금석	昆陽公員 崔琴錫
반성 공원 김덕보	班城公員 金德甫
소촌 공원 노가음보	召村公員 盧加音甫
사천 공원 김한서	泗川公員 金漢瑞
문선 좌상 김신재	文善座上 金信裁
공원 이기성	公員 李基成

··················

29　□房公員: 본방공원本房公員으로 추정된다.

북어전 공원 박재관　　　　　　　北魚廛公員 朴載寬

정해년(1887) 1월 18일　　　　　　丁亥正月十八日
　반수 이복룡　　　　　　　　　班首 李福龍
　접장 이경춘　　　　　　　　　接長 李景春
　본방 공원 강원이　　　　　　本房公員 姜源伊
　　　　　　김치수　　　　　　　　　金致洙
　집사 이진금　　　　　　　　　執事 李振金
　　　　손경엽　　　　　　　　　孫景燁
　　　　이경선　　　　　　　　　李景先
　총각 비방 이기만　　　　　惣角俾房 李基萬
　서기 김두호　　　　　　　　　書記 金斗昊

무자년(1888)[30] 1월 18일　　　　戊子正月十八日
　반수 하기룡　　　　　　　　　班首 河琦龍
　접장 강원이　　　　　　　　　接長 姜源伊
　　　이노인　　　　　　　　　　李老人
　공원 박광덕　　　　　　　　　公員 朴廣德
　　　□□수　　　　　　　　　　□□洙
　　　정암회　　　　　　　　　　鄭巖回
　집사 이진금　　　　　　　　　執事 李振金
　　　손경엽　　　　　　　　　　孫景燁

....

30　무자년(1888)으로 추정된다.

총각 비방 이기만	惣角俾房 李基萬
서기 김두호	書記 金斗昊

기축년(1889) 1월 18일	己丑正月十八日
반수 서윤화	班首 徐允華
접장 김용식	接長 金用植
공원 정래봉	公員 鄭來鳳
김숙여	金淑汝
서기 김두호	書記 金斗昊
도공원 박영식	都公員 朴永植
별공원 옥경선	別公員 玉敬善
도집사 김기조	都執事 金基祚
김부일	金富一
비방 권필준	裨房 權必俊

경인년(1890) 1월 18일	庚寅正月十八日
반수 오군필	班首 吳君弼
접장 하내숙	接長 河乃淑
공원 김두호	公員 金斗昊
김숙여	金淑汝
도공원 옥경선	都公員 玉敬善
집사 이재서	執事 李在瑞
비방 권필준	裨房 權必俊

신묘년(1891) 1월 18일　　　　　　辛卯正月十八日

　⋮　　이봉룡　　　　　　　　⋮　　李鳳龍

　⋮　　　　　　　　　　　　　⋮

　□□ 박의권　　　　　　　　□□ 朴義權

　비방 권필수　　　　　　　　裨房 權必守

임진년(1892) 1월 18일　　　　　　壬辰正月十八日

　반수 박장근　　　　　　　　班首 朴長根

　접장 조창운　　　　　　　　接長 趙昌雲

　공원 정금복　　　　　　　　公員 鄭今福

　도공원 강성운　　　　　　　都公員 姜聖云

　별공원 윤치조　　　　　　　別公員 尹致祚

　　　　　이진소　　　　　　　　　李鎭少

　집사 김백수　　　　　　　　執事 金栢壽

　　　　박의권　　　　　　　　　朴義權

　비방 권필수　　　　　　　　裨房 權必守

계사년(1893) 1월 18일　　　　　　癸巳正月十八日

　반수 하기룡　　　　　　　　班首 河琦龍

　접장 손경인　　　　　　　　接長 孫慶仁

　본방 공원 강성원　　　　　　本房公員 姜聖元

　도공원 김기조　　　　　　　都公員 金基祚

　별공원 김희보　　　　　　　別公員 金希甫

　집사 김백수　　　　　　　　執事 金栢壽

정치언	鄭致彦
□□ 석학용	□□ 石學用
⋮	⋮
갑오년(1894)[31] 1월 18일	甲午正月十八日
⋮	⋮
⋮ 이□□	⋮ 李□□
김운오	金雲五
비방 석학용	裨房 石學用
을미년(1895) 1월 18일	乙未正月十八日
반수 서윤화	班首 徐允華
접장 박장근	接長 朴長根
공원 김영진	公員 金永鎭
이윤기	李潤琦
공사장[32] 최국성	公事長 崔國成
별공원 이채윤	別公員 李採潤
집사 강경옥	執事 姜敬玉
최봉춘	崔奉春
함시화	咸時華
비방 김소동	裨房 金小同

....

31 갑오년(1894)으로 추정된다.
32 공사장公事長: 『판하 상리국 절목』에서 1887년 이후로 급료를 주는 직책으로 기록하고
   있다.

병신년(1896) 1월 18일　　　　　　丙申正月十八日

　반수 박장근　　　　　　　　　班首 朴長根

　접장 조준길　　　　　　　　　接長 曹俊吉

　공원 최운겸　　　　　　　　　公員 崔雲兼

　　　권필수　　　　　　　　　　　　權弼守

　별공원 문달오　　　　　　　　別公員 文達五

　　　　□□룡　　　　　　　　　　　□□龍

　　　　　⋮　　　　　　　　　　　　⋮

정유년(1897)[33] 1월 18일　　　　丁酉正月十八日

　반수 박장근　　　　　　　　　班首 朴長根

　접장 정금복　　　　　　　　　接長 鄭今福

　공원 김기조　　　　　　　　　公員 金基祚

　금전 본방 공원 최운익　　　　錦廛本房公員 崔云益

　공사장 이일권　　　　　　　　公事長 李一權

　별공원 서위선　　　　　　　　別公員 徐渭先

　　　강경옥　　　　　　　　　　　姜敬玉

　집사 오삼용　　　　　　　　　執事 吳三用

　비방 정우옥　　　　　　　　　裨房 鄭又玉

무술년(1898)[34] 1월 18일　　　　戊戌正月十八日

....

33 정유년(1897)으로 추정된다.
34 무술년(1898)으로 추정된다.

반수 박장근	班首 朴長根
접장 이윤기	接長 李潤琦
본방 권필수	本房 權必守
공사장 이일권	公事長 李日權
별공원 천명수	別公員 千命守
집사 이기대	執事 李基大
안기조	安基祚
비방 이명부	裨房 李明夫

기해년(1899) 1월 18일	己亥正月十八日
반수 하기룡	班首 河琦龍
⋮	⋮

경자년(1900) 1월 18일	庚子正月十八日
반수 박장근	班首 朴長根
접장 이용근	接長 李鏞根
본방 공원 김기언	本房公員 金基彦
김문칠	金文七
김상옥	金尙玉
안성서	安聖瑞
도공원 천응백	都公員 千應伯
집사 김주원	執事 金周元
설영필	薛永必
⋮	⋮

신축년(1901) 1월 18일	辛丑正月十八日
반수 이용근	班首 李鏞根
접장 한주석	接長 韓周碩
본방 천명세	本房 千命世
윤천복	尹千福
이치옥	李致玉
김숙여	金淑汝
도공원 박동근	都公員 朴同根
별공원 김영규	別公員 金永圭
김소동	金小童
집사 배봉준	執事 裵奉俊
박상오	朴尙五
⋮	⋮
임인년(1902)[35] 1월 18일	壬寅正月十八日
⋮	⋮
⋮ 환	⋮ 煥
본방 윤치조	本房 尹致祚
도공원 천명세	都公員 千命世
별공원 정□옥	別公員 鄭□玉
강기범	姜基凡

....

35 임인년(1902)으로 추정된다.

집사 정우도	執事 鄭又嶋
비방 차인수	裨房 車仁守
집사 정경도	執事 鄭慶道

계묘년(1903) 1월 18일	**癸卯正月十八日**
반수 박장근	班首 朴長根
접장 최주호	接長 崔柱灝
본방 강영언	本房 姜永彦
이한두	李漢斗
⋮	⋮
⋮ 여옥	⋮ 如玉
별공원 김응수	別公員 金應洙
집사 정문일	執事 鄭文一
배원익	裵元益
동몽[36] 노명수	童蒙 盧命守
비방 박태문	裨房 朴泰文

갑진년(1904) 1월 18일	**甲辰正月十八日**
반수 박장근	班首 朴長根
접장 최주호	接長 崔柱灝
본방 강영언	本房 姜永彦

....

36 동몽童蒙: 보부상 하부 조직의 하나인 동몽청의 임원으로 미혼자 부상들의 조직체이다.
이 자료에서는 '총각'으로 나오는 경우가 많다.

이한두	李漢斗
⋮	⋮
박태문	朴泰文

을사년(1905) 1월 18일   乙巳正月十八日

반수 이용근	班首 李鏞根
접장 옥희석	接長 玉希石
본방 최낙득	本房 崔洛得
이한두	李漢斗
도공원 박도석	都公員 朴道錫
별공원 조춘서	別公員 趙春瑞
강화중	姜和仲
집사 노명수	執事 盧命守
⋮ 만	⋮ 萬

병오년(1906) 1월 18일   丙午正月十八日

반수 최주호	班首 崔柱灝
접장 강관익	接長 姜寬翼
본방 이재서	本房 李在瑞
공원 정택용	別公員 鄭宅用
집사 배덕오	執事 裵德五
강성옥	姜成玉
동몽 김기만	童蒙 金基萬

정미년(1907) 1월 18일	丁未正月十八日
⋮	⋮
무신년(1908) 1월 18일	戊申正月十八日
반수 김두호	班首 金斗昊
부반수 손인선	副班首 孫仁善
접장 윤응중	接長 尹應仲
본방 조춘서	本房 趙春瑞
김경숙	金敬淑
김여옥	金汝玉
도공원 박여순	都公員 朴汝順
배덕오	裵德五
별공원 정문일	別公員 鄭文一
집사 노덕서	執事 盧德瑞
동몽 신만석	童蒙 申萬石
기유년(1909) 1월 18일	己酉正月十八日
반수 강영언	班首 姜永彦
접장 서윤보	接長 徐允甫
김경숙	金敬淑
공원 김응수	公員 金應守
김문칠	金文七
김여옥	金如玉
노덕서	盧德瑞

⋮ ⋮

경술년(1910)³⁷ 1월 18일　　　庚戌正月十八日

　반수 □□□　　　　　　班首 □□□

　접장 윤경팔　　　　　　接長 尹敬八

　　　박사순　　　　　　　　朴沙順

　공원 오주현　　　　　　公員 吳周見

　　　정택수　　　　　　　　鄭擇守

　　　이찬경　　　　　　　　李贊敬

　집사 최성열　　　　　　執事 崔成烈

　　　손사인　　　　　　　　孫士仁

　　　소내진　　　　　　　　蘇乃珍

신해년(1911) 1월 18일　　　辛亥正月十八日

　반수 서윤보　　　　　　班首 徐潤甫

　접장 김여옥　　　　　　接長 金如玉

　　　김경숙　　　　　　　　金敬淑

　　　김여원　　　　　　　　金如原

　공원 윤경칠　　　　　　公員 尹敬七

　　　함경태　　　　　　　　咸敬泰

　　　이찬경　　　　　　　　李贊敬

　집사 박대윤　　　　　　執事 朴大允

....

37　경술년(1910)으로 추정된다.

박화실	朴和實
이윤언	李允彦

임자년(1912) 1월 18일[38]	壬子正月十八日
반수 □□진	班首 □□珍
접장 조춘서	接長 趙春瑞
배덕오	裵德五
홍경옥	洪敬玉
이찬경	李贊敬
집사 박대윤	執事 朴大允
윤태근	尹泰根
박화실	朴和實

....

38 임자년(1912)으로 추정된다.

면주전 청금록綿紬廛靑衿錄[1]

(1876~1912)

◆

병자년(1876) 6월 일

◆

□□□□□□□□

丙子六月日

....

1 면주전 청금록綿紬廛靑衿錄: 이 책의 표제가 떨어져 나가 정확한 책명을 알 수 없다. 그러
나 이 책에는 면주전綿紬廛이라는 인장이 찍혀 있어 면주전의 청금록으로 보인다. 그래서
이 책의 명칭을 면주전 청금록이라 하였다.

◆

다음과 같이 완문[2]을 작성하여 발급하는 일이다. 지금 황화상[3]의 등장[4]을 보니, '저희는 모두 팔도의 사람으로 □□□□□ 진양 한 곳이 □□□ □□□□□ 교통의 요지입니다. 그래서 각처의 상인이 이 시장에 서기를 원합니다. 뿐만 아니라 행상 중에서 임방 세 사람을 임명하여 상거래 질서를 가르치고 부정하게 강제로 빼앗는 것을 금지시킴으로써 한결같이 상규를 따르고, 관청에 소송을 제기하여 어지럽게 다투는 폐단이 애초에 없었습니다. □□□□□ 5년에 □□□□□□□□□ 사람들이 보고 듣는 것 중에 부끄러운 일이 종종 있고, 심지어 남의 재물을 빼앗아 옥사를 초래하는 일까지 있습니다.'라고 했다. 진실로 이와 같으면 다른 도의 행상하는 사람이 장차 어떻게 이 땅을 왕래하겠는가? 우리 지역 상인의 수치일 뿐만이 아니라, 타인의 비웃음을 어찌 면할 수 있겠는가? 정말 □□□□□ 복구하여 □□□□□□□□ □□□한다. 어떤 물종을 판매하는가와 관계없이 상인이 각각 임방을 설치하는 것은 팔도가 모두 그러하다. 그런데 어찌하여 이 임방의 이름이 옛날에는 있다가 지금은 없어졌는가? 사람이 먼곳과 가까운 곳, 동쪽과 서쪽으로 장사하러 다니면서도 어기지 않는 것은 오직 매매할 때 서로 지켜야 할 법규가 있기 때문이다. 지금 이렇게 남의 재물을 □□□□□ 빼앗아

....

2 완문完文: 조선시대 관청에서 향교, 서원 등 각종 조직에 발급하던 문서이다. 어떠한 사실의 확인이나 권리의 인정을 위한 확인서의 성격이 있다.
3 황화상荒貨商: 황아상이라고도 한다. 실, 바늘, 가위 따위 잡동사니를 광주리에 이고 다니며 파는 상인이다.
4 등장等狀: 여러 사람의 명의로 관청에 민원을 제기하는 문서이다.

□□□□□□□□□□□□ 사기가 이미 심하므로 옛 상규를 복구해야 한다. 그러므로 이렇게 완문을 작성하여 세 임방을 뽑아주니, 더욱 힘써 갈고 닦아서 상규를 바르게 하여 다시는 이러한 폐단이 없게 하라. 미진하지만 조건을 아래에 나열하니, 이를 영원히 준수하여 시행하는 것이 마땅할 것이다.

사 (수결)

◆

右爲完文成給事 卽見荒貨商等狀內 矣等俱以八路之人 □□□□□晋陽一□ □□爲□旅之要路 故各處商人願立於此市칪除良 且行商中設置任房三人 諭 之以賣買經緯 禁之以非理勒奪 一從商規 而初無呈官紛競之弊 □□□□□五 年□□瞻聆 可愧之事 種種有之 甚至於奪人貨 醸成獄之擧 苟能如是 他道行 商之人 將何有此土之來往乎 非徒本商之羞愧 何免他人之哈唾 正□□□□□ □復舊□□□爲置 毋論某商 各設其任 八路皆然 而胡此任房之名 古有而今 無乎 人自遠邇商于東西 無相違越 惟在賣買間經界立規者也 今此□□□□奪 人財 醸□□是乎等 詐旣至 古規可復 故玆成完文 差給三任 倍加措劃 俾正 商規 無更有此等之弊爲旀 未盡條件 臚列于後 依此永遵施行宜□□□

使(수결)

1. 반수 영감 초상 때 부의는 삼베 대금 10냥, 별백지 2속, 백주 1동이
   이고, 수직하고 호상한다. 장례와 소상, 대상 때는 술과 담배 대금을
   2냥으로 할 것.

1. 접장 초상 때 부의는 포목 대금 10냥, 별백지 2속, 백주 1동이이고,
   수직하고 호상한다. 장례와 소상, □□□□□□□□□할 것.

1. □□□□□□□□□□□□□□별□□□□□□□□

1. □□□□□□□□□ 대금 5냥, 별백지 □□□이고, 장례 때는 술과
   담배 대금을 1냥으로 할 것.

1. 본방 집사 초상 때 부의는 포목 대금 5냥, 별백지 1속, 백주 1병이고,
   수직하고 호상한다. 외장 집사 초상 때 부의는 포 대금 3냥, 술, 백지
   로 할 것.

1. 접장, 공원, 집사가 부모상을 당하면 술과 백지로 부의를 하고, 수직
   하고 호상할 것.

1. 한산[5] 초상 때 부의는 대금 3냥이고, 수직하고 호상할 것.

1. 3월 잔치[6] 때 걷은 돈은 들어온 것에 따라 배분할 것.

1. 8월 명절에 쓰기 위하여 걷는 돈은 80냥으로 할 것.

1. 12월 세의를 위하여 걷는 돈은 100냥으로 할 것.

1. □□□돈 180냥 가운데 130냥은 1년의 공하[7]□□□□□□□□□□
   □□공□□□□□□□.

1. □□□인이 노름을 하다가 탄로나면, 속전 5냥에 법장 10도를 때릴 것.

一 班首令監初喪時賻儀 麻布代錢拾兩 別白紙貳束 白酒一盆 守直護喪是遣
　　裏禮與少大祥時 酒草代錢貳兩爲齊

一 接長初喪時賻儀 布木代錢拾兩 別白紙貳束 白酒一盆 守直護喪是遣 裏禮
　　與少□□□□□□□□□齊

一 □□□□□□□□□□□□別□□□□□□□

一 □□□□□□□□□錢伍兩 別白□□□□是遣 裏禮時酒草代錢一兩爲
　　齊

一 本房執事初喪時賻儀 布木代錢伍兩 別白紙一束 白酒一壺 守直護喪是遣
　　外場執事 則布代錢參兩 酒白紙爲齊

一 接長公員執事若當故 則酒白紙賻儀是遣 守直護喪爲齊

一 閑産初喪時賻儀 代錢參兩 守直護喪爲齊

一 三月宴樂收錢 從所入分排爲齊

一 八月節需收錢 捌拾兩爲齊

一 十二月歲儀收錢 一百兩爲齊

一 □□□錢一百捌拾兩內 一百三十兩 一年公下□□□□□□□□□□□□
　　□公□□□□□□□

一 □□□人以雜技綻露 則贖錢伍兩法杖十度爲齊

....

5　한산閑産: 보부상 임원 중 하나. 한산閑散으로 쓰이는 경우가 많다. 한산 도공원이라고 하
　　기도 한다. 구체적인 업무는 알 수 없다.
6　3월 잔치三月宴樂: 보부상 조직의 정기총회를 말한다. 매년 음력 3월 3일부터 수일간 개최
　　되며, 전 회원이 의무적으로 참석해야 했다. 이때 임원 선출이 이루어졌다.
7　공하公下: 공금으로 지출하는 것이다.

1. 임방 안에 거간을 두되, 누구의 물건을 막론하고 받아내기 어려운
   폐단이 있으면 임방에서 하나하나 받아낸다. 만약 혹 지체됨으로 인
   하여 원근의 동료가 기한 내에 마련해 보내지 못하게 되면, 특별히
   엄하게 처벌하여 뒷날의 폐단이 없도록 할 것.

병자년(1876) 윤5월 연회	丙子閏五月宴會
반수 손택현	班首 孫宅賢
접장 이윤실	接長 李允實
별공원 이성화	別公員 李性化
공원 서윤화	公員 徐允華
손덕원	孫德源
집사 주일서	執事 朱日瑞
조중길	曹仲吉
⋮	⋮
정축년(1877)[8] □□ □□	丁丑□□□□
반수 □□□	班首 □□□
접장 □□□	接長 □□□
공원 서윤화	公員 徐允華
김희선	金希善
손덕원	孫德源

8 정축년(1877)으로 추정된다.

一 自任中有居間是矣 無論誰某之物 若有難捧之弊 則自任中這這賦出是遣
如或有遲滯 而使遠近諸僚不以趁卽治送 則別般嚴處 俾無後弊爲齊

집사 김필서	執事 金必瑞
임사형	林士亨
조상운	曺相云

무인년(1878) 3월 초3일 연회[9]	戊寅三月初三日宴會
반수 오군필	班首 吳君必
접장 지득화	接長 池得華
공원 최한겸	公員 崔漢兼
송자진	宋自眞
서윤화	徐允華
김학서	金學瑞
집사 이화경	執事 李化景
강주보	姜周甫
김□□	金□□

기묘년(1879)[10]	⋮	己卯	⋮

....

9　무인년(1878)으로 추정된다.

10　기묘년(1879)으로 추정된다.

⋮	⋮
공원 서윤화	公員 徐允華
이학진	李學振
김희선	金希善
김학서	金學瑞
김윤섭	金允燮
최환점	崔煥漸
별유사 윤응복	別有司 尹應福
집사 강주보	執事 姜周甫
김국현	金國賢
조상원	曺祥元
반성 공원 이윤삼	班城公員 李允三
사천 공원 홍영도	泗川公員 洪永道
삼천 공원 이재화	三千公員 李在化
기묘년(1879) 10월 일	己卯十月 日
접장 강경언	接長 姜敬彦
공원 이학진	公員 李學振
김희선	金希善
강덕수	姜德守
경진년(1880)[11] □□ □	庚辰□□ □

....

11 경진년(1880)으로 추정된다.

	⋮	⋮
공원 신윤집	公員 慎允執
김학서	金學瑞
김명재	金明在
윤응복	尹應福
김경모	金景謨
집사 황성두	執事 黃聖斗
황종옥	黃宗玉
강경숙	姜景淑
연죽전 집사 황의약	煙竹廛執事 黃義若
동몽 영수 박두문	童蒙領首 朴斗文
반성 공원 조의목	班城公員 趙義睦
집사 김정룡	執事 金正龍
사천 공원 주대련	泗川公員 朱大連
문서 공원 김주화	文書公員 金周化
집사 한덕수	執事 韓德守

경진년(1880) 7월 일　　　　　　　庚辰七月 日

반수 이윤실　　　　　　　　　　　班首 李允實

접장 김□□　　　　　　　　　　　接長 金□□

　　⋮　　　　　　　　　　　　　　⋮

김국현　　　　　　　　　　　　　金國賢

강경숙	姜景淑
연죽전 집사 황이학	煙竹廛執事 黃伊學
동몽 영수 박두문	童蒙領首 朴斗文
반성 공원 이윤삼	班城公員 李允三
집사 배옥형	執事 裵玉衡
덕산 공원 최한겸	德山公員 崔漢箝
집사 전명석	執事 全明奭
곤양 공원 조상원	昆陽公員 曺祥源
집사 김자현	執事 金子賢
사천 공원 김윤협	泗川公員 金允俠
집사 최낙현	執事 崔洛賢
삼천 공원 이재화	三千公員 李在化
집사 김경칠	執事 金景七

신사년(1881)[12] □□ □   辛巳□□ □

⋮   ⋮

접장 김□□	接長 金□□
별공원 서윤화	別公員 徐允華
신윤집	愼允執
김학서	金學瑞
김희선	金希善
집사 김사겸	執事 金士箝

....

12 신사년(1881)으로 추정된다.

김국현	金國賢
임원중	林元仲
김문칠	金文七
동몽 김석근	童蒙 金碩根
사천 공원 주대련	泗川公員 朱大連
집사 한덕수	執事 韓德守
삼천 공원 이재화	三千公員 李在化
집사 김내경	執事 金乃京
반성 공원 나자유	班城公員 羅子宥
집사 (공란)	執事 (공란)
덕산 공원 박성화	德山公員 朴聖化
집사 (공란)	執事 (공란)
⋮	⋮
임오년(1882)[13] □□ □	壬午□□ □
반수 □□□	班首 □□□
접장 김□□	接長 金□□
별공원 김희선	別公員 金希善
이원오	李元五
김학서	金學瑞
문서 공원 이자중	文書公員 李子仲
집사 김사겸	執事 金士兼

....

13 임오년(1882)으로 추정된다.

소선유	蘇善洧
박성서	朴聖瑞
연죽전 집사 김치백	煙竹廛執事 金致伯
동몽 임영숙	童蒙 林永淑
사천 공원 주대련	泗川公員 朱大連
집사 고운오	執事 高云五
삼천 공원 이재화	三千公員 李在化
집사 김내경	執事 金乃京
반성 공원 이윤삼	班城公員 李允三
집사 이윤명	執事 李允明
곤양 공원 김경모	昆陽公員 金敬謨
집사 김필서	執事 金必瑞
덕산 공원 □□화	德山公員 □□化

계미년(1883)[14] □□ □   癸未□□ □

반수 □□□	班首 □□□
접장 서□□	接長 徐□□
별공원 손덕원	別公員 孫德源
서상호	徐相鎬
박성빈	朴聖賓
조상원	曹祥源
집사 최명학	執事 崔明學

....

14 계미년(1883)으로 추정된다.

박성화	朴性化
김정근	金貞根
동몽 정달성	童蒙 鄭達成
삼천 공원 김한구	三千公員 金漢九
집사 (공란)	執事 (공란)
사천 공원 김석현	泗川公員 金碩賢
집사 (공란)	執事 (공란)
곤양 공원 김국서	昆陽公員 金局瑞
집사 임청오	執事 林淸五
반성 공원 김성옥	班城公員 金成玉
집사 (공란)	執事 (공란)
덕산 공원 □문익	德山公員 □文益

갑신년(1884)[15] □□ □	甲申□□ □
접장 오□□	接長 吳□□
부접장 이학진	副接長 李學振
도공원 홍문백	都公員 洪文伯
별공원 박제원	別公員 朴濟元
공원 이덕수	公員 李德守
강주보	姜周甫
김내서	金乃瑞

....

15 갑신년(1884)으로 추정된다.

별유사 소선유	別有司 蘇善洧
집사 임청오	執事 林淸五
김광서	金光瑞
연죽전 집사 유명서	煙竹廛執事 劉明瑞
동몽 (공란)	童蒙 (공란)
삼천 공원 윤현오	三千公員 尹賢五
집사 (공란)	執事 (공란)
사천 공원 김석현	泗川公員 金碩鉉
집사 조성백	執事 曺成伯
⋮	⋮
단성 공원 장덕기	丹城公員 張德基
집사 김성실	執事 金成實
을유년(1885) 1월 23일 연회	乙酉正月二十三日宴會
반수 오군필	班首 吳君弼
접장 서윤화	接長 徐允華
도공원 이덕수	都公員 李德秀
별공원 이세경	別公員 李世景
공원 이기순	公員 李奇順
서상호	徐相鎬
곽선유	郭善儒
소선유	蘇善洧
김치백	金致伯

집사 박한서	執事 朴漢瑞
⋮	⋮
사천 공원 □□서	泗川公員 □□瑞
집사 문성필	執事 文聖必
반성 공원 제영수	班城公員 諸永守
집사 이화춘	執事 李和春
곤양 공원 최문서	昆陽公員 崔文瑞
집사 이화서	執事 李化瑞
단성 공원 김학서	丹城公員 金鶴瑞
집사 (공란)	執事 (공란)
덕산 공원 (공란)	德山公員 (공란)
집사 (공란)	執事 (공란)

을유년(1885) 5월 일	乙酉五月 日
반수 오군필	班首 吳君弼
접장 김명재	接長 金明在

병술년(1886) □□ □	丙戌□□ □
⋮	⋮
⋮ 덕수	⋮ 德秀
별공원 조상원	別公員 曺相元
방내 공원 이서경	房內公員 李瑞景
본장방 공원 박재순	本將房公員 朴載淳
본군방 공원 최	本軍房公員 崔

진군방 공원 강태성	鎭軍房公員 姜泰成
서기 곽선유	書記 郭善有
집사 임청오	執事 林淸五
김응천	金應天
총각 대방 이기만	總角大房 李基萬
문선 공원 윤현오	文善公員 尹鉉五
사천 공원 최내백	泗川公員 崔乃伯
단성 공원 강순서	丹城公員 姜順瑞
곤양 공원 박두문	昆陽公員 朴斗文
서면 공원 손경선	西面公員 孫景善
반성 공원 제영수	班城公員 諸永守
정해년(1887) 1월 18일	丁亥正月十八日
반수 이화실	班首 李華實
접장 이□화	接長 李□和
⋮	⋮
정□오	鄭□五
김숙여	金淑汝
집사 김기언	執事 金基彦
이경선	李敬善
손태일	孫泰一
비방[16] 이기만	裨房 李基萬
김만권	金萬權

무자년(1888) 1월 18일	戊子正月十八日
반수 강경현	班首 姜景賢
접장 조상원	接長 曺祥元
공사장 석도선	公事長 石嶋仙
본방 공원 박성서	本房公員 朴聖瑞
별공원 이경선	別公員 李景善
소선유	蘇善有
진장청 별공원 신영규	鎭將廳別公員 申永圭
본방 집사 임청호	本房執事 林靑好
김인준	金仁俊
동몽 대방[17] 권화성	童蒙大房 權花成
기축년(1889) 1월 18일	己丑正月十八日
반수 서윤화	班首 徐允華
접장 김용식	接長 金用植
□□ 이경선	□□ 李敬善
⋮	⋮
경인년(1890)[18] 1월 18일	庚寅正月十八日
반수 □□□	班首 □□□

....

16 비방裨房: 보부상의 하부 조직인 비방청의 업무를 맡은 사람이다.
17 동몽 대방童蒙大房: '총각 좌상'과 같은 것으로 보인다. '대방'은 상인조직의 우두머리를 지칭하는 말이다.
18 경인년(1890)으로 추정된다.

접장 하내숙   接長 河乃淑

공원 신정삼   公員 申正三

도공원 이경선   都公員 李敬善

집사 김도인   執事 金道仁

　　윤응준   尹應俊

비방 권필준   裨房 權必俊

신묘년(1891) 1월 18일   辛卯正月十八日

반수 이봉룡   班首 李鳳龍

접장 박상동   接長 朴相東

공원 한주석   公員 韓周石

도공원 김경환   都公員 金景煥

집사 김부일   執事 金富一

비방 권필수   裨房 權必守

임진년(1892) 1월 18일   壬辰正月十八日

반수 박장근   班首 朴長根

접장 조창운   接長 趙昌雲

공원 한주석   公員 韓周石

도공원 강□운   都公員 姜□云

   ⋮   ⋮

계사년(1893)[19] 1월 18일 癸巳正月十八日

반수 □□□   班首 □□□

접장 손경인   接長 孫慶仁

본방 공원 옥경선   本房公員 玉敬善

집사 김영찬   執事 金永贊

갑오년(1894) 1월 18일   甲午正月十八日

반수 서윤화   班首 徐允華

접장 신정삼   接長 申正三

본방 박성서   本房 朴聖瑞

집사 김인준   執事 金仁俊

이택곤   李澤坤

비방 석학용   裨房 石學用

을미년(1895) 1월 18일   乙未正月十八日

반수 서윤화   班首 徐允華

접장 박장근   接長 朴長根

공원 김영진   公員 金永鎭

이윤기   李潤琦

공사장 최국성   公事長 崔國成

별공원 이채윤   別公員 李琛潤

집사 강경□   執事 姜敬□

□□□   □□□

비방 □□□   裨房 □□□

....

19 계사년(1893)으로 추정된다.

병신년(1896)[20] 1월 18일	丙申正月十八日
반수 □□□	班首 □□□
접장 조□□	接長 曹□□
공원 최운겸	公員 崔雲兼
권필수	權弼守
도공원 문달오	都公員 文達五
김쌍룡	金雙龍
별공원 오충국	別公員 吳忠國
집사 김소동	執事 金小同
박도진	朴道鎭
비방 설인규	裨房 薛仁奎
정유년(1897) 1월 18일	丁酉正月十八日
반수 박장근	班首 朴長根
접장 정금복	接長 鄭今福
공원 김기조	公員 金基祚
금전 본방 공원[21] 최운익	錦廛本房公員 崔云益
공사장 이일권	公事長 李一權
별공원 서위선	別公員 徐渭先
강경옥	姜敬玉

....

20 병신년(1896)으로 추정된다.

21 금전 본방 공원錦廛本房公員: 비단을 판매하는 상인의 조직인 금전 임원의 하나이다. 본방
    공원은 진주 지역 내 모든 장시에서 비단을 판매하는 상인들의 규율을 감독하는 업무를
    맡았다.

집사 오삼용	執事 吳三用
비방 □□□	裨房 □□□

무술년(1898)[22] 1월 18일　　　戊戌正月十八日

⋮　　　　　　　　　⋮

본방 서위선	本房 徐渭先
별공원 김남주	別公員 金南柱
집사 함시화	執事 咸時化
비방 이명천	裨房 李明天

기해년(1899) 1월 18일　　　己亥正月十八日

반수 하기룡	班首 河琦龍
접장 박정찬	接長 朴正燦
공원 김남주	公員 金南柱
집사 류재황	執事 柳在璜
김갑석	金甲碩
비방 김효봉	裨房 金孝奉
장상이	張尚伊

경자년(1900) 1월 18일　　　庚子正月十八日

반수 박장근	班首 朴長根
접장 이용근	接長 李鏞根
공원 김기언	公員 金基彦

....

22　무술년(1898)으로 추정된다.

김 :	金 :
:	:

신축년(1901) 1월 18일	辛丑正月十八日
반수 이용근	班首 李鏞根
접장 한주석	接長 韓周碩
본방 천명세	本房 千命世
윤응중	尹應仲
도공원 박동근	都公員 朴同根
별공원 김영규	別公員 金永圭
김소동	金小童
집사 배봉준	執事 裵奉俊
박상오	朴尙五
비방 장기생	裨房 張奇生
집사 노명수	執事 盧命壽

임인년(1902) 1월 18일	壬寅正月十八日
반수 이용근	班首 李鏞根
접장 김경환	接長 金景煥
본방 이한두	本房 李漢斗
집사 박상오	執事 朴尙五
비방 차인수	裨房 車仁守
정경도	鄭慶道

계묘년(1903) 1월 18일 　　　　　　　癸卯正月十八日

　반수 박장근 　　　　　　　　　班首 朴長根

　접장 최주호 　　　　　　　　　接長 崔柱灝

　본방 강영언 　　　　　　　　　本房 姜永彦

　　　□한두 ：　　　　　　　　　□漢斗 ：

　：　여 　　　　　　　　　　　：　汝

　　　：　　　　　　　　　　　　　：

　　　박희문 　　　　　　　　　　朴希文

갑진년(1904) 1월 18일 　　　　　　　甲辰正月十八日

　반수 박장근 　　　　　　　　　班首 朴長根

　접장 최주호 　　　　　　　　　接長 崔柱灝

　본방 강영언 　　　　　　　　　本房 姜永彦

　　　이한두 　　　　　　　　　　李漢斗

　　　김치수 　　　　　　　　　　金致洙

　　　김여옥 　　　　　　　　　　金汝玉

　별공원 이재서 　　　　　　　　別公員 李在瑞

　집사 정문일 　　　　　　　　　執事 鄭文一

　　　박수오 　　　　　　　　　　朴秀五

　동몽 장상이 　　　　　　　　　童蒙 張尙伊

　　　박태문 　　　　　　　　　　朴泰文

을사년(1905) 1월 18일 　　　　　　　乙巳正月十八日

　반수 이용근 　　　　　　　　　班首 李鏞根

접장 옥희석	接長 玉希石
본방 이한두	本房 李漢斗
별공원 문장현	別公員 文章見
집사 박태문	執事 朴泰文
비방 엄재만	裨房 嚴在萬

병오년(1906)[23] 1월 18일 　　　　　丙午正月十八日

　　　　⋮　　　　　　　　　　⋮

　　동몽 김기만 　　　　　童蒙 金基萬

정미년(1907) 1월 18일 　　　　丁未正月十八日

　　반수 이윤기 　　　　　班首 李潤琦

　　접장 김태조 　　　　　接長 金泰祚

　　본방 강선오 　　　　　本房 姜善五

　　도공원 김원여 　　　　都公員 金元汝

　　집사 강윤명 　　　　　執事 姜允明

무신년(1908) 1월 18일 　　　　戊申正月十八日

　　반수 김두호 　　　　　班首 金斗昊

　　부반수 손인선 　　　　副班首 孫仁善

　　접장 윤응중 　　　　　接長 尹應仲

　　본방 조춘서 　　　　　本房 趙春瑞

....

23　병오년(1906)으로 추정된다.

김경숙	金敬淑
김여옥	金汝玉
도공원 박여순	都公員 朴汝順
배덕□	裵德□
집사 □□□	執事 □□□

기유년(1909)[24] 1월 18일　　　己酉正月十八日

반수 강영□	班首 姜永□
접장 서윤보	接長 徐允甫
부접장 김경숙	副接長 金敬淑
본방 김응수	本房 金應守
김문칠	金文七
김여옥	金汝玉
서기 이정중	書記 李正仲
도공원 노덕서	都公員 盧德瑞
집사 손사인	執事 孫士仁
강윤명	姜允明
박화실	朴華實

경술년(1910) 1월 18일　　　庚戌正月十八日

반수 강영언	班首 姜永彦
접장 윤경팔	接長 尹敬八

....

24　기유년(1909)으로 추정된다.

부접장 박여순	副接長 朴汝順
본방 오국현	本房 吳國見
정택수	鄭宅守
⋮	⋮

신해년(1911)[25] 1월 18일　　　辛亥正月十八日

반수 □□□	班首 □□□
접장 김여옥	接長 金汝玉
김경숙	金敬淑
부접장 김원여	副接長 金元汝
본방 윤경칠	本房 尹敬七
함태경	咸泰敬
이찬경	李贊敬
집사 박대윤	執事 朴大允
박화실	朴華實
이윤언	李允彦

대정 원년 임자년(1912) 음1월 18일　　大正元年壬子陰正月十八日

반수 문장현	班首 文章見
접장 조춘서	接長 趙春瑞
공원 배덕오	公員 裵德五
홍경옥	洪慶玉

....

25　신해년(1911)으로 추정된다.

이찬경   李贊敬

집사 □대윤   執事 □大允

⋮   ⋮

사전 청금록四廛靑襟錄[1]

(1884~1938)

◆

사전 청금록

◆

四廛靑襟錄

....

1 사전 청금록四廛靑襟錄: 보상의 물품인 삼베, 생선과 과일, 비단, 종이 등을 취급하는 상인
   들의 조직인 포전, 어과전, 금전, 지전 등 4개 물종 보부상 조직의 역대 임원 명단을 기록한
   책이다. 보상 물종 중 이 4개의 물종을 다루는 상인들은 다시 하나의 큰 조직으로 묶여 있
   었던 것으로 보인다. 그리고 4개의 조직을 총괄하는 반수와 접장, 본방 공원, 서기 공원 등
   의 조직을 갖추고 있었다.

◆

사전 청금록

갑신년(1884) 1월 일

서문

대개 하늘이 인류를 낳은 이래 만물이 생장하면 거두어 저장하는 것이
사철의 바른 질서다. 삼강과 오상은 사람의 도리에 고유한 바이다. 화
복과 길흉은 하늘이 준 바와 사람이 지키는 바에 달려 있다. 옛날 화봉
인이 요임금을 위하여 빌어준 소원[2]은 사람이 크게 바라는 바이고, 빈
천은 사람이 크게 싫어하는 것이다. 민에게 사, 농, 공, 상 네 가지 업이
있는데, 문장이 귀천을 표시하는 것이다. 왜냐? 군자가 없으면 야인[3]을
다스릴 길이 없고, 씨 뿌리고 김매어 부역을 바치는 야인이 없으면 군
자를 봉양할 방법이 없기 때문이다. 박옥[4]을 다듬어 화려한 무늬를 만
들거나 외형을 자르고 주조하여 다듬는 것도 스스로 그 생명을 기르는
것이며, 공직에 봉사하거나 부역을 하는 것도 또한 그 분수를 지키는
것이니, 사물에는 본말이 있고 일에는 시작과 끝이 있는 이치가 이것이
다. 저들은 세 가지 정해진 분수[5]를 지키지 못하고 곤궁하여 생계는 원
래의 집에 맡긴 채, 정처없는 발걸음은 낮이면 교역하는 장터를 떠돌아

....

2 화봉인…소원: 요 임금이 화華 지역을 시찰할 때 그곳을 지키던 이[화봉인]가 요 임금이
  장수, 부유함, 아들이 많은 것 세 가지 복이 있도록 기원했다는 고사이다. 《장자莊子》에 나
  온다.
3 야인野人: 벼슬이 없는 평민을 뜻한다.
4 박옥璞玉: 순도 높은 옥玉의 원석을 말한다.
5 세 가지 정해진 분수: 사·농·공을 말한다.

四塵靑襟錄

甲申正月日

序文

蓋自天降生民 萬物生長收藏 四時之正序也 三綱五常 人理之所固有也 禍福

吉凶 在於天之所授 人之守分 昔華封人祝堯之願 人之所大欲也 貧賤人之所

大惡 民有四業 文章所以表貴賤 何也 無君子 莫治野人之道也 耕種耘苗 供奉

賦役 無野人 莫養君子之理也 璞玉以求文彩 硏鑄形器 自養其命 而奉公賦役

亦守其分 而物有本末 事有終始之理 是也 彼不守於三般定分而困窮 活計付

之于本技 浮萍蹤跡 蓬轉於日中市交易之場 靡室靡家之身勢 裹足奔馳於道路

此市彼場 出沒無常之際 身病臥而難救命 委道而未葬 實所哀矜 而命道多舛

者 此矣 何幸聖上有此省憂 特爲孔鑑於我商民之情景 京中有商理所公局 官

通貨於列國 有統領 使開貨於八域 而又有商所各任房 而至於本道 亦商所右

都所刱設後 特爲御譜密符傳敎 而賜送印信 各樣興革條目 及不紊紀綱 而未

有紛競之弊 至於養生喪死 亦無憾焉 明書于公文冊子之上有賜送 故諸般奉公

之議 每多有之 而又無立論之所 經營一室於此市之上 而庶幾半年 尙此不成

者 力不贍而財不給之故也 伏願僉君子特施振振之惠澤 刱建一宇有公私立論

之所 則萬緖之誼 誓泰山而不重 一心炳然 彼滄海而難酬 刻揭於亭額 以表其

義 誠意藹然 敢荷曷喩 以此永久遵行事

다닌다. 집도 절도 없는 신세로, 발을 싸매고 길에서 종종걸음을 치며 이 저자거리 저 시장에 무시로 출몰한다. 그러다가 몸이 병들어 누우면 목숨을 구하기가 어렵고 주검은 길에 버려져 장례도 치르지 못하니, 실로 불쌍하고 운명이 몹시 기구한 자들이다. 매우 다행스럽게도 성상께서 이러한 실정을 살펴 걱정하시고 특별히 우리 상민의 정경을 아주 환하게 아시어, 서울에 상리소 공국을 두어 외국과 무역하는 것을 관장하게 하고 통령을 두어 팔도에 재화를 유통하게 하셨다. 또 상소에 각 임방을 두게 하셨다. 본도에도 상소우도소를 창설한 후 특별히 어보를 찍은 밀부에 적어 전교하시고 인신을 하사하여 보내셨다. 그리고 새로 만들거나 고친 각종 조목은 기강을 문란하게 하지 않을 것과 어지럽게 다투는 폐단이 없도록 하는 내용을 갖추었고, 심지어 살았을 때 봉양하고 죽으면 상을 치르는 데 유감이 없도록 하라는 것까지 있었다. 이런 조목을 공문 책자에 분명하게 써서 하사하여 보냈다. 그러므로 여러 가지 공무를 헤아리기 위해 의논할 일이 늘 많았으나 의논할 장소가 없었다. 그래서 이 시장에 집 하나를 건축하기로 계획하였는데, 반년이 되도록 아직도 완성하지 못하는 것은 힘이 넉넉하지 않고 재력이 부족하기 때문이다. 바라건대 여러 군자께서는 넉넉한 혜택을 베푸시어 집 하나를 지어 공적으로나 사적으로 의논하는 장소로 삼으면, 만 가닥의 우의가 태산에 맹세해도 무겁지 않고 마음의 환함이 저 푸른 바다로도 갚기 어려울 것이다. 나무에 새겨 정자의 편액으로 걸어서 그 의의를 밝힌다. 성의가 넉넉하니 고마움을 어찌 말로 다할 수 있겠는가. 이로써 영구히 준수하여 시행할 일이다.

우도 도반수 김우권	右道都班首 金禹權
도접장 서홍준	都接長 徐弘俊
명사장 오명신	明事長 吳明信
반수 공원 이화실	班首公員 李和實
도공원 김용식	都公員 金用植
이경순	李璟淳
서기 최경우	書記 崔璟祐
집사 박영식	執事 朴永植

규식절목

1. 반수와 접장이 죽으면 부의는 돈 10냥, 술, 백지이고 제물을 차려 제사지낸다. 장례와 소상, 대상 때는 북어 1두름 값 1냥씩 주고 예에 따라 수직하고 호상한다.

1. 본방 공원이 죽으면 부의는 돈 7냥, 술, 백지이고, 장례와 소상, 대상 때는 북어 1두름 값 1냥씩 준다.

1. 본방 별공원이 죽으면 부의는 돈 4냥, 술, 백지이고, 장례와 소상, 대상 때는 쇠고기 값 5전씩 준다.

1. 서기 공원이 죽으면 부의는 돈 4냥, 술, 백지이고, 장례와 소상, 대상 때는 쇠고기 값 5전씩 준다.

1. 집사와 총각 대방이 죽으면 부의금은 예에 따라 3냥씩이다.
   초상과 종상에 수직하고 호상할 때 다른 일이 있다는 핑계로 참석하지 않으면 어른과 아이를 막론하고 1인당 궐전[6] 5전씩 예에 따라 벌금으로 받는 것을 영구히 준수하여 행한다.
   각 처소[7] 공원과 좌상이 죽으면 본방에서 부의금 1냥씩을 예에 따라 내어준다.

1. 본방의 반수, 접장, 공임이 죽으면 각 처소 소임은 부의금 5전씩을 와서 바친다.

....

6 궐전闕錢: 모임에 빠지는 대신에 내는 돈을 뜻한다.
7 처소處所: 본방에 딸린 산하 조직을 말한다. 여기서는 포전 등 4전의 임소를 가리킨다.

規式節目

一 班首接長若身死 則賻儀錢拾兩酒白紙遣奠祭 襄禮與小大祥時 北魚一級
代錢壹兩式 守直護喪依例

一 本房公員若身死 則賻儀錢柒兩酒白紙 襄禮與小大祥時 北魚一級代錢一兩
式

一 本房別公員若身死 則賻儀錢四兩酒白紙 襄禮及小大祥時 黃肉錢伍戔式

一 書記公員若身死 則賻儀錢四兩酒白紙 襄禮小大祥時 黃肉代戔伍戔式

一 執事總角大房若身死 則賻儀錢依禮三兩式

若曰初終守直護喪時 毋論冠童 若拘於事端是如稱藉 若一名不參者 則闕錢
伍戔依例罰捧爲齊 永久遵行事

各處所公員座上若身死 則自本房賻儀錢 依例一兩式出給

一 若本房班首接長公任中身死 則各處所所任賻儀 伍戔式來納

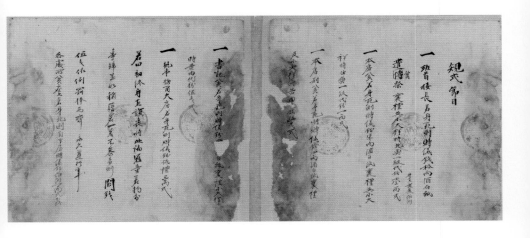

갑신년(1884) 1월 일 　　　　　　　甲申正月 日

사전 창설초년 　　　　　　　　　四廛創設初年
　반수 박수오 　　　　　　　　　班首 朴受五
　접장 이방호 　　　　　　　　　接長 李芳浩
　포전 공원 박한서 　　　　　　布廛公員 朴漢瑞
　　　집사 전상길 　　　　　　　　執事 全相吉
　어과전 공원 김용식 　　　　　魚果廛公員 金用植
　　　집사 박성화 　　　　　　　　執事 朴聖和
　금전 공원 이경순 　　　　　　錦廛公員 李璟淳
　　　집사 임청오 　　　　　　　　執事 林淸五
　서기 공원 최경우 　　　　　　書記公員 崔璟祐
　지전 공원 이□□ 　　　　　　紙廛公員 李□□
　　　집사 김숙여 　　　　　　　　執事 金淑汝
　방내 공원 박□□ 　　　　　　房內公員 朴□□

을유년(1885) 1월 일 　　　　　　乙酉年正月日
　반수 오명신 　　　　　　　　　班首 吳明信
　접장 하기룡 　　　　　　　　　接長 河琦龍
　본방 공원 김용정 　　　　　　本房公員 金用楨
　서기 공원 최경우 　　　　　　書記公員 崔璟祐
　　도집사 박영식 　　　　　　　都執事 朴永植
　포전 공원 최주의 　　　　　　布廛公員 崔周儀
　본방 공원 이경순 　　　　　　本房公員 李璟淳

집사 김경서	執事 金景瑞
어과전 공원 천부귀	魚果廛公員 千富貴
집사 김희보	執事 金希甫
금전 공원 서상오	錦廛公員 徐相五
집사 임청오	執事 林淸五
지전 공원 김숙여	紙廛公員 金淑汝
집사 손태일	執事 孫泰一
방내 공원 이서경	房內公員 李瑞景
비방 한주석(탕)	裨房 韓周碭
병술년(1886) 1월 일	丙戌正月日
반수 오명신	班首 吳明信
접장 이화실	接長 李和實
서기 공원 최경우	書記公員 崔璟祐
공원 이경순	公員 李璟淳
김용식	金用植
김숙여	金淑汝
별공원 박광덕	別公員 朴廣德
조상원	曹相元
서기 공원 김두오	書記公員 金斗五
도집사 김기조	都執事 金基祚
집사 김응천	執事 金應天
이용대	李容大

손태일	孫泰一
방내 공원 이세경	房內公員 李世景
총각 대방 이기만	總角大房 李基萬
정해년(1887) 1월 일	丁亥正月日
반수 이화실	班首 李華實
접장 이춘화	接長 李春和
공원 강원이	公員 姜元伊
조상원	趙祥元
김숙여	金淑汝
서기 김두호	書記 金斗昊
별공원 정군오	別公員 鄭君五
집사 김기조	執事 金基祚
김작은놈	金小老未
임청호	林淸好
이경선	李敬善
손태일	孫泰一
비방 이기만	俾房 李基萬
공원 김만권	公員 金萬權
무자년(1888)	戊子
기축년(1889) 1월	己丑正月
반수 서윤화	班首 徐允華

접장 김용식   接長 金用植

공원 정래봉   公員 鄭來鳳

　　이경선   李敬善

　　김숙여   金淑汝

　　이윤옥   李允玉

서기 김두호   書記 金斗昊

별공원 옥경선   別公員 玉敬善

　　박성화   朴聖化

　　박경수   朴敬守

도집사 김기조   都執事 金基祚

별집사 김부일   別執事 金富一

　　임청호   林淸好

　　김상옥   金祥玉

　　손태일   孫泰一

　　김인준   金仁俊

비방 권필준   裨房 權必俊

공원 석학용   公員 石學用

경인년(1890) 1월 일   庚寅正月日

반수 오군필   班首 吳君弼

접장 하내숙   接長 河乃淑

공원 김두호   公員 金斗昊

　　신정삼   申正三

도공원 이경선	都公員 李敬善
이윤옥	李允玉
김숙여	金淑汝
별공원 옥경선	別公員 玉敬先
집사 김도인	執事 金道仁
이재서	李在瑞
윤응준	尹應俊
비방 권필준	裨房 權必俊

신묘년(1891) 1월 일	辛卯正月日
반수 이봉룡	班首 李鳳龍
접장 박상동	接長 朴相東
본방 공원 옥희석	本房公員 玉稀石
한주석	韓周錫
이용근	李鏞根
김숙여	金淑汝
집사 박의권	執事 朴義權
김부일	金富一
오충국	吳忠國
나창윤	羅昌允
강성구	姜聖九
비방 권필수	裨房 權必守

임진년(1892) 1월 18일	壬辰正月十八日

반수 박장근	班首 朴長根
접장 조창운	接長 趙昌雲
부접장 손인선	副接長 孫仁善
본방 공원 정군오	本房公員 鄭君五
한주석	韓周石
박원길	朴元吉
김숙여	金淑汝
도공원 강원익	都公員 姜元益
별공원 윤경팔	別公員 尹敬八
이원오	李元五
집사 김백수	執事 金栢壽
박의권	朴義權
임청숙	林淸淑
비방 권필수	裨房 權必守

계사년(1893) 1월 18일	癸巳正月十八日
반수 하기룡	班首 河琦龍
접장 손경인	接長 孫慶仁
부접장 김동언	副接長 金東彦
본방 공원 강성원	本房公員 姜聖元
옥경선	玉敬善
안성서	安聖瑞
도공원 김기조	都公員 金基祚

별공원 김희보	別公員 金希甫
집사 김백수	執事 金栢壽
정치언	鄭致彦
김영찬	金永贊
비방 석학용	裨房 石學用

갑오년(1894) 1월 18일   甲午正月十八日

반수 박장근	班首 朴長根
접장 김종국	接長 金鍾國
본방 공원 김희보	本房公員 金希甫
박성서	朴聖瑞
김갑수	金甲洙
안성서	安聖瑞
별공원 김영식	別公員 金永植
이문여	李文汝
서기 김두호	書記 金斗昊
집사 김인준	執事 金仁俊
김운오	金雲五
이율곤	李律坤
이만오	李萬五
문덕서	文德瑞
비방 석학용	裨房 石學用

을미년(1895) 1월 18일   乙未正月十八日

반수 서윤화	班首 徐允華
접장 박장근	接長 朴長根
공원 김영진	公員 金永鎭
이윤기	李潤琦
공사장 최국성	公事長 崔國成
별공원 이채윤	別公員 李採潤
집사 강경옥	執事 姜敬玉
최봉춘	崔奉春
함시화	咸時華
비방 김소동	裨房 金小同
병신년(1896) 1월 18일	丙申正月十八日
반수 박장근	班首 朴長根
접장 조준길	接長 曹俊吉
공원 최운겸	公員 崔雲兼
권필수	權弼守
도공원 문달오	都公員 文達五
김쌍용	金雙龍
별공원 오충국	別公員 吳忠國
집사 김소동	執事 金小同
박도진	朴道鎭
비방 설인규	裨房 薛仁圭

정유년(1897) 1월 18일   丁酉正月十八日

    반수 박장근   班首 朴長根

    접장 정금복   接長 鄭今福

    공원 김기조   公員 金基祚

    금전 본방 공원 최운익   錦廛本房公員 崔云益

    공사장 이일권   公事長 李一權

    별공원 서위선   別公員 徐渭先

        강경옥   姜敬玉

    집사 오삼용   執事 吳三用

    비방 정우옥   裨房 鄭又玉

무술년(1898) 1월 18일   戊戌正月十八日

    반수 박장근   班首 朴長根

    접장 이윤기   接長 李潤琦

    공원 권필수   公員 權弼守

        서위성   徐渭成

    별공원 김남주   別公員 金南柱

        천명수   千命守

    공사장 이일권   公查長 李日權

    집사 이기대   執事 李基大

        함시화   咸時化

        안기조   安基祚

    비방 이명천   裨房 李明天

노명수	盧明洙
이부귀	李富貴
서기 조명언	書記 趙明彦

기해년(1899) 1월 18일	己亥正月十八日
반수 하기룡	班首 河琦龍
접장 박정찬	接長 朴正燦
본방 한영준	本房 韓永俊
김남주	金南柱
김상옥	金尙玉
안성서	安聖瑞
공사장 이치언	公事長 李致彦
별공원 천응원	別公員 千應源
집사 류재황	執事 柳在璜
김갑석	金甲碩
비방 김학봉	裨房 金學奉
집사 장상이	執事 張尙伊

경자년(1900) 1월 18일	庚子正月十八日
반수 박장근	班首 朴長根
접장 이용근	接長 李鏞根
본방 김기언	本房 金基彦
김문칠	金文七
김상옥	金尙玉

안성서	安聖瑞
서기 이한두	書記 李漢斗
도공원 천응원	都公員 千應源
집사 김주원	執事 金周元
설영필	薛永必
비방 정우학	裨房 鄭又學
집사 노명수	執事 盧命守

신축년(1901) 1월 18일	辛丑正月十八日
반수 이용근	班首 李鏞根
접장 한주석	接長 韓周碩
본방 천명세	本房 千命世
윤천복	尹千福
이치옥	李致玉
김숙여	金淑汝
서기 이한두	書記 李漢斗
도공원 박동근	都公員 朴同根
별공원 김영규	別公員 金永圭
김소동	金小童
집사 배봉준	執事 裵奉俊
박상오	朴尙五
비방 장기생	裨房 張奇生
집사 노명수	執事 盧命守

임인년(1902) 1월 18일   壬寅正月十八日

 반수 이용근   班首 李鏞根

 접장 김경환   接長 金景煥

 본방 윤치조   本房 尹致祚

   이한두   李漢斗

   김숙여   金淑汝

   이경지   李敬芝

 도공원 천명세   都公員 千命世

 별공원 정우상오   別公員 鄭又尙五

    강기범   姜基凡

 집사 정우학   執事 鄭又鶴

   박상오   朴尙五

 비방 차인수   裨房 車仁守

 집사 정경도   執事 鄭慶度

계묘년(1903) 1월 18일   癸卯正月十八日

 반수 박장근   班首 朴長根

 부반수 김응서   副班首 金應瑞

 접장 최주호   接長 崔柱灝

 부접장 김성우   副接長 金聖佑

 본방 강영언   本房 姜永彦

   이한두   李漢斗

   김숙여   金淑汝

김여옥	金如玉
별공원 김응수	別公員 金應守
집사 정문일	執事 鄭文一
배원익	裵元益
비방 노명수	裨房 盧命守
박태문	朴泰文

갑진년(1904) 1월 18일	甲辰正月十八日
반수 박장근	班首 朴長根
부반수 강유신	副班首 姜有信
접장 최주호	接長 崔柱灝
부접장 김성우	副接長 金聖佑
본방 강영언	本房 姜永彦
이한두	李漢斗
김치수	金致洙
김여옥	金汝玉
별공원 이재서	別公員 李在瑞
집사 정문일	執事 鄭文一
박상오	朴尙五
비방 장생이	裨房 張生伊
박태문	朴泰文

| 을사년(1905) 1월 18일 | 乙巳正月十八日 |
| 반수 이용근 | 班首 李鏞根 |

접장 옥희석	接長 玉希石
본방 최낙득	本房 崔洛得
이한두	李漢斗
오유중	吳侑重
도공원 박도석	都公員 朴道錫
별공원 문장현	別公員 文章見
조춘서	趙春瑞
강화중	姜和仲
집사 노명수	執事 盧命守
박태문	朴泰文
비방 엄재만	裨房 嚴在萬

병오년(1906) 1월 18일	丙午正月十八日
반수 최주호	班首 崔周灝
접장 강관익	接長 姜寬翼
부접장 김석현	副接長 金碩見
공원 이재서	公員 李在瑞
문장현	文章見
김여옥	金汝玉
도공원 강동식	都公員 姜東植
별공원 정택용	別公員 鄭宅用
집사 배덕오	執事 裵德五
강성옥	姜成玉

강화인	姜和仁
강순거	姜順擧
동몽 김기만	童蒙 金基萬
단성 좌상 박인선	丹城座上 朴仁善
공원 조영진	公員 曺永振
정사인	鄭士仁
서면 공사장 황현선	西面公事長 黃見善
좌상 이화선	座上 李化善
공원 이병오	公員 李柄五
곤양 좌상 김숙여	昆陽座上 金淑汝
공원 박군백	公員 朴君伯
백낙선	白洛善
문선 좌상 김처신	文善座上 金處信
공원 강함진	公員 姜咸振
김성범	金性範
사천 좌상 이화서	泗川座上 李化瑞
공원 박치오	公員 朴致五
윤학서	尹學瑞
반성 좌상 박사옥	班城座上 朴士玉
공원 김경장	公員 金敬長
최도서	崔嶋瑞
문산　　박사옥	文山　　朴士玉
엄정 공원 우내진	嚴亭公員 禹乃珍

정미년(1907) 1월 18일	丁未正月十八日
반수 이윤기	班首 李潤琦
접장 김태조	接長 金泰祚
공원 박인오	公員 朴仁五
강선호	姜善昊
이경지	李慶支
도공원 김원여	都公員 金元汝
별공원 배덕오	別公員 裵德五
도집사 신성수	都執事 申成守
강윤명	姜允明
이주홍	李朱弘
포전 집사 김윤탁	布廛執事 金允鐸
단성 좌상 박인선	丹城座上 朴仁善
공원 정암회	公員 鄭岩回
조태선	曺太善
서면 공사장 이화선	西面公事長 李化善
공원 황현중	公員 黃玄仲
곤양 좌상 김태인	昆陽座上 金太仁
공원 배임술	公員 裵壬戌
박성화	朴成化
문선 좌상 김처신	文善座上 金處信
공원 박인진	公員 朴仁辰
김상유	金祥有

반성 좌상 조성진	班城座上 曹成辰
공원 김군행	公員 金君行
이주흥	李周興
문산 공원 제관서	文山公員 諸寬瑞
엄정 공원 안순명	嚴亭公員 安順明
본소 별공원 김인준	本所別公員 金仁俊

무신년(1908) 1월 18일	戊申正月十八日
반수 김두호	班首 金斗昊
부반수 손인선	副班首 孫仁善
접장 윤응중	接長 尹應仲
본방 조춘서	本房 趙春瑞
김경숙	金敬淑
김여옥	金汝玉
도공원 박여순	都公員 朴汝淳
배덕오	裵德五
별공원 정문일	別公員 鄭文一
집사 노덕서	執事 盧德瑞
동몽 신만석	童蒙 申萬碩
문선 좌상 이화현	文善座上 李和見
공원 조재우	公員 趙在佑
김치도	金致道
반성 좌상 김경장	班城座上 金敬章

공원 이주홍	公員 李周弘
강신형	姜信亨

기유년(1909) 1월 18일	己酉正月十八日
반수 강영언	班首 姜永彦
접장 서윤보	接長 徐允甫
부접장 김경숙	副接長 金敬淑
본방 김응수	本房 金應守
김문칠	金文七
김여옥	金汝玉
서기 이정준	書記 李貞駿
총무 김원여	總務 金原如
변집중	邊集仲
도공원 노덕수	都公員 盧德守
집사 손사인	執事 孫士仁
강윤명	姜允明
박화실	朴和實

경술년(1910) 1월 18일	庚戌正月十八日
반수 강영언	班首 姜永彦
접장 윤경팔	接長 尹敬八
부접장 박여순	副接長 朴汝淳
본방 오국현	本房 吳國見
정택수	鄭擇守

이찬경	李贊敬
서기 천응칠	書記 千應七
집사 최성열	執事 崔成烈
손사인	孫士仁
소내진	蘇乃珍

명치 44년(1911) 음 1월 18일　　明治四十四年陰正月十八日

반수 서윤보	班首 徐允甫
접장 김여옥	接長 金汝玉
김경숙	金敬淑
부접장 김원여	副接長 金原如
본방 윤경칠	本房 尹敬七
함태경	咸泰景
이찬경	李贊敬
서기 정재욱	書記 鄭在旭
집사 박대윤	執事 朴大允
박화실	朴華實
이윤언	李允彦

대정 원년 임자년(1912) 음 1월 18일　大正元年壬子陰正月十八日

반수 문장현	班首 文章見
접장 조춘서	接長 趙春瑞
공원 배덕오	公員 裵德五
홍경옥	洪慶玉

이찬경	李贊敬
집사 박대윤	執事 朴大允
윤태근	尹泰根
박화실	朴華實

대정 2년(1913) 음 계축년 1월 18일 大正二年陰癸丑正月十八日

반수 박여순	班首 朴汝純
접장 김문칠	接長 金文七
공원 박내선	公員 朴乃善
강태경	姜泰敬
강순거	姜順擧
집사 박대윤	執事 朴大允
박화실	朴華實
박덕현	朴德賢

대정 3년(1914) 음 1월 18일 大正三年陰正月十八日

반수 김경숙	班首 金敬淑
접장 이찬경	接長 李贊敬
공원 노덕서	公員 盧德瑞
함태규　선[8]	咸泰奎　仙
윤사형	尹士衡
집사 이주현	執事 李周見

....

8　선仙: 사망을 의미한다.

| 박화실 | 朴化實 |

대정 4년(1915) 음 을묘년 1월 18일　　大正四年陰乙卯正月十八日

반수 이찬경	班首 李贊敬
접장 이재서	接長 李在瑞
공원 박대윤	公員 朴大允
강화인	姜和因
천응삼	千應三
집사 박화실	執事 朴化實
나문오	羅文五

대정 5년(1916) 음 병진년 1월 18일　　大正五年陰丙辰正月十八日

반수 박여순	班首 朴汝純
접장 오국현	接長 吳國現
공원 안성보	公員 安性甫
박화실	朴化實
집사 조윤오	執事 曹閏五
배만수	裵萬守
박치홍	朴致洪

대정 6년(1917) 음 1월 18일　　大正六年陰元月十八日

반수 서윤보	班首 徐允甫
접장 김원여	接長 金元如
공원 신성수	公員 申成守

박문중	朴文仲
박화실	朴化實
집사 배만수	執事 裵萬守
하원선	河元善
조윤오	曹閏五

대정 7년(1918) 음 무오년 1월 18일　大正七年陰戊午正月十八日

반수 김원여	班首 金原如
접장 윤경칠	接長 尹敬七
공원 이주현	公員 李周賢
이무엽	李武燁
박화실	朴華實
집사 배만수	執事 裵萬守

대정 8년(1919) 음 기미년 1월 18일　大正八年陰己未元月十八日

반수 김상옥	班首 金尙玉
접장 정택수	接長 鄭澤守
공원 배만수	公員 裵萬守
박치홍	朴致洪
박화실	朴華實
집사 하원선	執事 河元善
소내진	蘇乃珍
장응순	張應順

대정 9년(1920) 음 경신년 1월 18일　　大正九年陰庚申正月拾八日

　　반수 김경숙　　　　　　　　　　班首 金敬淑

　　접장 함태경　　　　　　　　　　接長 咸邰京

　　공원 배만수　　　　　　　　　　公員 裵萬守

　　　　박치련　　　　　　　　　　　朴致連

　　　　박화실　　　　　　　　　　　朴華實

　　집사 하원선　　　　　　　　　　執事 河元善

　　　　소덕수　　　　　　　　　　　蘇德守

　　　　조윤오　　　　　　　　　　　曹閏五

　　공사장 남영욱　　　　　　　　　公查長 南榮旭

　　도공원 임춘여　　　　　　　　　都公員 林春汝

대정 10년(1921) 음 신유년 1월 18일　大正拾年陰辛酉正月拾八日

　　반수 김경숙　　　　　　　　　　班首 金敬淑

　　접장 문장현　　　　　　　　　　接長 文章現

　　공원 배만수　　　　　　　　　　公員 裵萬守

　　　　박화실　　　　　　　　　　　朴華實

　　　　박치련　　　　　　　　　　　朴致連

　　　　문재영　　　　　　　　　　　文載榮

　　　　김봉옥　　　　　　　　　　　金奉玉

　　집사 소덕수　　　　　　　　　　執事 蘇德守

　　　　조윤오　　　　　　　　　　　曹潤五

임술년(1922) 1월 18일　　　　　　　壬戌正月拾八日

반수 김경숙	班首 金敬淑
접장 배덕오	接長 裵德五
공원 소내진	公員 蘇乃珍
조윤오	曹潤五
하원선	河元善
엄상근	嚴相根
양치운	梁致云
정형로	鄭衡魯
집사 소덕수	執事 蘇德守
이우진	李又鎭
강관성	姜寬成
이태근	李泰根

계해년(1923) 1월 18일   癸亥正月十八日

반수 문장현	班首 文章現
접장 강선호	接長 姜善昊
공원 소덕수	公員 蘇德守
조윤오	曹閏五
최성렬	崔成烈
윤경지	尹京志
정영선	鄭英善
장도인	張道仁
엄상근	嚴相根

문재영	文載榮
집사 이우진	執事 李又鎭

갑자년(1924) 1월 18일	甲子正月拾八日
반수 강선호	班首 姜善昊
접장 홍경옥	接長 洪慶玉
공원 엄상근	公員 嚴相根
최성렬	崔成烈
강관성	姜寬成
도공원 황종도	都公員 黃鍾嶋
별공원 김춘근	別公員 金春根
집사 이윤진	執事 李允鎭
백동기	白東基

을축년(1925) 1월 18일	乙丑正月拾八日
반수 강선호	班首 姜善昊
접장 박동근	接長 朴東根
공원 문재영	公員 文載榮
〃 조윤오	仝 趙潤五
〃 김춘근	仝 金春根
도집사 이덕삼	都執事 李德三
집사 백동기	執事 白東基
〃 고석순	仝 高石順

병인년(1926) 1월 18일　　　　　丙寅正月十八日

　　반수 홍경옥　　　　　　　　班首 洪慶玉

　　접장 류후근　　　　　　　　接長 柳厚根

　　공원 정영선　　　　　　　　公員 鄭英善

　　〃 강기현　　　　　　　　　仝 姜琦鉉

　　〃 고석순　　　　　　　　　仝 高石順

　　집사 김성대　　　　　　　　執事 金成大

　　〃 백동기　　　　　　　　　仝 白東基

정묘년(1927) 1월 18일　　　　　丁卯正月拾八日

　　반수 강선호　　　　　　　　班首 姜善昊

　　접장 노덕서　　　　　　　　接長 盧德瑞

　　공원 윤경지　　　　　　　　公員 尹京志

　　〃 강기현　　　　　　　　　仝 姜琦鉉

　　〃 김춘근　　　　　　　　　仝 金春根

　　공원 이정진　　　　　　　　公員 李正珍

　　집사 김성대　　　　　　　　執事 金成大

　　〃 백동기　　　　　　　　　仝 白東基

무진년(1928) 1월 18일　　　　　戊辰正月拾八日

　　반수 강선호　　　　　　　　班首 姜善昊

　　접장 엄상근　　　　　　　　接長 嚴相根

　　공원 강영태　　　　　　　　公員 姜永台

　　〃 백동기　　　　　　　　　仝 白東基

집사 이덕삼   執事 李德三

〃 박명룡   仝 朴明龍

기사년(1929) 1월 18일   己巳正月拾八日

반수 홍경옥   班首 洪慶玉

접장 박화실   接長 朴華實

공원 정찬일   公員 鄭贊日

〃 이성준   仝 李成俊

〃 최익수   仝 崔益守

집사 박명룡   執事 朴明龍

〃 김차성조   仝 金且聖祚

경오년(1930) 1월 18일   庚午正月拾八日

반수 강선호   班首 姜善昊

접장 문재영   接長 文載榮

공원 최익수   公員 崔益守

집사 박명룡   執事 朴明龍

신미년(1931) 1월 18일   辛未正月拾八日

반수 문장현   班首 文章現

접장 이주현   接長 李周見

공원 김성대   公員 金聖大

〃 최익수   仝 崔益守

서기 이홍습   書記 李洪習

한산 공원 김금수	閑散公員 金今守
공사장 김영숙	公査長 金永淑
명사장 이인수	明査長 李仁壽
사대전 도공원 박홍제	四大廛都公員 朴弘濟
집사 박덕용	執事 朴德龍
〃 박명룡	仝 朴明龍

임신년(1932) 1월 18일	壬申正月拾八日
반수 강선호	班首 姜善昊
접장 김봉옥	接長 金奉玉
공원 김영숙	公員 金永淑
〃 최익수	仝 崔益守
서기 이홍습	書記 李洪習
한산 공원 김진화	閑散公員 金振化
공사장 김만두	公査長 金萬斗
명사장 박홍제	明査長 朴弘濟
사대전 도공원 박성근	四大廛都公員 朴成根
집사 박덕룡	執事 朴德龍
〃 이봉옥	仝 李奉玉

계유년(1933) 1월 18일	癸酉正月十八日
영위 강선호	領位 姜善昊
반수 홍경옥	班首 洪慶玉
사장 소내진	社長 蘇乃珍

공원 이홍습   公員 李洪習

공원 최익수   公員 崔益守

집사 고재기   執事 高在基

집사 박명룡   執事 朴明龍

갑술년(1934) 1월 18일   甲戌正月十八日

영위 강선호   領位 姜善昊

반수 이주현   班首 李周見

사장 강기현   社長 姜琦鉉

공원 고재기   公員 高在基

   〃 최익수   仝 崔益守

집사 이화일   執事 李和日

을해년(1935) 1월 18일   乙亥正月十八日

영위 강선호   領位 姜善昊

반수 문장현   班首 文章見

사장 강문현   社長 姜汶鉉

공원 김만두   公員 金萬斗

   〃 이봉옥   仝 李奉玉

집사 정갑이   執事 鄭甲伊

병자년(1936) 1월 18일   丙子正月十八日

영위 강선호   領位 姜善昊

반수 문장현   班首 文章現

사장 강문현   社長 姜汶鉉

본방 신선준   本房 申先俊

포전 공원 이봉옥   布廛公員 李奉玉

집사 박윤식   執事 朴允植

정축년(1937) 1월 18일   丁丑正月十八日

영위 강선호   領位 姜善昊

반수 문장현   班首 文章現

사장 강기현   社長 姜琦鉉

본방 공원 신선준   本房公員 申先俊

포전 공원 이봉옥   布廛公員 李奉玉

무인년(1938) 1월 18일   戊寅正月十八日

영위 강선호   領位 姜善昊

반수 이주현   班首 李周見

사장 강기현   社長 姜琦鉉

본방 신선준   本房 申先俊

집사 박윤식   執事 朴允植

진주상무사 규칙晉州商務社規則

(1938)

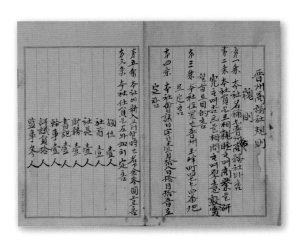

진주상무사 규칙

총칙

제1조 본 사 명칭은 진주우상무사라 함.

제2조 본 사 사원은 서로 친목하고, 상업을 연구하며, 길흉사에 서로
문안하고 두터운 뜻으로 성실히 노력하는 것을 목적으로 함.

제3조 본 사 위치는 진주 옥봉정 477-4번지로 정함.

제4조 본 사 회의일자는 1월 18일과 10월 15일로 정함.

제5조 본 사에 가입하려고 할 때는 가입비를 3원으로 함.

제6조 본 사 임원은 다음과 같이 정함.

영위 1인

사수 1인

사장 1인

재무 1인

서기 1인

간사 1인

평의원 10인

감사 3인

1. 영위는 본 사의 모든 사안을 총괄할 것.

2. 사수는 영위의 지시에 따라 제반 사무를 모두 관리할 것.

3. 사장은 사수의 동의를 얻어 사의 업무를 대표할 것.

4. 재무는 사장의 명령을 받아 재산을 담당하여 관리하고 정기회의 일에 금전의 출납을 보고할 것.

5. 서기는 본 사 제반 문부를 보관하고 관리할 것.

6. 간사는 사장의 명령을 받아 일을 처리함.

7. 평의원은 본 사의 중요사항을 평의할 것.

8. 감사는 본 사의 금전출납에 대하여 조사하고 보고할 것.

제7조 본 사 임원의 선거방식은 다음과 같음.

1. 영위는 평생을 기한으로 하되, 만일 신임을 받지 못할 경우에는 다시 선출할 수 있음.

2. 사수의 임기는 1년으로, 선거 방식은 영위가 추천하여 선출함.

3. 사장의 임기는 1년으로, 선거 방식은 투표로 함.

晉州商務社規則

總則

第一條 本社名稱은 晉州右商務社라 홈

第二條 本社員은 互相親睦ㅎ며 商業을 硏究ㅎ며 吉凶을 相問ㅎ며 厚意敦實
　　　할 旨로 目的홈

第三條 本社位置난 晉州玉峰町四七七一四番地로 定홈

第四條 本社會議日字난 壹月拾八日拾月拾五日로 定홈

第五條 本社에 新入코저할 時난 名下金參圓으로 홈

第六條 本社任員은 左와 如히 定홈

　　　　領位 壹人

　　　　社首 壹人

　　　　社長 壹人

　　　　財務 壹人

　　　　書記 壹人

　　　　幹事 壹人

　　　　評議員 拾人

　　　　監事 參人

　　　　一 領位은 本社總則을 總關할事

　　　　二 社首은 領位의 指遵을 從ㅎ야 諸般事務을 總管할 事

　　　　三 社長은 社首의 同意을 得ㅎ야 社務을 代表할 事

　　　　四 財務은 社長의 命令을 承ㅎ야 財産을 掌理ㅎ고 定期會議日
　　　　　　에 金錢出納을 報告할 事

　　　　五 書記난 本社諸般文簿을 保管掌理할 事

4. 재무는 임기가 1년으로, 선거 방식은 사장이 추천하여 선출함.

5. 서기와 간사는 임기가 1년으로, 선거 방식은 사장이 추천하여 선출함.

위의 임원은 재임도 가능하지만, 만일 신임을 받지 못할 경우에는 다시 선출할 수 있음.

제8조 본 사의 경비는 사원의 의연금으로 함. 단, 본 사 2기 총회 때의 의연금은 20전으로, 부족할 때는 전 사원의 의결로 더 받을 수 있음.

제9조 사의 총칙 2조에 의하여 다음과 같이 정함.

1. 사원의 부모, 자신, 처가 사망할 때 부의금은 3원이고, 6자 조기 하나를 첨부함.

2. 본 사 사원 중 부모가 없는 사원에게는 처부모 또는 친족에 한하여 대신 부조하되, 한 차례만 지급함. 단, 보좌금은 2원으로 정하고 조기는 없음.

3. 본 사 사원의 부모와 처가 있는 경우에는 친족과 처부모 상에 보좌금을 절대로 줄 수 없음.

4. 진주시 밖에 있는 마을에 거주하는 사원의 상에는 다른 사원들이 수직과 호상을 하지 않고, 임원 2인을 보내 호상하게 함.

5. 사원의 상사에 수직 간금은 하룻밤에 5원, 호상 간금은 10원으로 정함.[1]

6. 사원의 상사 때 일이 있어 출타했거나 병이 나서 참석하지 못한 경우에는 벌금이 없으나, 결석계를 제출하지 않았을 때는 벌금을 부과함.

六 幹事난 社長의 命令을 承ᄒᆞ야 服從홈

七 評議員은 本社重要事項을 評議할 事

八 監事난 本社金錢出納에 對ᄒᆞ야 調査報告할 事

第七條 本社任員選擧方式은 左와 如홈

一 領位난 平生을 限ᄒᆞ되 萬一不信한 境遇에난 改選홈도 得홈

二 社首의 任期난 壹個年으로 選擧方式은 領位가 推選홈

三 社長의 任期난 壹個年으로 選擧方式은 投票로 함

四 財務난 任期壹個年으로 選擧方式은 社長이 推選홈

五 書記及幹事난 任期壹個年으로 選擧方式은 社長이 推選홈

以上任員은 再任함도 有하되 萬一不信할 境遇에난 改選홈도 得홈

第八條 本社의 經費난 社員의 義捐金으로 홈

但本社二期總會時에 義捐金貳拾錢으로 萬一經費가 不足할 時난 全
社員의 決議을 得홈

第九條 社則二條에 依ᄒᆞ야 左와 如히 定홈

一 社員의 父母己妻가 死亡할 時난 賻儀金 參圓으로 弔旗六尺壹件
을 添付홈

二 本社社員中父母가 無한 社員의게난 妻父母 又난 親族으로 限ᄒᆞ
되 一次만 引用홈

但 補佐金은 貳圓으로 定하고 弔旗난 此限에 不在홈

三 本社員父母와 妻가 有한 人의게난 親族及妻父母의게난 絶對不得홈

----

1 수직 간금은…정함: 간금은 벌금이다. 수직 간금은 수직하지 않았을 때, 호상 간금은 호상
하지 않았을 때 내는 벌금이다. 처음에는 수직 간금을 20전, 호상 간금을 30전으로 썼다가
이렇게 고쳤다. 재래화폐와 일제 화폐가 통용된 상황을 엿볼 수 있다.

제10조 본 사 사원의 벌칙은 다음과 같이 함.

　　　　1. 본 사 정기총회와 임시총회 때 참석하지 않은 사람에게는 벌금을 50전으로 정함.

　　　　2. 사원 중 자퇴자가 있는 경우에는 신입금은 무효로 함.

　　　　3. 사원 중 어른을 무시하고 패악한 행위로 질서를 문란케 하는 자는 그 경중에 따라 치죄하여 축출하거나 처벌하게 함.

제11조 본 사에 특별한 사고가 있을 때는 사장이 임시총회를 소집함.

제12조 본 사의 자금이 있어 이자를 놓을 경우에는 매월 원당 이자를 2전씩으로 정함.

제13조 본 사의 통상비용은 1월에는 20원, 10월에는 10원으로 정함.

제14조 사원의 부모, 자신, 처의 회갑연에는 북어 1부(20마리)를 공급하되, 신고서를 제출하지 않는 경우에는 여기에 해당되지 않음.

제15조 사원의 대상과 소상 때와 아들과 딸 결혼에 북어 1부를 공급하되, 신고서를 제출하지 않는 경우에는 여기에 해당되지 않음.

제16조 사원이 중병으로 여러 달 앓을 때는 사원 두세 명을 보내어 문병하게 하되, 생선이나 고기 약간을 지급함.

단, 이상 16조를 준수하게 하기 위하여 별지에 서명, 날인함.

四 外村에 居住하난 社員은 守直護喪은 不得하고 任員中二人을 派
　送護喪케홈

五 社員中 喪事時 守直干金每夜五円 護喪干金拾円으로 定홈

六 社員中喪事時에 有故出他及病氣로 因하야 欠席할 時난 干金은
　無하되 屆出이 無할 時난 無效로홈

第拾條 本社員의 罰則은 左와 如히 홈

一 本社定期臨時總會時 不參者의게난 干金五拾錢으로 定홈

二 社員中 自退者가 有할 時난 新入金은 無效로홈

三 社員中 不顧老少호고 頑悖혼 行爲로 秩序을 紊亂케혼 者난 罪其
　輕重하야 黜社 又난 處罰케홈

第十一條 本社에 特別한 事故가 有할 時난 社長이 臨時總會을 召集홈

第十二條 本社財金이 有하야 殖本홀 境遇에난 每月 每圓頭利子 二錢式定홈

第十三條 本社通常費用은 壹月에 貳拾圓 拾月에난 拾圓으로 定함

第十四條 社員中 父母已妻甲宴에난 北魚壹桴式 供給호되 萬一 屆出이 無한
　　　時난 此限에 不在홈

第十五條 社員中 大小祥時와 男婚女嫁에 北魚一桴을 供給하되 萬一 屆出이
　　　無할 時난 此限不在함

第十六條 社員中重病으로 累月呻苦할 時난 社員二三人을 派送호야 問病케
　　　하되 魚肉間에 幾許을 供給홈

但以上十六條을 遵守케 호기위하야 別紙에 署名捺印홈

(명단)²

박여순 선	朴汝純 仙
이찬경	李贊敬
박정숙 행정 154	朴正淑 幸町一五四
공주언 사망	孔珠彦 死亡
이사홍 사망	李士洪 死亡
김군형 자퇴	金君亨 自退
강선일 선	姜善日 仙
강선약	姜善約
배덕오 수정정 209번지	裵德五 水晶町二〇九番地
정문일	鄭文一
강선호	姜善昊
이주현 시장	李周見 市場
손덕현 수정정 617번지	孫德見 水晶町六一七番地
문재영 시장 선	文載榮 市場 仙
강기현 봉산정 886-4	姜琦鉉 鳳山町八八六一四
강문현	姜汶鉉
강석진	姜錫珍
강순약 자퇴	姜順若 自退
장명언 서봉정 223번지	張明彦 西鳳町二二三番地

....

2 이 장부의 명단을 보면, 명단을 처음 작성하고 인장을 찍었다. 이후 사망, 자퇴 등 회원의
   신상에 변화가 있으면, 관련 내용을 아래에 덧붙여 놓았다. 그리고 회원에서 탈퇴한 경우
   에는 이름 위에 "ヶ"로 표시해 놓았다.

소내진 시장	蘇乃珍 市場
김봉옥 시장	金奉玉 市場
김경원 자퇴	金卿源 自退
김만두 시장	金萬斗 市場
이홍습 누정	李洪習 樓町
김영숙 수정정	金永淑 水晶町
정갑영 자퇴	鄭甲永 自退
김점문 남산정 129번지	金点文 南山町一二九番地
김지홍 시장	金址洪 市場
김영옥 시장	金榮玉 市場
이성준 제명	李成俊 除名
이화일 시장	李化日 市場
이봉옥 남산정 207번지 퇴	李奉玉 南山町二〇七番地 退
박갑수 자퇴	朴甲秀 自退
소덕수 제명	蘇德守 除名
박홍제 동봉정	朴弘濟 東鳳町
박성근 선	朴成根 仙
박윤식 시장	朴允植 市場
박명룡 자퇴	朴明竜 自退
하원선 동봉정 39번지	河元善 東鳳町三九番地
허사진 시장	許士珍 市場
허말세 퇴	許末世 退
최익수 자퇴	崔益守 自退

백동기 선	白東基 仙
정찬일 자퇴	鄭贊日 自退
정신경 자퇴	鄭辛京 自退
정수성 자퇴	鄭秀成 自退
장응순 옥봉정	張應順 玉峰町
고재기 시장	高在基 市場
천석재 시장	千錫在 市場
심화진 자퇴	沈鏵辰 自退
신선준 시장	申先俊 市場
한우수 시장	韓又守 市場
성재훈 시장	成再勳 市場
백정기 퇴	白正基 退
서성진 퇴	徐性眞 退
최경환 시장	崔敬煥 市場
김상우 자퇴	金尙宇 自退
이우진 자퇴	李又鎭 自退
백계수	白季秀
김갑룡 자퇴	金甲龍 自退
정종석 시장	鄭宗錫 市場
전서식 일출정 선	田徐植 日出町 仙
장두남 시장	張斗南 市場
정성만 시장	鄭成萬 市場
구영서 행정 30번지	具永瑞 幸町三〇番地

최영숙 수정정	崔詠淑 水晶町
백봉구 소화정	白奉九 昭和町
하태순 선	河台淳 仙
박봉조 일출정 시계점	朴奉祚 日出町 時計店
문성범 누정	文聖範 樓町
박창근 퇴	朴昌根 退
안재인 시장	安在寅 市場
허 이 봉래정 221번지	許 禰 蓬萊町二二一番地
정화인 시장	鄭化仁 市場
강주순 동봉정	姜柱淳 東鳳町
김연배 시장	金演培 市場
박상기 자퇴	朴相基 自退
하재수 시장	河再洙 市場
안성원 옥봉정 394-3	安性元 玉峰町三九四-三
이덕수 시장	李德洙 市場
박병진 시장	朴秉鎭 市場
박조원 선	朴祚元 仙
김평룡 시장	金平龍 市場
하성부 시장 소화 17년(1942) 1월 18일 입계	河性富 市場 昭和十七年正月十八日 入稧
정재윤 숙모 일위 위와 같음	鄭在允 叔母一位 仝
최현호 시장 17년 자퇴	崔玄鎬 市場 十七年 自退
이삼성 시장	李三成 市場

강창욱 시장 자퇴	姜昌旭 市場 自退
정영선 시장	鄭英善 市場
윤경지 시장	尹京志 市場
하본용성 시장	河本龍成 市場
김상선 시장 17년 임오 3월 3일 입	金相善 市場 十七年壬午三月三日入
박기서 시장	朴基瑞 市場
김성순 시장	金性淳 市場

회칙   會則

서기 1969년 5월   西紀一九六九年五月

진주시 상무사   晉州市 商務社

◆

제1조 본 회의 명칭은 '진주시 상무사'라 칭한다.

제2조 본 회의 사무소는 진주시 옥봉동 477의 4번지 상무사 사옥 안에 둔다.

제3조 본 회의 취지와 목적

전통이 있는 유구한 역사를 지닌 선구자들의 진정한 정신을 계승하여 회원 상호간의 친목단결과 상도의심을 앙양하며, 미풍양속으로 남에게 모범을 보여주는 것을 목적으로 한다.

제4조 본 희의 회원은 진주시내 거주자로서 시내에서 상업을 경영하는 자로 국한한다. 단 회원은 다음과 같이 구분한다.

　1. 정회원은 회원명부에 이미 기재되어 있는 사람이다.

　2. 준회원은 본 회의 취지에 찬동하여 앞으로 본 회에 신입코자 하는 사람이다.

제5조 준회원이 정회원이 되고자 할 때는 찬조금은 임원단의 결의에 의한다.[1]

제6조 본 회는 다음과 같이 임원을 둔다.

　1. 회장 1명　2. 부회장 2명[2]　3. 총무 1명　4. 재무 1명

　5. 감사 3명　6. 간사 1명　7. 서기 1명　8. 고문 및 평의원 명

제7조 본 회 임원의 직무는 다음과 같다.

1　찬조금은…의한다: 이 문장은 처음에 '가입금 조로 일금 500원을 본 회에 찬조해야 한다 (加入金條로서 一金五百원整을 本會에 贊助하여야 한다)'에서 나중에 수정되었다.

2　부회장 2명副會長 貳名: 처음 표기는 1명이었으나 2명으로 수정되었다.

◆

第一條　本會의 名稱은 晉州市商務社라 稱한다

第二條　本會의 事務所는 晉州市玉峰洞四七七의 四番地商務社屋內에 置한다

第三條　本會의 趣旨와 目的은 傳統있는 悠久한 歷史을 지닌 先驅者들의 眞正한 精神을 繼承하여 會員相互間의 親睦團結과 商道義心을 昂揚하여 他에 美風良俗을 示範함을 目的으로 한다

第四條　本會의 會員은 晉州市內居住者로서 市內에서 營商하는 者에 局限한다

　　　　但會員은 左와 如히 區分한다

　　　　1 正會員은 旣히 會員名簿에 記載되있음을 말하고

　　　　2 準會員은 本會의 趣旨을 贊同하여 앞으로 本會에 新入코져 하는 者

第五條　準會員은 正會員이 되고져할 時는 贊助金은 임원단의 결이에 의한다

第六條　本會는 左와如한 任員을 置한다

　　　　一會長 壹名 二副會長 貳名 三總務 壹名 四財務 壹名

　　　　五監査 三名 六幹事 壹名 七書記 壹名 八顧問 및 評議員 名

第七條　本會의 任員의 職務는 左와 如하다

1. 회장은 본 회를 총할하고 대표한다.

2. 부회장은 회장을 보좌하며 회장 유고시 그를 대리한다.

3. 총무는 본 회의 사무 및 재정 일체를 총할한다.

4. 재무는 현금출납 일체를 담당하여 관리한다.

5. 감사는 본 회의 사무 및 재정 일체를 감사한다.

6. 간사는 회장의 명을 받아 정기총회 및 긴급을 요하는 회의 일자를 각 회원에게 통고한다. (단, 일당조로 일금 300원을 지급한다.)

7. 고문 및 평의원은 회의에 붙인 안건을 결의하되, 가부동수의 경우에는 회장이 이를 가결한다.

8. 서기는 본 회의 비치서류 일체를 총정리한다.

　1) 회칙 2) 회의록 3) 예산결산서 4) 현금출납부 5) 본 사의 등기서류 6) 기타 일체의 증빙서류

제8조 본 회의 임원임기는 1년으로 한다.

제9조 본 회의 회장, 부회장은 총회에서 선출한다. 단, 무기명투표로 선출하고 기타 임원은 회장이 마땅한 사람을 임명한다.

제10조 본 회의 운영경비는 독지가의 찬조금과 가입금 및 본 사의 가옥임대료로 충당한다.

제11조 본 회의 회계연도는 매년 5월 1일부터 다음해 4월 말일까지로 한다.

제12조 본 회의 재정은 임원회의 결의에 의하여 지출한다.

제13조 본 회 재정의 예산, 결산은 임원회에서 담당하며 총회의 승인을 얻어야 한다.

一 會長은 本會를 總轄代表한다

二 副會長은 會長을 補佐하며 會長有故時는 此를 代理한다

三 總務는 本會의 事務 및 財政一切을 總轄한다

四 財務는 現金出納一切을 掌理한다

五 監査는 本會의 事務 및 財政一切를 監査한다

六 幹事는 會長의 命을 受하여 定期總會 및 緊急을 要하는 會議
　 日字를 各會員의게 通告한다(但 日當條로서 一金參百원 整을 支給
　 한다)

七 顧問 및 評議員은 附議案件을 決議하데 可否同數의 境遇에는 會
　 長이 이를 可決한다

八 書記는 本會의 備置書類一切을 總整理한다
　 1會則 2會議錄 3豫算決算書 4現金受拂簿 5本社의 登記書類
　 6其他一切의 證憑書類

第八條 本會의 任員任期는 一個年으로 한다

第九條 本會의 會長 副會長은 總會에서 選出하데 但 無記名投票로서 選出
　　　 하고 其他任員은 會長이 適宜任命한다

第一〇條 本會의 運營經費는 特志家의 贊助金과 加入金 및 本社의 家屋賃
　　　　 貸料로서 이를 充當한다

第一一條 本會의 會計年度는 每年 五月一日부터 翌年 四月末日까지로 한다

第十二條 本會의 財政은 任員會의 決議에 依하여 支出한다

第十三條 本會의 財政預算決算은 任員會에서 擔當하며 總會의 承認을 得
　　　　 하여야한다

제14조 본 회의 정기총회는 매년 5월 중에 회장이 소집하고 예산, 결산의 심의 및 임원 개선, 회기 수정 등을 토의한다.

제15조 본 회의 임시총회는 필요에 따라 회장 또는 회원 3분의 1 이상의 청원이 있을 때 회장이 소집할 수 있다.

제16조 본 회의 각종 회의는 구성원의 과반수 이상이 출석하고 출석원의 과반수 이상의 찬성으로 결의한다.

제17조 본 회의 회칙은 통과일로부터 효력을 발생한다.

제18조 본 회의 사업은 회원 일동의 길흉사를 막론하고 적당한 경조금을 지출한다. 단, 다음 사항에 국한한다.

　　　1. 본인 및 부모, 처, 자녀의 경조사 때.

　　　2. 회원이 불의의 천재지변을 당했을 때.

제19조 적립금은 회장 명의로 예금하고 통장은 총무가 보관한다.

제20조 본 회 또는 다른 사람의 귀감이 되고 성실하고 유능하여 장래가 촉망되는 자에게는 그 공로를 치하하기 위하여 회원 일동이 포창할 수 있다.

제21조 본 회의 명예를 손상하거나 또는 회칙을 위반한 자가 있을 때는 총회에 회부하여 경고하거나 선도하는 방책을 강구한다. 단, 선도해도 개전의 의사가 없을 때는 제명한다.

제22조 정회원이 1년 이상 출석하지 않을 때는 자동으로 회원 자격을 상실한다.

임원명부

1. 회장 김정조

第十四條 本會의 定期總會는 每年 五月中에 會長이 이를 召集하고 豫算決
　　　　　算審議 및 任員改選 會期修正 等을 討議한다

第十五條 本會의 臨時總會는 必要에 따라 會長 또는 會員三分之一以上의
　　　　　請願이 있을 時 회장이 이를 召集할 수 있다

第十六條 本會의 各種會議는 構成員의 過半數以上이 出席하고 出席員의 過
　　　　　半數以上의 贊同으로 決議한다

第十七條 本會의 會則은 通過日로부터 其效力을 發生한다

第十八條 本會의 事業은 會員一同의 凶吉事를 莫論하고 適宜한 慶弔金을
　　　　　支出한다 但 다음 事項에 局限한다
　　　　　一 本人 및 父母妻子女 慶弔時
　　　　　二 會員中不意의 天災地變을 當하였을 때

第十九條 積立金은 會長名儀로 預金코 通帳은 總務가 保管한다

第二十條 本會를 爲하여서나 他에 龜鑑이 데며 앞으로 誠實有能한 者에게
　　　　　는 功勞로 致賀하기 爲하여 會員一同이 褒彰할 수 있다

第二十一條 本會의 名儀를 損傷 또는 會則을 違反한 者 有할 時는 總會에
　　　　　　回附하여 警告 또는 善導策을 請究한다 但 善導하여도 改悔의
　　　　　　意思가 없을 時는 除名處分한다

第二二條　　正會員으로서 一年以上 出席치 않을 時는 自動的으로 會員의
　　　　　　資格을 喪失한다

任員名簿

一 會長 金正祚

2. 부회장 김덕수

3. 총무 주우중

4. 재무 박재호

5. 감사 김정태 박삼판 전광주

6. 간사 정원식

7. 서기 김연석

8. 고문 및 평의원

서기 1968년 6월 1일

위 기초위원 주우중 김정태 박재호 전광주

二 副會長 金德洙

三 總務 朱尤重

四 財務 朴在浩

五 監査 金正泰 朴三判 全広柱

六 幹事 鄭元植

七 書記 金鍊錫

八 顧問 및 評議員

西紀一九六八年六月一日

右起草委員 朱尤重 金正泰 朴在浩 全広柱

2. 인장과 신분증

경상 김천 신표[1](1880 이전)
慶尙金泉信標

혜상공국 우사 경상우 도반수(1883)
惠商公局右社慶尙右都班首

혜상공국 우사 강원도 도반수(1883)
惠商公局右社江原道都班首

[진주] 상리국 임소 반수표(1884)
[晉州] 商理局任所班首標

....

1   경상 김천 신표慶尙金泉信標: 1880년에 작성된 한성부완문 등본의 마지막 부분에 이와 같
    은 형태와 크기의 도장이 찍혀 있다.

[진주] 상리국 임소 접장표(1884)
[晉州] 商理局任所接長標

금전신장[2](1884년 전후)
錦廛新章

사천군 팔호 우지사장
泗川郡八湖右支社章

내용 미상 인장
內容未詳印章

경상남도 상무우사 도상무원장 이운영
慶尙南道商務右社都商務院章李運永

진주 우사 사무원지장
晉州右社事務員之章

경상남도 지부장지장
慶尙南道支部長之章

상무회 경남 진주군지부지인(1920년대)
商務會慶南晉州郡支部之印

상무회 경상남도지부인(1920년대)
商務會慶尙南道支部印

상무회 진주군지부장장(1920년대)
商務會晉州郡支部長章

....

2 금전신장錦廛新章: 사전 청금록에 의하면 1884년 당시 금전이 있었던 것을 확인할 수 있다.

상무회 경남도지부(1920년대)
商務會慶南道支部

진주상무사인(1937)
晉州商務社印

만주일보사 경남지국장지인[3]
滿洲日報社慶南支局長之印

만주일보 경남지국
滿洲日報慶南支局

만주일보 경남지국인
滿洲日報慶南支局印

진주 상우 친목계장
晉州商友親睦稧章

3   만주일보사 경남지국장지인滿洲日報社慶南支局長之印: 만주일보는 1927년부터 1945년까
    지 만주에서 발간된 신문이다. 이 도장을 통해 진주상무사가 만주일보 지국을 운영했던
    것을 추정할 수 있다.

당상의 비밀
지령에 이
도장이 찍혀
있으면 빨리
거행할 것.
堂上暗令準此
星火擧行

당상의 명의로
보낸 신표가
혹여 비밀
지령이 있는데,
이 도장이 찍혀
있으면 빨리
거행할 것.
堂上信標
或用暗令準此
星火擧行

* 이 도장에는 혜상공국관방惠商工局關防이 새겨져
있다. 즉 혜상공국에서 각지의 보부상 지사에
내려보내는 공문서에 찍는 도장이라는 의미이다.

당상의 비밀
지령에 이 도장이
찍혀 있으면 빨리
거행할 것.
堂上暗令準此
星火擧行

내인신[2]
內印信

신표 안쪽에 혹여
비밀 지령이 있는데,
이 도장이 찍혀
있으면 빨리 받들 것.
內標套 或用暗命準此
星火奉承

신표 안쪽에 혹여 비밀
지령이 있는데, 이
도장이 찍혀 있으면
빨리 받들 것.
內暗命準此 星火奉承

신표 안쪽에 혹여 비밀 지령이 있는데,
이 도장이 찍혀 있으면 빨리 받들 것.
內暗命準此 星火奉承

....

1 신표본信標本: 통상 신표는 보부상임을 증명하는 문서를 말한다. 그러나 이 자료는 혜상
   공국에서 보부상 임소 등에 내린 공문서나 보부상의 신표에 찍는 도장의 견본을 가리킨
   다. 즉 인신印信의 표본이라는 의미로 해석된다.
2 내인신內印信: 내지에 찍는 도장이다.

어과상 신분증魚果商身分證

가. 어과상 채현옥

(전) 어과상 채현옥은 나이는 을묘생이고, 진주 장내인[1]이다.

(후) 갑신년에 입참하였다. 우사

(前) 魚果商 蔡賢玉 年乙卯 晉州掌內人

(後) 甲申式 入參 右社

....

1 진주 장내인晉州掌內人: 진주 우사의 관할권에서 영업을 한다는 의미로 보인다.

나. 어과상 김창준

(전) 어과상 김창준은 나이 22세이고,
　　 진주 장내인이다.

(후) 갑신년에 입참하였다. 우사

(前) 魚果商 金昌俊 年二十二 晉州掌內人

(後) 甲申 入參 右社

다. 어과상 이두석

(전) 어과상 이두석은 나이35세이고
　　 진주 장내인이다.

(후) 갑신년에 입참하였다. 우사

(前) 魚果商 李斗石 年三十五 晉州掌內

(後) 甲申 入參 右社

라. 어과상 김재근

(전) 어과상 김재근은 나이 25세이고,
　　　진주 장내인이다.

(후) 갑신년에 입참하였다. 우사

(前) 魚果商 金載根 年二十五 晉州掌內人

(後) 式甲申 入參 右社

마. 어과상 박유만

(전) 어과상 박유만은 나이 16세이고,
　　　진주 장내인이다.

(후) 갑신년에 입참하였다. 우사

(前) 魚果商 朴有萬 年十六 晉州掌內人

(後) 甲申 入參 右社

II

진주상인들의
회합장소에 관한
자료

1. 회합장소 건립 관련 문서

1   4전 상인들의 협조를 요청하는 글四廛勸助文[1]

(1885)

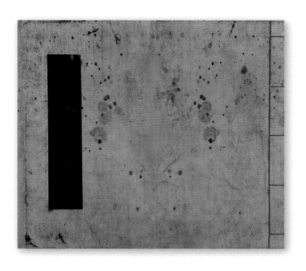

◆   ◆

사전 권조문   四廛勸助文

....

1   4전 상인 … 글: 이 글은 진주의 보상褓商 조직인 진주 상무우사의 건물을 지으면서 소속 상인들에게 모금 참여를 독려하기 위해 쓴 글이다. 제목에는 4전으로 되어 있으나, 모금에는 포전, 금전, 어곽전, 지전, 우전 등 5개 물종의 보상조직이 참여하였다.

◆

사전 권조문

위 제목의 글을 다음과 같이 작성하여 내는 일이다. 대저 만물 중에 사람이 가장 귀한데, 그 중에 군신 또한 상하가 되어 □□□□를 잃지 않으므로 그 청정한 다스림에 힘입는다. 이것이 실로 인민의 변함없는 도리다. 오직 우리 행상은 본래 정해진 거처가 없는데, 처자도 식구도 없는 동료가 혹 몸이 아프면 제대로 치료받기 어려워 객사하는 경우가 자주 있으니, 어찌 한심하지 않은가. 지금 좌우사[2]를 창설한 후 도소를 설치하여 애경사에 서로 축하하고 문상하라는 경영의 관칙[3]이 또한 지엄하다. 상업이 비록 사농공상의 끝에 있다고 하지만, 어찌 선성의 유업이 아니겠는가? 아, 영남은 평소 추로지향으로서 예의의 풍속이 아직 남아 있다. 그런데 유독 진주 관할은 남쪽의 대처라고 말만 할 뿐, 어찌하여 도소의 회당이 없는가? 이번에 도소 건립을 주제로 난상 토론을 한 후 이렇게 권조문을 작성하여 발표하니, 우사 각 전의 소속 상인은 능력대로 은혜를 베풀어 특히 만에 하나의 □□를 내려 도소를 세움으로써, 상규를 준수하도록 하는 것이 마땅할 것이다.

을유년(1885) 2월 일

....

2 좌우사左右社: 1885년 보부상을 총괄하던 혜상공국을 혁파하고 대신 상리국을 설치하였다. 상리국에서는 등짐장수인 부상은 좌사, 보상은 우사에 소속되어 활동하게 되었다.

3 관칙關飭: 상급관아에서 하급관아에 보내는 공문서. 여기서는 서울에 있는 상리국에서 지방관에게 내려보낸 공문을 말한다.

◆

四廛勸助文

右文爲成出事 蓋抵萬物之衆 惟人最貴中 君臣亦爲上下□□□□□勿失載其
淸淨 實是人民之常也 而惟我行商本無定處 是在如中 這有廡室廡家之僚 或
有身病者 則救療難支 出外殯死者 比比有之 豈不寒心哉 今㪌左右社後 設置
都所 慶喪相問之意 京營關飭 亦爲截嚴玆除良 雖云在務之末 豈非先聖之遺
業耶 噫嶠南素以鄒魯之鄕 禮義之風尙且存焉 而獨於晉州掌內自南大處云爾
而豈無都所之會堂乎 今此別般爛商公議後 成出勸文爲去乎 自右社各廛商員
隨力施惠 特垂萬一之□□爲□建都所 以遵商規之地宜當者

乙酉二月日

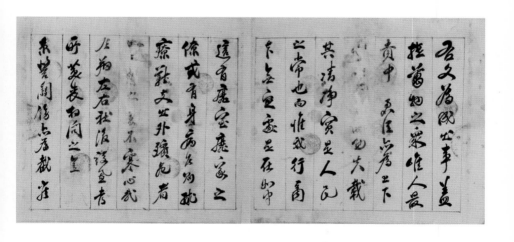

반수[4] 오[5] (수결)	班首 吳 (수결)
접장[6] 하[7] (수결)	接長 河 (수결)
공원 이경순 (수결)	公員 李璟淳 (수결)
김용정 (수결)	金用楨 (수결)
이춘화 (수결)	李春化 (수결)
황이진 (수결)	黃而振 (수결)
집사 박성화 (수결)	執事 朴性化 (수결)
포전 접장 오 (수결)	布廛接長 吳 (수결)
공원 최주의 (수결)	公員 崔周義 (수결)
집사 이윤옥 (수결)	執事 李允玉 (수결)
금전 접장 서 (수결)	錦廛接長 徐 (수결)
공원 이기순 (수결)	公員 李箕淳 (수결)
집사 김응천 (수결)	執事 金應千 (수결)
어곽전 접장 제 (수결)	魚藿廛接長 諸 (수결)
공원 천부귀 (수결)	公員 千夫貴 (수결)
집사 김삼천 (수결)	執事 金三千 (수결)
지전 접장 김	紙廛接長 金
공원 안성서 (수결)	公員 安性瑞 (수결)

....

4 반수班首: 반수는 해당 지역 상무우사나 좌사를 총괄하는 지위였다.
5 오吳: 당시 반수는 오명신吳明信이었다.
6 접장接長: 상무사의 조직을 보면, 장시에서의 상거래 질서를 유지하기 위해 장시마다 물종별
   로 단속인을 두었는데 이를 공원이라고 한다. 그 위에 해당 지역 전체 장시의 특정 물종을 관
   할하는 접장을 두었다. 그리고 모든 물종을 총괄하여 관할하는 접장(도접장)이 있었다.
7 하河: 당시 접장은 하기룡河琦龍이었다.

집사 김숙여(수결)	執事 金淑汝(수결)
우전 좌상[8] 박(수결)	牛廛座上 朴(수결)
공원 최종진(수결)	公員 崔宗鎭(수결)
집사 김순서(수결)	執事 金順瑞(수결)
수화주[9] 김성구	首化主 金聖九
수화주 박수오	首化主 朴受五
화주 이방호	化主 李芳浩
이경순	李璟淳
부화주 이화실	副化主 李和實
전문 5냥　도반수 김성구씨 상[10]	△[11]　錢文伍兩　都班首金成九氏 上
전문 3냥　접장 김명재씨	錢文參兩　接長金明在氏
전 4냥　윤순백	錢四兩　尹順伯
전 5냥　강성옥	錢伍兩　姜成玉
전 3냥　반수 박윤중씨	錢三兩　朴班首允重氏

....

8 　좌상座上: 포전, 지전 등과 달리 우전의 경우는 접장 대신 좌상으로 불린 것으로 보인다.

9 　수화주首化主: 통상 화주는 시주를 통해 절에서 쓰는 비용을 마련하는 중을 가리킨다. 여기서는 진주 상무우사의 도소를 건립하는 비용 모금을 주관하는 실무자를 의미하는 것으로 보인다. 총괄책임자는 수화주이고, 그 밑에 화주, 부화주가 보좌하였다.

10 　상上: 이 문서에서 '上'이라는 글자는 할당 금액을 이미 납부하였음을 뜻한다.

11 　△: 사전 권조문 책자는 상무우사 소속 상인의 명단에 의거해 납입 금액을 할당한 것으로 보인다. 이후 실제 모금 과정에서 소속 상인의 현황을 파악하여 죽거나 타지에서 거주 내지 영업하는 상인들은 모금 대상에서 제외하고 이름과 액수에 격쇄를 첨기하고 있다. 아울러 할당 금액을 이미 납부한 사람의 경우는, 이름 위에 △, 이름 아래에 '上'이라는 글자를 추후에 첨기하였다.

전 3냥	이성진씨 고인		錢三兩	李成振氏 故人
전 2냥	이덕수	△	錢二兩	李德秀
전 5냥	반수 오군필씨 상	△	錢五兩	吳班首君弼氏 上
전 7냥	접장 서윤화씨 상	△	錢七兩	徐接長允和氏 上
전 3냥	접장 제성유씨 상	△	錢三兩	諸接長成有氏 上
전 2냥	김용택 상	△	錢二兩	金用宅 上
전 3냥	이기순		錢三兩	李箕淳
전 2냥	최주희 상	△	錢二兩	崔周熙 上
전 2냥	서상호		錢二兩	徐相鎬
전 2냥	소선유		錢貳兩	蘇善洧
전 1냥	안성여 상		錢壹兩	安成汝 上
전 2냥	김응천		錢貳兩	金應千
전 3냥	박한서		錢參兩	朴漢瑞
전 4냥	접장 이화실씨 상	△	錢四兩	李接長和實氏 上
전 5냥	박응서		錢伍兩	朴應瑞
전 5냥	천수원 3냥 상	△	錢伍兩	千守元 三兩 上
	2냥 재[12]			二兩 在
전 1냥	김광서		錢壹兩	金光瑞
전 1냥	이성언 고인[13]		錢壹兩	李成彦 故人

----

12 재在: 이 문서에서 '재'는 할당액 중 일부만 납입하고 나머지는 미입금한 경우, 미입금액
을 의미한다.

전 1냥 서윤서 상   △   錢壹兩   徐允瑞 上

전 2냥 강주보   錢貳兩   姜周甫

전 2냥 백인순   錢貳兩   白仁順

전 3냥 김준이 상   △   錢參兩   金俊伊 上

전 5냥 이춘서 상   △   錢伍兩   李春瑞 上

전 2냥 천득서 상   △   錢貳兩   千淂瑞 上

전 1냥 강치백   錢壹兩   姜致伯

전 2냥 박영오   錢貳兩   朴永五

전 1냥 황이학   錢壹兩   黃履學

전 5냥 박성서   錢伍兩   朴性瑞

전 5냥 박상동   錢伍兩   朴相東

전 2냥 최국성   錢貳兩   崔國成

전 2냥 서달원 신사탕[14]   錢貳兩   徐達元 身死湯

전 1냥 접장 박응오씨   錢壹兩   朴接長應五氏

전 1냥 반수 최문오씨   錢壹兩   崔班首文五氏

전 3냥 접장 박근선씨 상   △   錢參兩   朴接長近善氏 上

전 1냥 한덕삼   錢壹兩   韓德三

전 4냥 조치옥 상   △   錢四兩   趙致玉 上

전 4냥 신경삼   錢肆兩   申景三

....

13 고인故人: 이미 고인이 되었기 때문에 모금 대상에서 제외하고, 이름에 꺽쇠를 첨기하고
    있다.

14 신사탕身死湯: 해당 상인이 죽었기 때문에 할당금을 탕감해 준다는 의미이다. 이 경우도
    금액에 꺽쇠를 첨기하여 표시하였다.

전 2냥	접장 오윤언씨		錢貳兩	吳接長潤彦氏
전 3냥	접장 하내숙씨 상	△	錢參兩	河接長乃淑氏 上
전 1냥	이재숙		錢壹兩	李載淑
전 2냥	김내현		錢貳兩	金乃賢
전 3냥	반수 변희문씨		錢參兩	卞班首喜文氏
전 1냥	이성실		錢壹兩	李成實
전 2냥	황이진 상	△	錢貳兩	黃而振 上
전 1냥	임청호		錢壹兩	林淸浩
전 1냥	박성화		錢壹兩	朴盛華
전 4냥	조상원 상	△	錢肆兩	曺祥元 上
전 3냥	박치서 상	△	錢參兩	朴致瑞 上
전 1냥	접장 박윤대씨		錢壹兩	朴接長允大氏
전문 7냥	안성서		錢文七兩	安性瑞
전 1냥	최종진		錢壹兩	崔鐘振

전문70냥 박수단의 모친 상 도위주[15]　△　錢文七十兩　朴守丹母 上 都爲主

전문 30냥　이사수모 상　△　錢文參拾兩　李士守母 上

전문 4냥　영감 지득화씨 상　△　錢文肆兩　池令監淂華氏 上

전문 3냥　김송운 상　△　錢文參兩　金松雲 上

전문 3냥　이성일　錢文參兩　李成一

전문 2냥　문응주　錢文貳兩　文應周

전문 1냥　영감 김치영씨 ┐ 문선[16]　錢文壹兩　金令監致永氏

전문 1냥　좌상 강경우씨 ┘　錢文壹兩　姜座上敬佑氏 文善

전문 1냥   강화선   △   錢文壹兩   姜華善

전문 2냥   김경진   錢文貳兩   金敬振

전문 1냥   좌상 김처문 고   錢文壹兩   金座上處文 故

전문 1냥   영감 장영수씨   錢文壹兩   張令監永守氏

전문 1냥   영감 전지화씨 즉봉[17]   錢文壹兩   全令監之華氏 卽捧

전문 1냥   창선 박경칠씨   錢文壹兩   昌善朴敬七氏

전문 1냥   박관중 고   錢文壹兩   朴寬仲 故

전문 1냥   김주서 즉봉   錢文壹兩   金朱瑞 卽捧

전문 1냥   하내언 거전주[18]   錢文壹兩   河乃彦 居全州

전문 1냥   권경서 즉봉   △   錢文壹兩   權敬瑞 卽捧

전문 1냥   김치옥 즉봉   △   錢文壹兩   金致玉 卽捧

전문 3냥   이재화 남해   △   錢文參兩   李在和 南海

전문 4냥   윤현호 신상[19]   △   錢文肆兩   尹賢浩 新上

....

15 도위주都爲主: 가장 많은 70냥을 납입한 박수단의 모친 옆에 첨기되어 있다. 구체적인 의
    미는 알 수 없으나, 뒤에 나오는 275쪽 자료에는 '대시주'라고 표현하였다.

16 문선文善: 영감 김치영씨와 좌상 강경우씨는 문선장(사천면 문선면)의 업무를 담당하고
    있었기 때문에, 두 사람의 이름 뒤에 문선이라고 부기하고 있다. 이하에서 인명 뒤에 붙
    은 지명은 모두 같은 의미이다.

17 즉봉卽捧: 정확한 의미는 알 수 없으나, 할당 금액 장부와 수금 상황을 처음 확인하는 시
    점에 납입한 경우에 '즉봉'이라고 쓴 것으로 보인다.

18 거전주居全州: 현재 전주에 거주한다는 의미. 이하에서는 거居 다음에 지명이 나오면 같
    은 의미이다.

19 신상新上: 이 장부를 보면 인명 위의 '△'나 아래의 '上'의 형태나 먹의 형태가 두 가지로
    나타난다. 아마도 두 차례에 걸쳐 장부와 수금 상황을 확인한 것으로 보인다. 첫 번째 확
    인 시점에 납부했으면 '즉봉'. 두 번째 확인 시점에 납부했으면 '신상'으로 기록했던 것
    으로 생각된다.

전문 3냥   박수일 신상 △ 錢文參兩　朴壽一 新上

전문 1냥   김한구 신상 △ 錢文壹兩　金漢九 新上

전문 1냥   영감 설치서씨 고 錢文壹兩　薛令監致瑞氏 故

전문 1냥   양운집 거남원 즉봉 △ 錢文壹兩　梁雲集 居南原 卽捧

전문 3냥   홍자현 통영장 선중[20] 錢文參兩　洪子鉉 統營場 船中

전문 10냥   전자현씨 문선 상 △ 錢文拾兩　全子玹氏 文善 上

전문 1냥   강위서씨 錢文壹兩　姜渭瑞氏

전문 1냥   김도령씨 고 錢文壹兩　金道玲氏 故

전문 3냥   조경화씨 錢文參兩　曺景華氏

전문 1냥   김명수씨 고 錢文壹兩　金明洙氏 故

전문 2냥   송성집 즉봉 △ 錢文貳兩　宋聖集 卽捧

전문 1냥   박치선 즉봉 △ 錢文壹兩　朴致善 卽捧

전문 3냥   강내홍씨 錢文參兩　姜乃弘氏

전문 2냥   박사형 錢文貳兩　朴士衡

전문 1냥   문사일씨 錢文壹兩　文士壹氏

전문 1냥   김처홍 錢文壹兩　金處洪

전문 2냥   영감 문치수씨 錢文貳兩　文令監致守氏

전문 1냥   전윤욱 錢文壹兩　全允旭

전문 2냥   박성백 錢文貳兩　朴成伯

전자현댁 유상고도중[21] 전문 5냥 즉봉 △ 全子玹宅留商賈都中 錢文伍兩 卽捧

전문 3냥   장한규 신상 △ 錢文三兩　張漢奎 新上

전문 4냥   출신 손치정 서금 고 錢文肆兩　出身孫致政 西錦 故

전문 1냥 5전   문이현 고 서금　　　　錢文壹兩伍錢　文而賢 故 西錦

전문 2냥   박원숙 고 서금　　　　　　錢文貳兩　朴元淑 故 西綿

전문 1냥   함경도 이원 박열오　　　　錢文壹兩　咸鏡道 利原 朴列五

전문 1냥   송덕홍 즉봉 거 창선　△　　錢文壹兩　宋德弘卽捧 居昌善

전문 1냥   김경찬씨 즉봉　　△　　　　錢文壹兩　金敬贊氏 卽捧

전문 1냥 5전   배응칠씨 즉봉　△　　錢文壹兩伍錢　裵應七氏 卽捧

전문 1냥   김도명　　　　　　　　　　錢文壹兩　金道明

전문 1냥   이영두　　　　　　　　　　錢文壹兩　李永斗

전문 1냥   강낙중 즉봉　　△　　　　　錢文壹兩　姜洛中 卽捧

전문 1냥   장문숙　　　　　　　　　　錢文壹兩　張文淑

전문 1냥   신치운　　　　　　　　　　錢文壹兩　申致云

전문 1냥   강운집 즉봉　　△　　　　　錢文壹兩　姜云執 卽捧

전문 1냥   장규언 즉봉　　△　　　　　錢文壹兩　張奎彦 卽捧

전문 2냥   조익서씨 즉봉　△　　　　　錢文貳兩　趙益瑞氏 卽捧

전문 1냥   장원백 즉봉　　△　　　　　錢文壹兩　張元伯 卽捧

전문 1냥 5전   조성직 즉봉　△　　　錢文壹兩伍錢　趙聖直 卽捧

전문 1냥   한재여 즉봉　　△　　　　　錢文壹兩　韓在汝 卽捧

전문 1냥 5전 영감 박경화 즉봉　△　錢文壹兩伍錢 朴令監京化 卽捧

전문 1냥 5전   강운서 즉봉　　　　　錢文壹兩伍錢　姜云瑞 卽捧

....

20　선중船中: 홍자현이 통영장으로 가는 배에 타고 있는 상태 또는 선상 상인조직 등으로
　　해석할 수 있으나, 정확한 의미는 알 수 없다.

21　유상고도중留商賈都中: 상고 도중에 머물러 있다는 의미이며, 도중은 상인들의 조직을 말한다.

전문 1냥　이득서 문선　　　　　　錢文壹兩　李得瑞 文善
전문 2냥　문성일 문선　　　　　　錢文貳兩　文成日 文善

전문 1냥　김신재 문선　　　　　　錢文壹兩　金信哉 文善
전문 2냥 5전　유가유 동금　　　　錢文貳兩五錢　劉可儒 東錦
전문 1냥　김시현 즉봉　　△　　　錢文壹兩　金時玹 卽捧
전문 1냥　전사욱 즉봉 문선　△　　錢文壹兩　全士旭 卽捧 文善
전문 1냥　김운옥 즉봉　　△　　　錢文壹兩　金云玉 卽捧
전문 1냥　박도서 문선　　　　　　錢文壹兩　朴嶋瑞 文善
전문 1냥　문치현　　　　　　　　錢文壹兩　文致賢
전문 1냥　손치현 서금　　　　　　錢文壹兩　孫致玄 西錦
전문 1냥　이재경　　　　　　　　錢文壹兩　李在京
전문 1냥　임광일 사천　　　　　　錢文壹兩　林光日 泗川
전문 1냥　김일향　　　　　　　　錢文壹兩　金日香
전문 1냥　김성윤 수곡 상　△　　　錢文壹兩　金性允 水谷 上
전문 1냥 5전　강경서 신상　△　　錢文壹兩伍錢　姜敬瑞 新上
전문 1냥　박성율　　　　　　　　錢文壹兩　朴性律

전문 2냥　김한서　　　　　　　　錢文貳兩　金漢瑞
전문 2냥　지순홍　　　　　　　　錢文貳兩　池順弘
전문 1냥　장경서　　　　　　　　錢文壹兩　張敬瑞
전문 1냥　박군칠 상　　△　　　　錢文壹兩　朴君七 上
전문 1냥　이성민　　　　　　　　錢文壹兩　李性民
전문 1냥　이성화[22]　　　　　　錢文壹兩　李成化

전문 1냥	좌상 홍치범씨		錢文壹兩	洪座上致凡氏
전문 2냥	좌상 문원일씨		錢文貳兩	文座上元日氏
전문 3냥	홍영도		錢文參兩	洪永道
전문 1냥	김정여		錢文壹兩	金正汝
전문 1냥	박원오		錢文壹兩	朴元五
전문 1냥	최성침		錢文壹兩	崔成侵
전문 1냥	박덕칠 고		錢文壹兩	朴德七 故
전문 1냥	김성옥 반성		錢文壹兩	金成玉 班城
전문 2냥	김석현		錢文貳兩	金碩鉉
전문 1냥	정덕여씨		錢文壹兩	鄭德汝氏
전문 1냥	전주 이경서		錢文壹兩	全州李景瑞
전문 2냥	이성일		錢文貳兩	李成一
전문 10냥	이덕화씨 상	△	錢文拾兩	李德華氏 上
전문 10냥	채덕중댁	△	錢文拾兩	蔡德重宅
전문 10냥	문규 모친 윤씨	△	錢文拾兩	尹氏文圭母親
	양주 6월 24일 상[23]			兩主 六月二十四日 上
전문 40냥	송방중[24] 상	△	錢文四十兩	松房中 上
전문 2냥	김통언		錢文貳兩	金通彦
전문 2냥	김국현		錢文貳兩	金局玄

22 이성화李成化: 이성화의 이름에 꺽쇠가 있는데, 그 이유는 알 수 없다.

23 채덕중댁…상: 채덕중 댁과 문규의 모친 윤씨 두 사람은 6월 24일에 할당액을 납부했다는 의미다.

24 송방중松房中: 개성 상인의 지점을 뜻한다.

4전 상인들의 협조를 요청하는 글四廛勸助文(1885) **205**

전문 1냥   성군서 상   錢文壹兩   成君瑞 上

전문 15냥   하상현 모친 서영감 봉[25]   錢文拾伍兩   河相鉉母親 徐令監 捧

전문 1냥   김사린 단성 포전[26] 상   錢文壹兩   金士璘 丹城 布廛 上

전문 1냥   양도형 산청 금전 영감[27] 상   錢文壹兩   梁道亨 山淸 錦廛 令監 上

전문 1냥   강순서 단성 어전 공원   錢文壹兩   姜順瑞 丹城 魚廛 公員

전문 1냥   공원 박경윤 모전 단성   錢文壹兩   朴公員敬允 毛廛 丹城

전문 1냥   박영조 단성 포전   錢文壹兩   朴永祚 丹城 布廛

전문 2냥   단성 모전 이춘실   錢文貳兩   丹城毛廛 李春實

전문 2냥   단성 모전 강준이 신상   △   錢文貳兩   丹城毛廛 姜俊伊 新上

전문 1냥   단성 모전 김점준   △   錢文壹兩   丹城毛廛 金點俊

전문 1냥   단성 모전 심원기   錢文壹兩   丹城毛廛 沈元基

전문 1냥   단성 모전 성대규 전공원   錢文壹兩   丹城毛廛 成大圭 前公員

전문 1냥   산청 모전 박문업   錢文壹兩   山淸毛廛 朴文業

전문 3냥   단성 모전 정영국   錢文三兩   丹城毛廛 鄭永國

전문 3냥   단성 모전 김군준   錢文三兩   丹城毛廛 金君俊

전문 2냥   서면 좌상 황화언 모전 상   △   錢文二兩   西面座上黃華彦 毛廛 上

전문 5냥   서면 좌상 손인선 모전   錢文五兩   西面座上孫仁善 毛廛

전문 1냥   서면 전 공원 문성수 모전 상 △   錢文一兩   西面前公員文成守 毛廛 上

....

25 하상현…봉: 하상현 모친에게 할당된 15냥을 서영감이 받았다는 의미로 보인다.

26 김사린…포전: 김사린이 단성 포전 소속이라는 의미로 보인다.

27 양도형…영감: 양도형이 산청의 금전에서 영감 직위에 있다는 의미이다. 영감이 보부상
    조직에서 차지하는 위상은 알 수 없으나, 이름 뒤에 씨를 붙이는 경우도 있는 것으로 보
    아 일정 연령 이상의 전임 보부상 임원에게 주는 명예직이 아닐까 생각된다.

전문 1냥	서면 전 공원 박성화 금전 고		錢文一兩	西面前公員朴成化 錦廛故
전문 1냥	서면 좌상 홍사여 포전 상		錢文一兩	西面座上洪士汝 布廛 上
전문 2냥	서면 시 공원[28] 이사진 모전 고		錢文二兩	西面時公員李士振 毛廛故
전문 1냥	서면 □□□ 강성백 지전 고	△	錢文一兩	西面□□□姜成伯 紙廛故
전문 1냥	곤양 좌상 나경옥 지전 고		錢文一兩	昆陽座上 羅敬玉 紙廛故
전문 1냥	서면 정국신 지전 상		錢文一兩	西面 鄭國信 紙廛上
전문 2냥	곤양 공사장 백득서 모전 고		錢文貳兩	昆陽公事長 白得瑞 毛廛故
전문 2냥	곤양 전 좌상 김국서 모전 고		錢文貳兩	昆陽前座上 金國瑞 毛廛故
전문 2냥	서면 시 공원 손경선 금전		錢文貳兩	西面時公員 孫慶善 錦廛
전문 1냥	곤양 한산 김근오 포전 고		錢文壹兩	昆陽閑散 金近五 布廛故
전문 1냥	곤양 전 공원 조정화 포전 고	△	錢文壹兩	昆陽前公員 趙正化 布廛故
전문 1냥	곤양 한산 강인범 모전 고		錢文壹兩	昆陽閑散 姜仁凡 毛廛故
전문 1냥	곤양 한산 김춘서 모전		錢文壹兩	昆陽閑散 金春瑞 毛廛
전문 1냥	곤양 시 집사 최금석 모전		錢文壹兩	昆陽時執事 崔今石 毛廛
전문 1냥	곤양 한산 송명순 모전		錢文壹兩	昆陽閑散 宋明順 毛廛
전문 3냥	곤양 시 별공원 김명서 모전 고		錢文參兩	昆陽時別公員 金明瑞 毛廛故
전문 3냥	곤양 시 좌상 최태진 양주 고 모전		錢文參兩	昆陽時座上崔泰珍 兩主 故 毛廛
전문 □냥	□□□□□		錢文□兩	□□□□□
전 2냥	곤양 공원 정석보 모전		錢貳兩	昆陽公員 鄭錫寶 毛廛
전문 2냥	정군오 상	△	錢文貳兩	鄭君五 上

....

28 서면 시공원西面時公員: 서면의 현임 공원이라는 뜻으로 보인다. '時'는 현직을, '前'은 전직을 뜻한다.

전문 1냥　강문길　　　　　　　　　　　　　　錢文壹兩　姜文吉

전문 2냥　거창 안성순 상　　　　　△　　　　錢文貳兩　居昌安成順 上

전문 5냥　성주 손경숙　　　　　　△　　　　錢文伍兩　星州孫景淑

전문 2냥　사천 박화서 고　　　　　　　　　　錢文貳兩　泗川朴化瑞 故

전 10냥　중안[29] 행심　　　　　△　　　　錢拾兩　中安杏心

전문 10냥　중안 이재동의 모　　　△　　　　錢文拾兩　中安李才童母氏

전문 10냥　중안 백종지의 모　　　△　　　　錢文拾兩　中安白宗知母氏

전문 10냥　중안 양삼이의 첩 정씨　△　　　　錢文拾兩　中安梁三伊妾鄭氏

전문 10냥　대안 복동의 모 추씨　　△　　　　錢文拾兩　大安福童母秋氏

전문 2냥　정촌 각곡 박경수 신상　　　　　　錢文貳兩　丁村角谷 朴敬守 新上

전문 5냥　중안 김성서　　　　　　　　　　　錢文伍兩　中安金成瑞

전문 2냥　중안 강성길 상　　　　　　　　　　錢文貳兩　中安姜成吉 上

전문 5냥　함경도 길주 성진 윤익부 상　　　　錢文伍兩　咸鏡道吉州城津 尹益富 上

전문 □냥　함경도 함흥 장덕관 상　　△　　　　錢文□兩　咸鏡道咸興 張德觀 上

전문 5냥　본주 장청　　　　　　　　　　　　錢文伍兩　本州將廳

신묘년(1891) 11월 25일　　　　　　　　　　辛卯十一月二十五日

거제 한산 거[30] 선상 이화윤　전문 7냥 즉상　巨濟寒山居船商李華允　錢文柒兩　卽上

사천 팔포 거 □□언　전문 □냥 즉상　　　泗川八浦居□□彦　錢文□兩　卽上

사천 팔포 거 탁성일　전문 5냥 즉상　　　泗川八浦居卓成一　錢文伍兩　卽上

....

29　중안中安: 행심의 거주지를 가르킨다. 중안은 진주성 근처에 있는 중안동이다.
30　거제 한산 거巨濟寒山居: 거제군 한산면에 거주한다는 의미이다. 이하 같다.

곤양 민교 거 황금서 전문 4냥 즉상	昆陽民橋居黃今瑞 錢文肆兩 卽上
곤양 민교 거 최형도 전문 3냥 즉상	昆陽民橋居崔亨道 錢文參兩 卽上
하동 민교 거 서사인 전문 4냥 즉상	河東民橋居徐仕仁 錢文肆兩 卽上
하동 민교 거 김익서 전문 4냥 즉상	河東民橋居金益瑞 錢文肆兩 卽上

하동 임소 전문 50냥　　　　　　　河東任所 錢文伍拾兩

　　시 반수 신영유씨 ┐　　　　　　時班首辛永裕氏
　　　　　　　　　　 ┤즉상　　　　　　　　　　　　卽上
　　시 접장 송덕언씨 ┘　　　　　　時接長宋德彦氏

　　시 접장 □□□ 전문 10냥 즉상　時接長□□□ 錢文拾兩 卽上
　　전 접장 강문백 전문 10냥 즉상　前接長姜文伯 錢文拾兩 卽上
　　시 반수 신영유 전문 2냥 즉상　時班首辛永裕 錢文貳兩 卽上
　　시 본방 공원 김덕수전문2냥 즉상　時本房公員金德守 錢文貳兩 卽上

　　공원 고영운 전문 1냥 즉상　　高公員永云 錢文壹兩 卽上
　　전 접장 박문행 전문 5냥 즉상　前接長朴文行 錢文伍兩 卽上
　　전 접장 허영수 전문 3냥 즉상　前接長許永壽 錢文參兩 卽上
　　전 접장 □□□ 전문 □냥 즉상　前接長□□□ 錢文□兩 卽上
　　일인 이사야마공 전문 5냥 즉급[31]　日人諫山公 錢文伍兩 卽給

고성 임소 전문 50냥 시 반수 황제보　固城任所錢文伍拾兩 時班首黃諸甫
　　　　　　　시 접장 김성옥　　　　　　　　　　　時接長金成玉

거제 임소 전문 40냥　　　　　　巨濟任所錢 文肆拾兩 班首薛子俊
　　　　　　　　　　　　　　　　　　　　　　　　　　卽上

....

31 즉급卽給: 즉상卽上은 1891년 11월 25일에 납부했다는 의미로 보이는데, 즉급도 납부했다
　　는 의미로 보이지만, 즉상과 차이에 대해서는 분명히 알 수 없다.

반수 설자준 ┐
접장 권선익 ┘ 즉상   接長權善益

□□□□□□□□ 즉상   □□□□□□□□ 卽上

김해 임소 전문 30냥   金海任所 錢文參拾兩 班首金周景
                                                        卽給
　　반수 김주경 ┐   接長金汝玉
　　접장 김여옥 ┘ 즉급

　　전 접장 최탁겸　전문 2냥 즉급   前接長崔鐸兼　錢文貳兩 卽給

　　시 접장 김여옥　전문 2냥 즉급   時接長金汝玉　錢文貳兩 卽給

　　본방 공원 최익여　전문 2냥 즉급   本房公員崔益汝　錢文貳兩 卽給

창원 임소 전문 50냥   昌原任所 錢文伍拾兩 班首金致守
                                                        卽上
　　반수 김치수 ┐   接長崔乃元
　　접장 최내원 ┘ 즉상

　　시 반수 김치수　전문 2냥 즉상   時班首金致守　錢文貳兩 卽上

　　시 접장 □□□³²　전문 □냥 즉상   時接長□□□　錢文□兩 卽上

　　시 공원 조명윤　전문 2냥 즉상   時公員趙明允　錢文貳兩 卽上

　　부접장 김사연　전문 2냥 즉상   副接長金士演　錢文貳兩 卽上

　　시 공원 유경옥　전문 2냥 즉상   時公員劉敬玉　錢文貳兩 卽上

　　부접장 최춘서　전문 2냥 즉상   副接長崔春瑞　錢文貳兩 卽上

진해 임소 전문 25냥   鎭海任所 錢文貳拾伍兩
　　시 반수 최진여 ┐   時班首崔鎭汝
　　　　　　　　　즉상   卽上
　　시 접장 노백원 ┘   時接長盧伯元

시 반수 최진여 전문 5냥 즉상　　　時班首崔鎭汝　錢文伍兩 卽上

□□□ □□□　□□□□ □□　　　□□□ □□□　□□□□ □□

시 접장 노백원 전문 2냥 즉상　　　時接長盧伯元　錢文貳兩 卽上

전함[33] 공원 유명서 전문 2냥 즉상　前啣公員柳明瑞　錢文貳兩 卽上

시 공원 김흥서 전문 2냥 즉상　　　時公員金興瑞　錢文貳兩 卽上

함안 임소 전문 30냥　　　　　　　咸安任所 錢文參拾兩

　반수 박흥선 ┐　　　　　　　班首朴興善
　　　　　　 ├ 즉상　　　　　　　　　　卽上
　접장 김성진 ┘　　　　　　　接長金聲振

시 반수 박흥선 전문 2냥 즉상　　時班首朴興善　錢文貳兩 卽上

시 접장 김성진 전문 2냥 즉상　　時接長金聲振　錢文貳兩 卽上

□□□ □□□　□□ 2냥 즉상　　　□□□ □□□　□□貳兩 卽上

　공원 김효진 전문 2냥 즉상　　　公員金孝振　錢文貳兩 卽上

의령 삼가 양읍 임소 전문 40냥 ⟍　宜寧三嘉兩邑任所　錢文肆拾兩

　반수 박대순 ┐　　　　　　　　班首朴大淳

　시 접장 심의록 ┘◀　　　　　　時接長沈宜祿

시 반수 박도여 전문 1냥 거 삼가　時班首朴道汝　錢文壹兩 居三嘉

전함 접장 변익현 전문 3냥　　　前啣接長卞益鉉　錢文參兩

전함 접장 이화서 전문 3냥　　　前啣接長李華瑞　錢文參兩

전함 공원 김상언 전문 1냥　　　前啣公員金尙彦　錢文壹兩

□□□□□□ □□ 3냥　　　　□□□□□□ □□參兩

....

32　시 접장 □□□: 최내원崔乃元으로 추정된다.

33　전함前啣: 전직, 전임이라는 의미이다.

□□□□□□ 전문 3냥   □□□□□□ 錢文參兩

시 공원 김경순 전문 2냥   時公員金敬順 錢文貳兩

합천 초계 양읍 임소 전문 35냥   陜川草溪兩邑任所 錢文參拾伍兩

  반수 이인백   班首李仁伯

  접장 이문우   接長李文佑

시 접장 이문우 전 5냥 즉상   時接長李文佑 錢伍兩 卽上

전함 접장 이사문 전 2냥 즉상   前啣接長李士文 錢貳兩 卽上

□□□ □□□ □ □냥 즉상   □□□□□□ □□兩 卽上

시 □□ 정□□ □ □□ □□   時□□鄭□□ □□□ □□

  현순칠 전 2냥 즉상   玄順七 錢貳兩 卽上

  신흥서 전 2냥   申興瑞 錢貳兩

성주 고령 양읍 임소 전문 30냥   星州高靈兩邑任所 錢文參拾兩

  반수 배자운   班首裵子雲

  접장 김성숙   接長金成淑

전함 접장 안기봉 전문 3냥 소명 봉서   前啣接長安基鳳 錢文參兩 小名 鳳瑞

전함 접장 전일찬 전문 2냥 소명 치일   前啣接長田一贊 錢文貳兩 小名 致一

전함 접장 박성길 전문 2냥 소명 화서   前啣接長朴成吉 錢文貳兩 小名 化瑞

시 접장 □□□[34] 전문 2냥   時接長□□□ 錢文貳兩

금전 시 공원 우상권 전문 2냥   錦廛時公員禹相權 錢文貳兩

모전 시 공원 유정도 전문 1냥 소명 선   毛廛時公員兪正道 錢文壹兩 小名 善益

··················

34   시 접장 □□□: 김성숙金成淑으로 추정된다.

모연문募緣文[1]

(1902)

◆　　　　　　　　　　　　　　◆

모연문	募緣文
임인년(1902) 9월 일	壬寅九月日

◆

경상남도 진주군 우지사[2]를 중수하기 위한 모연문을 작성하여 발급하

....

1　모연문募緣文: 불교에서 사용하는 용어로, 돈이나 물건을 시주하여 좋은 인연을 맺기를
　바란다는 의미이다. 여기서는 "진주군 우지사 건물 중수를 위한 자금을 모금하는 글"이
　라는 의미로 쓰였다.

는 일이다. 아, 대한국인에게 나라가 있듯이 우리 우상에는 상무사가 있으니, 그 관계가 소중하고 유래가 오래 되었다. 상업의 의의는 큰데, □□□□□ 그 □□□를 말하고자 한다. □□의 절차와 매매하는 물건은 모두 장정[3]에 있어, 굳이 말 할 필요가 없다. 그러나 좌상이든 행상이든 모두, 귀한 것으로 흔한 것과 바꾸고 있는 것으로 없는 것과 바꾸니, 나라를 부유하게 하고 백성을 부유하게 하는 수단이 아님이 없다. 장정조차 상품을 메고 이고 다니느라 발은 황건보다 무거웠고,[4] 해시[5]에 깃발을 세우면 양 손에는 돈[6]이 쥐어져 있었다. 물을 건널 때면 오나라 사람과 월나라 사람처럼 힘을 합했고, 물건 앞에서는 털끝 만한 이익도 나누었다. 사방을 떠돌이 차림으로 다녀도 정은 형제와 같았고, 한번 얼굴을 알면 우정은 금란[7]처럼 간절했다. 하물며 병구완하다가 병이 극심하여 죽으면, 실로 □□□□□는가! 생각건대 우리 분□□□□□ 큰 도회지에 자리잡고 있다. 아침에 가고 저녁에 가며 저녁에 오고 아침에 올 때, 어깨를 풀고 다리를 쉬는 편의를 위하여 집 하나를 사서 '우사'라는 현판을 붙이고 모이는 장소로 삼았다. 여러 해가 되자 모서리에 비가 새고 자리가 좁아서 사의 모양새가 되지 않고 상인을 수용할 수 없었다. 그래서 하는 수 없이 목공과 석공을 간신히 불러 새는 곳을 보수하고, 또 공사[8]를 정하여 좁은 구조를 넓혔다. 여기에 들어간 경비가 적지 않아 본방으로서는 감당하기 어렵다. 그러므로 감히 십시일반의 은택을 바라니 □□□□□□ 바라건대 모름지기 글로써 □□하지 말고 그 힘을□□□□하여 그 사를

....

2 우지사右支社: 1899년 칙령에 따라 모든 보부상은 상무사에 소속되었다. 그리고 지방에는 지사를 설치하고, 우지사는 보상, 좌지사는 부상을 관할하였다.
3 장정章程: 1899년 5월 칙령에 따라 농상공부에서 반포한 「상무사 장정」을 말한다.

◆

慶尙南道晉州郡右支社重修募緣文爲成給事 粵爾大韓之有國 惟我右商之有

社 其關所重 其來攸久 商之義大□□□□□請言其□□□□□之節 興販之

物 俱在章程 有不可齒牙之擬論 而至於居貨行貨 則以貴易賤 以有易無 無非

其富國富民之術也 丁年擔褓 足惟重於黃繭 亥市建旗 手有分於靑蚨 濟川則

吳越同力 當物則錐刀分利 四海萍裝 情同伯仲 一見芝宇 契切金蘭 而況病救

革劇死 固□□□□□哉 惟我汾□□□□□□處於大都會之所 其於朝往暮

往 暮來朝來之時 爲其停肩休脚之便 買一屋子 扁曰右社 以爲會所者 亦有年

所矣 其隅也漏落 其居也狹窄 社不成樣 商不能容 故不獲已僅召木石 補其漏

落 且定工師 廣其拙搆 這般經費 數甚不少 難以本房之調容 故敢望十匙之澤

□□□□□ 幸須不以文而 □□□□□其力 而扶其社否也哉

　　　壬寅九月日 化主 朴長根 崔柱灝 李潤琪

　　　時班首 李鏞根

　　　時掌務員 金景煥

　　　兼晉州郡守署理行泗川郡守左右社都班首尹

．．．．．．．．．．．．．．．．．．

4　발은…무거웠고 : 행역에 지쳐 발이 천근만근 보다 무겁다는 의미로 보인다.

5　해시亥市: 해일亥日에 정기적으로 열리는 시장이다.

6　돈[靑蚨]: 구멍 뚫린 돈. 즉, 동전을 말한다.

7　금란金蘭: 깊은 우정을 말한다. 《주역 계사상》의 "두 사람이 한 마음이면 그 날카로움은
　　쇠를 자르고, 마음이 같은 사람의 말은 그 향기가 난초와 같다.〔二人同心 其利斷金 同心之
　　言 其臭如蘭)"이라고 한 데서 온 말이다.

8　공사工師: 기술자의 우두머리이다.

도와야 되지 않겠는가!

　　　　임인년(1902) 9월 일

　　　　화주 박장근 최주호 이윤기

　　　　시 반수[9] 이용근

　　　　시 장무원[10] 김경환

　　　　겸진주군수 서리 행사천군수 좌우사 도반수[11] 윤

9　시 반수時班首: 현직 반수. 상무사의 도반수는 현지 군수가 임명되었지만, 반수는 반드시
　　보부상 중에서 선출하도록 하였다.

10　시 장무원時掌務員: 현직 장무원. 장무원은 지사의 실무를 맡는 임원으로, 역시 보부상
　　중에서 선출하도록 하였다.

11　겸진주군수 서리 행사천군수 좌우사 도반수兼晉州郡守署理行泗川郡守左右社都班首: 1899
　　년 칙령에 따라 상무사를 설립하고 지방에는 상무지사를 설치하여 보부상을 소속시켰
　　다. 지방에서는 관찰사가 분사장, 목사와 부윤 등이 분사무장을 겸임하였다. 진주군수는
　　진주 상무좌우지사를 관할하였는데, 사천군수가 서리를 맡고 있기 때문에 이 글의 작성
　　자가 되었다. 여기에서 '윤尹'은 '윤순백尹順伯'으로 추정되는데, 이에 대해서는 본 자료
　　집 33쪽과 514쪽을 참조하기 바란다.

겸진주서리 사천관가　전문 150냥	兼晉州署理泗川官家　錢文壹百五拾兩
진사 정종화　전문 30냥 즉상[12]	鄭進士鍾和　錢文參拾兩 卽上
박헌경 중안[13]　전문 4냥 상	朴憲慶中安　錢文肆兩 上
진조경　전문 ┐	秦祚卿　錢文
이기경　전문 ┘ 20냥 즉상	拾兩 卽上 李耆卿　錢文貳
김성윤　전문 2냥 상	金性允　錢文貳兩 上
박　식　전문 3냥 상	朴　植　錢文參兩 上
□□□　□□ □□	□□□　□□ □□
□□□　□□ □□	□□□　□□ □□
이향보　전문 20냥 즉상	李香甫　錢文貳拾兩 卽上
신치운　전문 10냥 즉봉 창선	申致云　錢文拾兩 卽捧 昌善
하석희　전문 1냥 곤양 전 부반수	河錫熙　錢文壹兩 昆陽 前副班首
참봉 원형규　전문 10냥 즉급	元參奉亨奎　錢文拾兩 卽給
장한규　전문 30냥 즉봉 문선	張漢奎　錢文參拾兩 卽捧 文善
김경진　전문 20냥 즉봉 사구평	金敬振　錢文貳拾兩 卽捧 泗龜坪
강형중　전문 20냥 즉봉 사선호	姜亨仲　錢文貳拾兩 卽捧 泗仙湖
박수일　전문 5냥 즉상 남양리	朴壽一　錢文伍兩 卽上 南陽里

．．．．．．．．．．．．．．．．．．

12　즉상卽上: 이 모연문을 보면 '인명+금액'을 적고, 그 밑에 '즉상', '상', '즉봉', '즉급' 등의 글자가 첨기되어 있다. '인명+금액'과 '즉상' 등에 사용한 먹의 농담이 달라 후자를 뒤에 첨기한 것으로 보인다. '즉상' 등은 모두 할당 금액을 납부했다는 의미로 보이지만 어떠한 차이가 있는지는 알 수 없다.

13　중안中安: 중안은 진주성 근처에 있는 중안동으로 박헌경의 거주지다. 이 글에서는 박헌경의 경우를 제외하고는 거주지가 '上', '卽上' 등의 글자 다음에 기록되어 있다.

채덕중　전문 10냥 즉봉 대2동	蔡德重　錢文拾兩 卽捧 大二洞
김일규　전문 10냥 즉상 대1동	金一奎　錢文拾兩 卽上 大一洞
장인약　전문 5냥 즉봉 대안2동	張仁若　錢文伍兩 卽捧 大安二洞
이영조　전문 10냥 문호	李英祚　錢文拾兩 文湖
강문선　전문 5냥 즉상 동림	姜文善　錢文伍兩 卽上 東林
홍종원　전문 5냥 성주 즉상	洪鍾元　錢文伍兩 星州 卽上
□□□　□□ □□ □□ 수곡	□□□　□□□□ □□水谷
□□□　□□ □□ □□ 수곡	□□□　□□□□ □□水谷
박익서　전문 5냥 창선	朴益瑞　錢文伍兩 昌善
황옥현　전문 3냥 한산	黃玉見　錢文參兩 韓山
김은약　전문 7냥 대안2동	金殷若　錢文柒兩 大安二洞
강영언　전문 5냥 대안1동	姜永彦　錢文伍兩 大安一洞
거제 임소　전문 50냥 즉급	巨濟任所　錢文伍拾兩 卽給
옥포 장무원 이춘익　전문 10냥	玉浦李掌務員春益　錢文拾兩
연사 장무원 이사순　전문 10냥	烟沙李掌務員士順　錢文拾兩
와현 장무원 양성길　전문 5냥	臥峴梁掌務員性吉　錢文伍兩
읍내 부장무원 신춘경　전문 10냥	邑內申副掌務員春敬　錢文拾兩
항리 한산 도공원 강자형　전문 5냥	項里姜閑散都公員子亨　錢文伍兩
연사 장무원 전덕서　전문 5냥	烟沙田掌務員德瑞　錢文伍兩
하청 재무원 정명서　전문 5냥	河淸鄭財務員明瑞　錢文伍兩
읍내 재무원 최영언　전문 5냥	邑內崔財務員永彦　錢文伍兩
공사장 방도련　전문 10냥	方公査長道鍊　錢文拾兩

□□□□[14] □□□□□□ □□ □□□□ □□□□□□ □□
□□□ □□□ □□□□□ □□□ □□□ □□□□

　　장무원 이근보　전문 5냥　　　　掌務員 李根甫　錢文伍兩
　　공원 김군익　전문 5냥　　　　　公員 金君益　錢文伍兩

김해 우지사　전문 60냥 즉급　　　金海右支社　錢文陸拾兩 卽給
　　전함 접장 최탁겸　전문 2냥 즉급　前啣接長 崔鐸兼　錢文貳兩 卽給
　　시 공사원 정재혁　전문 5냥 즉급　時公事員 鄭載赫　錢文伍兩 卽給
　　장무원 최익여　전문 5냥 즉급　　掌務員 崔益汝　錢文伍兩 卽給
　　전함 접장 황정오　전문 2냥 즉급　前啣接長 黃正五　錢文貳兩 卽給
　　접장 정사현　전문 2냥 즉급　　　接長 鄭士見　錢文貳兩 卽給
　　서기 전순필　전문 2냥 즉급　　　書記 全順弼　錢文貳兩 卽給

동래 우지사　전문 50냥 즉급　　　東萊右支社　錢文伍拾兩 卽給
　　전함 공사원 김덕상　전문 2냥 즉급　前啣公事員 金德祥　錢文貳兩 卽給
　　백목전 공원 박이식　전문 2냥 즉급　白木廛公員 朴履植　錢文貳兩 卽給
　　전함 장무원 윤치도　전 2냥 즉급　前啣掌務員 尹致度　錢貳兩 卽給

동래항 객주회의소　전문 50냥 즉급　東萊港客主會議所　錢文伍拾兩 卽給
□□□□□□□□　　　　　　　　□□□□□□□□
　　□□규　전문 3냥 즉급　　　　□□主　錢文參兩 卽給
　　□□□　□□□ 즉급　　　　　□□□□□□ 卽給

....

14　□□□□: 어느 임소인지 알 수 없다.

기장 우지사　전문 40냥 즉급　　　機張右支社　錢文肆拾兩 卽給

　시 공사원 전문 3냥 김응관 인숙 즉급　時公事員　錢文參兩 金應寬 仁淑 卽給

　전 주사 시 장무원 전상명 사숙　　前主事時掌務員 全相明 士淑

　　전문 5냥 즉급　　　　　　　　錢文伍兩 卽給

　시 공사장 김중육　전문 2냥 즉급　時公司長 金仲六　錢文貳兩 卽給

　전함 공사원 배상기 소명 운서　　前啣公事員 裴常起 少名雲瑞

　　전문 5냥 즉급　　　　　　　　錢文伍兩 卽給

울산 우지사　전문 50냥 즉급　　蔚山右支社　錢文伍拾兩 卽給

　시 장무원 김기언　전문 5냥 즉급　時掌務員 金基彦　錢文伍兩 卽給

　전함 공사원 김순경　전문 5냥 즉급　前啣公事員 金順敬　錢文伍兩 卽給

　전함 장무원 변상기　전문 5냥 즉급　前啣掌務員 卞相起　錢文伍兩 卽給

　한산 장무원 김춘경　전문 3냥 즉상　閑散掌務員 金春敬　錢文參兩 卽上

　전함 한산 장무원 이성수　　　前啣閑散掌務員 李成守

　　전문 3냥 즉상　　　　　　　　錢文參兩 卽上

언양 우지사　전문 50냥 즉급　　彦陽右支社　錢文伍拾兩 卽給

　시 공사원 이화서　전문 2냥　　時公事員 李化瑞　錢文貳兩

　장무원 이도여　전문 3냥　　　掌務員 李道汝　錢文參兩

　□□　□□ □냥 즉급　　　　　□□ □□□兩 卽給

　□□　□□ □□ 즉급　　　　　□□ □□□□ 卽給

밀양 우지사　전문 50냥 즉급　　密陽右支社　錢文伍拾兩 卽給

　전함 공사원 하대영 전문 5냥 즉급　前啣公事員 河大永　錢文伍兩 卽給

권영주 전문 5냥 즉급	權永周　錢文伍兩 卽給
시 장무원 박호진 전문 5냥 즉급	時掌務員 朴灝振　錢文伍兩 卽給
시 재무원 강단종 전문 3냥 즉급	時財務員 姜旦宗　錢文參兩 卽給
창원 우지사 전문 60냥 즉급	昌原右支社　錢文陸拾兩 卽給
시 공사원 김두민 전문 택서	時公事員 金斗玟　錢文 宅瑞
시 장무원	時掌務員
김인규 전문 10냥 즉급 인옥	金仁奎　錢文拾兩 卽給 仁玉
전 공사원	前公事員
김창두 전문 2냥 즉급 준길	金昌斗　錢文貳兩 卽給 俊吉
김정덕 전문 2냥 즉급 화진	金正德　錢文貳兩 卽給 化振
최덕해 전문 2냥 즉급 내윤	崔德海　錢文貳兩 卽給 乃允
최성규 전문 2냥 즉급 내숙	崔聖奎　錢文貳兩 卽給 乃淑
전함 장무원	前啣掌務員
신태옥 전문 5냥 즉급 덕화	申泰玉　錢文伍兩 卽給 德化
진해 임소　전문 20냥 즉급	鎭海任所 錢文貳拾兩 卽給
□□□□ □□□ □□□□냥 즉급	□□□□ □□□ □□□□ 卽給
□□□　전문 3냥 즉급	□□□ 錢文參兩 卽給
유정명　전문 1냥 명서	柳正明 錢文壹兩 明瑞
시 장무원 최우상　전문 2냥 응천	時掌務員 崔羽祥 錢文貳兩 應天
전함 장무원 김흥실	前啣掌務員 金興實
전문 2냥 즉급 흥서	錢文貳兩　卽給 興瑞
진남 허민오　전문 10냥 즉급	鎭南許敏五 錢文拾兩 卽給

동래 우지사 전함 장무원 백문약	東萊右支社 前啣掌務員 白文若
전문 10냥 즉급	錢文拾兩 卽給
사천 전함 좌상 김석현　전문 5냥	泗川前啣座上 金錫鉉 錢文伍兩
남해 미조포 거 전함 공원 강득서	南海弥照浦居前啣公員 姜得瑞
전문 5냥	錢文伍兩
진주 우지사 도소 장무원 이인백	晉州右支社 都所掌務員 李仁伯
전문 100냥 즉급	錢文壹佰兩 卽給
고성 우지사 도소　전문 30냥 즉급	固城右支社都所 錢文參拾兩 卽給
시 장무원 손진유　전문 5냥	時掌務員 孫辰有 錢文伍兩
전함 장무원 강덕규　전문 3냥	前啣掌務員 姜德圭 錢文參兩
전함 장무원 공자인　전문 3냥	前啣掌務員 孔子仁 錢文參兩
전 재무원 김원오　전문 3냥 즉급	前財務員 金元五 錢文參兩 卽給
진남 좌우사 도소　전문 30냥	鎭南左右社都所 錢文參拾兩
□□□□□□ □□□　전문 5냥	□□□□□□ □□□ 錢文伍兩
□□□□□□ □□□　전문 3냥 상	□□□□□□ □□□ 錢文參兩 上
전 재무원 최덕화　전문 5냥	前財務員 崔德華 錢文伍兩
진남 장선 선주 임상진	鎭南場船船主 林尙鎭 錢文參兩 卽給
전문 3냥 즉급	
하동 우지사　전문 50냥	河東右支社 錢文伍拾兩
시 공사원 김경지　전문 5냥	時公司員 金景知 錢文伍兩
전함 반수 박문행　전문 3냥	前啣班首 朴文幸 錢文參兩

전함 반수 강문백 전문	前啣班首 姜文伯 錢文
시 재무원 신덕춘 전문 2냥	時財務員 申德春 錢文貳兩
전함 재무원 송치백 전문 2냥	前啣財務員 宋致伯 錢文貳兩
사천 늑도 동중 전문 8냥	泗川勒島洞中 錢文捌兩
사과 천태일 전문 2냥	千司果泰一 錢文貳兩
장규한 전문 1냥	張奎漢 錢文壹兩
김국칠 전문 2냥	金國七 錢文貳兩
이겁운 전문 3냥 창선 상	李扱云 錢文參兩昌善上
문선 금전 시공원 김국명 전문 3냥	文善錦廛時公員 金局明 錢文參兩
□□□□□□	□□□□□□
□□□□□□ □□□ □□□□	□□□□□□ □□□ □□□□
전함 공사원 이재화 전문 10냥	前啣公事員 李在化 錢文拾兩
시 장무원 김수일 전문 5냥	時掌務員 金守一 錢文伍兩
재무원 김인일 전문 3냥	財務員 金仁一 錢文參兩
창선 양세범 전문 3냥 즉급	昌善 梁世範 錢文參兩 卽給
배윤명 전문 2냥 즉급	裵允明 錢文貳兩 卽給
김규서 전문 2냥 즉급	金奎瑞 錢文貳兩 卽給
강형백 전문 10냥	姜亨伯 錢文拾兩
중안 김명서 전문 5냥	中安 金明瑞 錢文伍兩
대안 1동 김복아지의 모	大安一洞 金福兒只母

전문 20냥 즉상 　　　　　　　　　錢文貳拾兩 卽上

산청 우지사 도소　전문 50냥　　　山淸右支社都所 錢文伍拾兩

　전함 반수 조기보　전문 3냥　　　前啣班首 趙基甫 錢文參兩

　전함 반수 이춘경　전문 3냥　　　前啣班首 李春景 錢文參兩

돈 389냥 6전, 여러 사람에게서　　錢三百八十九兩六戔 各人處得用市邊

　시장 이자로 빌린 돈의 총액

돈 178냥, 대출금의 이자로 지급한　錢一百七十八兩　　得用錢利條帖給

　총액[15]

□□□□□ □□　전문 □십냥　　　□□□□□ □□ 錢文□拾兩

　전함 반수 정영지　전문 3냥　　　前啣班首 丁永之 錢文參兩

　전함 반수 김원일　전문 3냥　　　前啣班首 金元一 錢文參兩

　시재 접장 이윤상　전문 3냥　　　時在接長 李允祥 錢文參兩

거창 우지사 도소　전문 30냥　　　居昌右支社都所 錢文參拾兩

　전함 반수 김응선　2냥　　　　　前啣班首 金應善 貳兩

　시 반수 조경선　2냥　　　　　　時班首 趙敬善 貳兩

　시 접장 김응삼　1냥　　　　　　時接長 金應三 壹兩

....

15　돈 389냥 … 이자로 지급한 총액: 이 두 줄은 명부에 직접 쓴 것이 아니라 명부에 붙여진
　　띠지에 쓰여진 것이다. 모금한 이후에도 부족한 자금은 대출금으로 충당하고 대출금 총
　　액과 그 이자 내역을 기록한 것으로 보인다.

우상무사 의연록 右商務社義涓錄

(1936)

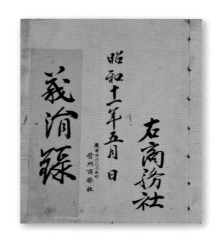

◆

의연록 우상무사

소화 11년(1936) 5월 일

◆

義涓錄 右商務社

昭和十一年五月日

(고무印): 慶南晉州邑玉峯町 晉州商務社

◆

취지서

우리 조선은 예로부터 보부상과 팔상[1]이 단합하여 병이 들면 구완하고 죽으면 장례를 치르며, 애경사에 서로 돕고 아낌에 친소가 없으며, 우의가 형제와 같던 풍습과 기강이 있었습니다. 그리고 우리 고을 상업가 선배 여러분이 힘써 노력한 피어린 정성으로 오늘에 이르기까지 우리들의 상업사가 있는 것은 이른바 세상이 다 아는 일입니다. 최근에 와서는 상업이 부진하고 생활이 곤란하며, 동서양이 개통한 이 시대에 지식이 천박하여 업무가 낙오됨에 따라 자연히 상무사가 쇠퇴하여 위기일발에 빠지게 되었습니다. 이것을 목도하는 우리들로서는 통탄하지 않을 수 없습니다. 용이 구름을 얻지 못하면 서기를 이루지 못하는 것처럼, 상업회의소나 상공협회가 없이 우리가 난관을 당할 때를 생각하면, 그 만에 하나도 미루어 알 수 있을 것입니다. 이러한 상황에 대해 뜻이 있는 여러분들은 개탄하지 않을 수 없습니다. 그리하여 업무를 발전시키고 여러 사업을 기획하여 전해 내려온 옛 풍습을 준수하고, 현대문명에 순응하여 실제적인 영업을 진흥하며, 궁핍한 생활을 하는 사람들을 보호하는 것을 영구히 실행하기 위하여 여러 해 노심초사했습니다. 그 결과 여러분의 양해를 얻어 이번에 상무사를 개축하게 되었습니다. 그런데 공사비가 부족하여 부득이 우리 고을 여러분께 도움을 부탁하게 되었습니다. 바라건대 뜻이 있는 여러분께서는 사랑으로 동참하시어 명랑하고 빛나는 영원한 낙원을 만들어 주실 것을 천만 애걸합니다.

소화 11년(1936) 5월 21일

발기인

문장현 강선호 이주현 강문현 강기현 강석진 심화진 김봉옥 신선준

----

1 팔상八商: 유기와 망건 등 8가지 물건을 판매하던 상인을 총칭하는 말이다. 이 책 400쪽에 팔상八商의 구체적인 내역이 나온다.

◆

趣旨書

惟我朝鮮 由來로 負保商及八商團合으로 病救死葬호며 哀慶相助호야 愛無
親疎호며 誼若兄弟호던 風綱과 我州商業家先進諸氏의 勤勞孜孜한 血誠으
로 至於今日까지 吾人의 商業社가 有한 줄은 世所謂共知외다 挽近에 와서
난 商業이 不振호고 生活이 困難함은 東西洋開通한 此時代에 知識이 淺薄
호야 業務가 落伍됨에 따라 自然的 商務社가 衰頹호야 危機一髮에 陷호게
되얏습이다 目睹한 吾人으로써서 痛嘆 아니할 슈 업습이다 龍이 雲을 得치
못호면 瑞氣을 이루지 못한 것과 갓치 吾人은 商業會議所나 商工協會나 無
호여서난 吾人이 難關을 當할 時에 緬憶호면 可이 萬一을 推及할 것이외다
이것을 有志諸氏가 慨嘆 아니할 슈 업서 業務을 發展호며 諸業을 企圖호야
遺來舊風을 遵守호며 現代文明에 順應호야 實地營業을 振興호며 窮境生活
을 安保호야 永久實行할 目的으로 多年 勞心焦思한 結果 諸位에 諒解를 得
호야 今般商務社를 改築호기 된 바 本 工事費가 不足으로 不得已 我邑諸氏
의게 補助을 得호기 되엿습이다 願我有志各位은 垂愛同贊호시와 永遠의 明
朗光輝 잇난 樂園을 만드러 주심을 千萬哀乞호난이다

昭和十一年五月十一日

發起人

文章現 姜善昊 李周見 姜汶鉉 姜琦鉉 姜錫珍 沈鏵振 金奉玉 申先俊

소화 12년(1937) 정축년 오월 일　　昭和十二年丁丑五月　日

일금 300원[2]	봉산정　정상진	一金 參百圓也　鳳山町　鄭相珍[3]
일금 30원	박기용	一金 參拾圓也　朴起用
일금 20엔	한우수	一金 貳拾円也　韓又守
일금 30엔	김봉규	一金 參拾円也　金奉圭
일금 30엔	원준옥	一金 參拾円也　元準玉
일금 10엔	김윤명	一金 拾円也　金潤明
일금 10엔	이무엽	一金 拾円也　李武燁
일금 20엔	김갑룡	一金 貳拾円也　金甲龍
일금 10엔	김경명	一金 拾円也　金景明
일금 10엔	김창수	一金 拾円也　金昌秀
일금 30엔	정태석	一金 參拾円也　鄭泰奭
일금 20엔	서종숙	一金 貳拾円也　徐宗淑
일금 10엔	정태기	一金 拾円也　鄭泰驥
일금 10엔	김주석	一金 拾円也　金柱錫
일금 50엔	강문현	一金 五拾円也　姜汶鉉
일금 10엔	구인회 (상)	一金 拾円也　具仁會 (上)
일금 15엔	홍성윤	一金 拾五円也　洪成允
일금 5엔	이보영	一金 五円也　李普永

....

2　원圓: 원과 엔円을 혼용하고 있는데, 당시 통용화폐는 엔화円貨였다. 여기서는 원문 그대
　　로 둔다.
3　鄭相珍: 원 장부에는 할당된 금액에 동의한다는 의미로 자기 이름 아래에 도장이나 지장
　　을 찍었다.

일금 5엔	양홍근	一金 五円也	梁洪根
일금 10엔	이중호	一金 拾円也	李重浩
일금 10엔	정대화	一金 拾円也	鄭大和
일금 1엔	권경수	一金 壹円也	權敬守
일금 10엔	백계수	一金 拾円也	白季秀
일금 5엔	오주환	一金 五円也	吳注煥
일금 10엔	노병기	一金 拾円也	盧丙基
일금 10엔	천종환	一金 拾円也	千鍾煥
일금 5엔	박문호	一金 五円也	朴文滈
일금 20엔	하만복	一金 貳拾円也	河萬濮
일금 5엔	강문길	一金 五円也	姜文吉
일금 10원	방도균 (상)	一金 拾圓也	方道均 (上)
일금 5엔	홍순근	一金 五円也	洪淳根
일금 20엔	강선호	一金 貳拾円也	姜善昊
일금 20엔	이주현	一金 貳拾円也	李周賢
일금 10원	신선준	一金 拾圓也	申先俊
일금 5원	김봉옥	一金 五圓也	金奉玉
일금 10원	이홍습	一金 拾圓也	李洪習
일금 7원	강순약	一金 七圓也	姜順若
일금 5원	문재영	一金 五圓也	文載榮
일금 5엔	고재기	一金 五円也	高在基
일금 5엔	이화일	一金 五円也	李化日
일금 3엔	정문일	一金 參円也	鄭文一

일금 5엔	강기현	一金 五円也	姜琦鉉
일금 10원	김만두	一金 拾圓也	金萬斗
일금 2원	공주언	一金 貳圓也	孔珠彥
일금 3원	김군형	一金 參圓也	金君亨
일금 5원	김영옥	一金 五圓也	金榮玉
일금 5원	정성만	一金 五圓也	鄭成萬
일금 7원	허사진	一金 七圓也	許士辰
일금 3원	허 이	一金 參圓也	許 禰
일금 2원	최경환	一金 貳圓也	崔京煥
일금 2원	이봉옥	一金 貳圓也	李奉玉
일금 5원	정종석	一金 五圓也	鄭宗錫
일금 2엔	하원선	一金 貳円也	河元善
일금 5원	김태룡	一金 五圓也	金泰龍
일금 2원	성재훈	一金 貳圓也	成再勳
일금 5원	김상우	一金 五圓也	金尙宇
일금 5원	정수성	一金 五圓也	鄭秀成
일금 5원	김영숙	一金 五圓也	金永淑
일금 5원	전서식	一金 五圓也	田徐植
일금 10원	천석재	一金 拾圓也	千錫才
일금 5원	서윤성	一金 五圓也	徐允成
일금 2원	이성윤	一金 貳圓也	李成允
일금 5원	이우진	一金 五圓也	李又鎭
일금 3원	박윤식	一金 參圓也	朴允植

일금 3원	정천여	一金 參圓也	鄭千汝
일금 2엔	김학선	一金 貳円也	金學先
일금 6원	최영숙	一金 六圓也	崔詠淑
일금 5원	박홍제	一金 五圓也	朴弘濟
일금 10원	강선약	一金 拾圓也	姜善約
일금 2엔	박갑수	一金 貳円也	朴甲秀
일금 9엔	백봉구	一金 九円也	白奉九
일금 4엔	하태순	一金 四円也	河台淳
일금 3엔	박성근	一金 參円也	朴成根
일금 3엔	장명언	一金 參円也	張明彦
일금 3엔	정찬일	一金 參円也	鄭贊日
일금 2엔	강필훈 구갑생	一金 貳円也	姜弼薰 旧甲生
일금 5엔	추겸호	一金 五円也	秋謙鎬
일금 2엔	신덕조	一金 貳円也	申德祚
일금 2엔	성헌장	一金 貳円也	成憲章
일금 2엔	김환순	一金 貳円也	金丸淳
일금 2엔	정화인	一金 貳円也	鄭化仁
일금 2엔	안재인[4]	一金 貳円也	安在寅
일금 2엔	주재준	一金 貳円也	朱在俊
일금 5엔	손덕현	一金 五円也	孫德見

....

4 안재인安在寅: 원래 주재준에게 2엔이 할당되었으나 후에 취소되고 안재인에게 2엔이 할
당되었다. 본 장부에서는 취소되었다는 의미로 금액과 이름에 꺽쇠로 표기되어 있다.

일금 2엔	홍순태	一金 貳円也	洪淳邰
일금 2엔	박봉조	一金 貳円也	朴奉祚
일금 2엔	장응순	一金 貳円也	張應順
일금 5엔	김점문	一金 五円也	金点文
일금 1엔 50전	배덕오	一金 壹円五拾錢	裵德五
일금 3엔	오태여	一金 參円	吳泰汝
일금 5원	박정숙	一金 五圓也	朴正淑
일금 5엔	이성준	一金 五円也	李成俊
일금 2엔	강선일	一金 貳円也	姜善日
일금 2엔	이사홍	一金 貳円也	李士洪
일금 3엔	박명룡	一金 參円也	朴明龍
일금 1엔	백동기	一金 壹円也	白東基
일금 2엔	장두남	一金 貳円也	張斗南
일금 5원	김동식	一金 五圓也	金東式
일금 5엔	이상백	一金 五円也	李尙伯
일금 5엔	하주운송 주식회사	一金 五円也	荷主運送株式會社
일금 10원	주식회사 광신상회	一金 拾圓也	株式會社廣信商會
일금 2엔	정용택	一金 貳円也	鄭瑢澤
일금 5엔	오주환	一金 五円也	吳周煥
일금 2엔	배필도	一金 貳円也	裵弼道
일금 2엔	우학경	一金 貳円也	禹鶴慶
일금 2엔	강재수	一金 貳円也	姜在守
일금 5엔	탁익조	一金 五円也	卓翼朝

일금 2엔	김학용	一金 貳円也	金鶴鏞
일금 10엔	김형원	一金 拾円也	金亨元
일금 5엔	임판술	一金 五円也	林判述
일금 2엔	김형진	一金 貳円也	金炯辰
일금 2엔	한계수	一金 貳円也	韓桂壽
일금 5엔	정태범	一金 五円也	鄭台範
일금 2엔	협성상회	一金 貳円也	協成商會
일금 2엔	조인세	一金 貳円也	趙仁世
일금 5엔	김덕진	一金 五円也	金德鎭
일금 1엔	이삼성	一金 壹円也	李三成
일금 2엔	김화원	一金 貳円也	金和沅
일금 1엔	김형건	一金 壹円也	金炯建
일금 2엔	윤경지	一金 貳円也	尹京志
일금 10엔	허 이	一金 拾円也	許 禰
일금 7엔	강주순	一金 七円也	姜柱淳
일금 2엔	소덕수	一金 貳円也	蘇德守
일금 3엔	김지홍	一金 參円也	金址洪

趣旨書

惟我朝鮮由來三種貽弊爲人
商圈合意病故死莫非
哀哀相助京水憂哀視跡云
며隣里先爭言記細個과我
商業家家先後誌氏의勤勞
故々誌輿誹의至各作今日
지吾人의商業社가有此至尊
世社謂共知여라掟込씨와서

（왼쪽）
世商業이不振호고生活이困
難호야光東西洋間通호七
時代에知識이淺薄호業이
務가落伍되여바라自然的
商務社가衰頹호여危機一
髮州陷它계되여此의賭誌
吾人으로써龍이痛嘆이호할亨
惶惑이나云을浮히할못
호면瑞氣은이루지못힛것와

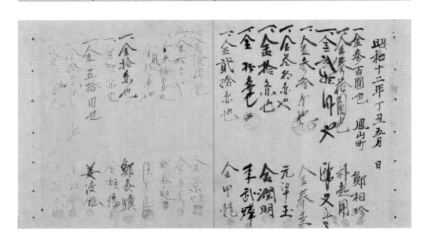

昭和十二年丁丑五月　　日

一金參百圓也　　鳳山町
　　　　　　　　鄭相珍
一金參拾圓也
　　　　　　　　朴起用
一金貳拾圓也
　　　　　　　　鄭又土
一金參拾參个也
　　　　　　　　金養春
一金參拾圓也
　　　　　　　　元淳玉
一金拾圓也
　　　　　　　　金潤明
一金拾圓也
　　　　　　　　李相燁
一金貳拾圓也
　　　　　　　　金甲龍

一金拾圓也
　　　　　　　　金景鎬
一金拾圓也
一金拾圓也
一金貳拾圓也
　　　　　　　　鄭泰績
一金拾圓也
　　　　　　　　金柱錫
一金五拾圓也
　　　　　　　　姜渭鍾

본사 건축일기 本社建築日記

(1937)

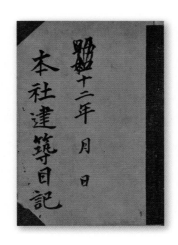

◆   ◆

본사 건축일기   本社建築日記

소화 12년(1937) 월 일   昭和十二年月日

◆

소화 11년(1936) 월 일

일금 1,755원　대지 65평　매평당 27원

내역

일금 100원　　본사 대지 100평 평당 7원씩 매입 보증금 김삼수 급

일금 7원 60전　고성 신촌의 집터를 보러 갈 때 차비

일금 4원 45전　함양 효전의 집터를 보러 갈 때 차비

일금 1원 50전　위와 같은 곳으로 출장 갈 때 2일간 여비

일금 2원 90전　덕산의 집터를 보러 갈 때 차비

일금 79전　　　같은 곳을 오가며 쓴 여비

　(소계) 117원 24전

일금 10원 50전　2차 덕산 9인 내왕 차비

일금 3원 20전　덕산가옥 파손 제수값

일금 2원 62전　판목·정·개초·석·피·초계 200장 값

일금 12엔 60전　인부 21명 품삯

일금 5엔 56전　인부 및 조력군, 대목 4일간 술값

일금 2원　　　대목 김종식 3일간 품삯

일금 80전　　　삼장 내왕 차비

일금 3엔　　　강기현 덕산 체류시 밥값

일금 1엔 30전　진주로 돌아올 때 차비

일금 70전　　　봇탄제 술값

◆

昭和十一年月日

一金一千七百五拾五圓也 垈地六拾五坪 每坪當二十七圓也

內譯

一金一百圓也 本社垈地百坪 每坪七圓式買入 保證金 金三壽給

一金七圓六十戔也 固城新村家垈觀覽時 自動車費

一金四圓四十五戔也 咸陽孝田家垈觀覽時 自動車費

一金一圓五十戔也 全地出張時 二日間旅費

一金二圓九十戔也 德山家垈觀覽時 車費

一金七十九戔也 全地來往 旅費

　(소계) 117.24

一金十圓五十戔也 二次德山九人來往 車費

一金三圓二十戔也 德山家屋破損 祭需代

一金二圓六十二戔也 板木釘盖草石皮草系二百丈代

一金十二円六十戔也 人夫廿一名雇價代

一金五円五十六戔也 人夫及助力軍大木 四日間酒代

一金貳圓也 大木金宗植 三日間雇價代

一金八十戔也 三壯來往車費

一金三円也 姜琦鉉德山留連食價

一金一円三十戔也 下昝時車費

一金七十戔也 봇탄祭酒代

(소계) 42원 28전

일금 122엔   덕산 및 삼장의 신재목 매입 비용

일금 164엔   덕산 및 삼장 신재목 운임비(20차)

일금 19엔 40전 아연판 6척한 20매 값

일금 43엔 20전 정명원 외 대목 2인 덕산가옥 파손 수리 4일간,

                    진주 3일간

일금 4엔 60전   신재목 운반시 6인분 품삯

일금 1엔 48전   강기현 6일분 점심값

일금 12전   소구리 깍구리 값

일금 14엔 70전 진주 역부 21명 매일 70전 씩

일금 1엔 80전   대마계 4장 값

일금 3엔 22전   야간차 하륙비 및 술값

  (소계) 374원 52전

  삼 합계 434원 4전[1]

일금 1엔 30전   9인 덕산 내왕시 술값

일금 7엔 20전   입찰계약시 및 이차시 술값

일금 12엔 70전 김갑수 재목점 신재목 매입 값

일금 5엔 22전   강재수 재목점 신재목 매입 값

일금 5엔 75전   정용택 재목점 신재목 매입 값

....

1   434원 4전: 지출 세부 내역의 합과 3개 소계의 실제 합은 '534원 4전'이지만 '434.04'로
    기재되었다. 뒤에 나오는 합계 금액도 내역의 합과 일치하지 않는 경우가 있다.

(소계) 42.28

一金一百二十二円也 德三壯新材木買入條

一金一百六十四円也 德山及三壯新材木運賃(二十車)

一金十九円四十錢也 亞鉛坂六尺限二十枚代

一金四十三円二十錢也 鄭明元外大木二人 德山破損四日間
　　　　　　　　　晉州三日間

一金四円六十錢也 新材木運般時 六人分雇價

一金一円四十八錢也 姜琦鉉六日分午料代

一金十二錢也 소구리깍구리 代

一金十四円七十錢也 晉州役夫廿一名每日七十錢分

一金一円八十錢也 大㢋係四丈代

一金三円二十二錢也 夜間車下陸費及酒代

(소계) 374.52

　三合 434.04

一金一円三十錢也 九人德山來往時酒代

一金七円二十錢也 入札契約時及二次時酒代

一金十二円七十錢也 金甲洙材木店 新材木買入代

一金五円二十二錢也 姜在守材木店 新材木買入代

一金五円七十五錢也 鄭容澤材木店 新材木買入代

일금 13엔 50전   조인세 재목점 신재목 매입 값

일금 90전   가옥건축계 대서료

일금 1엔 47전   석피 21개 개당 7전 매입 값

일금 1엔 40전   기둥 세울 때 술값, 대목에게 지급

일금 3엔   지사 접대 및 각종 부적

　(소계) 52원 44전

일금 2엔 65전   터 닦을 때 술, 안주값

일금 11엔   상량시 대목 치하금

일금 16엔 48전   상량시 비단, 포목 및 술, 안주값

일금 20전   본책 1권 값

일금 90전   문부 정리시 술값

일금 3엔 50전   강서방 8일치 임금 지급

일금 11엔 20전   박공목 4개, 밧침목 10개 값

일금 2엔 3전   박공덮피목 4개 값

일금 3엔   연목 20개 값

일금 2엔 50전   연안목 18개 값

　(소계) 53원 38전

일금 1엔   간주 2개 값

일금 90엔   기와 2,000개 및 망와값

일금 10엔 58전   중방목 10개 값

일금 2엔 53전   거창목 3개 값

일금 8엔 40전   청목 5개 값

一金十三円五十戔也 趙仁世材木店 新材木買入代

一金九十戔也 家屋建築屆 代書料

一金一円四十七戔也 石皮廿一介 每介七戔 買入代

一金一円四十戔也 立柱時酒代 大木給

一金三円也 地師接代 及符各種

　(소계) 52.44

一金二円六十五戔也 開基時 酒肴代

一金十一円也 上梁時 大木致下金

一金十六円四十八戔也 上梁時 錦布木及酒肴代

一金二十戔也 本冊一卷代

一金九十戔也 文簿正理時 酒下

一金三円五十戔 姜書方八日賃給

一金十一円二十戔 朴空木四介 밧침木十介代

一金二円三戔 朴空덥끼木四介代

一金三円 橡木二十介代

一金二円五十戔 延安木十八介代

　(소계) 53.38

一金一円 間柱二介代

一金九拾円 瓦二千介及望瓦代也

一金拾円五十八戔 中房木十介代

一金貳円五十三戔 吉窓木三介代

一金八円四十戔 廳木五介代

일금 24엔   청판 50매 값

일금 1엔 90전   기와 상량시 술 붓는 값

일금 30전   와목 정리시 술 붓는 값

일금 50전   인부 강서방 임금 지급

일금 19엔 20전 청목 40개 값, 소류점

　(소계) 264엔 31전 / 158원 41전

일금 150엔   김점몽 1회분 공사 임금 지급

일금 25엔   손명찬 구조 지급/ 도합 973.35

일금 92전   청목 1매, 방목 1매 값에 따라 지급, 정축년(1937) 3월 21일

일금 50전   총회시 지휘료 김경원 지급

일금 150엔   목수 2회분 지급, 정축년(1937) 3월 28일

일금 4엔 55전   옥봉 내왕, 술을 흩어 뿌리는 값

일금 50전   집터에 흩어진 목재 모아 두는 일의 품삯

일금 37엔 60전 문 30매 대금 지불

일금 1엔 30전   장목 13개 값, 5월 2일

일금 2엔 45전   판목 2평 값

　(소계) 372엔 82전

일금 94전   청죽 2속 값

일금 3엔 20전   죽리 8장 값

일금 55전   철계 못 값, 판목 2개 값

일금 20엔 33전 신통로 교섭시 지주 대리 접대

일금 2엔 50전   통로 수선시 인부 2일 반일치 품삯

一金二十四円 廳版五十枚代

一金一円九十戔 瓦上梁時酒下

一金三十戔 瓦木正理時酒下

一金五十戔 人夫姜書房賃給

一金十九円二十戔廳木四十介代小柳店

（소계）264.31/158.41

一金壹百五拾円 金点夢第一回工賃給

一金二十五円 孫明贊口條給/ 都合 973.35

一金九十二戔 廳木一枚因房木一枚代 丁三月卄一日

一金五十戔 總會時指揮料 金卿元給

一金一百五十円 木手第二回分給 丁三月十八日

一金四円五十五戔 玉峯來往 散酒下

一金五十戔 基地散木合置 雇冗下

一金三十七円六十戔 門三十枚代金下

一金一円三十戔 長木十三介代 五月二日

一金二円四十五戔 坂木二坪代

（소계）372.82

一金九十四戔 靑竹二束代

一金三円二十戔 竹籬八丈代

一金五十五戔 鐵系釘代坂木二介代

一金二十円三十三戔 新通路交涉時 地主代理接

一金二円五十戔 通路修繕時 人夫二日半雇價

일금 8엔 40전   측량료 및 술 내리는 값

일금 3엔   신방돌 3개 값, 원일원에게 지급

일금 109엔 92전   담장 19.5평 요금

일금 48엔   본사 건축 기간 술값 합계

일금 500엔   강문현 대부한 돈, 정축년(1937) 5월 10일

  (소계) 196엔 84전

일금 537엔   본사 대지 91평 값(481.66)

일금 4엔 68전   문 거는 비용, 목수 임금, 수종인 점심값 및 술값

일금 56전   풍방목 및 못값

일금 1원 35전   문서 수정 및 박윤식 점심값

일금 50전   기와, 나무 옮겨두는 비용

일금 10엔 2전   돌족쇄, 금마족 등의 대금

일금 12엔 65전   도로 축조시, 4분의 1

일금 6엔 13전   후지 10권 값

일금 1엔 80전   분말값

일금 2엔 80전   천정 판목 및 신문지값

  (소계) 577엔 49전

일금 3엔 20전   미장공사시 정문일 김경심

일금 16엔   연조금 모집시 및 문서 수정시

일금 3엔 95전   정상진 접대

일금 45전   문서책 1권 값

일금 3엔 50전   도장 2개, 도장밥 2개

一金八円四十戔 測量料及酒下

一金三円也 신방돌三介代 元一元給

一金一百九円九十二戔 墻垣十九坪半 料金

一金四十八円也 本社建築散酒價 合計

一金五百円也 姜汶鉉許貸來條 丁五月十日

　　(소계) 196.84

一金五百三十七円也 本社垈地九十一坪代(481.66)

一金四円六十八戔 門掛費及木手日賃及遂從人午料及酒

一金五十六戔 風防木及釘代

一金一圓三十五戔 文書修正及朴允植午料代

一金五十戔 瓦木移置費

一金十円二戔 乫足鎖金馬足等代金

一金十二円六十五戔 道路築造時四分之一

一金六円十三戔 厚紙十卷代

一金一円八十戔 糞末代

一金二円八十戔 天井板木及新聞紙代

　　(소계) 577.49

一金三円二十戔 塗付時鄭文一金敬深

一金十六円 捐助金募集時及文書修正時

一金三円九十五戔 鄭相珍接

一金四十五戔 文書冊一卷代

一金三円五十戔 圖章二介印肉二介

일금 20엔   대지 이전비

일금 1엔 10전   문장현 문병시

일금 30전   방 재수리시 술값

일금 1엔 79전   2기 가옥세

일금 4엔   장판지 18매, 능화지 5권 값

　(소계) 54엔 29전

일금 64전   현판 수리 및 측면 정리시

일금 1엔 10전   임시총회시 하기

일금 1엔 15전   10월 21일 강석진 대접비

일금 1엔 75전   문참봉[2] 문병시 술값

일금 2엔 79전   귀곡리 자동차 왕복비

일금 3원   재측량비

일금 1원 24전   공홍길 대접비

일금 50전   산판 1매 값

일금 12전   필묵 값

일금 60전   귀곡리 차비

　(소계) 13원 89전

일금 22전   책보 1매 값

일금 160원   건축시 토역비 원일안

일금 11원 36전 문장현 4년간 대지세

....

2　문참봉文參奉: 문장현으로 추정된다.

一金二十円 垈地移轉費

一金一円十戔 文章現問病時

一金三十戔 房再修時酒

一金一円七十九戔 二期家屋稅

一金四円 長板紙十八枚凌花紙五卷代

　(소계) 54.29

一金六十四戔 懸板修理及側面正理時

一金一円十戔 臨時總會時下記

一金一円十五戔 十月二十一日姜錫珍接下

一金一円七十五戔 文參奉問病時酒下

一金二円七十九戔 貴谷里自動車往復賃下

一金三圓 再測量費下

一金壹圓貳拾四戔 孔洪吉接下

一金五拾戔 算板壹枚代下

一金十二戔 筆墨代 下

一金六拾戔 貴谷里車費

　(소계) 13.89

一金貳拾貳戔 冊褓壹枚代下

一金壹百六拾圓 建築時土役費元一安下

一金拾壹圓參拾六戔 文章現許四年間垈地稅下

일금 1원 66전   임시회의시

일금 1원 89전   시내 출장시

일금 54전   문장현댁 결산시

일금 1원 75전   문장현씨 49제시

일금 2원 93전   시내 출장시

일금 2원 47전   시내 출장시

일금 2원 20전   시내 출장시

　(소계) 185엔 2전

　(총) 2,199엔 12전

일금 100원 68전   본사 부족금 대부

일금 500원   정상진씨 희사금 및 수연시 2차분

일금 20원   한우수 희사금

일금 30원   김봉규   동

일금 30원   원준옥   동

일금 10원   김윤명   동

일금 10원   이무엽   동

일금 20원   김갑룡   동

일금 10원   김경명   동

일금 10원   김창수   동

일금 30원   정태석씨 희사금

일금 20원   서종숙   동

일금 10원   정태기   동

一金壹圓六拾六戔 臨時會議時下

一金壹圓八十九戔 市內出張時下

一金五拾四戔 文章現宅決算時下

一金壹圓七拾五戔 文章現氏四十九祭時下

一金貳圓九十參戔 市內出張時下

一金貳圓四拾七戔 市內出張時下

一金貳圓貳拾戔 市內出張時下

　(소계) 185.02

　(總) 2,199.12

一金一百圓六十八戔 本社不足金貸付

一金五百圓也 鄭相珍氏喜捨金及壽宴時二次分

一金貳拾圓也 韓又守喜捨金

一金參拾圓也 金奉圭仝

一金參拾圓也 元準玉仝

一金拾圓也 金潤明仝

一金拾圓也 李武燁仝

一金貳拾圓也 金甲龍仝

一金拾圓也 金景明仝

一金拾圓也 金昌洙仝

一金參拾圓也 鄭泰奭氏喜捨金

一金貳拾圓也 徐宗淑仝

一金拾圓也 鄭泰驥仝

일금 10원   김주석   동

일금 50원   강문현   동

일금 10원   구인회   동

일금 15원   홍성윤   동

일금 5원   이보영   동

일금 5원   양홍근   동

일금 10원   이중호   동

일금 10원   정대화   동

일금 10원   백계수   동

일금 100원   김기태   동

일금 10원   노공기   동

일금 10원   천종환   동

일금 5원   박문호   동

일금 20원   하만복   동

일금 5원   강문길   동

일금 10원   방도균   동

일금 5원   홍순근   동

일금 150원   문장현씨 희사금

일금 20원   강선호   동

일금 20원   이주현   동

일금 10원   신선준   동

일금 7원   강순약   동

一金拾圓也 金柱錫仝

一金五拾圓也 姜汶鉉仝

一金拾圓也 具仁會仝

一金拾五圓也 洪成允仝

一金五圓也 李普永仝

一金五圓也 梁洪根仝

一金拾圓也 李重浩仝

一金拾圓也 鄭大和仝

一金拾圓也 白季秀仝

一金壹百圓也 金琪邰仝

一金拾圓也 盧功基仝

一金拾圓也 千鍾煥仝

一金五圓也 朴汶滈仝

一金貳拾圓也 河萬濮仝

一金五圓也 姜文吉仝

一金拾圓也 方道均仝

一金五圓也 洪淳根仝

一金壹百五拾圓也 文章現氏喜捨金

一金貳拾圓也 姜善昊仝

一金貳拾圓也 李周見仝

一金拾圓也 申先俊仝

一金七圓也 姜順若仝

일금 5원   이화일 동

일금 10원   김만두 동

일금 2원   공주언 동

일금 3원   김군형 동

일금 5원   김상우 동

일금 5원   정성만 동

일금 7원   허사진 동

일금 3원   허 이   동

일금 2원   최경환 동

일금 5원   정종석 동

일금 2원   하원선 동

일금 5원   김태룡 동

일금 5원   정수성 동

일금 5원   김영숙 동

일금 5원   전서식 동

일금 10원   천석재 회사금

일금 5원   서윤성 동

일금 2원   이성윤 동

일금 5원   이우진 동

일금 3원   박윤식 동

일금 2원   김학선 동

일금 2원   성재훈 동

一金五圓也 李化日仝

一金拾圓也 金萬斗仝

一金貳圓也 孔珠彦仝

一金參圓也 金君亨仝

一金五圓也 金尙宇仝

一金五圓也 鄭成萬全

一金七圓也 許士辰全

一金參圓也 許禰仝

一金貳圓也 崔敬煥仝

一金五圓也 鄭宗錫仝

一金貳圓也 河元善仝

一金五圓也 金泰龍仝

一金五圓也 鄭秀成仝

一金五圓也 金永淑仝

一金五圓也 田徐植仝

一金拾圓也 千石才喜捨金

一金五圓也 徐允成仝

一金貳圓也 李成允仝

一金五圓也 李又鎭仝

一金參圓也 朴允植仝

一金貳圓也 金學先仝

一金貳圓也 成再勳仝

일금 6원   최영숙   동

일금 10원   강선약   동

일금 9원   백봉구   동

일금 4원   하태순   동

일금 3원   박성근   동

일금 1원 50전   배덕오   동

일금 2원   박봉조   동

일금 5원   추겸호   동

일금 1원   권경수   동

일금 3원   정천여   동

일금 2원   장응구   동

일금 3원   정찬일   동

일금 2원   성헌장   동

일금 2원   김환순   희사금

일금 2원   정화인   동

일금 2원   안재인   동

일금 5원   손덕현   동

일금 2원   홍순태   동

일금 2원   강필훈   동

일금 3원   오태주   동

일금 3원   정문일   동

일금 3원   구영서   동

일금 5원   강기현   동

一金六圓也 崔詠淑仝

一金拾圓也 姜善約仝

一金九圓也 白奉九仝

一金四圓也 河台淳仝

一金參圓也 朴成根仝

一金壹圓五拾戔也 裵德五仝

一金貳圓也 朴奉祚仝

一金五圓也 秋謙鎬仝

一金壹圓也 權敬守仝

一金參圓也 鄭千汝仝

一金貳圓也 張應惧仝

一金參圓也 鄭贊日仝

一金貳圓也 成憲章仝

一金貳圓也 金丸淳喜捨金

一金貳圓也 鄭化仁仝

一金貳圓也 安在寅仝

一金五圓也 孫德見仝

一金貳圓也 洪淳邰仝

一金貳圓也 姜弼薰仝

一金參圓也 吳泰州仝

一金參圓也 鄭文一仝

一金參圓也 具永瑞仝

一金五圓也 姜琦鉉仝

1375원 50전

일금 2원 88전   마당 흙 정리 시 인부 술값

일금 7원 63전   정상진 접대 술값

일금 14원 30전   시멘트 11포대 값

일금 5원 70전   백토 3포 및 원료 값

일금 10전   붓 1자루 값

일금 48전   등 1개 및 석유 값

일금 5원   본사 도배시 비용

일금 200원   덕산 건물 1동 값

일금 500원   강문현 대부금 상환

일금 140원   이 돈의 10개월치 이자 지급

일금 2원 20전   50원 이자조로 김군형에게 지급

일금 30전   페인트 1통 값

일금 30원   본사 건축시 강기현 3개월분 점심값

일금 39원 13전   희사금 모집 및 징수원 출장 비용

일금 33원 50전   창고 건축시 감독 점심값

일금 8원   대문목 6편 값

 총수입계 3,630원 50전

 총지출계 3,614원 92전

 차인잔금 15원 58전

 소화 13년 무인년(1938) 7월 15일

1375.50

一金貳圓八拾八戔也 場土拔去時 人夫酒代

一金七圓六拾參戔也 鄭相珍接代酒下

一金拾四圓參拾戔也 セメント十一包代

一金五圓七拾戔也 白土三包及原料代

一金十戔也 筆一柄代

一金四拾八戔也 燈一介及石油代

一金五圓也 本社塗排時費用

一金貳百圓也 德山建物一棟代

一金五百圓也 姜汝鉉報債金

一金壹百四拾圓也 右金十个月利子給

一金貳圓貳拾戔也 五十圓利子條 給金君亨

一金參拾戔也 ベンキ一桶代

一金參拾圓也 本社建築時 姜琪鉉三个月分午料

一金參拾九圓拾參戔也 喜捨金募集 及徵收員出張費用

一金參拾參圓五拾戔也 庫舍建築時 監督午料代

一金八圓也 大門木六片代

　總收入計 參千六百參拾圓五拾戔也

　總支出計 參千六百拾四圓九拾貳戔也

　差引殘金 拾五圓五拾八戔也

　昭和十三年戊寅 七月 十五日

일금 29원 4전   본사 석축 및 콘크리트 수축 비용

일금 9원 48전   정태석씨 사망시 조기 및 자동차비

일금 52원 50전 본사 석축공사 비용

일금 96원 94전 행랑 정문 건축 재목값

일금 9원 93전   상량 및 개토제 비용

일금 5원 33전   철정 39.5근 값

일금 1원   죽렴 1개 값

일금 25전   공책 1권 값

일금 33전   세수기 1개 값

일금 60전   새끼줄 20단 값

일금 9원 30전   청죽 8단 값

일금 1원 92전   본년 1기 가옥세

일금 18전   정상진씨 수연시 축전비용

일금 55원 65전 개와 1,103매 값

일금 58전   인찰지, 잉크 값

일금 73원   토목 공가

일금 65전   현판목값

일금 7원 30전   현판 조각 및 수리 기타

일금 30전   영수책 2권 값

일금 3원   박공정 고초박 2동 값

일금 85전   인지 42매 값

일금 3원 86전   문참봉댁 교섭 비용

一金貳拾九圓四戔也 本社築石及空屈修築費用下

一金九圓四拾八戔也 鄭泰奭氏死亡時 弔旗及自動費用下

一金五拾貳圓五拾戔也 本社石築工費用下

一金九拾六圓九拾四戔也 行廊正門建築材木代下

一金九圓九拾參戔也 上樑及開基祭費用下

一金五圓參拾參戔也 鐵釘參拾九斤半代下

一金壹圓也 竹簾一介代下

一金貳拾五戔也 空冊一卷代下

一金參拾參戔也 洗手器一介代下

一金六拾戔也 草繩二十丹代下

一金九圓參拾戔也 靑竹八丹代下

一金壹圓九拾貳戔也 本年一期家屋稅下

一金拾八戔也 鄭相珍氏壽燕時 祝電費用下

一金五拾五圓六拾五戔也 蓋瓦一千一百三枚價下

一金五拾八戔也 印札紙印水代下

一金七拾參圓也 土木工價下

一金六拾五戔也 懸板木價下

一金七圓參拾戔也 懸板調刻及修理 其他下

一金參拾戔也 領收冊二卷代下

一金參圓也 박空釘古草二同代下

一金八拾五戔也 印紙四十二枚代下

一金參圓八拾六戔也 文參奉宅交涉費用下

일금 1원 23전　하만복 초상시 조기 및 비용 값

일금 20전　　　대문 둘레 염색비

일금 5원 86전　온돌 2방 값

일금 7원　　　　장토 정리 인부 10명 일고가

일금 2원 80전　모래 7대 비용

일금 1원 40전　흰 모래 7대 운반비용

일금 3원 60전　자갈돌 3대 대금

일금 60전　　　이 물건의 운반공 공임

일금 11원 10전　벽돌 107개 대금

일금 2원 40전　소맥분 3포 값

일금 1원 20전　신문지 1.5관 대금

일금 18전　　　양지 20매 값

일금 1원 20전　장판지 10장 대금

일금 2원 54전　도배시 비용

일금 6원　　　　행랑 방문 4개 대금

일금 65전　　　돌족 4쌍 대금

일금 35전　　　변소 정첩 한 쌍 값

일금 8원　　　　장창오 축대 쌓는 대금

수입부

일금 2원　　　　이사홍

일금 2원　　　　이봉옥 회사금

일금 2원　　　　강선일　동

一金壹圓貳拾參戔也 河萬濮當喪時 弔旗及費用下

一金貳拾戔也 大門環染色費下

一金五圓八拾六戔也 溫突二房價下

一金七圓也 場土拔去人夫十名 日雇價下

一金貳圓八拾戔也 沙七車費用下

一金壹圓四拾戔也 白沙七車運搬費下

一金參圓六拾戔也 礫石三車代金下

一金六拾戔也 右物運般工價下

一金拾壹圓拾戔也 トロク一百七介代金下

一金貳圓四拾戔也 小麥粉三包價下

一金壹圓貳拾戔也 新聞紙一貫半代金下

一金拾八戔也 洋紙二十枚代下

一金壹圓貳拾戔也 長板紙十丈代金下

一金貳圓五拾四戔也 塗排時費用下

一金六圓也 行廊房門四介代金下

一金六拾五戔也 芛足四双代金下

一金三拾五戔也 便所釘牒一雙代下

一金八圓也 張昌五防築代金下

収入部

一金貳圓也 李士洪

一金貳圓也 李奉玉 喜捨金

一金貳圓也 姜善日 全

일금 2원   장두남 동

일금 5원   박정숙 동

일금 5원   김영옥 동

일금 1원   백동기 동

일금 10원   이홍습 동

일금 10원   광신상회 동

일금 2원   배필도 희사금

일금 2원   우학경 동

일금 5원   탁익조 동

일금 2원   김학용 동

일금 5원   임판술 동

일금 2원   한계수 동

일금 2원   협성상회 동

일금 2원   조인세 동

일금 5원   김덕진 동

일금 1원   김경건 동

일금 2원   윤경지 동

일금 1원   이삼성 동

합계금 85원 58전

지출부

일금 13전   인찰지 1축 값

一金貳圓也 張斗南 仝

一金五圓也 朴正淑 仝

一金五圓也 金榮玉 仝

一金壹圓也 白東基 仝

一金拾圓也 李洪習 仝

一金拾圓也 廣信商會 仝

一金貳圓也 裵弼道 喜捨金

一金貳圓也 禹鶴慶 仝

一金五圓也 卓翼朝 仝

一金貳圓也 金鶴鏞 仝

一金五圓也 林判述 仝

一金貳圓也 韓桂壽 仝

一金貳圓也 協成商會 仝

一金貳圓也 趙仁世 仝

一金五圓也 金德鎭 仝

一金壹圓也 金烱建 仝

一金貳圓也 尹京志 仝

一金壹圓也 李三成 仝

　計金 八拾五圓五拾八戔也

支出部

一金拾參戔也 印札紙一軸代

일금 1원 70전   자갈모래 각 1차 값

일금 2원 65전   7월 15일 총회시 술값

일금 1원 90전   시멘트 1포대 반 값

일금 40전   모래 자갈 운임비

일금 14원 4전   콘크리트시 임금 및 술값

일금 7원 20전   현판 수정 및 공사시 술 뿌리는 값

일금 4원   현판목 2개 값

일금 36전   국기 값

일금 90전   니스 1통, 수묵 1통 값

일금 18전   분일갑 백로지 1장 값

일금 17전   철정 0.5근 값

일금 65전   니스 0.5통, 수묵 3개 값

일금 5원 82전   본사 가옥세 및 취득세

일금 4원 54전   현판목값

일금 10원 95전 본사 온돌 수선 비용

일금 2원 30전   시내 출장비 5인분 11월 4일

일금 2원 88전   시내 출장비 5인분 11월 5일

일금 2원 95전   시내 출장비 5인분 11월 8일

계금   63원 72전

차인잔금   21원 86전

이상을 본사 수지부로 인계

一金壹圓七拾戔也 자갈모래 各一車代

一金貳圓六拾五戔也 七月十五日總會時酒代

一金壹圓九拾戔也 돌가리 一表半代

一金四拾戔也 모래자갈 運賃代

一金拾四圓四戔也 空골時賃金及酒代

一金七圓貳拾戔也 懸板修正及工事時 散酒代

一金四圓也 懸板木二介代

一金參拾六戔也 國旗代

一金九拾戔也 二ツ一桶水墨一桶代

一金拾八戔也 粉一甲白鷺紙一丈代

一金拾七戔也 鐵丁半斤代

一金六拾五戔也 二ツ半桶水墨三介代

一金五圓八拾二戔也 本社家屋稅及取得稅代

一金四圓五拾四戔也 懸板木代

一金拾圓九拾五戔也 本社溫突修繕費用

一金貳圓參拾戔也 市內出張費五人分 十一月四日

一金貳圓八拾八戔也 市內出張費五人分 十一月五日

一金貳圓九拾五戔也 市內出張費五人分 十一月八日

　計金 六拾參圓七拾貳戔也

　差引殘金貳拾壹圓八拾六戔也

　右를 本社收支部引繼

소화 13년 무인년(1938) 9월 18일

　14년 기묘년(1939) 1월 21일

　반수 이주현

　사장 강기현

　본방 신선준

　집사 박윤식

원

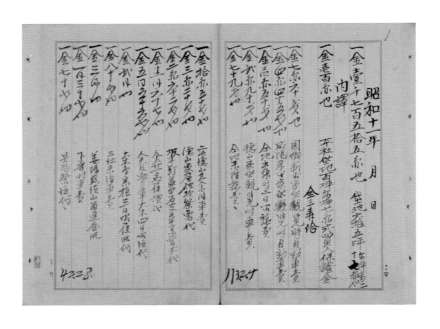

昭和十三年戊寅九月十八日

　十四年己卯正月廿一日

　班首 李周見

　社長 姜琦鉉

　本房 申先俊

　執事 朴允植

原

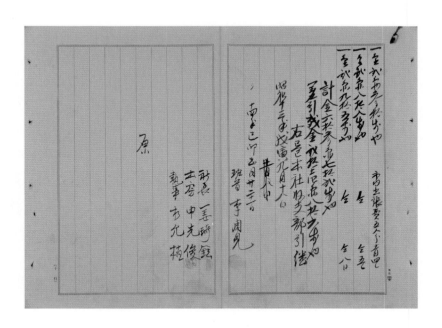

2. 회합장소 보관 현판

우도소¹ 창설초기 서문右都所刱設初期序文

(1887)

서문

우리 진주는 영남의 성대한 장관으로 경치가 아름다운 경상우도의 명 승지다. 천리를 뻗은 산맥² 아래 하나의 큰 성이 이름난 고장을 이루었 다. 선학산, 비봉산, 인산 아래에는 진주목 관아가 있고, 오룡, 호탄, 지 수의 가에는 경상우병영이 있어, 성곽이 견고한 천혜의 요새이다. 물산 이 풍부하고 번화하여 보배로운 비단과 눈부신 진주를 매매하는 곳이

---

1 우도소右都所: 지방을 왕래하는 보부상들의 연락 사무소 겸 숙박처이다. 각 도 단위로 부
   상 도소(좌도소)와 보상 도소(우도소)가 각각 하나씩 설치되었다. 도방都房이라고도 한다.
2 천리를 뻗은 산맥: 지리산을 가리키는 것으로 보인다.

니 조나라의 한단[3]이요, 땅이 기름지고 물고기와 소금을 판매하며 곡식을 바꾸어 얻을 수 있는 지방이니 옛 제나라의 낭야[4]요, 사람이 화목하고 풍속이 순박한 것은 옛날 기자가 어리석은 백성을 가리킨 풍속이 남은 것이요, 예의가 바르고 의리가 곧은 것은 선성이 가르친 바를 후생이 사모한 것이니 바로 추로지향[5]이다. 서울에 상업을 통할하는 관서인 혜상공국이 있고 도내에 상민이 의탁하는 곳인 도회가 있어 어보를 첩으로 만들어 그 방에 각각 주어, 개미처럼 모이고 구름처럼 흩어지는 백성들로 하여금 기강을 세우고 풍속을 바르게 하며 조리를 문란하지 않게 하고, 살았을 때 봉양하고 죽었을 때 상을 치르는 것까지 유감이 없도록 했다. 왕정의 교화가 수령의 받들어 계승함을 통하여 우리 상민에까지 이르니, 그 은혜가 막대하다. 온 나라 안 모든 사람들이 한 나라의 신민이 되어 임금의 교화를 받들고 충성을 다하여 임금의 은혜에 보답하는 것이 백성이 된 사람으로서 가장 중요한 일이 아닌가. 상고의 제왕은 서합괘의 상징으로써 시장의 교역을 가르쳤고,[6] 《맹자 공손추상》에 '천하의 상인이 기찰만 하고 세금은 받지 않는 시장에 자기 상품을 보관하려고 한다.'고 했다. 이렇게 하면 저절로 사람들이 앞다투어 몰려드는

·················

3 한단邯鄲: 지금의 중국 허베이성(河北省) 한단시이다. 화북평원에서 산시(山西) 산지로 들어가는 교통의 요지로 교역이 활발하여 부유한 상인이 모여 살았다.

4 낭야琅琊: 지금의 산둥성(山東省) 주청현(諸城縣) 일대로 제나라 때 상업의 요지였다.

5 추로지향鄒魯之鄕: 공자와 맹자의 고향처럼 학문과 예의가 있는 고장이라는 의미이다.

6 서합괘의…가르쳤고: 서합噬嗑은 입 속에 음식을 넣고 씹어서 씹는 의미인데, 이것으로 시장에 천하의 화물이 모여 교역되는 것을 상징적으로 설명했다. 《주역》서합괘의 상에, "천하의 사람을 모으고, 천하의 물자를 모아 들여서 서로 교환해가서 각자 자기의 생활을 누리게 한다."고 하였다.

장소가 되고, 상민이 특별히 자기 상품을 보관하고 싶어 하는 시장이 될 수 있을 것이니, 여러분이 모두 바라는 바이다. 나라의 법도로 계획을 세워 진주 시장에 집을 지으려 했다. 그런데 재력이 넉넉하지 않아 모은 예산이 빨리 줄어 공기를 맞출 겨를이 없었다. 다행히 많은 군자의 자공처럼 상업으로 재물을 불린 은혜[7]와, 홍양처럼 전매를 통해 물건을 판매한 공[8]에 힘입어 오래지 않아 완공했다. 시원하게 우뚝 솟은 집 한 채, 부평초처럼 정처 없이 떠도는 사람들과 부유하고 큰 상인 모두에게 편안한 휴식처가 될 것이다. 대저 남이 나를 도운 공은 흠모하여 잊을 수 없다. 이 사람들의 넉넉한 은택이 많은 사람의 입에 오르내리고 이익은 삼민[9]에 미칠 것이니, 희사한 사람들이 복을 누리는 효과가 있을 것이라고 짐작할 수 있다. 이러한 내용을 새겨 정자의 편액으로 거니, 먼 훗날까지도 아름다운 이름이 길이 전해질 것이다. 때는 우도소가 처음 창설될 때이니, 공사당 창건의 시초다. 공을 갚아야 할 과목과 조목을 아래에 열거한다.

화주 오위장 이방호
    오위장 오명신
    오위장 서홍준

---

7 자공처럼⋯은혜: 공자의 제자 자공子貢은 조나라와 위나라 사이에서 상업을 하여 큰 돈을 벌었다. 그 돈으로 공자가 제후들을 찾아갈 때 사용할 폐백을 성대하게 마련해 주었다. 여기서는 치부한 돈을 기부했다는 의미로 사용되었다.

8 홍양처럼⋯공: 홍양은 상홍양桑弘羊을 말한다. 상홍양은 국가 재정을 확보하기 위해 소금과 철, 술의 전매제를 시행하였다. 여기서는 상업을 통해 얻은 이익을 희사했다는 의미로 사용되었다.

9 삼민三民: 농, 공, 상에 종사하는 백성을 뜻한다.

오위장 이봉룡

유학 하기룡

화순 사인 최경우 쓰고

청주 후인 한대원 삼가 새기다

숭정기원 후 다섯 번째 정해년(1887) 1월 일

序文

我晉陽卽嶠南大觀 山明水麗 嶺右名勝之地 千里龍崗之下 爲一大城名區者
仙鶴飛鳳仁山之下 爲保障公侯之府 五龍虎灘智水之上 爲運籌將相之營 雄
塸完堅天府之堆也 物豊繁華 寶錦明珠 相市之地 則趙之邯鄲 土沃膏油 販買
魚鹽 換粟之坊 故齊之瑯琊 人和風淳 古惟箕子敎蠢民之遺俗 禮正義直 先聖
攸誨 後生慕義 故鄒魯之鄕是也 京中有公局統商之官 道內有都會依庇之所
御譜成帖 各授其坊 使蟻集雲散之氓 立紀綱正風俗 不紊條理 至於養生喪死
亦無憾焉 王政之敎化 邑宰之承流 至於我商民 恩莫大矣 普天率土之濱 身爲
一國臣民 奉承聖敎 盡忠報君 無乃爲民之首事也 上古帝王象之噬嗑以敎爲市
而亞聖云 天下之商欲藏於畿而不征之市 自爲輻湊幷赴之所 可謂四民之末
所以顯欲藏於市者 僉之所願 國之法度 經之營之 欲爲營室於晉市之上 而力
不贍 故鳩資蝸縮 未遑於日居月諸矣 幸因振振君子鬻財子貢之恩 便賴販物弘
羊之功 以就不日之成 翼然一宇於萍流蓬轉之人 水趨於富商大賈之歸 大抵
人有忝我之功 悵仰曷忘 斯人優惠之澤 播於萬口 利及三民 伊人之亨福 占記

於實效 刻揭於亭額 萬會千劫 傳流芳名者 於時乎 右都所刱設之初也 卽公事
堂刱建之始也 以功報應之課條列于左

化主 五衛將 李芳浩

　　　五衛將 吳明信

　　　五衛將 徐弘俊

　　　五衛將 李鳳龍

　　　幼學 河琦龍

和順詞人 崔景祐書

淸州后人 韓大元謹刻

崇禎紀元後五丁亥 元月　日

우도소 창설초기 임원 및 시주 명단

右都所刱設初期任員及施主名單

(1887)

우도소 창설지초[1]	右都所刱設之初
시 도반수 오위장 김우권	時都班首 五衛將 金禹權
도접장 오위장 서홍준	都接長 五衛將 徐弘俊
명사장 오위장 오명신	明事長 五衛將 吳明信
도공원 이경순	都公員 李璟淳
김용식	金用植
집사 박성화	執事 朴聖化

....

1 우도소 창설지초右都所刱設之初: 1885년 6월 상리국 설립에 따라 각 지방에도 도소가 설치되었다. 이때를 말한다.

사전 설시시[2]	四廛設施時
반수 박수오	班首 朴受五
반수 지득화	班首 池得化
반수 박응오	班首 朴應五
게판 창설[3]	揭板刱設
접장 오위장 이봉용	接長 五衛將 李鳳瑢
공원 김용식	公員 金用植
이경순	李璟淳
영수 이기만	領首 李基萬
집사 이용대	執事 李容大
대시주[4]	大施主
수단의 모친 박씨	守丹母朴氏
사수의 모친 이씨	仕守母李氏
참봉 채덕중의 처 윤씨	參奉蔡德重妻尹氏
감역 전자현	監役 全子玹

····················

2 설시시設施時: 「사전 천금록」에 따르면, 4개의 물종별 조직은 우도소 창설 이전인 1884년
   에 설립된 것으로 나온다. 그런데 이 자료에서는 우도소 창설 다음에 '사전 설시'라는 표
   현이 나온다. 따라서 이때의 설시는 사전을 조직했다는 의미보다 사전 조직의 건물을 설
   립했다는 의미로 추측된다.
3 게판 창설揭板刱設: 우도소 건물을 완성하고, 건축 실무자와 의연금 기부자 명단 등을 기
   록한 편액을 만든 시점으로, 이 글이 작성된 1887년 1월이다.
4 대시주大施主: 보부상 조직이 각종 공사를 위해 자금을 모집할 때 많은 금액을 희사한 이
   를 가리키는 것으로 보인다. 앞의 「사전 권조문」에서도 수단의 모친 박씨 등이 가장 많은
   금액을 희사하였는데, 그때는 대시주로 표현하지 않고 도위주道爲主라고 표현하였다.

만호 윤순백	萬戶 尹順伯
반수 최경출	班首 崔敬出
반수 하필윤	班首 河必允
접장 박장근	接長 朴長根
접장 김준득	接長 金俊得
접장 변기성	接長 卞基成
접장 제필준	接長 諸必俊
접장 강경준	接長 姜敬俊
접장 이경춘	接長 李敬春
공원 강기원	公員 姜基元
공원 천창석	公員 千昌碩
공원 조창원	公員 趙昌元
공원 조중길	公員 曺仲吉
공원 천부귀	公員 千富貴
오위장 김경직	五衛將 金敬直
공원 박광덕	公員 朴廣德
공원 강주보	公員 姜周甫
시주	施主
이향심	李香心
이재동	李才同
백종지	白宗之
양삼이	梁三伊
추복동	秋福同

장형옥	張亨玉
김경환	金景煥
박두문	朴斗文
곽선유	郭善洧
소원이	蘇元伊
서상오	徐尙五
김숙여	金淑汝
김내인	金乃仁
정문여	鄭文汝
옥희석	玉希石
강원익	姜元益
강태성	姜太聖
석도성	石嶋成
최내백	崔乃伯
윤현오	尹見五
황이진	黃而振
이덕화	李德化
홍영도	洪永道
최문희	崔問熙
한덕삼	韓德三
김통언	金通彦
손인선	孫仁善
손필용	孫必用

안도주   安嶋柱

김준이   金俊伊

지금 임금 14년[5] 정해년(1887)   上之十四年 丁亥 元月　日 謹書

　1월에 삼가 쓰다

5 　지금 임금 14년: 이때는 1887년으로 고종 24년이다. 지금 임금 14년은 오기이다.

시주 명단施主名單

(1890)

시주

가선대부 겸오위장 탁용학 처 숙부인 조씨

가선대부 행용양위부호군 김일규 처 의령 남씨, 솔녀 진양 강씨

김윤성 처 밀양 박씨

가선대부 겸오위장 김화영 처 숙부인 경주 최씨

권만세 처 전주 전씨

황석종 처 진양 강씨

부판 모친 반남 박씨

금상 16년 경인년[1] 3월 일 삼가 새기다

施主

嘉善大夫 兼五衛將 卓龍學妻 淑夫人 趙氏

嘉善大夫 行龍驤衛副護軍 金一圭妻 宜寧南氏 率女 晉陽姜氏

金允成妻 密陽朴氏

嘉善大夫 兼五衛將 金化永妻 淑夫人 慶州崔氏

權萬世妻 全州全氏

黃石鍾妻 晉陽姜氏

富板母親 潘南朴氏

上之十六年 庚寅 三月　日 謹刻

1　금상 16년 경인년上之十六年 庚寅: 경인년은 고종 27년이다. 앞에 나온 「우도소 창설초기
　임원 및 시주명단」과 마찬가지로 고종의 재위 연수에 오류가 있다.

4

감하실기感賀實記

(1938)

감하실기

대저 상민은 사민의 하나로 성이 다른 사람들이 모여 한 마음으로 협력하여 제도가 있고 질서가 있으며, 직업을 서로 권면하고 환난에는 서로 구휼한다. 옛날 당(사옥)이 있었으나 훼손되어 지난 정축년(1937)에 비봉산의 자락 수정봉 아래에 신축하였는데, 건축비를 모으기가 어려웠다. 그때 정상진 공이 우리 재정이 곤란한 것을 걱정하여 300원을 기부하여 도와줌으로써 준공했다. 그 인자한 덕에 대한 감사와 칭송은 이루 헤아리기 어려운데, 아직 그 만분의 일도 갚지 못하고 있다. 지금 그의 생신에 연회를 크게 베풀고, 또 200원을 기증하여 이 사를 유지

하기 위한 비용으로 삼게 했다. 그 전후의 은혜에 감사하고 또 감사한
다. 그 은혜를 갚자면 봉산도 높지 않고 남강도 깊지 않다. 부족하나마
짧은 글로써 찬미하고, 판에 새겨 걸어두어 오래도록 잊지 않는 뜻을
보일 뿐이다.

소화 13년 무인년(1938) 5월 일

    영위 강선호

    반수 이주현

    사장 강기현

    본방 신선준

    집사 박윤식 외 사원 일동

    밀양 박희영이 삼가 실기를 쓰다

感賀實記

夫商爲四民之一 而異姓相聚 同心協力 有規模焉 有條理焉 職業相勸 患難相
恤矣 舊有堂損毀 往歲赤牛新築於鳳山麓水晶峰下 鳩財難合 于時鄭公相珍
悶吾儕困政 捐財三百圓而助焉 以竣工 其仁慈之德 感頌難量 然尙未報其萬
一 今於其晬辰 大設讌會 而更以二百圓寄贈 此社爲維持計 其前後之恩 感之
又感也 欲報其惠 鳳山不高 藍江不深 聊將觭脛之詞 以贊美之 揭于板上 以
示世久不忘云爾

　昭和十三年 戊寅 五月 日

　　　　領位姜善昊
　　　　班首李周見
　　　　社長姜琦鉉
　　　　本房申先俊
　　　　執事朴允植
　　　　　外
　　　　社員一同

　　　　密陽朴熙瑛謹記

5

회구문懷舊文[1]

(1938)

회구문

오호! 누대의 흥폐와 인생의 존망은 진실로 운수 소관인 것이다. 어찌 한 번 크게 탄식할 일이 아니겠는가? 근래 세상을 떠난 숭릉 참봉 문장현 공은 젊어서 호협의 기풍과 함께 활달한 기상이 있었고, 열심히 가정을 이루어 부자가 되기까지 했다. 겉으로는 엄하고 각박한 것 같지만 속으로는 실제로 인자하여 착하다고 칭찬하는 친구가 많았다. 우리 상무사에도 정성을 다하고 재산을 기부하여 도운 것이 여러 해였다. 지난 병자년(1936) 홍수에 사옥이 비바람에 침수되고 무너졌기 때문에 수정

....

1 회구문懷舊文: 옛 일을 생각하는 글이다.

봉 아래 한 곳에 집터를 잡고 중창하였는데, 옛 건물보다 규모가 커서 공사는 거대하고 재력은 모자라 준공하기가 몹시 어려웠다. 문 공 역시 준공하기 위한 여러 조치를 직접 취하였다. 건물을 준공하였는데, 어찌하여 병에 걸려 끝내 일어나지 못했는가? 일이 있을 때 누구와 의논하며, 환난이 있을 때 누구와 의논해야 하는가? 무너진 사는 이제 다시 세웠지만, 죽은 사람은 다시 돌아오지 않네. 이 당에 오르는 우리 사의 모든 사원은 지난날의 감회를 견디지 못해, 그를 위하여 편액으로 걸어두어 잊지 못하는 마음을 보일 뿐이다.

소화 13년 무인년(1938) 7월 일

영위 강선호
반수 이주현
사장 강기현
본방 신선준

우상무사 일동

懷舊文

嗚乎 樓臺之興廢 人生之存亡 果有數之所關也 豈不一太息者乎 近故崇陵參

奉文公章現 少以豪俠之風 兼有豁達之氣 勤以成家 至爲富饒 然外似嚴刻 而

內實仁慈 故人多稱善焉 於吾商務社 亦殫誠焉 捐財焉 以助之者累年 而曩於

丙子洪水 社屋爲風雨浸毀 故占水晶峰下一區以重刱 比舊制增 則事巨力綿

竣工極難 文公亦左右措劃 既至告功 胡爲一疾終然不起 有事誰議 有難誰恤

社之廢今雖重起 人之死更不重來 凡吾同社諸員登斯堂 不勝感舊之懷 爲之

揭諸板上 以示難忘云耳

　昭和十三年 戊寅 七月 日

　　　領位姜善昊

　　　班首李周見

　　　社長姜琦鉉

　　　本房申先俊

　　　右商務社一同

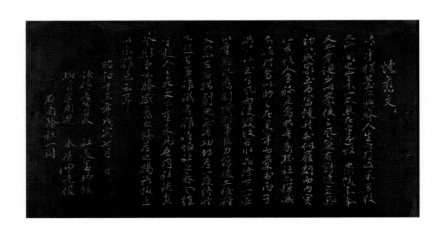

6

상무사 중건기<small>商務社重建記</small>
（1938）

상무사 중건기

아름답도다! 진양 산수의 화려함은 실로 동방 제일의 빼어난 경치다. 북쪽에 비봉산이 있고 그 산 기슭에 수정봉이 있으며, 그 봉 아래 상무사가 있다. 이것은 현재 영위 강선호, 반수 이주현, 사장 강기현, 본방 신선준 그리고 여러 공이 창건한 것이다. 사업은 거대하고 재력이 부족하여, 공사를 감독하느라 정성을 다한 것에 대하여 존경과 흠모를 멈출 수 없다. 또 환난을 서로 구휼하는 계획이 원대한 것도 얼마나 위대한가! 옛날에 사가 있었으나 허물어져, 이 아름다운 곳을 정하여 옛 건물보다 규모를 키워서 신축했다. 정축년(1937) 봄 공사를 시작하여 이듬해에 준공하니, 7칸 2동의 건물이다. 그 장엄함과 화려함이 옛 건물보다 더 아름다운 것은 아니지만, 무성한 소나무와 우거진 대숲은 새 건물이 낫다. 십리 남강이 옷의 띠처럼 둘러 감싸고 수많은 누대가 비단처럼 늘어서 있다. 이러한 경치 너머에는 물새, 돛단배, 안개 속의 버드나무, 눈 덮인 대나무도 보인다. 모두 이 건물에서 즐길 수 있으니, 아름다운 경치 속의 금상첨화라고 할 수 있다. 어느 날 기현[1]이 와서 그 일을 써달라고 내게 청했으나, 나는 재주가 없다고 사양하였다. 또 객지생활로 떠돌아다니느라 글과 글씨에 마음을 둘 겨를이 없은 지 오래되었다. 그러나 산수 속을 몇 년 동안 돌아다녔어도 이렇게 아름다운 곳과 이렇게 훌륭한 건물을 드물게 보았으므로, 기꺼이 이와 같이 말할 수 있을 뿐이다.

무인년(1938) 중추절 박희영이 삼가 기를 쓰다.

1　기현琦鉉: 기현은 당시 사장이었던 강기현姜琦鉉을 말한다.
2　저옹섭제著雍攝提: '저옹섭제격著雍攝提格'이다. '저옹著雍'은 고갑자古甲子로 '무戊'이고, '섭제격攝提格'은 태세太歲가 인년寅年에 들어 있음을 가리킨다. 따라서 무인년戊寅年에 해당한다.

商務社重建記

美哉 晉陽山水之華麗 固爲東方第一形勝 而北有飛鳳山 山之麓有水晶峰 峰
之下有商務社 是乃今領位姜善昊 班首李周見 社長姜琦鉉 本房申先俊 及諸
公之所刱建也 事巨力綿 其董役殫誠 欽艶不已 且患難相恤 規模弘遠者 何其
偉哉 舊有社而毀 故占此一區勝地 增舊制而新築之 始營於赤牛春越明年訖工
乃七間二棟也 鳥革翬飛 非專美於古 而松茂竹苞 亦可見於今也 十里藍江 環
抱如衿帶 萬戶樓臺 羅列爲錦繡 江山之外 第見沙禽漁帆 烟柳雪竹 沒數作一
家玩物 則此可謂形勝中一錦上花耶 日琦鉉來請余記其事 余以不文辭 且僑居
棲屑 文墨上留意未遑久矣 然客於山水幾年 罕見如此勝區 如此傑構 故樂爲
說如右云爾

　　著雍攝提[2]中秋節 朴熙瑛謹記

희사방명 喜捨芳名

(1938)

희사방명		喜捨芳名	
정상진	300엔	鄭相珍	三百円
문장현	150엔	文章現	一百五十円
김기태	100엔	金琪邰	一百円
강문현	50엔	姜汶鉉	五十円
정태석	30엔	鄭泰奭	三十円
김봉규	30엔	金奉圭	三十円

박기용	30엔	朴起用	三十円
원준옥	30엔	元準玉	三十円
소내진	30엔	蘇乃珍	三十円
한우수	20엔	韓又守	二十円
하만복	20엔	河萬濮	二十円
강선호	20엔	姜善昊	二十円
서종숙	20엔	徐宗淑	二十円
이주현	20엔	李周見	二十円
홍성윤	15엔	洪成允	十五円
김경명	10엔	金景明	十円
이무엽	10엔	李武燁	十円
김창수	10엔	金昌秀	十円
정태기	10엔	鄭泰驥	十円
김주석	10엔	金柱錫	十円
구인회	10엔	具仁會	十円
정대화	10엔	鄭大和	十円
이중호	10엔	李重浩	十円
노병기	10엔	盧丙基	十円
천종환	10엔	千鍾煥	十円
방도균	10엔	方道均	十円
신선준	10엔	申先俊	十円
이홍습	10엔	李洪習	十円
김만두	10엔	金萬斗	十円

천공이	10엔	千公伊	十円
광신상회	10엔	廣信商會	十円
김형원	10엔	金亨元	十円
백봉구	9엔	白奉九	九円
강순약	7엔	姜順若	七円
강주순	7엔	姜柱淳	七円
허사진	7엔	許士辰	七円
허 이	10엔	許 栯	十円
양홍근	5엔	梁洪根	五円
백계수	10엔	白季秀	十円
강선약	10엔	姜善約	十円
박문호	5엔	朴文滈	五円
강문길	5엔	姜文吉	五円
홍순근	5엔	洪淳根	五円
김봉옥	5엔	金奉玉	五円
고재기	5엔	高在基	五円
이화일	5엔	李化日	五円
강기현	5엔	姜琦鉉	五円
김영옥	5엔	金榮玉	五円
정성만	5엔	鄭成萬	五円
정종석	5엔	鄭宗錫	五円
김태룡	5엔	金泰龍	五円
김상우	5엔	金尙宇	五円

정수성	5엔	鄭秀成	五円
김영숙	5엔	金永淑	五円
전서식	5엔	田徐植	五円
김동식	5엔	金東式	五円
하주운송점	5엔	荷主運送店	五円
오주환	5엔	吳周煥	五円
탁익조	5엔	卓翼朝	五円
임판술	5엔	林判述	五円
정태범	5엔	鄭台範	五円
김덕진	5엔	金德鎭	五円
서윤성	5엔	徐允成	五円
이우진	5엔	李又鎭	五円
박홍제	5엔	朴弘濟	五円
추겸호	5엔	秋謙鎬	五円
손덕현	5엔	孫德見	五円
김점문	5엔	金点文	五円
박정숙	5엔	朴正淑	五円
문재영	5엔	文載榮	五円
장두관	5엔	張斗爟	五円
정찬일	5엔	鄭贊日	五円
김갑룡	20엔	金甲龍	二十円
김윤명	10엔	金潤明	十円
최영숙	6엔	崔詠淑	六円

이보영	5엔		李普永	五円
이상백	5엔		李尚伯	五円
강석진	5엔		姜錫珍	五円

III

경제적 이익
보호 노력에 관한
자료

1. 중앙정부 발급 문서

한성부 완문 등漢城府完文謄[1]

(1880)

◆　　　　　　　　　◆

한성부 완문 등	漢城府完文謄
광서 6년 경진년(1880) 1월 일	光緒六年庚辰正月日
경상우도 진주임소	慶尙右道晉州任所

....

1　한성부 완문 등漢城府完文謄:이 문서의 결락 부분은 국립부여박물관 기탁 한성부 완문漢城府完文과 유교성柳敎聖의 논문 「충청우도저산팔구忠淸右道苧産八區 상무사우사商務社右社」(『역사학보』 10, 1958)에 실린 한성부 완문 원문을 참조하여 수정하였다. 제목의 '등'은 원문이 아닌 사본이라는 의미이다.

◆

완문

이 완문의 일이다. 옛날 백성의 산업을 만들고 상업으로 서로에게 있는 것과 없는 것을 유통시켰다. 그러므로 상업은 이익을 추구하지만, 그것이 생활에 도움을 주는 공은 크다. 모든 상품을 매매하고 유통시켜 아무리 먼 곳이라도 이르지 않음이 없어, 촉의 명주와 월의 비단이 도시에 진열되고 마을의 거리에 유통되니, 국민에게 주는 편리가 얼마나 컸겠는가. 그러나 상인의 아들이 아닌 사람으로서 상인이 된 사람 중에는 외로운 사람이나 가난한 백성들도 있다. 그들은 보따리나 광주리를 만들어 좌판을 놓고 앉거나, 행상을 하여 농사를 짓지 않고도 음식을 구하여 먹고 길쌈을 하지 않고도 옷을 사입어 모진 생명을 보전할 수 있었다. 동료끼리 서로 도와주어 소원하던 사람이 친해지고 먼 사이가 가깝게 된다. 그 인정이 가련하고 그 처지가 불쌍할지라도 어찌 그들을 비천하다고 할 수 있겠는가. 또 그 행적이 아주 명백하고 기율 또한 갖춰져 있다. 접장의 직임이 이미 있어 무리를 통제하고 부랑한 행동을 금지하여, 장시와 주막에서도 모두 그들이 무뢰배가 아닌 것을 알고 있다. 모든 사람이 그들이 유통시키는 상품의 혜택을 입고 있다. 그런데 최근에 인심이 야박해지고 세태가 바뀌어 도처에서 무단히 횡액을 당한 것이 한둘이 아니다. 영읍[2]의 아전과 하인 무리가 음식을 빼앗으며 온갖 수단으로 침탈하고 있다. 혹 주막에서 행상을 만나면 노름이나 하는 무리배로 몰거나 명화적이라고 뒤집어씌워 그 재물을 빼앗고 영읍에 고소한다. 모함당한 보부상은 가볍게는 정배되고 무겁게는 목숨을 잃게 된다. 지난해(1878)에는 함경도의 원산에서 억울한 일을 당했고,

◆

完文

右完文事 古昔制民之産 爲之商以通其有無 故爲業致是逐末 其資用之功則大也 貿遷百物 無遠不届 蜀帛越錦 肆諸都市 周流閭里 便利於國民者 爲何如哉 然非商之子爲商也 或有孤子之人貧寠之民 淪落於其間 爲袱爲篋 或坐或行 代耕而食 代織而衣 得保殘生 同儕相救 以疎爲親 以遠爲近 其情可惕 其地可恤 而夫何卑之賤之乎 且其行跡甚明 紀律亦備 已有接長之任 而統振群儕 禁止浮浪 場市店幕之間 皆知非其無賴之類 而孰不資其遷易之物乎 如何挽近之人心疎薄 世態頗異 到處橫攉之厄 非一非再 而營邑間吏隷輩 以討食之中 百端侵漁 或逢行商於店幕之間 則歸之以雜技無賴之類 揚之以明火强盜 □□³ 構訴營邑 輕則定配 重則減性 去年寃於元山 又今年厄於平山公州通川等地 以無辜之由 終得白放 然若此不已 則更無料生之中矣 何不矜惻乎 今自本府差出八道都接長 帖文與圖署爲行商之信跡 人人踏佩 憑攷於行賣之場 亦使無賴之輩無得冒入於其間 而更或有吏校輩侵漁橫捉之弊 自官嚴飭禁斷 使此行商之跡 分明於所到之地是旀 有事於營邑 則以此憑攷之意 成完文以給爲去乎 依此永久遵行宜當事

2 영읍營邑: '영'은 감영이나 병영 소재지를, '읍'은 감영 소재지 이외의 지방을 말한다. 즉 목사, 부사, 군수, 현령, 현감 등이 다스리는 곳을 가리킨다.
3 □□: '財藏'으로 추정된다. 국립부여박물관 기탁 한성부 완문에는 '之中 奪其財裝'이라고 되어 있다. 그러나 국립진주박물관 소장 한성부 완문은 결락된 부분이 두 자 정도여서 핵심적인 단어인 '財裝'으로 여겨지며, 이 '재장財裝'은 '재장財藏'의 오기로 보인다.

또 금년(1879)에는 황해도의 평산, 충청도의 공주, 강원도의 통천에서 횡액을 당했다가 무고임이 밝혀져 마침내 무죄로 석방되었다. 그러나 이런 일이 그치지 않으면, 다시는 살아있다고 할 수 없다. 어찌 불쌍하지 않은가! 이제 본 부 한성부에서 팔도 도접장을 차출했다. 체문과 도장은 행상의 신원을 보증하기 위한 것이다. 체문에 도장을 찍어서 모든 행상이 지님으로써, 매매를 행하는 곳에서 신분을 증명하고 또한 무뢰배가 그 사이에 가짜로 끼어들지 못하게 하라. 또 혹 아전과 장교 무리가 침탈하거나 함부로 잡아들이는 폐단이 있으면, 관아에서 엄하게 꾸짖어 금지할 것이다. 이 행상의 신분증에는 행상하러 가는 곳을 분명하게 기재하여, 영읍에 일이 생기면 이것으로 신분을 증빙할 것이다. 이와 같은 뜻으로 완문을 작성하여 발급한다. 이대로 영구히 준수해야 한다.

절목

1. 팔도 도접장은 본 부(한성부)에서 차출하고, 아울러 도장을 주어 기강을 세우도록 할 것.
1. 도접장은 팔도의 행상을 통솔하고 기율이 있게 하며 규칙을 엄하게 세울 것.
1. 팔도의 행상과 좌상은 모두 도접장의 명령에 따라 시행할 것.
1. 팔도의 행상은 모두 도접장의 도장이 찍힌 종이를 지니고 다니며 명패로 삼을 것.
1. 이 도장이 찍힌 종이를 행상의 신표로 삼고 '험표'라 칭하고, 이것으로 서로 신분을 증명할 것.

右完文事古昔制民之産爲之商
以通其有無故爲業致是遂末
其資用之功則大也貿迁百物無遠
不屆蜀帛越錦肆諸都市周流
□利於國民者爲何如哉然
□子爲蜀也或有孤子之人
一民淪落於其間爲祝爲
□或坐或行代耕而食代織而衣
得保殘生同俗相救以餘爲親以
遠爲近其情可惘其地可恒而夫
何卑之賤之乎且其行跡甚明紀律
亦備已有接長之住而統振羣伯
禁止浮浪塲市店幕之間皆知

完文

節目

一 八道都接長 自本府差出 並給圖署[4] 以爲立綱事

一 都接長統攝八道行商 使有紀律 嚴立科條事

一 八道行商坐商 皆听都接長 知委施行事

一 八道行商 人人踏佩都接長圖署一片 以爲名牌事

一 以此圖署爲行商之信標 名之曰 驗標 以相憑攷事

....

4 도서圖署: 도서는 도장이나 도장이 찍힌 종이를 말한다.

1. 신표에는 "이 문서는 대조하여 확인하기 위한 것. 모 땅에 사는 성명 모, 거주 모 도 모 읍, 모 처 임소에 등록되었음. 각 도 각 읍의 다니는 곳을 증명하기 위하여 작성하여 발급하는 것이니, 살펴보아서 차첩이 이르도록 할 것"이라고 적어 넣고, 도장을 찍어 위조를 막을 것.

1. 장시에서 매매할 때와 주막에 머물 때 서로 확인하여 험표가 없는 자는 매매를 행하거나 함께 거처할 수 없도록 한다. 다만 동료 중에 얼굴을 익히 알고 품행과 바탕을 확실히 아는 자가 있으면 일단 받아주고 도접장소에 가서 험표에 도장을 받게 할 것.

1. 각 도, 각 읍에는 모두 임소, 처소를 설치하여 일이 있을 때 회의할 것.

1. 환난은 서로 구제하고, 질병은 서로 문안하며, 사망에는 서로 부조하고, 경사스런 모임에는 서로 참석함으로써 우의를 돈독히 할 것.

1. 동료 중에 장시와 주막에서 노름이나 싸움을 좋아하거나, 몸가짐이 공손하지 않거나, 강압적인 행동을 하는 자가 있으면, 마땅히 벌을 주고 무리에서 축출할 것.

1. 만약 부랑배가 행상에 몸을 의탁하였는데 마음가짐이 바르지 않고 행색이 수상하면, 계속 살펴서 상인무리에 섞이지 못하게 하여 후일의 폐단을 막도록 할 것.

1. 행상의 보따리는 있으나 험표가 없는 자는 행상이 아니고 도적이니, 조심하여 멀리 하고 친근히 대하지 말 것.

1. 길을 가다가 병에 걸린 사람이 있으면 여러 날 지체되더라도 약을 써서 치료하는 데 힘쓰고, 또 주막에서 사망하거든 해당 읍의 임소에서 초상을 치르고 고향에 돌아가 장사지내도록 할 것.

一 驗標書之曰 右照驗事 某商姓名 居某道某邑 入錄某處任所 各道各邑所行
　　處 以爲憑攷次成給事 照驗施行 須至帖者[5] 踏圖署 以防奸僞事

一 場市行賣之際 店布(幕)投留之地 互相憑攷 無驗標者 不得行賣 不得同居
　　是矣 或同儕中慣識面目的知其行止根柢者 暫相容貸 使詣都接長所 踏驗
　　標事

一 各道各邑 皆設任所處所 有事會議事

一 患難相救 疾病相問 死亡相助 慶會相參 以爲厚誼事

一 同儕中如有好雜技好鬪悍 持身不恭 行抑於場市店布(幕)之間者 當用罰黜
　　類事

一 若浮浪之輩托跡於行商 持心不正 行色殊常者 追追糾察 不得混入 俾杜
　　後弊事

一 有商之袱 無商之標者 非商也 乃賊也 敬而遠之 勿爲親近事

一 如有疾病於行路 雖累日遲滯 用藥救效 又死亡於店布(幕)之間 自該邑任所
　　治喪 還葬事

....

5　照驗施行 須至帖者: 이 문장은 이러한 문서에 쓰이는 일종의 투식이다. 굳이 해석하자면
　　"살펴보아서 차첩이 이르도록 할 것"으로 이해할 수 있다.

1. 죄가 없는데 영읍에 무단히 잡힌 자가 있거든 도접장소에 빨리 알려 본 부에 보고하여 처리하도록 할 것.
1. 관예배[6]가 함부로 잡아들이는 폐단이 있거든, 관사에서 험표로 신원이 증명되면 석방하게 할 것.
1. 이익을 잃고 실패하여 자본이 넉넉하지 않은 자는 동료 중에서 서로 빌려줄 것.
1. 이익을 다투어 우의를 잊거나, 남을 속여 손해를 끼치거나, 도회를 열 때 탈이 났다고 핑계를 대거나, 환난을 구제해야 할 때 피할 생각을 하는 자는 마땅히 벌을 주고 죄를 논할 것.
1. 팔도에 각각 접장을 두되, 본 도에서 일을 알고 글을 잘 하여 업무를 감당할 수 있는 사람의 성명을 적어 도접장소에 보고하면, 첩을 작성하여 발급할 것.
1. 각 도 임소에도 접장을 두되, 이 경우에는 해당 도의 접장에게 보고하여 차출하도록 할 것.
1. 각 도, 각 읍 행상의 성명과 거주지는 책자를 만들어 도접장소에 보내어 한편으로는 소속 인원의 수를 알게 하고 한편으로는 험표를 만들 수 있게 할 것.
1. 도접장소의 각 해당 임장이 공문이나 사통[7]을 가지고 팔도 각읍을 두루 다니면, 도착하는 임소에서 대접하는 것은 예에 따라 거행할 것.

6 관예배官隸輩: 향리와 장교 그리고 관청의 노복을 통칭하는 말이다.
7 사통私通: 공무에 관하여 사사로이 의견을 주고받는 편지 등의 문서이다.

一 如有無罪橫罹於營邑者 馳告于都接長所 報于本府處決事

一 如有官隷輩橫捉之弊 以其驗標憑攷於官司 俾得蒙放事

一 失利見敗 資貨不贍者 同儕中得相借貸 以給事

一 如有爭利忘誼 欺人害物 稱頉於都會之地 思避於救難之中者 當用罰論罪事

一 八道各置接長是矣 以本道知事能文可堪之人 指姓名告于都接長所 成帖
以給事

一 各道任所亦有接長 而此則告于該道接長 以爲差出事

一 各道各邑行商姓名居住修成冊 送納于都接長所 一以知員數 一以驗標事

一 都接長所各該任長 持公文私通 周行於八道各邑 則所到任所 行贈支供 依
例擧行事

1. 각 도, 각 읍 임소 중 큰일이 있어 도접장소에 급히 보고해야 할 때
   는, 지나는 임소에 체전[8]하여 밤낮없이 달려 통보하고 지체함이 없
   도록 할 것.
1. 각 도 접장이 동료에게 일이 있어 처결할 때는 모두 도접장소에 아
   뢸 것.
1. 각 도 접장은 도내 각 임소의 접장 이하 임장의 성명을 정리하여 책
   으로 작성하여 보낼 것.
1. 혹 상임[9]을 모욕하거나 언어가 불손한 자는 즉시 처벌할 것.
1. 서울에 있는 객주도 상임이 되는 것을 허락할 것.
1. 객주는 행상의 주인이다. 물건 가격을 수시로 자기 멋대로 정하거나,
   홍정을 할 때 안면의 친소에 따라 후대하거나 박대하여 이해에 크게
   관계가 있을 때는 통문을 내어 의논하여 처벌할 것.
1. 객주가에 병들어 누워 약을 쓰며 치료하고 있을 때는 밖으로 쫓아내
   어 병이 악화되지 않도록 할 것이다. 그렇게 하지 않으면 논하여 처
   벌할 것.
1. 객주가 노름판을 벌이거나, 머무는 행상과 외인이 서로 섞여 있다
   물건과 돈을 모두 잃게 되는 것을 막지 않으면, 이것이 어찌 주인과
   객이 서로 신뢰하는 도리이겠는가? 각별히 금지하여 생업을 잃지
   않도록 할 것.
1. □□ 주막 주변 좌상은 모두 □□ 사서 방매하는 자들이다. 그들이
   한 가지 물건을 유통시키는 것으로 보면 어찌 행상의 무리가 아니겠
   는가? 좌상이나 행상이나 상행위는 한 가지다. 좌상 또한 마땅히 행
   상의 험표를 받은 후에라야 판매할 수 있도록 할 것.

一 各道各邑任所中有大事 馳告于都接長所 而遞傳于所經任所 日夜走通 無
　　至遲滯事

一 各道接長 有事於同僚中處決事 皆稟于都接長所事

一 各道接長 各修道內任所接長以下任長姓名 成冊送納事

一 或有慢上任語言不遜者 卽用罰事

一 在京客主 亦許爲上任事

一 客主卽行商之主人也 物價高下 隨時任勸 興成之時 以面目親疏 有所厚薄
　　大關利害 發通論罰事

一 病臥於客主家 用藥期效 無至黜外添症是矣 不然 則論罰事

一 客主亂接雜技 所留行商等與外人相雜 乾沒貨錢 不爲禁止 則是豈主客相
　　信之道乎 刻別禁斷 勿爲失業事

一 □□[10]店幕之間 坐商之人 皆賣得□□[11]商 而放賣放者也 其於一物通行之
　　地 豈非行商之類乎 坐者行者 商則一體也 亦當受行商驗標 然後可以行賣事

8　체전遞傳: 역참을 통하여 급한 보고를 전하듯이 릴레이식으로 전하는 것이다.
9　상임上任: 보부상 조직의 임원, 접장 등을 말한다.
10　□□: 場市로 추정된다.
11　□□: 於行으로 추정된다.

1. 좌상과 행상이 같은 곳에서 장사를 할 때 서로 차별하거나 규칙을 어기지 말 것.

1. 좌상이 다른 고을 사람이라는 핑계로 험표를 받지 않거든, 행상은 그 사람에게는 상품을 팔지 말고, 경객주가에서 스스로 직접 사도록 만들 것.

1. 경객주가에 왕래하는 상인이 아니라도, 서쪽으로 만시[12]까지 북쪽으로 관시[13]까지 동쪽으로 내시[14]까지 모두 행상이 교역하는 곳이니, 그들 또한 이 절목에 따라 똑같이 거행하도록 할 것.

1. 각 도, 각 읍 임소에는 어느 정도 재물이 있어야 필요한 용도에 맞추어 쓸 수 있으니, 각 임소에서는 힘써 재물을 모아 후에 사용하도록 할 것.

1. 이렇게 규정을 정한 후 함부로 어기는 자가 있으면, 해당 지방관은 그 성명을 적어 빨리 보고할 것.

1. 당해 도나 당해 읍의 행상배가 뜻밖의 변을 당하거나 생경한 폐단[15]이 있을 경우에는 당해 지방관은 각별히 조사하여, 한성부에 빈번하게 소송을 거는 폐단이 없게 할 것.

1. 보상 1인에게 도접장 등이 무리지어 영읍이나 도로에서 행패를 부리는 일이 있거든, 경객주와 도접장 등은 법에 따라 특별히 유배하는 것이 마땅할 것.

----

12 만시灣市: 의주에 개설된 시장이다.
13 관시關市: 북관, 즉 회령에 개설된 시장이다.
14 내시萊市: 동래에 개설된 시장이다.

一 坐商行商 同是觀市之場 無有表裏違越事

一 坐商之人 稱以他邑不受驗標者 行商物貨勿爲移賣於其人 使自買得於京客
　主家事

一 非京客主家往來之商也 其於西至灣市 北至關市 東至萊市 無非行商交易
　之處也 亦依此節目一例擧行事

一 各道各邑各任所 當有留物然後 可以接應需用 自該任所用力鳩聚 以爲後
　用事

一 如是定式之後 如有無難犯過者 當該地方官 指姓名馳報事

一 該道該邑中行商輩 若逢不意之變 至於生梗之弊者 該地方官刻別査覈 無
　至本府紛紜之弊事

一 如或袱商一人與都接長等輩 營邑衢路生弊之斷 則京客主及都接長等照律
　別配 宜當向事

．．．．．．．．．．．．．．．．．．．．．

15　생경한 폐단: 사람 사이의 불화로 인하여 생기는 폐단을 말한다.

경상우도 도접장 유익보가 삼가 베껴 진주 임소에 두다. (수결)

　도공원 채경수 (수결)

　　집사 유중문 (수결)

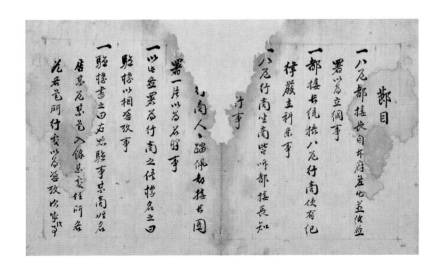

慶尙右道都接長 兪益甫 謹謄書置於晉州任所(수결)

　都公員 蔡景秀(수결)

　執事 劉仲文(수결)

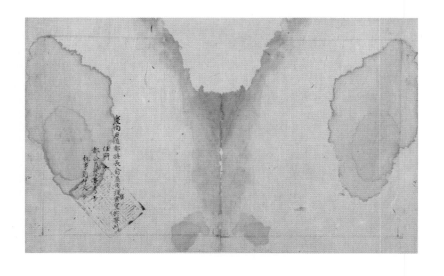

판하[1] 상리소 완문 절목判下商理所完文節目

(1882)

◆

□□□□□□□□□

경상도 진주

◆

□□□□□□□□□

慶尙道晉州

....

1 판하判下: 신하가 건의한 안건에 대해 임금이 허가하는 일이다.

◆

판하 상리소 완문 절목

세상이 넓고 물산이 각각 달라 있는 것과 없는 것을 서로 유통시키지
않으면 인민이 의지하여 살 길이 없으니, 교역은 실로 천리와 인정의
변함없는 도리다. 그러므로 옛날 성왕이 정치를 제정할 때 이것에 대하
여도 교화했으며, 우리 열성조께서도 자애로운 정치로 세심한 부분까
지 보살펴주었다. 우리 상민이 전후로 나라에 변고가 있으면 한 마음으
로 목숨을 아끼지 않고 달려갔던 것도 진실로 그 때문이다. 대개 그 생
활은 동서로 흩어져 있고 그 법은 전적으로 인의를 위주로 하며 경조
사에 서로 문안하고 환난에 서로 구제한다. 요컨대 그 정의情誼가 부모,
형제와 같다. 한결같이 한 마음으로 힘을 모으는 것을 위주로 하여 일
이 있으면 명령 하나에 일제히 모이고 법을 어기면 들추어 논하여 처
벌하니, 법도가 있고 의리를 지킨다고 할 만하다. 그러나 이들은 모두
그 몸이 지극히 천하고 그 이익이 지극히 작아 처자와 식구 없는, 사궁²
의 불쌍한 백성이다. 길에 유랑하며 흩어져 혈혈단신 의지할 데 없어
모욕을 당하거나 침탈을 당하는 폐단이 종종 있었으나, 관리하는 곳이
없어 의지하고 보호 받을 길이 없었다. 매우 다행스럽게도 임금께서 굽
어 살피고 작은 일 하나라도 통촉하지 않음이 없어, 상민의 근심스럽
고 고통스러운 실정을 애처롭게 생각하시고 요미料米를 하사하여 도소
를 설치하고 우리 팔도 상민이 모두 귀의할 수 있는 곳이 있도록 하셨
으니, 불쌍하고 병든 사람들이 큰 교화 가운데서 모두 즐거워하는 것을
볼 수 있다. 아! 우리 상민은 충의로 마음을 먹고 조금이라도 보답하기
를 꾀하는 것, 이것이 서로 힘써야 할 바이다. 각자가 척념³할 뿐이다.

判下商理所完文節目

地球廣博 物産各異 不以有無相通 民無以資生 交易者實天理人情之常 故自昔
聖王之制政 亦敎化於此 而我列聖朝慈惠之政矜盡曲逮 故惟我商民之前後爲
國事 一心赴蹈 良以是也 蓋其生散在東西 其法專主仁義 慶弔而相問 患難而
相濟 統以論之 則誼若父子兄弟 一以同心合力爲主 有事則一令齊到 違法則
擧以論罰 可謂有其法而守其義也 然此皆其身至賤 其利至微 靡室靡家 四窮
中無告之一氓也 流散道路 孑孑無依 受凌侮見侵漁之弊 種種有之 而旣無句
管 依庇無路 何幸天日照臨 無微不燭 軫念商民愁楚之情狀 賜以料米 設置都
所 使我八路商民 咸得依歸之有所 可見疲癃癈疾 咸樂於大化之中也 嗟我商
民忠義措心 以圖涓埃之報 是所相勉 其各惕念云爾

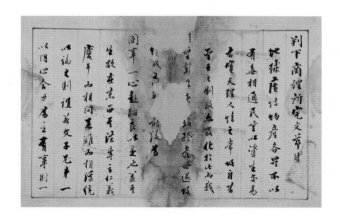

....

2 사궁四窮: 홀아비[鰥], 과부[寡], 고아[孤], 늙어 자식 없는 사람[獨]으로, 『맹자』「양혜왕
   하」에 나오는 말이다.
3 척념惕念: 경계하고 두려워하는 마음. 원문에 '창념暢念'이라고 되어 있으나 '척념惕念'의
   오류이므로 바로 잡았다.

1. 충효는 인도의 기강이다. 하물며 우리 미천한 상민처럼 임금의 은혜를 특별히 받는 자임에랴. '충' 한 자로 마음에 맹세하여 서로 힘쓰고 명령을 들으면 기한 안에 일제히 도착하며, 의리에 힘쓰고 충성을 다하여 만에 하나라도 은혜 갚기를 꾀할 것.

1. 도장 2개를 내려주어 하나는 당상이, 하나는 팔도도접장이 가지게 한다. 상리소는 중부 장선방 면주동 포가에 만들고, 포가 52칸의 값 3000냥을 지급한다. 각 도 도접장의 도장 8개도 내려줄 것.

1. 각 도 도접장은 모든 일을 경도소에 보고하고, 경도소는 그 내용을 당상에 품의하고 거행하되, 법관과 장령의 예와 똑같이 준수하여 거행할 것.

1. 본방 공원 8명, 문서 공원 8명, 집사 10명, 동몽 소임 3명 도합 29명의 요포[4]는 1인당 매월 쌀 6말, 봄, 가을 두 철에 각각 똑같이 목(무명) 3필과 포 2필씩이고, 서기의 필채는 5냥씩인데, 모두 무위영에서 지급할 것.

1. 각 도 도접장을 교체할 때 새로 뽑는 접장은 구 접장, 각 임방의 접장, 상민 등이 충분히 생각하고 논의하여, 그 직임을 감당할 만한 사람으로 경도소의 도접장에게 □□ 보고하여 차출할 것.

1. 각 도 도접장의 임기는 24개월로 정하되, 직무의 수행이 근면하고 좋아 뭇사람이 마음으로 복종하거든 임기가 만료되어도 연장하여 일하고, 직무의 수행이 좋지 않으면 임기 전에라도 논죄하여 처벌하고 그만 두게 할 것.

....

4 요포料布: 급료로 지급하는 포를 의미한다.

一忠孝是乃人⁵道之紀綱 而況如我賤微之商民 偏被洪恩者乎 以忠一字矢心
　相勉 聞令之地 刻期齊到 奮義效忠 期圖萬一之報是齊

一頒下印信二顆 一置堂上 一置八道都接長 刱設商理所於中部長善坊綿紬洞
　庖家伍拾貳間 價文參仟兩出給 而各道都接長印信八顆 亦爲頒下是齊

一各道都接長 每事告于京都所 以爲□稟于堂上擧行 而一依法官與將令 遵
　行是齊

一本房公員八員 文書公員八員 執事十人 童蒙所任三人 合二十九人 料布段
　每人每朔米玖斗 春秋兩等各木參疋布貳疋式 果書記筆債伍兩式 倂自武衛
　營劃下是齊

一各道都接長交遞時 新差接長 則舊接長 與各任房接長 與商民□ 爛確商議
　以可堪之人 □□修報于京都所都接長 以爲差出是齊

一各道都接長瓜限 二十四朔爲定 而擧行勤善 衆心咸服 則雖限滿或加瓜擧
　行 若不善 則雖限前 論罰除汰是齊

....

5　是乃人: 이 책의 상리국 절목에 같은 문장이 나오기 때문에 추정하였다.

1. 도내 각 임소의 접장은 당해 도의 도접장이 직임을 감당할 만한 사람으로 이미 만들어진 임방의 접장 중에서 임명한다. 접장은 1년을 임기로 하되 직무를 잘 수행하지 못하면 임기 만료 전이라도 논죄하여 처벌하고 그만두게 한다. 각 임소의 도장은 도내의 도접장이 만들어 줄 것.

1. 각 임소의 접장과 상민 등의 성명을 책으로 만들어 도내 도접장에게 보고하면, 도접장이 그것을 모두 모아 경도소에 올려 보낸다. 임기 전에 교체될 경우에도 빨리 보고할 것.

1. 각 임방의 장부는 매년 6월, 12월 두 차례 정리하여 도내 도접장에게 보고하면, 도접장이 다시 경도소에 보고하도록 할 것.

1. 팔도의 상민은 각기 신표를 지니고 다니면서 신원을 증명하도록 한다. 신표는 도접장소에서 만들어 줄 것.

1. 신표에는 "이 문서는 대조하여 확인하기 위한 것. 모 땅에 사는 성명 모. 모 처 임소에 등록되었음. 이것으로 증명하기 위하여 작성하여 발급하니, 살펴보아서 차첩이 이르도록 할 것. 연월일."이라 적고 도장을 찍을 것.

1. 장시에서 상품을 거래하거나 주막에 머물고 떠날 때 신표가 없는 사람은 받아들이지 말 것.

1. 근래의 화적(명화적)은 하나의 큰 변괴다. 상민을 사칭하고 출몰하며 변란을 일으키기도 한다. 이 때문에 세상인심이 불안하고 길에 다니는 사람도 뜸할 정도다. 이제부터 오직 신표 유무로 그 여부를 판별한다. 만약 명화적의 변고가 있으면 일제히 임소에 모두 모여, 한편으로는 경도소에 신속히 보고하고 즉시 일률(사형)에 처하고, 그 근원까지 철저히 찾아내어 나라의 해악을 제거하도록 할 것.

一道內各任所接長 則該道都接長 以可堪之人 已往剙設任房接長差出 而周
　年爲限 若不善擧行 雖限前論罰除汰 各任所圖署 道內都接長成給是齊

一各任所接長與商民等姓名成冊 修報于道內都接長 以爲都聚 上送于京都所
　而雖限前改差 卽爲馳報是齊

一各任房文簿 每年六月十二月分等 修報于道內都接長 轉稟于京都所是齊

一八道商民 各佩信標 以爲準考 而自都接長所 成給是齊

一信標格式段 右照驗事 某地居某 姓名某 入錄於某處任所 以此憑攷次成給
　而照驗施行 須至帖者 年月日 踏印信是齊

一場市行貨與店幕去留之際 無信標者 切勿容接是齊

一近來火賊 一大變怪也 或托商民 出沒作變 由是世情駭然 行路蕭條 從今以
　後 一遵信標 如有此等之變 一齊都會任所 一邊馳報于京都所 卽用一律 別
　般搜探根底 俾圖爲國除害是齊

1. 상민과 다른 백성이 서로 시비하면 형세를 보아 관에 고하여 시비를 가린다. 만약 빙자하여 법을 어기거나, 강제로 상품을 싼 값에 사거나, 취하여 욕하고 노름을 하거나, 동료에게 공손하지 않거나, 도소에 거짓말을 하는 등의 죄를 범하면, 죄가 작은 경우에는 당해 도 도접장이 조처하고, 죄가 큰 경우에는 경도소에 상황을 보고하고 당상에게 아뢰어 특별히 엄히 처리하도록 한다. 경도소의 소임이 만약 폐단을 저지른 상민 등을 잘못 처리하면, 모두 특별히 엄히 다스릴 것.

1. 각 장시와 포구, 영읍의 하인 무리가 폐단을 바로 잡는다는 핑계로 도고와 수세[6] 명목을 만들어 수세만 일삼는다. 매년 세금을 거두기 때문에 물가가 앙등하고 상민이 억울함을 호소하며, 인심이 소란스럽고 세태가 척박하다. 이제부터는 일체 혁파할 것.

1. 각 임소 접장의 요포는 감하여 장시에서 기존에 거두던 구문[7] 중 삼분의 일을 지급하고, 나머지 삼분의 이는 당해 장내[8]의 접장에게 지급하도록 할 것.

1. 도내 도접장의 요포는 각 임소 접장이 받은 삼분의 이 중에서 등분하도록 할 것.

1. 경도소의 소임은 상인 중에서 뽑아서 임명하고, 문서 공원은 상인이 아니라도 문필이 있으면 임명해도 무방하다. 도내 도접장은 상인이 아닌 자를 임명하지 말 것.

一 商民與他民相關 則勢將告官歸正 而若有憑藉冒法 抑買物貨 訴酒雜技 不
　　恭同儕 瞞告都所 等犯罪 小則自該道都接長措處 大則論報于京都所 轉稟
　　于堂上 以爲別般嚴處 至于京都所所任若不善擧行作弊商民等處 一體別般
　　嚴懲是齊

一 各場市與浦口營邑下隸輩 稱以補弊 設都賈與收稅 全事確[9]稅 逐年□收 由
　　是物價高騰 商民呼冤 人心騷擾 世態疎薄 從今以後 一倂革罷是齊

一 各任所接長料布段 場市間已往口文中 三分一減給 三分二付該掌內接長 以
　　爲磨鍊是齊

一 道內都接長料布段 各任所接長以三分二所收條中 分等磨鍊是齊

一 京都所所任 自商賈中擇差 而至若文書公員 雖方外之人 有文筆 則無碍差
　　定 道內都接長 則方外之人 勿許差出是齊

<hr />

6　도고都賈와 수세收稅: 도고는 특정 상품에 대한 전매권을 행사하는 것이고, 수세는 법 규
　　정 외의 세목을 만들어 거두는 행위를 말한다.
7　구문口文: 위탁매매나 매매주선의 수수료이다.
8　장내掌內: 책임지고 담당하는 구역 안이다.
9　원문에는 '確'으로 되어 있으나, '榷'의 오자로 보는 것이 문리상 맞는 것으로 보인다.

1. 상인이 장물을 몰래 파는 경우, 장물임이 분명하면 주인에게 돌려주는 것이 법리상 당연하다. 근래에 인심이 예측하기 어려워 각 고을의 장교무리가 오직 일을 꾸미는 데만 뜻이 있어 도둑놈이 자백했다고 핑계를 대면서 침학하는 경우가 매우 많다. 그러므로 이러한 폐단이 오로지 조금이라도 부유한 상민에게 행해지는 것도 바로 이 때문이다. 만약 이러한 폐단이 있으면 즉시 경도소에 보고하고 당상에게 아뢰어 별도로 엄하게 처리하도록 할 것.

1. 어떤 상민을 막론하고 모두 도접장의 명령을 따르고, 임방에 잘 협조할 것.

1. 서울의 보상, 만상, 포상 등의 객주 또한 도접장의 명령을 받아 일에 따라 거행하되, 만약 어기는 일이 있을 때는 특별히 엄히 처리할 것.

1. 부상이 장시에서 세금을 받는 것 또한 하나의 폐단이다. 이제부터는 장시에서는 어떤 물건이든 부상은 수세하지 말 것.

1. 부상이 행상중 부의하는 건어, 미역, 담배, 과일, 죽물, 목화 등에 대해서는 수세하지 말 것.

1. 동료 사이에 서로 아끼는 것은 애경사와 환난뿐 만이 아니다. 객지에서 병이 났을 때 더욱 후의를 베풀어 의약을 써서 힘써 치료하고, 사망하면 당해 임소에서 초상을 치르고 고향에 묻어주도록 할 것.

1. 동료 중에 혹 길에서 도적을 만나 재물이나 행장을 빼앗긴 사람이 있으면, 지나던 임소에서 극진히 보호하고 노자를 넉넉히 주어 고향에 돌아갈 수 있도록 할 것.

一商民中 或有暗買贓物 的知眞贓推給 法理當然 近來人心叵測 各邑校屬 惟
　意僞囑 稱以賊漢口招 侵虐無雙 故此等弊端 專歸於商民之稍饒者 良以是
　也 如有此等之弊 卽報于京都所 轉稟堂上 別般嚴處是齊

一無論某商 皆遂都接長行令 善爲同任房是齊

一京中袱商灣商布商等客主 亦受都接長行令 隨事擧行是矣 若有違越之端
　則別般嚴處是齊

一負商之收稅於場市 亦爲一弊 則自今以後 場市上無論某物 負商收稅 一不
　擧論是齊

一負商之路上購儀時 乾魚甘藿南草果實竹物木花等收稅 一不擧論是齊

一同儕中其爲相愛 非徒哀慶患難 至於客地疾病 尤用厚誼極加醫藥 如有死
　亡之患 則自該任所 治喪還葬是齊

一同儕中或有逢賊於路上 見奪其財裝者 所經任所 極加愛護 優助行贐 俾得
　還鄕是齊

1. 우리 상민은 팔도를 다니지만 한 집안 사람과 같으니, 사랑하고 공경
   하며 친절하고 소중히 여겨 털끝만큼도 소홀함이 없도록 할 것.

임오년(1882) 3월 일

상리소 당상 (수결)

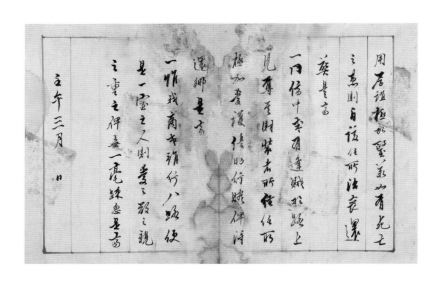

一惟我商民 雖行八路 便是一室之人 則愛之敬之親之重之 俾無一毫踈忽是
 齊

壬午三月日

商理所堂上(수결)

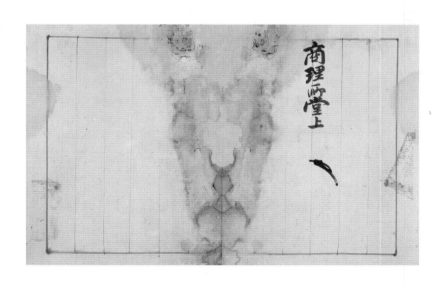

3 　판하 공국 우사 경상우도소 절목

判下公局右社慶尙右都所節目[1]

(1884)

◆ 　　　　　　　　　　　　　◆

판하 공국[2] 우사 경상우도소　　判下公局右社慶尙右都所

....

1　판하 공국 우사 경상우도소 절목判下公局右社慶尙右都所節目: 이 문서 중 결락된 부분은
　국립중앙도서관 소장 『판하 공국 보상 절목判下公局褓商節目』을 대조하여 수정하였다.
2　공국公局: 1883년 보부상을 통괄 관리하기 위해 세운 혜상공국을 말한다.

◆

혜상공국 우사 절목 서

대저 상민은 사민 중 하나다. 옛날에는 시장을 설치하여 있는 것으로써 없는 것을 교역했다. 또 천하의 상인은 모두 기꺼이 그 시장에 자기 상품을 보관하기를 원했다. 이것은 대개 번성하던 시대에 이익을 추구하여 오고간 것이다. 지금 이 팔도 보상은 모두 빈한한 사람으로, 혹은 빚을 내어 돈을 불리거나 혹은 물건을 짊어지고 다니며 팔아 생활하는 것을 생업으로 삼는다. 그러나 오직 신의에 힘써서 각처에 흩어져 있지만 애경사에 서로 돕고 환난에 서로 구제하여 우의가 마치 집안 사람이나 부자와 같다. 또 법과 분수를 굳게 지켜 명령하면 즉시 행하고 금하면 즉시 중지하여, 스스로 하나의 모범을 이루었다. 그러나 혹 관부의 횡액이나 장시의 침탈을 당하면 억울함을 호소하기 어려워 결국 하소연할 데 없는 백성이 되고 만다. 지극히 다행스럽게도 임금께서 굽어 살펴 혜상공국을 창설하여 상민을 맡아 관리하게 하시고, 특별히 탕전 일만 냥을 하사하여 따로 그것을 밑천으로 이자를 받아 상대商隊의 경상비와 급할 때 구제하는 자금으로 쓰게 하셨으니, 하늘처럼 큰 성은을 비와 이슬처럼 고루 입게 되었다. 엎드려 생각건대, 본 국이 관할하는 일과 통제하는 방식, 그리고 임소의 설치와 금지규정은 전후로 판하한 절목을 팔도에 공문으로 보냈으니, 실로 삼가 준수하여 거행함이 마땅하다. 그리고 불량한 무리들이 이것을 빙자하여 숙원을 풀고자 여리[3]에서 함부로 침탈을 자행하거나 상민을 사칭하고 장세를 강제로 걷으면, 법에 따라 처벌받을 것이다. 마땅히 각기 힘써 성은을 조금이라도 갚기 위하여 노

◆

惠商公局右社節目序

夫商者 四民之一也 古之爲市 以其所有 易其所無 且天下之商 皆悅而願藏其
市 此盖熙熙穰穰之世 以利往來者也 今此八路褓商 均是貧寒之民 或出債殖
貨 或擔負資活 賴以爲業 而惟信義是務 雖散在各處 慶哀相助 患難相救 誼
若家人父子 且堅守法分 令行禁止 自成一副規模 而或値官府橫罹 場市侵漁之
擧 則難以鳴寃 竟爲無告之氓矣 何幸天日照臨 刱設惠商公局 勾管商民 特下
帑錢一萬兩 另自本局立本取殖 以爲商隊經用救急之資 聖恩天大 均被雨露
竊伏念本局管轄之事 牽制之方 與夫任所設置 禁防條約 已有所前後判下節目
行關諸道者 則固當恪遵擧行 而如或不良之徒 藉此聲勢 欲伸宿怨 反乃橫侵
恣行閭里 假托商民勒斂場稅者 自有當律矣 宜各勉旃 圖報涓埃 豈不美哉

....

3 여리閭里: 평민이 사는 마을과 거리이다.

력한다면, 어찌 아름답지 않겠는가!

계미년(1883) 8월 7일 사알[4]의 구전으로, "삼군부 혁파 후 부상과 보상이 아직 소속 기관이 없다. 군국아문에 소속시키고, 통제하는 좋은 방책을 찾아 조처하라."고 하교하셨다.

같은 달 16일, 상민 등이 군국아문에 올린 소장의 데김[5]에 "너희들은 이미 본 아문에 소속되었으니, 스스로 관검[6]하여 상국(商局: 혜상공국)의 예에 따라 시행하라. 그러나 무뢰배가 모욕하고 강제로 돈을 걷는 것과 빙자하여 돈을 받는 것은 민폐와 크게 관련되니, 일체 엄금한다는 뜻으로 반드시 공문을 내려 보낼 것."이라 하였다.

같은 달 19일, 총리대신이 입시했을 때 좌의정 김병국이 아뢴 바는 다음과 같다. "부상과 보상을 군국아문에 소속시켜 통제하는 좋은 방책을 찾아 조처하는 문제로 명령을 내리셨습니다. 지금 세계 여러 나라에는 모두 상국, 상사, 상회 등이 있으니, 부상과 보상을 위하여 따로 하나의 국을 세워 혜상공국이라 칭하고 관검하는 방책으로 삼되, 만약 지방 고을의 무뢰배가 멸시하고 모욕하거나, 빙자하여 돈을 걷거나, 사칭하여 보부상에 섞이는 것 등의 폐단을 일체 엄금한 후에라야, 간사함과 거짓을 막고 생업을 안정시킬 수 있습니다. 각 도에 분부하여 낱낱이 살피고 찾아 각별히 엄히 징치하도록 하고, 또한 본 국에서도 표를 만들어 도장을 찍고 발급함으로써 대조하여 확인하는 근거로 삼게 하여야 합니다. 그런 후에 부상과 보상이 혹 털끝만큼이라도 민간에서 침탈하거나 협박하는 일이 있으면 각 해당 영읍에서 드러나는 대로 엄중히 처벌하라는 뜻으로 일체 관칙하는 것이 어떠합니까?"고 하자 임금

癸未八月初七日 以司謁口傳 下敎曰 三軍府革罷後 負商袱商 尙無歸屬 付之

軍國衙門 牽制之方 從長措處

同月十六日 商民等訴于軍國衙門 題音內 汝矣等旣屬衙門 自可管檢 依商局

例施行 而無賴輩之凌侮勒斂 與藉托收錢 大關民弊 一切痛禁之意 當有關飭

向事

同月十九日 摠理大臣入侍時 左議政金炳國所啓 負商袱商付之軍國衙門 牽

制之方 從長措處事 才有成命矣 現今宇內諸國 皆有商局商社商會等事 則負

商袱商 另立一局 稱以惠商公局 以爲管檢之道 而若其外邑無賴輩之蔑視凌侮

也 藉托收斂也 假稱混襍也 各項爲弊 一切痛禁然後 可以杜奸僞 而安生業

分付諸道 這這探察 各別嚴懲 亦自本局成標 烙印出給 俾爲憑驗之資 而如是

之後 負商袱商 苟或一毫侵逼於民間 則各該營邑 隨現重繩之意 一切關飭 何

如 上曰 依爲之

九月初一日 以司謁口傳 下敎曰 惠商公局今旣設施矣 左贊成閔台鎬 句管差下

御營大將韓圭稷 權知協辦交涉通商事務閔泳翊 協辦軍國事務尹泰駿 協辦交

涉通商事務李祖淵 參議軍國事務閔應植 並摠辦差下

同月初二日 統理軍國事務衙門啓曰 御營大將韓圭稷 惠商公局公事堂上差下

使之察任何如 傳曰 允

同月十八日 以司謁口傳 下敎曰 惠商公局關防令 該曹造成 以給事分付

同月二十二日 本局啓曰 本局監務官 前縣監吳仁杓 前僉使白殷圭 前五衛將劉

熙鼎 前判官鄭兌奎尹永基吳宖黙 差下之意 敢啓 傳曰 知道

....

4 사알司謁: 임금의 명령을 전달하는 일을 맡아본 액정서掖庭署에 소속된 정6품 잡직이다.

5 뎨김[題音]: 각종 청원에 대한 판결문을 뜻한다.

6 관검管檢: 관리하고 단속함을 뜻한다.

이 "알았다."고 하셨다.

9월 1일, 사알의 구전을 통하여 "혜상공국이 이제 이미 설치되었다. 좌찬성 민태호를 구관당상[7]에 임명하며 어영대장 한규직, 권지협판교섭통상사무 민영익, 협판군국사무 윤태준, 협판교섭통상사무 이조연, 참의군국사무 민응식 등을 모두 총판에 임명한다."고 전교하셨다.

같은 달 2일, 통리군국사무아문에서 "어영대장 한규직을 혜상공국 공사당상에 임명하여 직임을 보게 하는 것이 어떠합니까?"라고 아뢰자, "윤허한다."고 전교하셨다.

같은 달 18일, 사알의 구전을 통하여 "혜상공국 관방령을 해조에서 작성하여 발급할 것을 분부하라."고 전교하셨다.

같은 달 22일, 본 국에서 "본 국 감무관에 전 현감 오인표, 전 첨사 백은규, 전 오위장 유희정, 전 판관 정태규, 윤영기, 오횡묵을 임명하고자 하는 뜻을 감히 아룁니다."라고 아뢰자, "알았다"고 전교하셨다.

같은 달 29일, 감무관차하초기[8]에 전 오위장 김윤룡, 전 첨정 김신묵을 가차하[9]라고 작은 계자인[10]을 찍으셨다.

갑신년(1884) 2월 27일, 통리군국사무아문의 감결[11]에 "총리대신이 입시했을 때, '보부상을 장악하고 절제하는 방책으로 각 도의 영읍에서 특별히 살펴서 단속하고, 폐해를 만드는 일이 있거든 한결같이 작년에 아뢴 대로 법에 따라 징치하고 지녔던 본 국의 표지(신표)를 아울러 환수하라.'는 연교[12]를 받들었다. 이에 감결을 보내니, 본 국에서 이 내용으로 팔도와 사도[13]에 공문을 보내라."고 하셨다.

3월 1일, 통리군국사무아문 감결에 "총리대신이 입시했을 때, '감사와 유수는 본 국의 총판을 예겸[14]하고 수령은 본 국의 분판을 예겸하여

同月二十九日 監務官差下草記中 前五衛將金潤龍 前僉正金信默 加差下事 踏小啓字

甲申二月二十七日 統理軍國事務衙門甘內 摠理大臣入侍時 負袱商操制之方 各道營邑另加檢察 如有作弊之端 一依昨年啓稟 照法懲治 所持本局標紙 一幷還收事 奉承筵敎 茲以捧甘 自本局以此發關八道四都事

三月初一日 統理軍國事務衙門甘內 摠理大臣入侍時 監留則本局摠辦例兼 守令則本局分辦例兼 負袱商互相管轄之意 令本局措辭發關於八道四都事 今日入侍時 仰稟蒙允 茲以捧甘 依此昭詳行關事

· · · · · · · · · · · · · · · · · · ·

7 구관당상句管差下: 혜상공국의 업무를 총괄하는 당상관을 말한다.

8 초기草記: 각 관서에서 내용만 간단히 적어 국왕에게 올리는 문서다.

9 가차하加差下: 관원을 정원 외에 더 늘려 임명함을 말한다.

10 계자인[啓字]: 임금이 붓으로 결재하는 대신 재가한다는 뜻으로 찍던 '계啓'자가 새겨진 도장이다.

11 감결[甘]: 상급관서에서 하급관서에 내리는 문서양식이다.

12 연교筵敎: 경연에서 내린 임금의 명령이다.

13 사도四都: 조선시대에 정2품 유수를 두었던 네 곳으로. 개성, 광주(경기도), 수원, 강화를 지칭한다.

14 예겸例兼: 겸임하도록 규정되어 있는 관직을 예에 따라 겸임함을 뜻한다.

보부상을 서로 관할한다.'는 뜻으로 본 국으로 하여금 공문을 작성하여 팔도와 사도에 보낼 것을, 오늘 입시했을 때 아뢰어 윤허를 받았다. 이에 감결을 보내니, 이대로 소상하게 공문을 보낼 것."이라고 하셨다.

계미년(1883) 9월 3일 판하 절목

1. 이번 이 혜상공국의 설치는 특별히 보상과 부상을 구휼하고 보호하기 위한 것이니, 그 감사하고 축하하는 바가 과연 어떠하겠는가. 게다가 이번에 돈 이만 냥을 내리시어 좌우 상대[15]가 반씩 나누어 경상비로 써서 팔도가 고루 은혜를 입음으로써 만세의 혜택으로 삼으라고 하시니, 우리 상민은 임금의 뜻을 깊이 이해해야 할 것이다. 일만 사천 냥은 상민의 다소에 따라 좌우상[16] 각 도의 임방에 분배하여 밑천으로 삼아 이자를 취하며, 육천 냥은 본 국에서 밑천으로 삼아 이자를 취해 공적인 용도에 보충하되, 감무관이 주관할 것.

1. 재물의 사용과 관련된 것은 모두 감무관으로 하여금 검찰하게 하고, 쓸 때마다 매번 공사당상에게 성첩[17]하여 매달 회계할 것.

1. 혜상공국은 혜민서의 건물을 사용할 것.

1. 좌우 상대의 통령 이하 72인에게 1인당 쌀 9두씩, 합 43석 3두를 특별히 상리소 때의 예에 따라 급료로 주어서 번을 나누어 오래 머물며 조사하고 단속하는 방도로 삼게 한다. 그 중 서기 8인에게는 지필묵 값으로 매월 1인당 5냥씩 합 40냥을 모두 별고에서 매월 1일 지급할 것.

1. 각 도 도반수와 도접장은 실제 상인 중에 특별히 택정하여 본 국에 망보[18]하여 임금의 재가를 받는다. 각 해당 접장도 도접장이 공천을 받아 택정하고, 그 나머지 각 소임은 접장이 택정한다. 그리고 그 중

癸未九月初三日 判下節目

一 今此惠商公局之設 特以負袱兩商恤保之地 則其所感祝果何如哉 玆此二
　　萬兩錢頒下 左右商隊分半經用 八道均需 以爲萬世之澤 惟我商民 仰體聖
　　意 一萬四千兩 一從商民多少分等 均排於左右商各道任房 立本取殖 六千
　　兩則 自本局立本取殖以補公用 而監務官主管事

一 凡係財用 使監務官檢察 隨其所用 每爲成貼於公事堂上 逐朔會計事

一 惠商公局 以惠民署爲之事

一 左右商隊之統領以下七十二人 每人米九斗合米四十三石三斗 特依商理所
　　時例付料 以爲分番長留 俾爲檢飭之方 其中書記八人 紙筆墨價 每朔每人
　　五兩合四十兩 並自別庫 每朔初一日上下事

一 各道都班首都接長以實商各別擇定 望報于本局 以爲啓下 而各該接長 亦
　　自都接長以捧公薦擇定 其餘各所任 自接長擇定 而其中如有作奸犯科者
　　薦主亦與犯者同罪 挨次定規事

一 左右商之昔日效力旣多 素稱有心之民 挽近無賴挾雜之類 冒稱負袱兩商之
　　名 許多作弊 大關民隱 此盖由於該頭目輩 或因賄賂 或因威脅 不計末流
　　之禍 賣帖浪藉 誘人爭山 橫斂懲債等事 都會惹鬧 致撓中外 而各邑嘿黙
　　任渠所爲 此盖由於或憚其所關處而然也 此商輩亦是該邑士氓 則爲其官長
　　寧有不得擅便者乎 從玆以往 各邑視此兩商如同平民 勿以前事介意 從公

....
15　좌우 상대左右商隊: 부상단과 보상단을 말한다.
16　좌우상左右商: 부상과 보상을 뜻한다.
17　성첩成貼: 문서에 수결이나 관인을 찍어 완성한 문서이다.
18　망보望報: 관직의 후보자 세 사람의 이름을 써서 보고하는 것이다.

에 만약 간악한 짓을 하여 법을 어기는 자가 있으면, 추천한 자도 어긴 자와 같은 죄로 다스릴 것을 순차로 규정을 정할 것.

1. 좌우상은 과거의 공로가 이미 많아, 평소에 도덕심이 있는 백성이라고 일컬어 졌다. 근래에 무뢰배와 협잡배가 부상과 보상을 사칭하고 허다한 폐해를 저지르니 백성의 고통과 크게 관계가 있다. 이것은 대개 해당 두목 무리가 혹은 뇌물을 받고 혹은 위협을 받아 나중의 화를 헤아리지 못한 데서 비롯된 것이다. 매첩[19]이 낭자하고, 사람을 부추겨 산송하게 하고, 법에 없는 세금을 걷고, 빚을 독촉하는 것 등으로 도회에 소란을 일으키고 중앙과 지방에 어지러움을 초래하지만, 각 고을은 입을 다물고 침묵하며 그들이 하는 대로 내버려둔다. 이것은 대개 그 관계되는 곳을 꺼린 데서 비롯되어 그렇게 되었을 것이다. 이 상민 무리도 해당 고을에 토착하는 백성인데, 그 관장(고을원)이 되어 어찌 마음대로 처리할 수 없는 점이 있겠는가? 이후로는 각 고을은 부상과 보상을 평민과 같이 여겨, 이전의 일로 개의치 말고 공정하게 청리[20]하여 어루만지고 보호하는 뜻을 보존하도록 하라. 그리고 분전[21]을 혁파한 후 각 고을의 관노와 사령의 무리가 혹 여기에 감정을 드러내어 무단히 침탈하니, 객지에서 목숨을 보존하지 못할 염려가 있을까 두렵다. 이 점 또한 각별히 캐고 염탐하여 만약 이런 폐단이 있거든 각별히 뿌리를 뽑을 것.

1. 각 읍 관노와 사령의 무리가 애초에 근거가 없는데 분전이라고 하며 만날 때마다 토색하여, 의지할 데 없는 떠돌이로 하여금 목숨을 보존하기 힘든 지경에 이르게 한다. 허리를 구부리고 산길을 다니며 입에 풀칠조차 하지 못하니, 그 형편을 알고 보면 또한 불쌍한 바이

聽理 俾存懷保之義 而分錢革罷之後 各邑奴令輩 或有逞憾於此 無端侵

漁 則恐有羈旅難保之慮 此亦各別採探 如有此等之弊 則別般鋤治事

一 各邑奴令輩 初無可據 而謂以分錢 逢輒討索 使其無依萍踪 以至難保之境

偏僂山路 糊口不得 究其情境 亦所可矜 所謂分錢一款 一幷痛革事

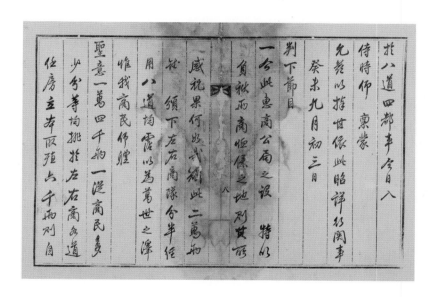

....

19 매첩賣帖: 첩을 파는 것. 첩은 행상이라는 증명서인 험첩(신표)을 말한다.

20 청리聽理: 송사訟事를 자세히 들어 심리함을 뜻한다.

21 분전分錢: 관청 하리들이 상인들에게 거두던 돈을 말한다.

다. 소위 분전 한 가지는 일체 철저히 혁파할 것.

갑신년(1884) 3월 3일

1. 어람절목 중 미진한 것은 따로 조규(규정조항)를 만들어 빠진 것을 보충할 것.

1. 본 국에 세우는 기에는 '혜상공국'이라 쓰고 선표에는 태극과 건곤 감리를 쓸 것.

1. 통령 1인, 도접장 1인, 도공원 1인, 공원 4인, 서기 4인, 십리공원 4인, 도집사 1인, 집사 16인, 십리집사 4인 등의 급료와 각 도 도반수와 도접장 도합 16인의 명단을 작성할 것.

1. 좌우사를 이미 같은 국에서 다스리게 되었으니, 각 도의 좌우상민도 특별히 서로 화목하도록 신칙할 것.

1. 공사당상 관방[22] 1과(개), 감무관 관방 1과, 각 도 구감 관방 8과, 통령 도장 1과, 팔도도접장 도장 1과, 각 도 도반수와 도접장 도장 16 과 등은 예조에서 나누어 주고, 각 도 임방과 접장의 도장도 쇠로 만들어 줄 것.

1. 경도소의 액원[23]과 각 도의 도반수와 도접장은 모두 당상의 전령[24]에 따라 차출하고 감무관의 관방으로 서로 물리게 찍을 것.

1. 토호와 무뢰배가 함께 섞여서 나쁜 짓을 하는 것을 걱정하지 않을 수 없다. 급첩[25]할 때는 언제나 각별히 상세히 살펴 분전 명색을 엄금 할 뿐더러 각 처 하예(하인)가 침어하는 폐단을 일체 엄금할 것.

1. 감무관 8원은 팔도를 나누어 관장하여 사무를 담당할 것.

1. 서기 8인은 팔도를 분장하여 문부를 맡을 것.

甲申三月初三日

一 御覽節目中未盡者 另成條規 以補闕漏事

一 本局立旗 書惠商公局 船標 書太極乾坤坎离事

一 統領一人 都接長一人 都公員一人 公員四人 書記四人 十里公員四人 都執
　　事一人 執事十六人 十里執事四人 付料 與各道都班首都接長幷十六人 成
　　案目事

一 左右社 既爲一局所領 則各道左右商民 另飭敦睦事

一 公事堂上關防一顆 監務官關防一顆 各道句監關防八顆 統領圖署一顆 八
　　道都接長圖署一顆 各道都班首都接長圖署十六顆 自禮曹頒給 而各道任
　　房接長圖署 亦爲鐵造以給事

一 京都所額員與各道都班首都接長 並以堂上傳令差出 而監務官關防交踏事

一 土豪無賴之渾褁作梗 不可不念 凡於給帖 各別詳審 非但分錢名色之嚴禁
　　各處下隷侵漁之端 一切痛禁事

一 監務官八員 分管八道勾檢事務事

一 書記八人 分掌八道 擧行文簿事

22　관방關防: 문서의 위조를 방지하기 위하여 두 종이에 걸쳐서 찍는 도장이다.

23　액원額員: 정해진 인원을 뜻한다.

24　전령傳令: 전하여 보내는 훈령訓令이다.

25　급첩給帖: 임명장을 주는 것을 말한다.

1. 각 도의 공문은 예에 따라 당상 앞으로 보내고, 각 임방의 문부는 본
   사에서 해당 도의 감무관에게 고과[^26]한 후, 참작하여 처리하게 하고
   큰 문제는 당상 앞에 고하고 거행할 것.
1. 각 항목의 문첩(서류)은 반드시 통령에게서 처리하고, 발괄[白活][^27]이
   있으면 먼저 통령의 도장을 받은 후에 고과할 것.
1. 각 도의 감영 밑에 도임소를 설치하고 도내의 각 임방을 맡아 관리할 것.
1. 각 도 도소(도임소)의 소임은 당해 도의 도반수와 도접장이 회의하여
   택정한 후, 정리하고 성책[^28]하여 본 국에 보고할 것.
1. 각 임소의 소임은 당해 도의 도반수와 도접장이 본 임소의 한산 상고
   의 의견을 수렴하여 선출한 후, 정리하고 성책하여 본 국에 보고할 것.
1. 도반수와 도접장의 임기는 24개월이고, 각 임소는 해마다 교체할 것.
1. 통령과 팔도도접장은 각 도의 도접장과 임소에 대하여 모두 전령으
   로, 경도소의 소임은 각 임소에 대하여 모두 사통[^29]으로, 도내 도접장
   은 각 해당 임소에 대하여 모두 전령으로 연락한다. 임방은 모두 첩
   정[^30]으로 연락한다. 각 도의 도접장이라도 통령과 팔도도접장에게
   보내는 문서는 첩보로 격식을 정하되, 한결같이 장령[^31]에 의거하여
   준행할 것.
1. 각 도 도반수는 경도소에 대하여 서로 사통으로 할 것.
1. 문부의 왕래는 각 임소에서 차례로 연달아 거행한다. 만약 지체되는
   폐단이 있으면, 해당 임소의 접장을 엄히 다스릴 뿐만 아니라 해당
   도의 우두머리[頭目]도 법으로 다스린다. 만약 혹 다른 도를 전전하며
   기한 안에 전달되어야 할 문부가 중간에 지체된 경우에는 철저히 조
   사하여 엄중히 다스릴 것.

一 各道公文 依例堂上前擧行 而各任房文簿 則自本社告課于該道監務官酌處 至於大事 則稟告堂上前擧行事

一 各項文牒 必於統領措處 而其有白活 則先踏統領圖署 然後告課事

一 各道營下 設寘都任所 勾管道內各任房事

一 各道都所所任 該道都班首都接長會議擇定 而修成冊 報本局事

一 各任所所任 該道都班首都接長收議于本任所閑散商賈劃出 而修成冊 報本局事

一 都班首都接長瓜限 二十四朔 各任所 則一年交遞事

一 統領與八道都接長之於各道都接長及任所 幷以傳令 京都所所任之於各所任 幷以私通 道內都接長之於各該任所 幷以傳令 而任房則幷以牒呈 雖各道都接長至於統領及八道都接長 則牒報定式 而一依將令遵行事

一 各道都班首之於京都所 互以私通事

一 文簿去來 各任所鱗次擧行 而如有遲滯之弊 則非但該任所接長之重繩 該道頭目科治 若或轉傳他道 刻期傳致 而中間遲滯者 嚴查重繩事

一 袱商中如有憂患疾病者 隨其所在 任房盡心救護 或至死亡 則自該任所治喪還葬 而所任則哀慶間相弔事

一 公幹往來者 京鄉間 幷以關防憑準供饋朝夕盆 而討索之弊 一切禁斷事

....

26 고과告課: 상급관청이나 상급자에게 신고함을 뜻한다.
27 발괄白活: 관청에 올리는 소지류所志類의 문서이다.
28 성책成冊: 책으로 묶음을 뜻한다.
29 사통私通: 공무에 관한 의견을 편지 등으로 사사로이 주고 받음을 뜻한다.
30 첩정牒呈: 서면書面으로 상관에게 보고하는 문서이다.
31 장령將令: 장수의 명령을 말한다.

1. 보상 중 우환이나 질병이 있는 자는 그 있는 곳의 임방이 성심껏 구호하고, 혹 사망하면 해당 임소에서 초상을 치르고 고향에 묻어준다. 임소에서는 애경사에 서로 조문할 것.

1. 공무로 왕래하는 자는 서울과 지방에서 모두 관방[32]에 의거한 기준에 따라 아침저녁 식사만 대접할 뿐, 토색하는 폐단을 일체 금단할 것.

1. 근래 화적이 하나의 큰 변괴다. 상민을 사칭하고 출몰하며 변란을 일으키기도 한다. 이로 인하여 민심이 소란하고 길거리가 한산하다. 우리 상민이 한 마음으로 수색하여 적발할 수 있으면, 국가를 위하여 해악을 제거하는데 일조할 수 있으니 각별히 신칙할 것.

1. 상인이 장물을 몰래 파는 경우, 장물임이 분명하면 물건을 주인에게 돌려주는 것이 법리상 당연하다. 그러나 근래에 인심을 헤아리기 어렵다. 각 고을의 장교 무리가 일을 꾸미고 갖다 붙이는 데만 마음이 있어, 도둑놈이 자백했다고 핑계를 대며 침탈하고 학대하며 못하는 짓이 없다. 이러한 폐해의 근원을 일체 금단할 것.

1. 선건상대縋巾商隊는 이미 우사에 소속되었다. 일이 있을 때 돌보고 보호하는 데 우상대와 차별해서는 안 되며, 서울과 지방에서 소란을 피우는 일이 있거든 듣는 대로 각별히 엄히 다스릴 것.

1. 미진한 조건은 추후에 마련할 것.

갑신년(1884) 3월 일

당상 (수결)

一 近來火賊 一大變怪也 或假托商民而出沒作變 由是人情騷擾 行路蕭條 吾

　儕商民 若能同心搜探 庶可爲國家除害之一助 各別操筋事

一 商民中 或有暗買贓物 的知眞贓 則推給物件 法理當然 而近來人心叵測

　各邑校屬 惟意做囑 稱以賊漢口招 侵虐無所不至 此等弊源 一切禁斷事

一 縉巾商隊 旣屬右社矣 隨事顧護 與右商隊不宜異同 而京鄕間如有作鬧之

　端 隨其所聞 各別嚴懲事

一 未盡條件 追後磨鍊事

甲申三月　日

堂上(수결)

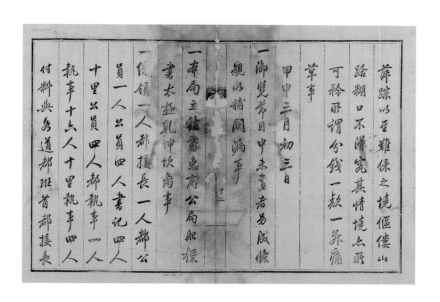

32　관방關防: 관방 도장이 찍힌 증명서를 가리키는 것으로 보인다.

4

판하 상리국 절목判下商理局節目

(1885)

◆

□□□□□□□

진주

◆

□□□□□□□

晉州

◆

상리국 서문

대저 상민은 사민의 하나다. 세상이 넓고 물산이 각각 달라 있는 것과 없는 것을 서로 유통시키지 않으면 인민이 의지하여 살 길이 없으니, 교역은 실로 천리와 인정의 변함없는 도리다. 그러므로 옛날 성왕이 정치를 제정할 때 이것에 대하여도 교화했다. 우리 열성조께서도 자애로운 정치로 세심한 부분까지 보살펴 주었다. 우리 상민이 전후로 나라에 변고가 있으면 충성을 다하고 의리를 떨쳐 한 마음으로 목숨을 아끼지 않고 달려갔던 것도 진실로 그 때문이다. 대개 그 생활은 동서로 흩어져 있고 그 법은 전적으로 인의를 위주로 한다. 그 때문에 경조사에 서로 문안하고 환난에 서로 구제한다. 요컨대 그 정의情誼가 부모, 형제와 같아 한 마음으로 협력한다. 일이 있으면 명령 하나에 일제히 모이고 법을 어기면 들추어 논하여 처벌하니, 법도가 있고 의리를 지킨다고 할 만하다. 그러나 이들은 모두 그 몸이 지극히 천하고 그 이익이 지극히 작아 처자와 식구도 없는 사궁의 불쌍한 백성이다. 길에 유랑하며 흩어져 혈혈단신 의지할 데 없어 모욕을 당하거나 침탈을 당하는 폐단이 종종 있었으나, 관리하는 곳이 없어 의지하고 보호 받을 길이 없었다. 매우 다행스럽게도 임금께서 굽어 살피고 작은 일 하나라도 통촉하지 않음이 없어, 상민의 근심스럽고 고통스러운 실정을 애처롭게 생각하시고 요미粜米를 하사하여 상국을 설치하고 상민을 맡아 관리하여 우리 팔도 상민이 모두 귀의할 수 있는 곳이 있도록 하셨으니, 불쌍하고 병든 사람들이 큰 교화 가운데서 모두 즐거워하는 것을 볼 수 있다. 아, 저 불량한 무리가 상민

◆

商理局序文

夫商者四民之一也 地球廣博 物產各異 不以有無相通 民無以資生 交易者實
天理人情之常 故自昔聖王之制政 亦教化於此 而我列聖朝慈惠之政 矜盡曲
逐 故惟我商民之前後爲國事 效忠奮義 一心赴踊者 良以是也 盖其生業散在
東西 其法專主信義 故慶弔而相問 患難而相濟 統以論之 誼若父子兄弟 同心
合力矣 有事則一令齊會 違法則擧以論罰 可謂有其法而守其義 然此皆其身至
賤 其利至微 四窮中無告之一氓也 流散道路 孑孑無依 受凌侮見侵漁之弊 種
種有之 而旣無句管 依庇無路 何幸天日照臨 無微不燭 軫念商民愁楚之情狀
賜以料米 設置商局 句管商民 使八路商民 咸得歸之有所 可見癖疲癃疾 咸樂
於大化之中 而噫彼不良之徒 假托商民之名 恣行 閭里 京外騷擾 有所入聞 而
至有公局改號之處分 豈不惶悚也哉 然而幸非原商之犯科 乃是假托者之行悖
也 故聖恩天大 特垂顧恤之政 還設商理局 使之行令 除祛無賴 顧恤實商 而
特下內帑錢一萬兩 立本取殖 以爲本局經用之資 雨露均被之澤 在於日月光照
之明矣 其所感頌惶蹙之忱 倘復如何哉 商民雖是四民之末 豈無圖報萬一之誠
而有毫髮差誤之失乎 禁防條約 審愼相戒 得免當律 資活昇平之世 豈不美哉

의 이름을 사칭하고 여리에서 자행한 것과 서울 밖의 소요가 임금의 귀에 들어가 공국의 명칭을 바꾸는 처분까지 있게 되었다. 어찌 황송하지 않은가! 그러나 다행히도 원상'의 범죄가 아니고, 상민을 사칭한 자의 행패였다. 그러므로 하늘같은 성은으로 특별히 불쌍히 여기고 돌보는 행정을 펼쳐, 도로 상리국을 설치하고 명령을 내려 무뢰배를 제거하고 실제 상민을 불쌍히 여기고 돌보게 하셨다. 그리고 특별히 내탕전 일만 냥을 내려 밑천으로 삼아 이자를 취해 본 국의 경상비로 쓰게 하셨다. 비와 이슬처럼 고루 미치는 혜택이 일월처럼 눈부시게 비치는 밝음 속에 있으니, 감사하고 송축하며 황공하여 몸을 움츠리는 정성이 다시 또 어떠하겠는가. 상민이 비록 사민의 끝에 있지만, 어찌 만에 하나라도 보답하겠다는 정성이 없겠으며 털끝만큼이라도 그릇되는 잘못이 있겠는가. 금지하고 방비하는 조목을 조심하고 서로 경계하여 형벌을 면하고 평화로운 시대에 의지하여 산다면, 어찌 아름답지 않겠는가.

을유년(1885) 8월 10일

전교하여 말씀하시기를 "혜상공국의 설치는 실로 상민을 보호하고 통제하기 위한 것이다. 근자에 들으니, 부잡스런 무뢰배가 걸핏하면 투탁하여 폐해를 일으키는 일이 많아 서울과 지방에서 소요를 일으키기까지 한다니, 정말 지극히 놀랍고 개탄스럽다. 지난 번 의정부의 상주로 인하여 처분한 바가 있으나, 이것은 그대로 방치해서는 안 된다. 그 공국을 내무부에 속하게 하고 명칭을 상리국이라 한다. 한산'이 불법적으로 상인에 등록하는 폐단을 일체 철저히 혁파하고 원상을 돌보는 방책에 대해 특별히 논의하여, 해당 국에서 절목을 작성하여 들이도록 하라."라고 하셨다.

乙酉八月初十日

傳曰 惠商公局之設 亶爲護制商民 而近聞 浮襍無賴之輩 動輒投托 滋弊多端

以至京外騷擾 誠極駭歎 向因廟奏有所處分 而此不可因循任置 該公局屬之

內務府 稱之以商理局 閑散冒錄之弊 一切痛革 原商顧恤之方 另加商確 令該

局成節目以入

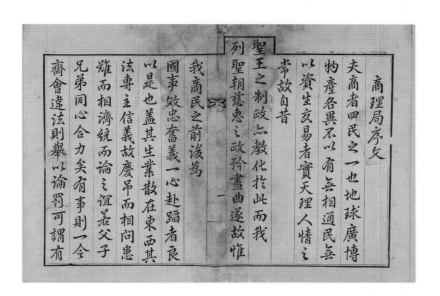

商理局序文

夫商者四民之一也 地球廣博

物産各異 不以有无相通民无

以資生 交易者 實天理人情之

常 故自昔

聖王之制政 以敎化 拈此而我

列聖朝慈惠之政 尤盡曲遂 故惟

我商民之前後篤

國事效忠奮義一心 赴蹈者良

以是也 蓋其生業散在東西其

法專主信義 故慶吊而相問患

難而相濟 統而論之 誼若父子

兄弟同心合力矣 有事則一令

齊會 違法則擧以論罰 可謂有

1 원상原商: 원래의 보부상을 뜻하는 말이다.
2 한산閑散: 무과 출신으로 아직 소속이 없는 한량閑良과 벼슬에서 물러난 산관散官을 합하
  여 이른 말이다.

판하 상리국 절목判下商理局節目(1885)   **349**

9월 11일

전교하기를 "협판내무부사 민응식, 민영익, 이종건을 모두 상리국 총판으로 임명하라."고 하셨다.

판하 절목

9월 15일 본 국에서 다음과 같이 아뢰었다. "삼가 하교에 따라 절목을 써서 들이라는 명령이 내려 왔습니다. 부상과 보상은 상민 가운데 지극히 곤궁한 자들입니다. 허리를 구부린 채 산을 넘고 물을 건너 아침에는 동쪽에 있다가 저녁에는 서쪽에 있으면서 요행히 작은 이익을 얻어 굶어죽지 않기를 바라는 것조차도 오히려 부족한데, 무슨 횡포를 부릴 여가가 있으며 무슨 폐단을 지을 힘이 있겠습니까? 지금 민폐를 말하는 자가 걸핏하면 지목하기를, 전답의 송사가 있으면 모두 '보부상이 빼앗아서 백성이 밥을 먹지 못한다.'고 하고, 묘지의 소송이 있으면 모두 '보부상이 파내서 백성이 그 선산도 지키지 못한다.'고 하고, 금전의 소송이 있으면 모두 '보부상이 빼앗아서 백성이 저축한 재물도 보존하지 못한다.'고 합니다. 평소 눈을 흘기던 원한을 무리를 지어 보복을 해도 법령을 시행할 바가 없고, 시골에 사는 잠영족³이 묶고 때리며 모욕해도 명분을 바로 잡을 수 없었습니다. 소문이 낭자하여, 정말 그런지, 아닌지 의심되기 시작했습니다. 소장이 서로 이어져, 과연 경악스러웠습니다. 경사에서 누차 염탐하여 그 내막을 모아보니 그것이 모두 한산이 한 짓이고, 본래 원상은 알지 못했습니다. 원상은 곤궁한 백성입니다. 한산은 패악한 무리입니다. 패악한 무리가 곤궁한 백성의 이름을 사칭하자, 여리에 보존하지 못하는 걱정이 생기고 무고한 원상으

九月十一日

傳曰 協辦內務府事 閔應植閔泳翊李鍾健 幷商理局摠辦差下

判下節目

九月十五日 本局啓曰 謹依下敎 節目書入事 命下矣 負商褓商 商民之至窮困
者也 傴僂跋涉 朝東暮西 冀倖嬴利 救死之尙不贍 有何恣橫之暇 有何作弊之
力乎 今之言民弊者 動輒指目 皆曰 有田畓之訟 則負褓商奪之 民不保其食 土
有墓地之訟 則負褓商掘之 民不保其先壟 有錢財之訟 則負褓商捧之 民不保
其盖藏 平日睚眦之怨 群起而報之 則法令無所施 鄉居簪纓之族 縛打而辱之
則名分不可正 聽聞浪藉 始疑其然豈然 訴牒相續 果有可驚可愕 自京司屢回
廉探 撫其裏許 則是皆閑散之所爲 本非原商之所知 原商窮民也 閑散悖類也
悖類冒窮民之名 閭里有不保之憂 而使此無辜之原商 橫被叵測之惡名 稂莠害
稼 薰蕕同器 此原商之所共羞憤 際下聖敎 若是嚴重 陛前萬里 無微不燭 誠
不勝欽仰之至 閑散冒錄之一切痛革 卽顧恤原商之處分 從此玉石自當卞別 閭
里自當息鬧 豈不誠萬幸也哉 臚出一二條件于左爲白齊

....

3 잠영족簪纓族: 벼슬하여 지위가 높은 집단을 말한다.

로 하여금 뜻밖에 헤아리기 어려운 오명을 뒤집어쓰게 했습니다. 강아지풀이 농사를 해치고 향초와 누린내풀이 같은 그릇에 있는 것과 같습니다. 이것은 원상이 함께 수치스럽게 여기고 분노하는 바입니다. 이때 내리신 성교⁴가 이렇게 엄중하여, 계단 앞과 같이 만 리를 훤히 보시니⁵ 아무리 작은 일이라도 통촉하지 않음이 없으니 진실로 우러러 공경하는 지극함을 감당할 수 없습니다. 한산의 모록을 일체 철저히 바로 잡고 즉시 원상을 불쌍히 여겨 돌보라고 하신 처분으로, 이제부터 옥석이 저절로 구별되고 여리에는 분란이 사라질 것입니다. 어찌 진실로 만 번 다행한 일이 아니겠습니까! 한두 조목을 다음과 같이 열거합니다.

1. 각 읍 소재 원부보상의 명단을 책으로 상세하게 만들어 감영에 보고하면 감영에서 본 국에 보고하여, 전체 보부상의 명단을 만든다. 이사하거나 죽은 자가 있으면 즉시 보고하여 본 국에 있는 명단을 고쳐 표를 붙이도록 하되, 없으면 없다고 보고할 것. 만약 각 고을 해당 색리가 명전⁶과 지가를 핑계로 양상兩商에게 토색하는 일이 있으면, 적발하여 형배⁷할 것.

1. 부는 어깨에 메는 것이고, 보는 보자기에 싸는 것이다. 이 밖에 양상의 이름을 사칭하는 자는 일체 시행하지 말고, 어기는 자는 형배할 것.

1. 새로 만든 세전은 모두 혁파한다. 선건상, 유유상, 마우상 명색 역시 수세를 금할 것.

1. 신사년(1881) 이후의 공문, 절목 그리고 소위 명첩은 관아에서 빠짐없이 모아 감영에 보내고, 감영에서 모아 본 국에 올려 보낼 것. 인신, 관방, 도서는 애초에 빙험하는 아름다운 규정이 아닌 것은 아니지만, 행한 지 얼마 되지 않아 한산이 이것을 빙자하여 토색한 것이

一 各邑所在原負褓商 精實修成冊 報巡營 自巡營報本局 成案入錄之地是白
遣 如有移居身故者 隨卽修報 以爲本局件中改付標爲乎矣 無則以無乎報
來 若各邑該色輩 稱以名錢紙價 有所討索於兩商 摘發刑配爲白齊

一 負者肩挑也 袯者包裹也 此外冒托兩商之名者 一幷勿施 犯者刑配爲白齊

一 新刱稅錢 ——革罷 縇巾商 鍮油商 馬牛商名色 幷皆勿施爲白齊

一 辛巳以後公文節目及所謂名帖 自官庭無遺收聚 送于巡營 自巡營幷上本局
是白遣 印信關防圖書 未始不爲憑驗之美規 而行之未幾 閑散之藉此討索
者 不一其端 京外騷擾至於此極 今不可一日任置 亦卽這這收聚上送 自本
局啓稟後銷頑之地爲乎旀 另鑄商理局印信一顆 只自本局行用爲白齊

4 성교聖敎: 임금의 명령이다.
5 계단 앞과…보시니: 만 리나 떨어진 먼 곳도 발 밑에 있는 계단과 같이 훤히 내다본다는
뜻으로 지방 행정의 득실을 임금이 모두 알아 신하들이 결코 속일 수 없다는 뜻이다.
6 명전名錢: 명단에 이름을 올리는 대가로 받는 돈을 말한다.
7 형배刑配: 죄인에게 형장刑杖을 쳐서 유배함을 뜻한다.

한두 번이 아니라 서울과 지방의 소요가 이렇게 극심한 지경에 이르렀으니, 지금 하루라도 내버려 둘 수 없다. 역시 즉시 낱낱이 모아서 올려 보내면 본 국에서 계품한 후 녹여서 지우도록 하고, 따로 상리국 인신 1과를 주조하여 본 국에서만 사용할 것.

1. 양상이 사용하는 신표에는 검은 도장만 찍고 붉은 도장은 사용하지 말 것.

1. 상민은 사민의 하나다. 민이 관을 무시하는 것을 '법외'라고 한다. 양상兩商 중에 정소한 자가 본관(고을 원)의 재단(판결)을 듣지 않고 혹 월소[8]하는 폐단이 있으면, 단연코 마땅히 엄히 다스릴 것.

1. 본 국의 당상 1원員은 양상의 보호를 전담한다. 철저히 강구하여 큰 것은 계품하고 작은 것은 스스로 판단한다. 기타 송리[9]와 추치[10] 등의 일은 모두 해당 도의 영읍에 맡겨 청단[11]하게 할 것.

1. 계미년(1883) 반하하여 좌우사와 각 도에 내어준 돈 이만 냥은, 그 사이 받은 이자가 얼마며, 어디에 대출하였는지를 소상하게 조사하여 보고함으로써, 고루 분배하여 구획할 수 있도록 할 것.

1. 미진한 조목은 추후에 마련할 것.

9월 19일
사알의 구전으로 하교하여, "상리국의 인신을 해조에서 만들어 주게 하라"고 분부하셨다.

정해년(1887) 2월 27일
전교하여 "협판내무부사 한규설, 민영환을 모두 상리국 총판에 임명한다."고 하셨다.

一 兩商所用標套 只許墨榻 切禁用朱爲白齊

一 商爲四民之一 而民不知官是謂法外 兩商之有所訴者 不聽本官裁斷 或有
　越訴之弊 斷當嚴治爲白齊

一 本局堂上一員專管事務 凡係顧恤兩商之方 到底講究 大則啓稟 小則自斷
　而外他訟理推治等事 一委該道營邑聽斷爲白齊

一 癸未頒下錢二萬兩之出付左右社及各道者 其間殖利之幾何 散在於何處
　昭詳査報 以爲均排區劃之地爲白齊

一 未盡條件 追後磨鍊爲白齊

九月十九日
以司謁口傳下敎 商理局印信 令該曹造成以給事分付

丁亥二月二十七日
傳曰 協辦內務府事韓圭卨閔泳煥 幷商理局摠辦差下

8　월소越訴: 송사訟事의 절차를 거치지 않고 단계를 뛰어넘어 상급 관아에 소청하는 것이다.
9　송리訟理: 송사를 심리함을 뜻한다.
10　추치推治: 죄인을 심문하고 처벌하는 일이다.
11　청단聽斷: 진술을 듣고 판결하는 것을 말한다.

절목

1. 상리국을 판하한 후 좌우사를 통합하여 관리하면 서로 간의 화목한
   것이 무엇보다 중요하다. 그리고 통령 1인, 도반수 1인, 도접장 1인,
   공사장 1인, 명사장 1인, 도공원 1인, 서기 공원 4인, 본방 공원 2인,
   집사 10인, 사령 5명, 방직 2명 등에게 특별히 부료¹²하되, 친군영에
   서 지급할 것.

1. 충효는 인도의 기강이다. 하물며 우리 상민이 특별히 큰 은혜를 입
   었음에랴. 나라를 위한 일이 있으면 끓는 물에 들어가고 불 위를 걷
   더라도 한 번 명령에 일제히 도착하여 은혜를 만분의 일이라도 갚기
   를 기도하되, 혹 그 때 꾀를 부려 피하는 자가 있으면 먼저 중형으로
   다스린 후 본 국에 보고할 것.

1. 특별히 본 국을 설치하여 상민을 관할하는 것은 거듭 상신했기 때
   문만이 아니라, 폐해가 증가하고 사건이 많아 서울과 지방에 소요가
   일어난 것이 모두 좌사와 우사로 명목을 달리했기 때문에 빚어진 것
   이다. 이제부터는 양상兩商을 통틀어 함께 관리하되, 부랑배와 무뢰
   배의 가입은 절대 허용하지 않음으로써 죄를 짓지 않도록 할 것.

1. 상민이라고 부르는 자는 증명하는 표가 없어서는 안 되지만, 신표를
   발급하는 절차 또한 전처럼 어지럽게 뒤섞여서는 안 된다. 그러므로
   상민의 신표는 공사당상이 성첩하여 반급한다. 만약 아래로부터 작
   성하여 발급하는 폐단이 있으면, 준 자와 받은 자를 적발하여 중형
   으로 다스릴 뿐 아니라 금칙하지 못한 해당 두목 또한 중벌을 면하
   기 어려울 것.

1. 이렇게 개정한 후에도 가탁하여 폐단을 저지르는 자는 당해 도의 두

節目

一 判下商理局後 左右社通合句管 則敦睦一款尤倍前日 而統領一人 都班首
　一人 都接長一人 公事長一人 明查長一人 都公員一人 書記公員四人 本房
　公員二人 執事十人 使令五名 房直二名 特爲付料 自親軍營上下事

一 忠孝乃是人道之紀綱 而況我商民之偏被洪恩者乎 如有爲國之事 雖赴湯
　蹈火 一令齊到 期圖萬一之報是矣 如或有當時謀避者 先施重律 後報本
　局事

一 特設本局 管轄商民 不啻申複 而滋弊多端 京外騷擾者 都是各置名目之致
　也 從今以後 兩商通同句檢是矣 浮浪無賴之類 切勿許錄 無至抵罪事

一 商民爲名者 不可無憑準之標 而給帖之節 亦不可如前淆襍 故商民信標段
　公事堂上成貼頒給矣 若有自下成給之弊 非但與受者之摘發重律 不能禁飭
　之該頭目 亦難免重繩事

一 如是釐正之後 假托作弊者 該道頭目與該任所接長 這這摘發 別般嚴處事

一 近來黨賊一大變怪也 京外及該任所譏詗竊發 非但商路之便宜 亦是爲國
　除害之大關也 各該頭目別般團束跟捕是矣 如有捉賊之擧 大則啓稟施賞
　小則自本局重賞矣 以此曉諭 期有實效事

....

12　부료付料: 급료를 주는 것을 뜻한다.

목과 당해 임소의 접장이 낱낱이 적발하여 특별히 엄하게 처리할 것.

1. 근래 당적[13]은 하나의 큰 변괴다. 서울과 지방 그리고 해당 임소에서 염탐하여 몰래 적발하면, 상로가 편할 뿐 아니라 나라를 위하여 해악을 제거하는 것과 큰 관계가 있다. 각 해당 두목은 특별히 단속하여 쫓아가 잡되, 만약 도적을 잡는 공이 크면 계품하여 시상하고 작으면 본 국에서 후하게 상을 줄 것이다. 이렇게 효유하여 기어코 실효를 거둘 것.

1. 각 도 도반수와 도접장은 양상 중에서 감당할 만한 사람을 본 국에서 특별히 뽑아서 임명하고, 각 해당 임방의 접장은 해당 도의 도접장이 공천을 받아서 특별히 임명하고, 그 나머지 각 소임은 해당 접장이 임명하되, 그 중에 만약 범법자가 있으면 경중에 따라 처벌하는 것으로 순차로 규정할 것.

1. 영하[14]나 읍저(읍내)에서 어떤 상민을 막론하고 각기 기회에 따라 편안하게 자기 업에 종사하며 살되, 자기가 맡은 물건 때문에 혹 변심하는 폐단이 있으면 드러나는 대로 무겁게 처벌할 것이다. 각 해당 두목은 특별히 단속하여 죄를 짓지 않도록 할 것.

1. 각 도 접장과 소임 중 혹 세력을 믿고 마을에서 행패를 부리거나 상민을 토색하는 폐단이 있다고 들리는 일이 있으면, 해당 도의 두목과 해당 임소의 접장은 특별히 엄히 처벌할 것.

1. 본 국에서 각처에 명령을 발송하는 일이 있으면 해당 임소에서 차례로 거행하되, 지체되는 폐단이 있으면 해당 임소의 접장을 무겁게 처벌할 뿐 아니라, 해당 도의 두목도 신칙하지 않은 죄를 면하기 어려우니, 특별히 엄히 단속할 것.

一 各道都班首都接長 則以兩商中可堪之人自本局各別擇差 以爲差定是遣
　各該任房接長 則該道都接長以捧公薦各別擇定 而其餘各所任 則該接長
　擇定是矣 其中如有犯科者 輕重施罰 挨次定規事

一 營下邑底 勿論某商 各隨其機安業資生是矣 以其所掌之物 或有携貳之端
　則隨現重繩矣 各該頭目另加措束 俾無抵罪事

一 各道接長與所任中 或有藉勢行悖於村閭是去乃 討索商民之弊 有所入聞
　則該道頭目與該任所接長 別般嚴處事

一 自本局如有發令於各處 則該任所鱗次擧行是矣 如有遲滯之弊 非但該任
　所接長之重勘 該道頭目亦難免不飭之罪 別般嚴束事

一 母論某事 私自都會也 徵出浮費 此是亂類 該道頭目及該任所接長所任等
　極施重律事

一 商民之哀慶相助 流來之厚誼也 各該任房盡心救護 勿失信義事

一 公幹往來者 京鄕間幷以公文憑準 供饋朝夕爺 而討索之弊 一切禁斷事

一 商民中或有暗買賊物 而的知眞贓 則物件推給 理所當然 近來人心叵測 各
　邑校吏輩 惟意作奸 稱以賊漢口招 侵虐商民 不無其弊 如有此等之事 自
　官明白措處 母至商民向隅事

一 土豪無賴之混雜作梗 與各邑奴令輩之 初無可據 而謂以分錢 逢輒討索 使
　其無依萍蹤 以至難保之境 傴僂山路 糊口不得 究其情境 亦所可矜 所謂
　分錢一款 一切革罷事

13　당적黨賊: 무리를 지어 다니는 도적으로 활빈당을 말한다.
14　영하營下: 감영이나 병영이 있는 곳이다.

1. 어떤 일을 막론하고 사적으로 도회를 열어 부비(비용)을 받아내는 것은 질서를 어지럽히는 무리이니, 해당 도의 두목과 해당 임소의 접장과 소임 등은 중벌로 엄히 다스릴 것.

1. 상민의 애경사에는 서로 부조하는 것이 전해 내려온 두터운 우의다. 각 해당 임방은 마음을 다하여 구호함으로써 신의를 잃지 않을 것.

1. 공무로 왕래하는 자는 서울과 지방 사이에 모두 공문으로 확인하여 아침저녁 식사만 대접할 뿐, 토색[15]하는 폐단은 일체 금단할 것.

1. 상민 중 장물을 몰래 파는 경우, 장물임이 분명하면 주인에게 돌려주는 것이 법리상 당연하다. 근래에 인심이 무슨 짓을 할지 예측할 수 없다. 각 고을의 장교 무리가 오직 간악한 짓을 하는 데만 뜻이 있어, 도둑놈의 진술이라고 핑계를 대며 상민을 침학하는 폐단이 없지 않다. 이러한 일이 있으면 관아에서 명백히 조처하여 상민이 억울한 일을 당하지 않게 할 것.

1. 토호와 무뢰배가 함께 섞여서 나쁜 짓을 하고 각 고을 관노와 사령 무리가 전혀 근거가 없이 분전이라고 하면서 만날 때마다 토색하여, 의지할 데 없이 떠돌아다니는 상민으로 하여금 목숨을 보존하기 어려운 지경에 이르게 한다. 허리를 구부리고 산길을 걸어도 입에 풀칠하기가 어려우니, 그 사정을 들여다보면 또한 불쌍하다. 소위 분전한 조목을 일체 혁파할 것.

1. 본 국의 액원[16]과 각 도의 도반수와 도접장은 모두 당상의 전령으로 차출할 것.

1. 통령 이하 팔도 도반수와 접장 그리고 각 임방의 반수와 접장의 도장은 본 국에서 새겨 줄 것.

一 本局額員與各道都班首都接長 併以堂上傳令差出事

一 統領以下 八道都班首接長各任房班首接長圖署 自本局刻給事

一 各道營下設置都所 句管該道商民事

一 各道都班首都接長瓜限二十四朔 各該任所 則一年交遞 而若有不善擧行
作弊閭里者 從重勘罪 雖未準朔改差事

一 信標頒給後 每張二兩式捧上 一兩 納上本局五錢 該道都班首接長紙價四
錢 該任所紙價一錢 一兩京納駄價 而此外如或一分濫捧 該道頭目與該任
所頭目 施以重律事

堂上(수결)

都廳座目

右統領 安永浩

左統領 李聖根

都班首 金時明

都接長 金慶淑

公事長 禹秉世

明査長 朴斗鎭 安鍾祐

都公員 金大泓

本房公員 朴昌淵 陳錫範

書記公員 朴鎭五 李敬錫 柳鵬九 洪大鏞

....

15 토색討索: 돈이나 물건을 강제로 빼앗거나 억지로 달라고 하는 것을 말한다.
16 액원額員: 정해진 직원을 말한다.

1. 각 도 감영 아래 도소를 설치하여 당해 도의 상민을 맡아 관리 할 것.

1. 각 도 도반수와 도접장의 임기는 24개월이고, 각 해당 임소는 1년마다 교체한다. 그러나 만약 직무를 잘못 수행하거나 여리에서 폐단을 짓는 자는 중죄로 벌하고 임기가 차지 않아도 바꾸어 임명할 것.

1. 신표를 나누어 준 후 한 장당 2냥씩 받는다. 1냥 중에 본 국에 바치는 것이 5전, 당해 도의 도반수와 접장의 지가로 4전, 당해 임소의 지가로 1전을 쓴다. 나머지 1냥은 서울까지의 운송비다. 이 밖에 혹 1푼이라도 더 받으면, 당해 도의 두목과 당해 임소의 두목은 중벌로 다스릴 것.

당상 (수결)

도청 좌목
우통령 안영호
좌통령 이성근
도반수 김시명
도접장 김경숙
공사장 우병세
명사장 박두진 안종우
도공원 김대홍
본방 공원 박창연 진석범
서기 공원 박진오 이경석 유붕구 홍대용
도집사 임석보
집사 송성운 김태식 윤태욱 배경식 이춘명 백운서 박경순 장홍식 이화중

都執事 林錫輔

執事 宋成雲 金泰植 尹泰旭 裵景植 李春明 白雲瑞 朴景淳 張興植 李花中

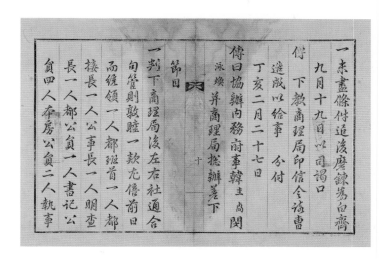

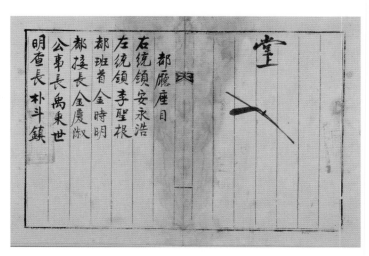

5

동아개진교회 상업과 장정東亞改進教會商業課章程[1]

(1905)

◆   ◆

동아개진교회 상업과 장정	東亞開進教會商業課章程
광무 9년(1905) 9월 일	光武九年九月日
경상남도	慶尙南道

....

1 동아개진교회 상업과 장정東亞改進教會商業課章程: 이 문서의 결락 부분은 창녕상무사 자료를 참조하여 수정하였다.

◆

동아개진교회 상업과 장정 서

대저 상민은 사민의 하나다. 조정이 있으면 시장이 있는 것이 국가의 큰 법으로 없어서는 안 되는 것이다. 갑을경장² 이후로 상권을 모두 외국에 내어주어, 서울의 각 시전은 폐지하지 않았는데도 스스로 폐업하여 거리가 한산하고 시골의 부상과 보상 양상은 의지할 데가 없고 생업도 없어, 상품의 유통이 완전히 막혔다. 생각이 이에 미치면 어찌 개탄하지 않겠는가? 하물며 국가를 위해 수고하는 것은 마땅히 권장하여 그 뜻을 보여야 한다. 그런 까닭에 성지를 받들어 조직을 만들었는데, 어떻게 당파가 서로 나뉘고 틈이 점차 생겨 심지어 절제를 거스르고 죄를 범하는 자가 있는가. 이것을 보답하는 도리라고 할 수 있겠는가? 그 업을 돌아보면 모두 우리나라의 상민이고, 그 정성을 헤아려보면 똑같이 임금을 향한 충의다. 이미 다른 뜻이 없는데 무슨 차이가 있겠는가? 강은 가는 물줄기도 가리지 않고 산은 한 움큼의 흙도 사양하지 않는 것이 변함없는 이치다. '소매가 길면 춤을 잘 추고 밑천이 많으면 장사를 잘 한다.'는 것은 옛부터 전해오는 말이다. 상업의 길을 확장하는데 세력을 나누어서는 안 된다. 마음과 힘을 하나로 뭉쳐야 비로소 결실을 볼 수 있다. 이제부터 각 전의 부상과 보상은 뭉쳐서 하나의 회를 만들고, 칙령과 장정을 삼가 준수하여 다음과 같이 조례를 작성한다. 모든 우리 상민은 준수하여 어기지 않음으로써 위로 황실을 보호하고 아래로 재원을 풍부히 길러 성은에 우러러 보답한다면, 어찌 다행스럽지 않겠는가!

광무 9년(1905) 9월 일

◆

東亞開進教會商業課章程序

夫商者 四民之一也 有朝有市 有國之大典 而不可闕者也 粤自甲乙更張以後 商權盡輸於外 京之主矣各廛 不廢而自廢 街路蕭條 鄉之負褓兩商 無依而無業 貨路壅塞 思之及此 寧不慨歎 況其効勞於國家 宜有獎勸而示意 故奉承聖旨 行將組織而 奈之何黨派互分 圭角漸生 甚至違節制而觸罪戾者 此可曰 對揚之道耶 顧其業 則均是我國之商民也 究其誠 則同是向上之忠義也 既無他意 更何異同 河不擇細 山不讓小 理之常也 長袖善舞 多錢善賈 古之語也 擴開商路 勢不可分 一乃心力 始克有終 繼自今各廛負褓兩商 合爲一會 謹遵勅令章程 演成條例如左 凡我商民 遵守勿貳 上以保護皇室 下以豊殖財源 仰答聖恩 豈不幸哉

光武九年九月 日

2 갑을경장甲乙更張: 갑오·을미 개혁을 통칭한 것이다.

상업과 규칙

제1관 상업과는 전국의 상무를 통괄하여 의정할 것.

제2관 상무본회를 황성에 설치할 것.

제3관 본 회의 임원은 다음과 같다.

    1. 총재 1위

    1. 명예감독 1원

    1. 회장 3원　한·일·청 각 1인

    1. 부회장 1원

    1. 평의장 1원

    1. 평의부장 1원

    1. 평의원 10원

    1. 총무 1원

    1. 감무 1원

    1. 찬술 2원

    1. 사검 1원

    1. 장화 1원 혹 은행

    1. 회계 1원

    1. 서무 5원　장부를 겸함

    1. 조사 3원　일에 따라 증원

    1. 문학과 사무장 1원

商業課規則

第一款 商業課는 全國商務를 統轄議定홀事
第二款 商務本會를 皇城에 設寘事
第三款 本會幹務人員 如左事

- 一 總裁 一位
- 一 名譽監督 一員
- 一 會長 三員 韓日淸 各一人
- 一 副會長 一員
- 一 評議長 一員
- 一 評議副長 一員
- 一 評議員 十員
- 一 摠務 一員
- 一 監務 一員
- 一 撰述 二員
- 一 査檢 一員
- 一 掌貨 一員 或銀行
- 一 會計 一員
- 一 庶務 五員 兼掌簿
- 一 調査 三員 隨事增置
- 一 文學課事務長 一員

1. 무덕과 사무장 1원

1. 농업과 사무장 1원

1. 공업과 사무장 1원

1. 상업과 사무장 1원

부 칙

1. 고문장 1원

1. 찬성원 1원

1. 본과 사무장 1원

1. 부사무 3원

1. 사무원 6원

1. 교무원 6원

1. 문부원 2원

1. □□□³ 30인

1. 각 지방 지회의 규칙은 반드시 경성 본회의 강령에 의거할 것.
   단, 각 지방 지회도 각 과의 사무장을 정할 것.

제4관 회장 이하 여러 임원이 기일을 정하여 본회에 모여, 상무에 익숙
   하고 상업에 종사하기를 원하는 자를 회장이 인가하여 회원으로
   정하되, 그 자질과 품성에 따라 장정에 의거하여 직임을 맡길 것.

제5관 회장 이하 여러 회원이 똑같이 나눈 고금(출자금)을 각기 내어
   상업에 필요한 자본을 만들 것.

제6관 본회의 회의 내용의 권한은 다음과 같이 할 것.

   1. 상업 활성화 방법과 부진함의 해결 방안을 의결할 것.

一 武德課事務長 一員

　一 農業課事務長 一員

　一 工業課事務長 一員

　一 商業課事務長 一員

　附則

　一 顧問長 一員

　一 賛成員 一員

　一 本課事務長 一員

　一 副司務 三員

　一 事務員 六員

　一 校務員 六員

　一 文簿員 二員

　一 □□□ 三十人

　一 各地方支會規則必依京城本會綱領事

　　　但各地方支會도 各課事務長을 定힐事

第四款 會長以下諸員이 訂期ᄒ야 本會에 會集ᄒ야 商務에 慣熟ᄒ고 商業에
　　　願付ᄒ는 者를 會長이 認可ᄒ야 會員으로 定ᄒ되 隨其材品ᄒ야 依章
　　　程 分任힐事

第五款 會長以下諸會員이 各出分等股金ᄒ야 商務에 資本을 立힐事

第六款 本會에 會議事務權限은 如左힐事

　一 商業에 旺盛ᄒ는 方法과 衰退홈을 救ᄒ는 方案을 議決힐事

....

3　□□□: 창녕상무사 자료로도 확인할 수 없었다.

1. 상무의 이해득실에 관한 의견을 본회에 상신할 것.

제7관 지회의 회의 때 회원이 아니라도 학술, 기예 혹은 상무에 경험이 있는 자는 특별회원으로 임시 의석에 들어오기를 청하여 참석케 할 것.

제8관 회원 간에 서로 아끼는 방법은 다음과 같이 할 것.

1. 명목이 없는 잡세는 일체 엄금할 것.

1. 상민 중 집이 없어 의탁할 데 없는 사람과 길에서 병이 난 사람은 따로 방책을 마련하여 진휼하고 치료할 것.

1. 상민 중 객지에서 사망한 자는 따로 규정을 만들어 매장할 것.

제9관 회원에게 빙표(증명서)를 작성해 주어 간사함과 거짓을 막을 것.

제10관 상업학교를 설립하여 인민 중에 총명한 소년을 뽑아 상무를 가르칠 것.

제11관 본회의 신문을 창간하여 국내와 국외의 물가 형편을 자세히 찾아보고 널리 알려 무역에 편리하도록 할 것.

제12관 지방 회민은 당해 도 관찰사와 목사, 부윤, 군수 중에 찬성원을 망정[4]할 것.

제13관 회민이 도회를 사사로이 여기는 것과 무리를 믿고 행패부리는 것을 일체 엄금하여 폐단의 근원을 막을 것.

제14관 간악함을 금하고 도둑을 단속하여 상로를 편하게 할 것.

1. 근래 도적의 무리가 낮에는 상민을 가장하고 주막에 있다가 밤에는 숲에 무리지어 길을 막고 노략질을 하여 도로가 막히고 상품이 유통되지 못한다. 이것은 실로 상로에 큰 관계가 있다. 회의 신표를 나누어 줄 때 그 거주를 살피고 보증

一 商務에 利害得失에 關ᄒᆞᄂᆞᆫ 意見을 本會에 □申ᄒᆞᆯ事

第七款 支會會議時에 雖非會員이나 學術技藝 或商務에 經驗이 有ᄒᆞᆯ 者ᄂᆞᆫ
特別會員으로 臨時議席에 請入ᄒᆞ야 參列케ᄒᆞᆯ事

第八款 會員相愛ᄒᆞᄂᆞᆫ 方은 如左ᄒᆞᆯ事

一 無名雜稅 一切痛禁ᄒᆞᆯ事

一 商民中에 鰥室無依와 街路得病은 另設方略ᄒᆞ야 賙恤救療ᄒᆞᆯ事

一 商民中 羈旅死亡ᄒᆞᆯ者ᄂᆞᆫ 另設條規 以爲掩瘞ᄒᆞᆯ事

第九款 會員을 成給憑標 以防奸僞ᄒᆞᆯ事

第十款 商業學校를 設立ᄒᆞ야 人民中 年少聰俊을 抄擇ᄒᆞ야 商務를 學習ᄒᆞᆯ事

第十一款 本會에 新聞을 設ᄒᆞ야 國內國外物價輸贏을 詳探廣告ᄒᆞ야 以便貿
易ᄒᆞᆯ事

第十二款 地方會民은 該道觀察使와 牧使府尹郡守로 贊成員을 望定ᄒᆞᆯ事

第十三款 會民에 私設都會와 藉衆行悖ᄂᆞᆫ 一切痛禁ᄒᆞ야 以防弊源ᄒᆞᆯ事

第十四款 詰奸戢盜ᄒᆞ야 以便商路ᄒᆞᆯ事

一 近來賊黨 晝則佯作商民 而偃處店幕 夜則嘯聚綠林 而剪逕剽
奪 行路阻絶 物貨壅塞 此實商路之大關係也 會標頒給時에 考
其居住 懸其保人 務圖綜詳ᄒᆞ며 場市與店幕 如有殊常販賣之
人이어든 考其標紙 探其居住 奸狀이 現露者ᄂᆞᆫ 押送本郡ᄒᆞ야
以法懲辦ᄒᆞᆯ事

第十五款 商業便利之器械을 或制或貿ᄒᆞ야 擴張利用ᄒᆞᆯ事

一 有數者 天造也요 無限者ᄂᆞᆫ 人巧也니 以我有數之物交換各國

----

4 망정望定: 후보자 세 사람을 지명하여 그 중 한 사람을 결정하여 임명하는 것이다.

인을 달게 하여 힘써 치밀함과 상세함을 꾀하며, 장시와 주막에 수상한 판매인이 있거든 그 신표를 조사하고 그 거주지를 물어 간악한 실상이 두드러지게 드러난 자는 본 군에 압송하여 법으로 징치할 것.

제15관 상업에 편리한 기계를 제작하거나 혹은 사들여서 널리 이용할 것.

1. 유한한 것은 자연이 만드는 것이요, 무한한 것은 사람의 기술로 만든 것이다. 우리의 유한한 물자로 각 국의 무한한 기술을 사들이면, 앉아서 손해를 보는 것이니 점점 빈곤하게 되는 것은 필연적인 이치다. 기계 중에 백성을 편안하게 하고 흥정하여 판매할 수 있는 것은 다른 나라에서 사거나 뜻을 움직여 만들어 그 기술을 점점 진보시켜 상품을 유통시키기 편하게 하되, 어떤 물건을 막론하고 별난 모양으로 새로 만든 것은 본회에서 기한을 정하여 특별히 전매권을 허락하여 권장할 것.

제16관 상민의 생재와 횡리⁵는 공정한 결정으로 억울함을 풀어주어 원한이 넘치지 않게 할 것.

1. 상민 중 장물을 몰래 팔다가 정말 장물인 것이 탄로나면 그 장물은 공공에 귀속시키고 그 상민은 처벌을 면하기 어렵다. 근래 인심이 옛날 같지 않아 비리로 함부로 침탈함이 왕왕 있다. 이와 같은 경우에는 각 당해 군수는 이미 찬성원의 임무를 겸하고 있으니 분명하게 조사하여 처리하고, 일처리가 공평하게 하여 상민이 억울하게 해를 입지 않도록 할 것.

無限之巧ᄒ야 坐受其弊에 漸至貧困은 理所必至니 器械之可以
便民興販者 或貿取于他國 或運志而造成 漸進其巧 以便通貨
이되 無論某物ᄒ고 別樣新造者ᄂ 自本會定限特許專賣權 以爲
勸奬事

第十六款 商民之眚災橫罹를 公決申理ᄒ야 無至冤濫홀事

一 商民中或有暗賣賊物타가 眞贓이 露出ᄒ면 本物屬公과 該商
嚴懲은 在所難免이되 近來人心不古 非理橫侵이 往往有之ᄒ
니 此等境遇에ᄂ 各該郡守가 旣兼贊成之任 明查處辦 務從公
平ᄒ야 無使商民偏被隅害홀事

第十七款 商民之哀慶相助를 申明舊規事

一 哀慶相助由來之規也 商民中靡室無依와 街路得病은 自本會
與分支會到底救恤ᄒ고 羈旅死亡은 其喪葬等節을 亦拔例助辦
홀事

第十八款 各支會商民中 或有犯科之弊면 當該支會에셔도 隨現懲治ᄒ려니와
本會에셔도 如或入聞 則捉上嚴治 斷不容貸ᄒ리니 惕念無違홀事

第十九款 左右兩商이 名雖二種 互相勸勉 無弊營業이되 物貨則通同興販
無或携貳홀事

----

5 생재眚災와 횡리橫罹: 생재는 실수로 인한 재앙, 횡리는 뜻밖의 재앙을 뜻한다.

제17관 상민의 애경사에 서로 돕는 것은 옛 규정을 거듭 밝힐 것.

　　　　1. 애경사에 서로 돕는 것은 오래된 규정이다. 상민 중 집이 없
　　　　　고 의지할 데가 없는 자와 길에서 병에 걸린 자는 본회와 분
　　　　　지회에서 끝까지 구휼하고, 객지에서 사망한 자는 그 초상
　　　　　과 장례 절차를 전례에 구애되지 말고 도와서 처리할 것.

제18관 각 지회 상민 중 혹 법을 어긴 일이 있으면 당해 지회에서도
　　　　드러나는 대로 징치하려니와, 본회에서도 혹 들으면 잡아 올
　　　　려서 엄히 다스려 결단코 용납하지 않을 것이니, 조심하여 어
　　　　기지 말 것.

제19관 좌우 양상이 명칭은 두 가지이지만 서로 도와 말썽없이 영업
　　　　할 것이다. 상품은 공동으로 흥정하고 판매하여 혹 다른 마음
　　　　을 품지 않도록 할 것.

상업과 장정

대저 상민은 사민의 하나다. 그들이 나라를 지키고 위에 충성하며 상거
래를 통하여 상품을 유통시키는 것은 예로부터 전해 내려온 떳떳한 마
음가짐이다. 갑오경장 이후 교역을 외국에 많이 넘겨주었고, 그로 인하
여 상권이 점점 해이해지고 상업이 날로 더욱 쇠퇴했다. 특별히 대황제
폐하의 인자하고 두터운 덕과 후하게 구휼한 은전을 입어, 다시 상업
과를 설립하고 서울은 본회를, 지방은 지회를 차례로 조직했다. 그 상
민이 된 자로서 누가 그 은혜에 목욕하고 그 덕에 배가 불러 그 성덕
을 만에 하나라도 갚기를 기약하지 않겠는가. 어쩌다 무뢰배가 분열되
고 협잡배가 사리를 추구하여 공익을 버린 것이 2년이나 되었다. 조직

夫商者四民之一 而其所衛國忠上貿遷通貨 自是由來之秉心也 粤自更張以後 交易多讓於外國 商權以之漸弛 商業以之益頹 特蒙大皇帝陛下仁厚之德優恤 之典 復設商業課 京以本會 鄉以支會 次第組織 爲其商民者 孰不浴恩飽德 期報萬一之盛德 而奈之何無賴之輩 互分黨派 挾雜之徒 循私廢公 于今兩載 組織之節 尙未就緒 其在對揚之道 寧不悚慄也哉 此而不另加措劃 其末流之 弊 何以拯救乎 如天之聖恩 何以報答乎 會員更置 凡務惟新 廣探衆議 旁求 嘉猷 以爲杜弊救恤之意 別定規例 惟我衆商 依此恪遵 益勉忠義 上以保護皇 室 下以興旺商業 仰答聖恩 豈不美哉

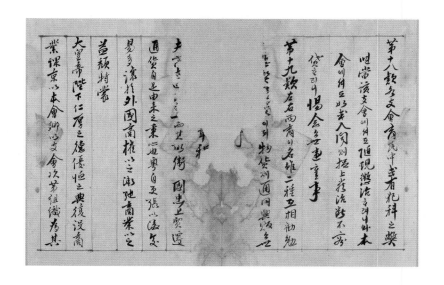

동아개진교회 상업과 장정東亞改進教會商業課章程(1905)　**377**

의 절차가 아직 제 길로 나아가지 못했으니, 그 보답하는 도리로 볼 때 어찌 송구스럽지 않겠는가. 이런데도 특별히 계획하고 조처하지 않는다면, 그 말단의 폐해는 무엇으로 구제하며, 하늘같은 성은은 무엇으로 보답하겠는가? 회원을 다시 정리하고 모든 일을 새롭게 하고 널리 여러 의견을 모으고 좋은 계책을 구하여 폐단을 막고 구휼하는 뜻으로 삼아 별도로 규례를 정하였다. 우리 상민은 이 규례를 각별하게 지키고 충의를 더욱 권하여 위로 황실을 보호하고, 아래로 상업을 부흥시켜 성은에 우러러 보답하면, 어찌 아름답지 않겠는가!

부칙 규례

1. 충을 다하고 의를 떨치는 것은 사람의 기강이다. 우리 상민은 병이秉彝[6]로 충의를 넓히는 것을 종지로 삼고 있음에랴. 무릇 국가에 일이 있을 때는 위험을 피하지 않고 다투어 가서 어려움을 구제하는 것이 우리의 직분이다. 이렇게 조직한 후 내화, 외란이 일어나면 항상 물불을 무릅쓰고 앞장섬으로써 큰 은혜에 우러러 보답할 것.

1. 초목과 곤충도 성상의 은혜 가운데 화육되지 않음이 없는데, 우리 상민 역시 대황제폐하의 적자(백성)다. 평민과 상민 사이에 무슨 차이가 있겠는가? 각도 관찰사와 각 군수가 이미 찬성원을 겸직하고 있으니, 똑같이 보아야 마땅하다. 그런데 치우치게 사랑하고 미워하여 소송에서 잘못된 판결을 내리는 경우가 많아 상민의 마음에 원성이 자자하다고 한다. 들으니 몹시 개탄스럽다. 이후로는 특별히 돌보고 보호하여 똑 같은 백성으로 하여금 곤경에 처하게 하지 말 것.

1. 사사로이 도회를 여는 것은 장정에 금지한 것이다. 상민 중에 만약 원

附則規例

一 效忠奮義는 乃人之綱紀라 況我商民之秉彝 以伸忠義爲宗旨者乎 凡於國
　家有事 不避危險 爭先赴難 是我職分 如是組織之後 勿計內禍外亂 雖赴
　湯蹈火 莫後於人 仰答隆恩事

一 草木昆蟲 莫非聖上雨露中化育 況商民도 亦是大皇帝陛下赤子也 平民與
　商民之間 有何異同乎 各道觀察使各郡守가 旣兼贊成則宜乎視之一體 而
　或有偏愛偏憎之政 聽訟之際 每多枉理 商情嗷嗷云 聞甚慨歎 從玆以往
　另加顧護 使一視之民 毋至向隅케事

一 私設都會 章程所禁 商民中如有冤抑未伸者 來訴本會 以爲伸雪 若有故犯
　者 照律懲治케事

一 私設都會 盖由於商民之含冤未伸而然者也 或有被殺而未能報讐 或有至冤
　而未得公決 以致衆情之憤鬱 遂至於都會之境 雖曰犯罪 顧其情 則反爲矜
　惻 商民之有冤來訴者 則詳查公決 毋使呼冤케ᄒᆞ며 事係道郡及法司者 雖
　照會 期於歸正伸理케ᄒᆞ야 必使孑孑之商民無冤安業케事

一 郡各支會區域 各以郡界爲定 勿相侵越케事

一 支會를 一郡之內分設이 或至三四ᄒᆞ니 以不贍之營業과 數小之商民으로
　多設支會가 不啻無益於商路라 反貽害於商況ᄒᆞ니 從今以後 或大邑에 二
　分支會요 小邑에 一分支會 或郡郡設立 則相距里程이 或百餘里 或七八十
　里 或星布棋列於八域 則令筋之鱗次飛傳이 勝於置郵而傳命이요 頭領之
　團束商民이 不煩不擾ᄒᆞ야 便利甚適ᄒᆞ니 以此遵行事

6　병이秉彝: 인간이 본래 가지고 있는 착한 마음을 뜻한다.

통함이나 억울함을 풀지 못한 사람이 있거든 본회에 와서 호소하여 풀 일이다. 만약 고의로 어기는 자가 있으면, 법에 따라 징치할 것.

1. 사사로이 도회를 여는 것은 대개 상민이 원통함을 풀지 못한 데서 비롯되는 것이다. 살해당한 자의 복수를 못하거나 매우 억울한데도 공정한 판결을 받지 못할 때는 인심이 분하고 억울하여 마침내 도회를 열게 되는 것이다. 비록 죄를 범했다고 하지만 그 실정을 돌아보면 도리어 불쌍하고 측은하다. 상민이 원통함이 있어 와서 호소하거든 상세히 조사하여 공정하게 판결함으로써 원통함 때문에 울부짖지 않게 하고, 일이 도나 군 및 법사에 관계가 있으면, 비록 조회照會[7]의 형식을 취하더라도 그릇된 것을 바르게 하고 억울한 일을 다스릴 것을 기대하게 하여 반드시 외로운 상민으로 하여금 원통함이 없이 편안히 생업에 종사하게 할 것.

1. 각 군의 지회의 지역은 각각 군의 경계로써 정하고, 서로 침범하지 말 것.

1. 지회를 군 안에 나누어 설치한 것이 혹 서너 곳에 이른다. 넉넉하지 않은 영업과 소수의 상민으로 지회를 많이 설치하는 것이 상로에 무익할 뿐더러 도리어 상업에 해를 끼친다. 이제부터는 분지회를 큰 군에는 두 곳, 작은 군에는 한 곳 씩 설립하면, 서로 떨어진 거리가 혹은 백여 리 혹은 칠팔십 리가 되어 팔도에 별처럼 분포하고 바둑판처럼 나란하게 될 것이다. 상부의 명령이 순차적으로 나는 듯이 전해지는 것이 역을 만들어 명령을 전하는 것보다 나을 것이고 두령이 상민을 단속하는 것이 번거롭거나 어지럽지 않아 아주 편리하고 적합하니, 이로써 준행할 것.

一 外鄉에 若有檢查之事어든 自本會로 別定任名ᄒ야 下送檢查後에 檢查之
任은 卽爲受帖ᄒ事

一 檢查人員을 派送時에 該員盤纏은 本會로셔 備給矣리니 各支會에 雖一器
飯一盃酒라도 切勿擧論ᄒ되 若有不遵令飭者면 與受者를 並爲論罰ᄒ事

一 無名雜稅ᄂ 自朝家로 旣爲革罷者也니 雜稅名色은 永勿侵漁於商民ᄒ事

一 外鄉分支會任員改遞ᄂ 依舊例限一年遞差ᄒ되 該分支會衆商이 薦望報來
亦有原商等保証然後 自支會成給差帖ᄒ야 以爲擧行ᄒ事

一 鄉支會會員은 以原商差出ᄒ고 官吏輩ᄂ 永勿施行ᄒ事

一 浮浪挾雜之類가 假托商民 出沒京鄉 凡弊多端 此不可不一查釐正이라 並
收商民姓名 成冊於各支會ᄒ야 以防奸僞ᄒ事

一 商民中恃衆行悖ᄒ야 若犯七禁一一傲慢官令事 二詬辱長老蔑分行悖事 三
勒捧私債事 四勒葬當禁之地事 五勒掘人塚事 六酗酒歐打 七勒奪寡婦事
一者면 各別嚴治ᄒ야 以懲悖習ᄒ事

一 外鄉商民이 如有呼冤之事 先訴于本分支會長ᄒ며 次呈于郡贊成員ᄒ야 以
待公決이되 如或未伸이어든 往訴于支會長ᄒ야 亦未得伸이어든 往呈于該
道贊成員然後 來訴本會이되 若有越訟之弊면 切勿聽理ᄒ事

一 商民이 或有冤抑ᄒ야 呼訴于該支會어든 該會任員이 從公決處後 捺章ᄒ
야 以爲憑準이되 若有循私誤決ᄒ야 來訴本會 則查判後 誤決之任員은 懲
治ᄒ事

一 毋論某商ᄒ고 若有商況輸贏者어든 來訴本會從理歸正 以擴商路ᄒ事

一 平民이 願入商籍者어든 任員에 受保証許入ᄒ고 來報本會이되 若有夤緣

<hr />

7 조회照會: 무엇을 묻거나 알리기 위해 보내는 공문을 말한다.

1. 지방에 만약 검사할 일이 있거든 본회로부터 임무를 맡은 사람을 별도로 정하여, 내려보내 검사한 후에 검사원은 바로 체문을 받을 것.

1. 검사원을 파견할 때의 노자는 본회에서 지급할 것이다. 각 지회에서는 밥 한 그릇, 술 한 잔이라도 대접해서는 안 된다. 만약 상부의 명령을 준수하지 않는 사람이 있으면 준 자와 받은 자를 모두 논하여 처벌할 것.

1. 무명잡세는 조정에서 이미 혁파하였으니, 잡세의 명목으로 절대 상민을 침탈하지 말 것.

1. 지방 분지회 임원의 교체는 전례에 따라 1년마다 하되, 당해 분지회 여러 상민이 천망*하여 보고하고 또 원상 등의 보증이 있은 후에야 지회에서 차첩(임명장)을 작성하여 주어 거행하도록 할 것.

1. 지방 지회 회원은 원상으로 차출하고 관리는 영원히 차출하지 말 것.'

1. 떠돌아다니면서 남을 속이는 무리들이 상민을 가탁하여 경향에 출몰하여 폐단이 많다. 이것은 한 번 조사하여 바로 잡지 않을 수 없다. 아울러 상민의 성명을 모아서 각 지회에서 성책하여 간사와 거짓을 막을 것.

1. 상민 중 무리를 믿고 행패를 부려 만약 7금(1. 관령官令을 무시하는 것 2. 장로長老에게 욕하고 분수를 무시하고 행패부리는 것 3. 사채를 강제로 받는 것 4. 금지한 곳에 억지로 매장하는 것 5. 남의 무덤을 강제로 파내는 것 6. 술에 취하여 구타하는 것 7. 과부를 강제로 빼앗는 것)을 범하는 자가 있으면 각별히 엄히 다스려 패악한 습관을 징치할 것.

1. 지방 상민이 원통함을 호소할 일이 있거든 먼저 분지회장에게 소장

生弊면 保証之人을 同爲勘罪홀事

一 本會大小公事 決定之規는 依行政法ᄒ야 自下達上 捺章後 施行홀事

一 本會任員 仕進時限은 依規則例홀事

一 或有緊急事件ᄒ야 奉勅發訓 及或因商民事端而訓飭이거든 贊成員이 到卽實施ᄒ되 若或有僨誤之弊 則不善擧行之首書記는 自京本會로 嚴懲ᄒ고 贊成員亦不無警事

一 本會任員有闕時에 受公薦塡任홀事

一 未盡條件은 推後 磨鍊홀事

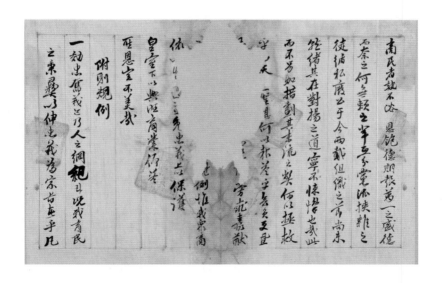

8 천망薦望: 복수로 추천하는 것이다.
9 차출하지 말 것: 이 부분은 원본에는 지워졌지만, 문맥으로 헤아려 보충한 것이다.

을 올리고 그 다음 군의 찬성원에게 올려 공정한 판결을 기다리되, 혹 풀리지 않거든 지회장에게 가서 소장을 올린다. 그래도 역시 풀리지 않거든 당해 도 찬성원에게 올린 후에야 본회에 와서 올리되, 만약 월송[10]의 폐단이 있으면 절대로 듣고 심리하지 말 것.

1. 상민이 혹 원통하고 억울한 일이 있어 당해 지회에 호소하거든, 당해 지회의 임원이 공정하게 판결하여 처리한 후 문서에 날인하여 증거로 삼되, 만약 사욕을 따라 잘못 판결하여 본회에 와서 정소하면, 조사하여 판결한 후 잘못 판결한 임원은 징치할 것.

1. 어떤 상인을 막론하고 상업에 손해를 보거든 본회에 와서 호소하여 이치에 따라 바로 잡아서 상로를 넓힐 것.

1. 평민이 상적에 가입하기를 원하거든 임원에게 보증을 받은 후 가입을 허락하고 본회에 와서 보고하되, 만약 그 사람으로 인하여 폐단이 생기면 보증한 사람도 함께 감죄[11]할 것.

1. 본회의 크고 작은 공사를 결정하는 규정은 행정 절차에 따라 아래에서 위로 올려 날인한 후 시행할 것.

1. 본회 임원의 근무 시한은 규례에 따를 것.

1. 혹 긴급한 사건으로 칙령을 받들어 훈령을 보낼 때나 상민의 사단으로 인하여 신칙하는 훈령을 내릴 때는, 도착하는 즉시 찬성원이 실시한다. 만약 잘못하여 그르치는 폐단이 있으면, 잘못 거행한 수서기首書記는 서울 본회에서 엄히 징치하고 찬성원도 경고가 없지 않을 것.

1. 본회 임원이 궐원일 때는 공천을 받아 채울 것.

1. 미진한 조건은 추후에 마련할 것.

摠裁

名譽監督 前親任官大藏大臣子爵 渡邊國武

韓國會長 正一品輔國勳一等前議政府參政大臣 趙秉式

日本會長 前廣島縣知事勅任一等現貴族院勅撰議官 德久恒範

清國會長

顧問長　正二品陸軍參將憲兵司令官 嚴俊源

副會長 從二品宮內府協辦 朴鏞和

韓國贊成員 從一品勳一等前議政府參政大臣 沈相薰

日本贊成員 陸軍大將男爵 長谷川好道

清國贊成員

日本評議長 前高等師範學校長正五位勳四等貴族院議員 伊澤修二

　　副長 皇典講究所學階一等司行前主典 片淵琢

清國評議長

　　副長

總務 九品前參奉 尹敦求

事務長 正三品前鐵道院監督 李圭恒

副司務 正三品前議官 金光植

　　　從二品前警務廳監督 魏洪奭

　　　六品前技師 金敎珏

慶尙南道支會長 前主事 李贊鎬

....

10　월송越訟: 소송의 단계를 뛰어 넘음을 뜻한다.
11　감죄勘罪: 죄를 따짐을 말한다.

총재

명예감독 전 친임관 대장대신 자작 와타나베 구니다케

한국회장 정1품 보국 훈1등 전 의정부 참정대신 조병식

일본회장 전 히로시마현 지사 칙임1등 현 귀족원 칙찬 의관 도쿠히사

　　쓰네노리

청국회장

고문장 정2품 육군참장 헌병사령관 엄준원

부회장 종2품 궁내부 협판 박용화

한국 찬성원 종1품 훈1등 전 의정부 참정대신 심상훈

일본 찬성원 육군대장 남작 하세가와 요시미치

청국 찬성원

일본 평의장 전 고등사범학교장 정5위 훈4등 귀족원 의원 이사와 슈지

　　부장 황전강구소 학계1등 사행 전 주전 편연탁

청국 평의장

　　부장

총무 9품 전 참봉 윤돈구

사무장 정3품 전 철도원 감독 이규항

부사무 정3품 전 의관 김광식

　　　종2품 전 경무청 감독 위홍석

　　　6품 전 기사 김교각

경상남도 지회장 전 주사 이찬호

6

상무우단 장정商務右團章程[1]

(1908)

◆   ◆

상무우단 장정   商務右團章程

경상남도   慶尙南道

진주 사천 곤양 단성   晉州 泗川 昆陽 丹城

....

1   상무우단 장정商務右團章程: 이 문서는 창녕상무사 자료를 비교하여 수정하였다.

◆

동아개진교육회 상무세칙 서

오호라! 우리나라가 쇠퇴하고 부진한 것은 실로 백성의 지혜가 어둡고 백성의 힘이 빈약하기 때문이다. 수십 년 이래로 정부가 교육의 확장에 노력하지 않음이 없었고 실업의 발달에 두루 힘써왔다. 그런데 아직 해처럼 우뚝 솟아 개명한 수준에 이르지 못한 것은 무엇 때문인가? 비유하자면, 초목을 기르는데 우로의 혜택은 하늘에 달렸고 심고 가꾸는 힘은 사람에게 달려 있어, 백성이 자각하는 힘이 있은 후에야 위의 가르침이 쉽게 이루어지고, 가르침이 이루어져 백성의 지혜가 넓어진 후에야 사농공상으로 모두 발달할 수 있다. 무릇 국민의 의무로서 서둘러야 할 바와 먼저 해야 할 바가 여기에 있지 않은가? 다행히 먼저 깨달은 지사가 하나의 회를 조직하여 명칭을 개진교육이라 하고 창립한 지 몇 년이 지났지만 아직 이룬 것이 없다. 이에 회원의 선발을 더욱 엄격히 하며 그 규칙을 더욱 정비하고, 갑자기 내게 회장을 맡으라고 부탁했다. 내가 식견이 모자라고 못나서 실로 감당할 수 없으나, 사양하다가 마지못하여 잠시 무릅쓰고 승낙한다. 내가 일찍이 분개한 것은, 최근에 나라 안에 하는 일 없이 입고 먹으며 함부로 행동하는 무뢰배가 아주 많은데 뜻은 항심을 잃고 아울러 항산도 없어 걸핏하면 와언하고 교화를 거스르며, 그로써 백성을 해치고 나라를 병들게 한다. 지금 교육을 급히 서둘러 각기 자기 업에 힘써 원기를 만회하고 국력을 기를 때가 실로 아니겠는가? 진실로 그렇다면 이 회의 책임이 이미 중차대하니, 각자가 마땅히 힘을 다해 협력하여 그 공을 이루면 한 회의 창도로 공익이 흥할 것

東亞開進敎育會商務細則序

嗚呼라 吾邦之所以萎靡不振者는 良由民智黯昧ᄒᆞ고 民力貧弱야라 蓋十數年來로 自政府擴張敎育이 未始不勤也며 發達實業이 未始不周也로되 尙未能蒸然日上ᄒᆞ야 亟臻開明之域者는 何也오 譬若滋養草木에 雨露之澤은 在天ᄒᆞ고 培植之力은 在人ᄒᆞ야 民能有自覺力而後에 上之敎之也易成ᄒᆞ고 敎成而民智廣然後에 之士農之工商而無往不達也니 凡所以爲國民之義務 所當急而所當先者이 其不在斯乎아 何幸先覺有志之士組織一會ᄒᆞ야 名之曰開進敎育이라ᄒᆞ고 刱有年所에 迄無所成일새 於是에 益峻其會員之選ᄒᆞ며 益整其規則之備ᄒᆞ고 酒以會長之名으로 遂屬于余라 顧余譾劣無似 固不敢自任이로되 屢辭不獲ᄒᆞ야 姑且冒據나 余竊嘗慨然者이 挽近環域之內이 率多遊衣遊食放辟無賴之徒ᄒᆞ야 旨失恒心ᄒᆞ고 並無恒産ᄒᆞ야 動作訛言에 所在梗化ᄒᆞ야 以之

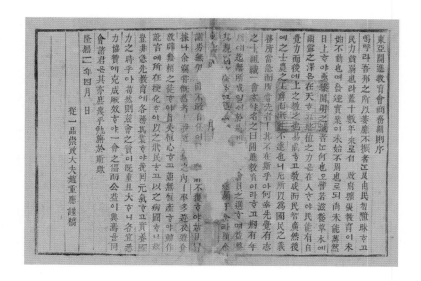

이다. 이번에 모인 여러분은 이에 더욱 노력하기를 바라노라.

융희 2년(1908) 4월 일

종1품 숭정대부 조중응이 삼가 쓰다.

동아개진교육회 상무세칙 서

대저 상민은 사민의 하나다. 옛날에도 오히려 낮에 시장을 열어 있는 것으로 없는 것과 바꾸어 이용후생을 했거늘, 하물며 항구를 크게 열고 육대주가 서로 통하고부터 민국(국민)의 수요가 전날보다 수백 배나 늘었으니, 사농공상 모두 없을 수 없다. 어느 것이 소중하고 어느 것이 가벼운 것은 아니다. 그러나 부강하는 방책에는 상업이 반드시 필요하니, 그 제도를 만들 때 조직을 분류하지 않으면 어찌 경제를 할 수 있겠는가?

우리 한국 사람이 아직도 상법에 어두워 요행만 바라 만전을 기하지 않고 자기의 이익만 도모하여 서로 분열되고 퇴보하기 때문에, 상업이 더욱 옹졸해지고 나라는 더욱 빈약해졌다. 만약 지금 근본적인 개혁을 하지 않으면, 위험하고 고치기 어려운 병을 치료할 수 없고 코 앞에 닥친 위험을 구제할 수 없다. 우리 상민은 역대 임금께서 교화하고 기른 민족(백성)이라, 임금에게 충성하고 나라를 사랑하는 것을 자신의 임무로 삼고 병들면 치료하고 죽으면 장사지내는 것을 목적으로 삼으니, 어찌 가상하지 않은가? 진실로 그 단체로 인하여 확장하여 그에 따라 나라를 부유하게 하면, 어찌 열국과 머리를 나란히 하지 않겠는가? 그러

戕民ᄒᆞ고 以之病國ᄒᆞ니 玆豈非急先敎育에 各務其業ᄒᆞ야 挽回元氣ᄒᆞ고 實養

國力之時乎아 苟然則玆會之責이 旣重且大ᄒᆞ니 各宜悉力協贊에 克成厥效ᄒᆞ

야 一會之倡而公益이 興焉을 同會諸君은 其亦庶幾乎勉旃於斯歟

隆熙二年四月日

從一品崇政大夫 趙重應謹稿

東亞開進敎育會商務細則序

夫商者ᄂᆞᆫ 居於四民之一也라 古者에 猶有日中爲市ᄒᆞ고 貿遷有無ᄒᆞ여 爲利用

厚生이어든 況自海港大開ᄒᆞ고 六洲相通으로 民國所需用이 幾百倍於前日哉

아 然則士農工商이 均是一不可廢라 未必爲何者爲重이오 何者爲輕이로되 至

於富强之策엔 商必爲要니 其爲制定規模에 苟不分類組織이면 何能經濟리오

므로 동아개진교육회 중에 상무과 하나를 특별히 만드는데, 그 대강은 본 회를 전체적으로 관할하는 것이고 그 세칙은 혹 전례에 따라 시행하는 것이 있다. 이것은 습속에 따라 이끄는 것이지, 각자 문호를 세워 독점하려는 것이 아니다. 지금은 묵은 것을 유신할 때다. 만약 규칙을 엄하게 세우지 않으면, 법이 오래 되어 폐단이 생겨 기준으로 삼을 것이 없는 문제가 있을 수 있다. 그러므로 따로 규정을 만들어 금석처럼 변함이 없는 영원한 법전으로 삼는다. 모든 우리 동지와 동업자는 삼가 지켜 어기지 말고 자기 마음을 열어 그 업을 실천하고 널리 학교를 설립하여 뛰어난 사람을 교육하여 계몽하면, 상업의 진보와 재원의 왕성을 머지않아 기약할 수 있다. 아, 어찌 훌륭하지 않은가! 다만 없는 재주로 외람되게 본 과를 맡아 지금 규정을 개정하는 날에 그동안의 일을 서술하여 서문에 대신 할 뿐이다.

융희 2년 (1908) 3월 25일

정3품 윤석천이 삼가 쓰다.

동아개진교육회 상무세칙

제1장 임원과 직장

제1조 본 과는 현재의 상업을 발달시키고 미래의 상학商學을 확장하기 위하여 설치하는 것으로, 임원은 다음과 같이 할 것.

　　1. 사무장 1인

　　1. 부사무 2인

我韓之人이 尙昧商法ᄒ여 惟望僥倖ᄒ고 不思萬全ᄒ여 人各爲心ᄒ고 散亂倒錯故로 商愈容紲而國愈貧弱ᄒ니 若不及今改絃易轍則膏肓之疾을 莫可醫也오 燃眉之急을 莫可救矣라 惟我商民이 列聖朝化育中民族이라 忠君愛國으로 爲己任ᄒ고 病救死葬으로 爲目的ᄒ니 豈不嘉尙者歟아 苟爲因其團體而擴張則 從以富國을 豈或讓一頭於列邦哉아 所以로 東亞開進敎育會中特設商務一課ᄒ야 其大體則統轄於本會ᄒ고 至若細則은 或有依舊例施行者ᄒ니 此則順其俗而導之오 非各立門戶而自專者也니 現今雖舊維新之時에 若不嚴立課程이면 法久弊生ᄒ야 難保末由之患故로 另成規則ᄒ여 以爲金石之典永遠之法ᄒ니 凡我同志同業之人은 恪遵無違ᄒ고 開發洒心ᄒ야 實踐其業ᄒ며 廣設學校ᄒ여 敎育聰俊ᄒ야 發蒙啓牖이면 商業進步와 財源興旺을 當不日可期니 豈不猗歟盛哉아 顧以不才로 猥務本課일새 今當章程改正之日ᄒ야 叙述其事 而爲序云爾

隆熙二年三月二十五日

正三品 尹錫天謹稿

東亞開進敎育會商務細則

第一章 任員及職掌

第一條 本課ᄂ 現在商務ᄅ 發達케ᄒ고 前頭商學을 擴張키위ᄒ야 設置ᄒ미
　　　니 任員은 左와 如ᄒ事
　　　一 司務長 一人
　　　一 副司務 二人

1. 공사원 3인, 수시 증감

1. 장무원 3인, 수시 증감

1. 명사원 2인, 수시 증감

1. 재무원 1인

1. 서기원 2인

1. 간사 10인, 수시 증감

제2조 사무장은 회의의 가결에 의한 회장의 지휘를 받아 부사무 이하
　　　의 임원을 통솔하여 과의 일반사무를 처리할 것.

제3조 부사무는 사무장을 도와 좌우단의 상무를 처리하되, 사무장이
　　　유고할 때는 대신 처리할 것. 단, 과거 보부상의 좌우사를 상무
　　　좌우단으로 명칭을 고칠 것.

제4조 공사원과 장무원은 사무장과 부사무의 지휘를 받아 과의 서무
　　　를 분담하고 명사원은 상규를 명백히 조사할 것.

제5조 재무원은 사무장과 부사무의 지휘를 받아 본 회 회계소에서 제
　　　출한 재정을 맡아서 관리하고 출납할 것.

제6조 서기는 과의 각종 문서와 장부를 전담하고, 간사는 과의 제반 명
　　　령에 복종할 것.

제2장 처무조례

제7조 지방 지회에서 상민과 관련된 보고서를 본 회의 서무소에서 접
　　　수하여 본 과에 배부하거든 서기가 접수하여 공사원과 장무원
　　　에게 제출할 것.

제8조 공사원과 장무원은 처리할 일이 있으면 부사무와 사무장에게

一 公事員 三人 隨時增減

　一 掌務員 三人 隨時增減

　一 明査員 二人 隨時增減

　一 財務員 一人

　一 書記員 二人

　一 幹事 十人 隨時增減

第二條　司務長은 會議可決에 依훈 會長指揮를 承호야 副司務以下任員을 統率호야 課中一般事務를 處理홀事

第三條　副司務는 司務長을 協賛호야 左右團商務를 處理호되 司務長이 有故훈時에는 代辦홀事 但曾前褓負商左右社를 商務左右團으로 改稱훈事

第四條　公事員과 掌務員은 司務長과 副司務에 指揮를 承호야 課中庶務를 分擔호고 明査員은 商規를 明査홀事

第五條　財務員은 司務長과 副司務에 指揮를 承호야 本會會計所로셔 支出훈 財政을 句管出納홀事

第六條　書記는 課中各項文簿를 專任호고 幹事는 課中諸般命令의 服從홀事

第二章 處務條例

第七條　地方支會로셔 商民所關報明書를 本會庶務所에셔 接受호야 本課에 配付호거든 書記가 接受호야 公事員掌務員의게 提呈홀事

第八條　公事員掌務員은 處辦홀 事項이 有호면 副司務와 司務長에게 提呈호야 處辦를 要홀事

第九條　司務長과 副司務가 協議훈 後에 公事員掌務員과 書記에게 處辦狀

제출하여 처리를 요구할 것.

제9조 사무장과 부사무가 협의한 후에 공사원, 장무원과 서기에게 처리장을 작성하게 하고 사무장과 부사무가 연명, 날인하여 본 회의 평의소에 제출할 것.

제10조 평의소에서 회의하고 의결한 후에 총무가 공문을 작성하여 회장의 승인을 받아 본 과로 교부하거든 부사무가 사무장의 지휘를 받아 지방 지회장에게 발송할 것.

제11조 각 지회 본 과 사무장과 각 임소 임원의 위임장은 본 회에서 작성하여 지급하되, 본 회 회장, 사무장, 부사무가 연명, 날인할 것.

제12조 각 임소 임원의 임기는 규칙에 따라 교체하되, 본 과에서 뽑아 본 회에 보고하여 의논하여 결정할 것.

제13조 각 군 각 임소의 본 과의 세칙과 도장은 본 회에서 작성하여 지급할 것.

제3장 지방상민 조칙조례

제14조 각 지방에 명령할 일이 있을 때는 사무장과 부사무가 협의하여 평의회와 통상회에 제출하여 결재를 받는다. 그 후에 지방 회장에게 수시로 명령하되, 다음 사항에 의할 것.

　　1. 상민이 전부터 단체를 만들어 국가의 유사시에 피하지 않고 달려간 것은 과거의 행적이 뚜렷하니, 과거의 조직을 따라 힘써 국가의 안보를 꾀할 것.

　　1. 상민 중 병자가 있으면 구완하고 죽은 사람이 있으면 장사하는 것은 아름다운 풍속이라 할 수 있다. 단, 부의를 걷는 것을

을 繕出ᄒᆞ야 司務長과 副司務가 聯名捺章ᄒᆞ야 本會評議所에 提出ᄒᆞᆯ
事

第十條 評議所에셔 會議可決ᄒᆞᆫ 後에 總務가 公文을 繕出ᄒᆞ야 會長에게 承
認ᄒᆞ야 本課로 交付ᄒᆞ거든 副司務가 司務長의 指揮ᄅᆞᆯ 承ᄒᆞ야 地方
支會長에게 發送ᄒᆞᆯ事

第十一條 各支會本課事務長及各任所任員에 委任狀은 自本會로 成給이되
本會會長司務長副司務가 聯名捺章ᄒᆞᆯ事

第十二條 各任所任員에 瓜期ᄂᆞᆫ 依規則遞改이되 自本課로 擇選報明于本會
ᄒᆞ야 議決ᄒᆞᆯ事

第十三條 各郡各任所에 本課細則與圖章은 自本會로 成給ᄒᆞᆯ事

第三章 地方商民操飭條例

第十四條 各地方操飭ᄒᆞᆯ 事件이 有ᄒᆞᆯ 時에ᄂᆞᆫ 司務長과 副司務가 協議ᄒᆞ야
評議會及通常會에 提出ᄒᆞ야 可決를 得ᄒᆞᆫ 後에 地方會長에게 隨
時操飭ᄒᆞ되 左開事項에 依ᄒᆞᆯ事

一 商民이 由來成團ᄒᆞ야 國家有事에 不避直前ᄒᆞᄆᆞᆫ 往蹟이 自
在ᄒᆞᆫ則 因舊組織ᄒᆞ야 務圖保安ᄒᆞᆯ事

一 商民中病救死葬은 雖曰美俗이나 但藉斂贈ᄒᆞ야 村市橫侵과
閑散勒索과 一路一商에 異區疊捧ᄒᆞᄂᆞᆫ 弊ᄂᆞᆫ 痛禁嚴塞ᄒᆞᆯ事

一 愚昧ᄒᆞᆫ 商民이 匪類에 投入ᄒᆞᆫ者 有ᄒᆞᆯ지라도 曉諭歸順ᄒᆞᆯ事

一 商民中 匪類에 誤陷ᄒᆞᆫ者라도 歸順安業ᄒᆞᆫ 後에 各地方內外國
官憲에 詰責이 有ᄒᆞᆯ時에ᄂᆞᆫ 內交外涉ᄒᆞ야 期圖安全ᄒᆞᆯ事

一 商民中 官令傲慢ᄒᆞᆫ 者와 私債를 勒捧ᄒᆞᆫ 者와 人塚을 勒掘勒

빙자하여 시골 시장에서 함부로 침탈하는 것과 한산이 강제로 토색하는 것과 한 지방의 한 상단 외에 다른 구역에서 세금을 중첩해서 받는 폐단은 철저히 금하고 엄히 막을 것.

1. 우매한 상민으로 비적에 투탁한 자가 있으면 깨우쳐 귀순하게 할 것.

1. 상민 중 비적에 잘못 빠진 자라도 귀순하여 상업에 종사한 후에 각 지방의 내국이나 외국 관헌에게 힐책당할 때는 안팎으로 교섭하여 안전을 꾀할 것.

1. 상민 중 관의 명령을 무시하는 자, 사채를 강제로 받는 자, 남의 무덤을 강제로 파고 자기 무덤으로 쓰는 자, 과부를 강제로 겁탈하는 자가 있으면 특별히 적발하여 사법부에 넘겨 일체 무겁게 처벌할 것.

1. 각 부와 군의 대로변에 도적이 출몰하는 경우에는 단체를 만들어 파견하여 특별히 방어를 꾀할 것.

1. 본 회의 입회증과 기념장을 휴대한 자는 서로 보호하여 서로 친애하고 높일 것.

1. 본 회의 임명장과 상민의 회원증을 위조하여 간악한 짓을 하는 자, 뇌물을 주고 청탁을 꾀하는 자, 회원증을 타인에게 사적으로 빌려주는 자, 도회를 사사로이 여는 자와 잡세 징수 등의 폐단을 일체 적발하여 엄금할 것.

1. 상민을 장려하여 상무학교와 상무신문을 만들도록 힘쓸 것.

葬혼 者와 寡婦을 勒劫ᄒᆞᄂᆞ者 有ᄒᆞ거든 另加糾察ᄒᆞ야 司法에
交付ᄒᆞ야 一切重繩홀事

一 各府郡大路邊에 賊類가 出沒ᄒᆞᄂᆞ 境遇에ᄂᆞ 或成團派住ᄒᆞ야
另圖防禦홀事

一 本會入會証과 紀念章을 携帶혼 者ᄂᆞ 互相保護ᄒᆞ야 親愛相尙
홀事

一 本會任名과 商民會証에 僞造作奸ᄒᆞᄂᆞ 者와 納賂圖囑ᄒᆞᄂᆞ 者
와 會証을 他人의게 私相借與ᄒᆞᄂᆞ 者와 私設都會와 雜稅收捧
等 弊를 一切糾察嚴禁홀事

一 商民를 獎勵ᄒᆞ야 商務學校와 商務新聞을 務圖成就홀事

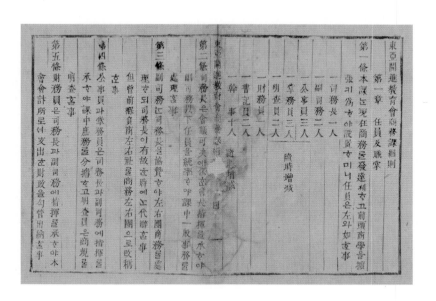

1. 예로부터 팔상²도 모두 상민이니, 알려서 입회하게 하여 좌
   우단과 서로 도와 영업할 것.
1. 본 회의 상과에서 간사 등의 사람을 절대로 지방에 파견하지
   않으며, 지방의 두령은 각 임소에 절대로 순시하지 못하게
   하여 정채³와 잡비 등을 넘보는 폐단의 근원을 엄히 막을 것.
1. 이 세칙을 회의하여 가결한 날로부터 시행할 것.

부칙

제1항 각 지방에 지회를 설치하여 서울과 지방의 본 회 상민이 합심하
    여 상무를 진흥하게 할 것.
제2항 사무장은 당해 과의 사무 일체를 관할하며 당해 소 관내의 상무
    와 본 회 상민을 규찰하여 힘써 확장을 꾀하게 할 것.
제3항 좌우단의 공사원과 장무원은 사무장을 협찬하여 제반 상무 사
    무를 처리할 것.
제4항 사무장이 각 항의 사유를 당해 지회장을 거쳐 중앙 본 회에 보
    고할 것.
제5항 각 임소의 공문 도장은 중앙 본 회에서 만들어 주되 비용 4환 씩
    을 즉시 본 회에 납부할 것.
제6항 상민의 빙표(증명서)는 따로 만들 필요가 없이 회표로 통일하여

---

2 팔상八商: 유상油商, 사상篩商, 당상糖商, 솔상乺商, 유상鍮商, 망건상網巾商, 석상錫商, 우산
  상寓散商을 뜻한다.
3 정채情債: 뇌물이나 감사금 정도로 이해할 수 있다.

一 由來八商도 均是商民이니 曉喩入會ᄒᆞ야 左右團과 共濟營業ᄒᆞᆯ事

一 本會商課로셔 幹事等人ᄅᆞᆯ 地方에 切勿派巡ᄒᆞ며 地方頭領은 各任所에
切勿巡視ᄒᆞ야 情債雜費等希覬ᄒᆞᄂᆞᆫ 弊源ᄅᆞᆯ 嚴塞ᄒᆞᆯ事

一 此細則을 議會可決日로부터 施行ᄒᆞᆯ事

附則

第一項 各地方에 支會ᄅᆞᆯ 設置ᄒᆞ야 京鄕의 本會商民으로 一體商務ᄅᆞᆯ 興旺케
ᄒᆞᆯ事

第二項 事務長은 該課一切事務ᄅᆞᆯ 管轄ᄒᆞ며 該所管內에 商務와 本會商民
을 糾察ᄒᆞ야 務圖擴張케ᄒᆞᆯ事

第三項 左右團公事員掌務員은 事務長을 協贊ᄒᆞ야 商務諸般事務ᄅᆞᆯ 處理ᄒᆞᆯ
事

第四項 事務長이 各項事由ᄅᆞᆯ 該支會長의게 經由ᄒᆞ야 報明于中央本會ᄒᆞᆯ事

第五項 各掌內任所에 公文圖章을 中央本會로 成給이되 所費金四圜式 卽納
本會ᄒᆞᆯ事

第六項 商民憑標ᄂᆞᆫ 不必別樣製成이기 以會標로 通同頒給케ᄒᆞ고 標面上에
李花商字捺印으로 憑信ᄒᆞ며 入會金은 依本會規則ᄒᆞ야 二十錢式例
受ᄒᆞ고 時捐金도 依規則施行ᄒᆞᆯ事

第七項 商民入會金은 隨其所受ᄒᆞ야 聚送于本會이되 每月終에 該名簿錄과
金額을 報明ᄒᆞ야 以便經用이되 若有愆期之弊면 該事務長與公事員
은 會規ᄅᆞᆯ 依ᄒᆞ야 論問ᄒᆞᆯ事

나누어 주게 하고 회표에 '이화상李花商'이라고 글자를 새긴 도장을 찍어 증명하며, 입회금은 본 회의 규칙에 따라 20전 씩 받고 시연금도 규칙에 따라 시행할 것.

제7항 상민의 입회금은 받는 대로 모아서 본 회에 보내고 매 월말에 해당 명부와 금액을 보고하여 경비로 쓰는데 편리하게 하되, 만약 기일을 어기면 당해 사무장과 공사원은 회의 규칙에 따라 따져서 문책할 것.

제8항 좌우 양상이 명칭은 다르나 상무는 같으니, 무역과 교통을 서로 힘써서 바르고 실질적인 상무로써 국부의 근원을 함양하고 우리 항산을 풍족하게 할 것.

경도소

회장 종1품 법부대신 조중응

부회장 정2품 승녕부총관 조민희

감독 종2품 전선사 장 김각현

총무 종2품 전 참판 신태희

부총무 정3품 전 정위 신극

평의장 정3품 전 감리 유병철

평의부장 6품 전 정위 이민숙

사무장 정3품 전 참령 윤석천

부사무 종2품 의관 김광희

　　　　종2품 경무관 위홍석

공사원 정3품 의관 나규영

第八項 左右兩商이 名雖有別이나 商務는 一아니 貿易交通을 互相勸勉ᄒ야

　　　　正實흔 商務로써 國家의 富源을 涵養ᄒ고 吾人의 恒産을 饒足케흘

　　　　事

京都所

會長 從一品 法部大臣 趙重應

副會長 正二品 承寧府摠管 趙民熙

監督 從二品 典膳司長 金珏鉉

總務 從二品 前參判 申泰熙

副總務 正三品 前正尉 申極

評議長 正三品 前監理 劉秉澈

評議副長 六品 前正尉 李敏琡

司務長 正三品 前參領 尹錫天

副司務 從二品 議官 金光熙

　　　　從二品 警務官 魏洪奭

公事員 正三品 議官 羅全榮

　　　　六品 前參奉 元馹常

　　　　正三品 議官 卞道泳

　　　　正三品 議官 南基善

　　　　正三品 五衛將 徐光植

　　　　正三品 五衛將 金學基

　　　　正三品 議官 李容赫

6품 전 참봉 원일상

정3품 의관 변도영

정3품 의관 남기선

정3품 오위장 서광식

정3품 오위장 김학기

정3품 의관 이용혁

상무원 정3품 의관 장남칠

6품 전 수문장 김창원

정3품 의관 김완순

6품 전 만호 이천응

6품 전 총순 성건영

정3품 오위장 장기호

6품 전 사장 김진찬

명사원 정3품 오위장 박주경

재무원 6품 전 주사 김종원

서기원 6품 전 주사 정재호

6품 전 주사 서병원

간사 정3품 오위장 최순경

정3품 오위장 박성원

오봉진

김창연

송창수

최만흥

常務員 正三品 議官 張南七

　　　　六品 前守門將 金昌源

　　　　正三品 議官 金完純

　　　　六品 前萬戶 李千應

　　　　六品 前摠巡 成健永

　　　　正三品 五衛將 張基鎬

　　　　六品 前司長 金鎭瓚

明查員 正三品 五衛將 朴周卿

財務員 六品 前主事 金鍾源

書記員 六品 前主事 鄭在好

　　　　六品 前主事 徐丙元

幹事 正三品 五衛將 崔舜卿

　　　正三品 五衛將 朴成源

　　　　　　　　吳鳳振

　　　　　　　　金昌然

　　　　　　　　宋昌洙

　　　　　　　　崔萬興

左右團所屬物種件

左團物種

魚鹽 藿 生水鐵 土器 木物 南草 曲子 竹物 蘆席 清蜜 牛馬駄 船載物 靑麻
等物

右團物種

좌우단 소속 물종건[4]

좌단 물종

어염·곽·생수철·토기·목물·남초·곡자·죽물·노석·청밀·우마태[5]·
선재물[6]·청마 등의 물건

우단 물종

포·백·금·릉·지물·주물·저속[7]·금·은·동·삼·초·달·면화·피혁
등의 물건

좌단

유상 사상 당상 솔상

우단

유상 망건상 석상 우산상

미진한 조건은 추후에 마련할 것.

----

4 좌우단 소속 물종건: 좌단과 우단이 매매하는 물종을 정리한 것이다.
5 우마태牛馬駄: 소나 말로 운반해 온 상품이다.
6 선재물船載物: 배로 싣고 온 상품이다.
7 저속苧屬: 모시류를 말한다.

布 帛 錦 綾 紙物 紬物 苧屬 金 銀 銅 蔘 貂 毽 綿花 皮革 等物

左團

油商 篩商 糖商 罡商

右團

鑰商 網巾商 錫商 寓散商

未盡條件은 追後磨鍊事

지명서指明書

(1908)

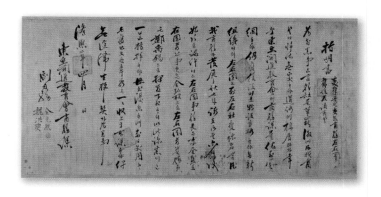

지명서

-경남 진주지회 상무좌우단 신구 임원 및 여러 상인들에게-

상세히 알리는 일이다. 상무사를 혁파한 후에 모든 우리 상민은 의지할
데가 없어 도로에서 떠돌아다녔다. 다행히 동아개진교육회에 상무과
를 이전의 기강에 따라 예전대로 다시 설립하기로 특별히 방략을 세워
따로 새로 조직한다. 좌우단은 전 좌우사의 명칭을 변경한 것이니, 모
든 우리 상무가 바야흐로 발전할 때다. 당해 지소 또한 자체로 설립하

는 것을 인가하고, 좌우단 사무장에 이규하, 우단 도공사원에 김홍식, 좌우단 도장무원에 정우석을 뽑아 임명하여 내려 보내니, 널리 이해하기 바란다. 아울러 그들의 지시를 한결같이 준수하여 소홀히 하지 말 것이다. 전날 사용하던 공문의 도장은 낱낱이 걷어 본 과에 올려 보내어 지체되거나 생경한 폐단이 생기지 않도록 하는 것이 마땅할 것이다.

융희 2년(1908) 4월 일
동아개진교육회 상무과 부사무 김광희
　　　　　위홍석

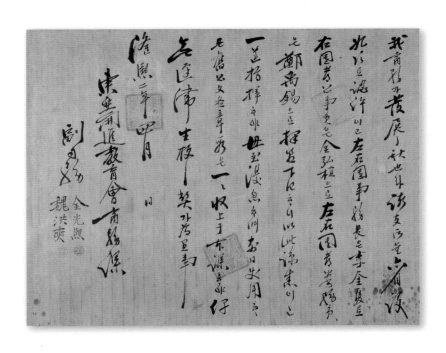

指明書

慶南晉州支會商務左右團 新舊任及諸商民

爲知悉事ᄂ 商務社를 革罷後에 凡我商民이 歸依無處ᄒ야 道路에 棲屑타가
幸乎東亞開進敎育會에 商務課를 依前紀綱ᄒ야 仍舊復設키로 特設方略ᄒ야
另新組織이되 左右團은 前左右社變稱者也니 凡我商務가 發展之秋也라 該
支所을 亦自設始次로 認許이고 左右團事務長은 李奎夏로 右團都公事員은
金弘植으로 左右團都掌務員은 鄭禹錫으로 擇差下送ᄒ니 以此諒悉이고 一
遵指揮ᄒ야 毋至漫忽ᄒ며 前日使用ᄒ든 舊公文圖章段은 一一收上于本課ᄒ
야 俾毋遲滯生梗之弊가 爲宜事

隆熙二年四月日

東亞開進敎育會商務課 副司務 金光熙
　　　　　　　　魏洪奭

2. 경남 및 진주 작성 문서와 자료

건어전 완문乾魚廛完文
(1856)

◆　　　　　　　　　　　　◆

건어전 완문　　　　　　　乾魚廛完文

병진년(1856) 2월 일　　　丙辰二月日

◆

이 완문을 작성하여 발급하는 일이다. 우리 행상이 비록 말리¹를 추구한다고 하지만, 사농공상의 한 가지 일이고 임금의 교화를 받는 사람이다. 각기 사방에서 교역하며 서로 만나 우의가 형제와 같고 신의가 붕우와 같으니, 죽을 날이 되면 어찌 서로 구제하는 도리가 없겠는가? 그래서 일찍이 그들 중 감당할 만 한 자를 뽑아 훈장, 공원, 집사로 삼아 장시에서 매매할 때 법을 어기거나 규칙을 범하는 자가 있으면, 적발하여 징계하고 권면해 왔다. 지난 계축년(1853)부터는 훈장 이선춘, 공원 성선용, 별공원 김창신, 집사 전치문 등이 개연히 서로 구제하는 법에 뜻을 모아, 각 전에서 모은 아주 적은 재물을 해마다 이자를 놓아 기일에 걷어, 동료 중 혹 타향에서 죽은 사람이 있으면 초상과 장례를 치를 수 있도록 했다. 그 서로 구제하는 우의가 □□□하다 할 만하다. 후에 만약 이 돈을 횡령하고 갚지 않는 자가 있으면, 병영에서 엄히 신칙하여 받아 주겠다는 뜻으로 완문을 작성하여 발급하니, 이로써 영구히 폐기하지 않는 것이 마땅할 것이다.

병진년(1856) 2월 일

영사 (수결)

1. 위 돈을 빌려주어 매년 받는 이자로, 동료 중 죽는 사람이 있거든 즉시 훈장소에 부고를 보내어 초상과 장례 때 비용으로 쓸 것.
1. 위 돈을 횡령하고 갚지 않는 자는 즉시 병영에 고하여, 병영에서 찾아줄 수 있도록 할 것.

◆

右完文成給事 唯□行商 雖曰末利 士農中一事 聖化中一物 各自四方互市交會 誼若昆季 信如朋友 則其於身死之日 豈無相救之道乎 是以曾者 以其中可堪者 擇定爲訓長 爲公員 爲執事之任 而若有場市賣買之際 違法犯科者 則當摘發徵礪已無可言是在果 去癸丑爲始 訓長李先春公員成善用別公員金昌信執事全致文等 慨然有志於相濟之道 各廛鳩聚之物 數甚些少 然逐年取植 期日收捧 而同僚中或有身死於他鄉者 以爲初喪葬埋之計 其爲相濟之誼 亦可謂□□□ 日後若有右錢犯用不給者 則自營庭嚴飭推給之意 玆以完文成給 以此永久勿替 宜當向事

丙辰二月　日

營使(수결)

一 右錢逐年本植 同僚中身死者 則卽爲傳訃於訓長所 以爲初喪葬埋時需用爲齊

一 右錢犯用不納者 則卽當告營 推給爲齊

一 不知老少之法 無難悖辱者 別般□□□□齊

一 凶酒無法者 雜伎無賴者 亦當嚴治 以止爲齊

一 物件賣買時 以時勢買得 而若或生臆欲買者 則亦爲嚴治禁斷是齊

····················

1　말리末利: 눈앞의 사소한 이익을 뜻한다.

1. 노인을 공경하는 법을 모르고 스스럼없이 행패부리고 욕하는 자는 특별히 □□□ 할 것.

1. 흉주[2]로 법을 무시하는 자와 노름하는 무뢰배 또한 엄히 다스려 막을 것.

1. 물건 매매할 때 시세로 사야하는데, 만약 혹 생억지를 부려 싼 값에 사려고 하는 사람이 있으면, 역시 엄히 다스려 금단할 것.

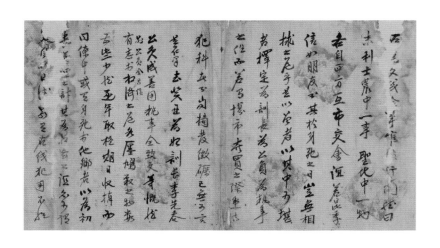

....

2 흉주凶酒: 술이 취하여 발광하여 난폭한 짓을 함을 뜻한다.

완문完文

(1878)

◆

□□

무인년(1878) 4월 완문

◆

□□□

戊寅四月完文

◆

이 문서는 완의'한 일이다. 대개 모든 사물이 같은 소리에 서로 반응하 듯 사람이 같은 기운에 서로 감응하는 것은 이치상 실로 당연한 것이 다. 오직 □□□□ 건어전 □□□□□ 소리가 같고 기운 또한 서로 일치 하고, 길사와 경사에 함께 즐거워하며 그 의기투합이 쇠를 끊을 정도 로 날카롭고, 환난에는 서로 의지하여 작은 도움으로도 더불어 살기에 충분하다. 이에 두루 의논하고 헤아려 영구히 지켜야 할 조목을 만들어 다음과 같이 열거하니, 이대로 준수하고 실행하여 형제의 우의를 결속 하는 것이 마땅할 것이다.

무인년(1878) 4월 일
사천관 장방² (수결)

대방 김광열
부수 김만억
공원 김우창
　　김택인
1번 도사령 손경식 (수결)
2번 도사령 천도권 (수결)
3번 도사령 오병식 (수결)
　　　김춘성 (수결)

....

1 완의完議: 의논한 것을 합의하여 완전히 결정함을 뜻한다.
2 장방將房: 지방에 속한 하급 군교들의 조직으로. 장청將廳이라고도 한다.

◆

右文爲完議事段 蓋凡物有同聲而相應 人有同氣而相感者 卽理勢之固然也 惟
□□□□乾魚廛 □□□□□同在聲 氣亦相孚 吉慶同樂 契合斷金之利 患難
相挾 足賴斗水之活 周爰咨謀 永立科條 臚列于左 依此遵行 以結弟兄之誼
□□□者

戊寅四月日
泗川官將房(수결)

大房 金光悅
副首 金萬億
公員 金禹昶
　　金宅仁
一番都使令 孫慶植(수결)
二番都使令 千道權(수결)
三番都使令 吳秉植(수결)
　　　　金春成(수결)
　　　　朴學律(수결)
　　　　張好俊(수결)
　　　　□□□(수결)
　　　　□□用(수결)
　　　　金春玉(수결)
　　　　姜渭權(수결)
　　　　李良淑(수결)

박학율 (수결)

장호준 (수결)

□□□ (수결)

□□용 (수결)

김춘옥 (수결)

강위권 (수결)

이양숙 (수결)

이응준 (수결)

신수인 (수결)

장끗만 (수결)

장우경 (수결)

양낙원 (수결)

이실이 (수결)

원

1. 건어전 영감 이상은 본청 행수의 예로 대우할 것.

1. 본청 행수는 귀방 영감의 예로 대우할 것.

1. □□□□□□□하는 자는 특별히 논벌[3]하고 제명할 것.

1. 초상과 장례 때의 부의는 참작하여 서로 조문할 것.

····················

3 논벌論罰: 따져서 처벌함을 뜻한다.

李應俊(수결)

愼守仁(수결)

張志萬(수결)

張又京(수결)

梁洛元(수결)

李宗伊(수결)

原

一 乾魚廛令監 以上本廳行首禮 承接爲齊

一 本廳行首 以貴房令監禮 承接爲齊

一 □□□□□□者 別般論罰除名爲齊

一 初喪襄禮時賻儀 參酌相問爲齊

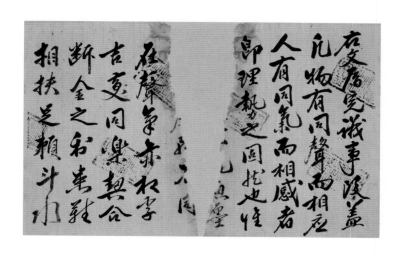

3 어각전 완문魚各廛完文

◆

어각전 완문

임오년(1882) 6월 일

◆

魚各廛完文

壬午六月日

◆

□□□□□□□□□□□즉 □□□□□□□□□□ 우의를 거듭 밝혀 환난을 서로 구휼하고 상사와 질병을 서로 구제하며, 일이 생기면 서로 돌보고 보호한다. 또 장시에서 매매할 때 무뢰배가 억지로 강요하는 습성과 흥주와 노름 때문에 싸움에 이르는 폐단을 인근 각 고을의 모든 임소에서 금지한다. 그런데, 본 읍은 애초에 임방이 없어 행상의 규례가 많이 문란하다. 그러므로 도회의 공의¹ 후에 지금부터 임소를 설치하고 임원을 임명하여 구제하고 금지하는 각종 절차를 완문으로 만들어 준수하게 한다. 대저 행상의 일은 사민 중 하나로 말리를 추구하지만 동서남북의 사람이 모여서 상업을 하니, 이즈음의 규례로 임방을 정하여 금지하고 보호하는 것이 행상이 상품을 우리 시장에 보관하게 하는 뜻에 해롭지 않을 것이므로, 호소한 바에 따라 완문을 작성하여 발급한 후 모든 시행규칙을 아래에 열거하니, 이에 의하여 영구히 좇아 행함으로써 풍속의 아름다움을 □□□하는 것이 마땅할 것이다.

□□□ □□□
□□□ 천상락
별공원 박덕원
한산 공원 김성겸
집사 유한필
동몽 대방 총각 정암회
공원 김기조
조사 김작은놈

◆

□□□□□□□□□□□□則 □□□□□□□□□□□誼重明 患難相救 喪病
相濟 隨事看護 且場市間賣買之際 無賴輩臆勒之習 酗酒雜技鬪致之弊 隣近
各邑 皆有任所 使之禁飭 而本邑 則初無任房 行商規例 自多紊亂 故都會公
議後 自今爲始 設任所差任名 諸般救濟禁飭之節 成完文遵行亦爲 大抵行商
之事 雖是四民中末利 然東西南北之人 萃集爲業 則這間規例 定任房禁護 不
害爲藏吾市之義乙仍于 依所訴完文成給後 凡干行規 臚列于左爲去乎 依此
永久遵行 □□□風和俗之美 宜當者

□□□ □□□
□□□ 千相洛
別公員 朴德元
閑散公員 金成彔
執事 劉漢必
童蒙大房摠角 鄭岩回
公員 金己祚
助事 金自斤老末

....

1 공의公議: 공적으로 의논함을 뜻한다.

1. 상인 중의 병자가 사망하거든, 임소에 부고를 전한 후 장례절차를 박하지 않게 후하게 하여, 유감의 뜻이 없도록 할 것.
1. 시장에서 매매할 때라도, 노소를 모르고 스스럼없이 행패를 부리고 욕하는 자는 임소에서 특별히 금하여 다스릴 것.
1. 행상 중 술에 취하여 사납게 굴거나, 노름을 하거나, 나약하고 게으른 자가 주막에 머물면 절도의 변고가 쉽게 일어날 수 있으니, 경계 밖으로 쫓아 보낼 것.
1. □□□□□□□□□□□□□□□□□□□□□□□□□□□□□□
1. 미진한 조항은 추후에 마련할 것.

一 商人中身病者 身死者 傳訃任所後 葬埋之節 不薄而厚 俾存無憾之義爲齊

一 雖市上賣買之時 不知老少 無難悖辱者 自任所別般禁治爲齊

一 行商中酗酒雜技懦懶逗遛於店幕者 易致偸窃之患 摘發逐送境□□□

一 □□□□□□□□□□□議□□□□□□□□□□□□□

一 未盡條件 追後磨鍊爲齊

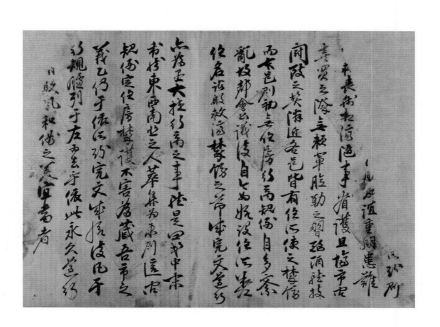

4 도소 절목都所節目

◆

도소 절목

정해년(1887) 2월 일

◆

都所節目

丁亥二月日

◆

우사 도소에서 절목을 작성하여 발급하는 일이다. 우리 도소의 소사[1] 총각 비방[2]아, 네가 1년간 사역하면서 공무가 많아 네 생계를 위한 장사를 못했으니, 네 사정이 실로 어렵게 되었다. 그러므로 이렇게 생계에 쓸 비용의 액수를 정한다. 그 내용은 다음과 같다. 금전錦廛 중의 청물, 화석, 건금, 유황, 백반, 연죽 등 6가지 상품의 구문과 어과전 중의 멸치두승세[3]를 장날마다 거두어서 공회 때 명송[4] 값과 공역에 대한 대가로 충당하여 앉아서 손해를 입는 일이 없도록 할 것이다. 이 내용으로 절목을 작성하여 발급하니, 이대로 좇아서 행할 것이다.

도소 (수결)
정해년(1887) 2월 일

청물 1근당 1전의 구문
화석 1척당 5전의 구문
건금 1척당 5전의 구문
유황 매 근당 1푼 씩의 구문
백반 1근당 1푼의 구문
낙죽, 백죽 1첩당 3푼의 구문
색죽 매 첩당 5푼의 구문

◆

右社都所爲節目□給事 惟我都所所使摠角備房 汝矣使役一年 奉公許多 未

暇不信商策 則汝矣情地實是無賴 故玆以定額式所賴之費爲去乎 條件段非他

至於錦廛中 靑物火石乾金硫黃白礬烟竹 右六般物種口文 而至於魚果廛中

減吳致斗升貰 每場收合 以其公會時明松價 補奉公役 俾無屈地受害事 成給

節目 以此遵行事

都所(수결)

丁亥二月日

靑物 一斤 一戔

火石 一隻 五戔

乾金 一隻 五戔

硫黃 每斤 一分式

白礬 一斤 一分

烙竹白竹 一貼 三分

色竹 每貼 五分

....

1 소사所使: 시키는 대로 심부름하는 사람이다.
2 총각 비방摠角備房: 도소의 서무를 처리하는 비방 중 동몽청에 속한 보상으로 보인다. 통
   상 비방은 '俾房'으로 쓰는데, 여기서는 '備房'으로 쓰고 있다.
3 멸치 두승세減吳致斗升貰: 멸치 거래에서 생기는 작은 구전을 말하는 것으로 보이는데, 확
   실하지 않다.
4 명송明松: 횃불을 밝히기 위하여 소나무로 만든 홰를 가리키는 것으로 보인다.

5 병총판 한규설 혁폐불망비兵總辦韓圭卨革弊不忘碑[1]

(1887)

---

1 이 비석은 진주를 비롯한 7개 읍의 부상들이 시장세 폐단을 해결한 전 경상우도 병마절도사 한규설을 기리기 위해 세운 것으로, 현재 진주성 내 비석거리에 세워져 있다. 국립진주박물관에 기증된 자료는 아니지만, 진주 상무사 자료를 이해하는 데 참고가 되어 소개한다.

병총판 한공 규설 혁폐불망비

부월을 안고 진주의 경상우병영을 다스리며,
무너진 제도를 일으키고 정사를 통하게 하였네.
세금을 거둠에 토지에 근거를 두었고,
완악한 자를 순화시켜 아름다운 풍습을 세웠네.
세금을 거두는 것을 감해주어
부담이 가벼워지니 사람들이 서로 모여드네.
영원토록 잊을 수 없어,
이 돌을 세워 무궁히 기억하리라.

정해년(1887) 2월 일

7읍 부상² 임소에서 세우다.

---

2 7읍부상七邑負商: 이 책에 수록된 『사전 청금록』에 보면, 진주 이외에 사천, 단성, 곤양, 하
   동, 반성, 산청현 등 7읍의 보부상들도 소속되어 활동하였다. 이 불망비를 세우는 데 참여
   한 부상들 역시 이 7읍의 부상이었을 것으로 추정된다.

兵總辦韓公圭髙革弊不忘碑

按鉞使晉

廢興政通

徵鍰立土

礪頑樹風

捃斂斯減

任閒互蝟

永世難忘

此石無窮

丁亥二月 日

七邑負商 任□[3] □[4]

....

3 任□: 당시 비석 제작 관행으로 보아, 결락된 부분은 임소任所의 '소所'나 임방任房의 '방
房'으로 추정된다. 1885년에 작성된 『사전권조문』에는 각 지역의 보부상 조직명이 임소任
所로 기록되어 있어, 여기서는 임소로 파악하였다.

4 □: 건립 주체를 쓴 다음에 세우다는 뜻의 '립立'라는 글자를 많이 사용하는 것이 당시 비
석 제작관행이었다. 이 비석도 이러한 관행을 따랐을 것으로 추정하였다.

6

부산항 출입각물 내외구전 정식절목

釜山港出入各物內外口錢定式節目

(1888)

◆　　　　　　　　　　　　　　　　　　　◆

부산항 출입각물 내외구전 정식절목　　釜山港出入各物內外口錢定式節目

광서 14년 무자년(1888) 2월 일　　　　光緒十四年戊子二月日

◆

광서 14년 무자년(1888) 2월 일 부산항 출입각물 내외구전 정식절목

위 절목을 작성하여 발급하는 일이다. 본 부는 교린중진관시[1]로서 출

입하는 화물에 각각 세금 항목이 있어서 세은고[2]에 두었다가 매 달 차

례로 납부했다. 개항하고부터 팔도의 행상은 오직 상품의 수출·수입 과정에 폐단이 많다고 생각하였다. 그래서 이전의 객주 영업자의 정원을 제한하였다. 그러나 방한(건달)과 무뢰배는 끝내 □□□□ 몰랐다. □□ 폐단이 갈수록 더욱 심한 것도 전적으로 구문이 정해진 것이 없기 때문이었다. 그러므로 인천항과 원산항의 예에 따라 각 물건의 구전을 간략하게 마련하고 걷어 들이게 했던 것이다. 지금 상민 등의 정소

呈訴에 따라 다시 샅샅이 조사하니, 소위 구전을 걷어 들일 때 지나치게 걷는 폐단이 없지 않다. 그러므로 향청, 무청, 질청³으로 하여금 상민과 각 객주와 함께 모여 각 물건의 구전을 조목조목 확실히 정하게 하여 다음과 같이 열거하여 절목을 작성하여 발급하니, 이대로 영구히 좇아 시행하고 절대로 가감하지 않는 것이 옳을 것이다.

사 (수결)

좌수⁴ 김 (수결)

중군⁵ 이 (수결)

행수 군관⁶ 정 (수결)

집사 행수⁷ 정 (수결)

병방 군관⁸ 윤 (수결)

공형⁹ 이호전 김계연 이상욱 윤호일

....

1 교린중진관시交隣重鎭館市: 이웃나라인 일본과의 외교에 중요한 역할을 하는 동시에 무역도 대규모로 이루어지는 곳이라는 의미이다.
2 세은고稅銀庫: 부산항에서 관세로 거둔 은을 저장하는 창고로 보이는데, 구체적인 위치 등은 알 수 없다.
3 질청作廳: 아전이 일을 보던 곳이다.

◆

光緒十四年戊子二月日 釜山港出入各物內外口錢定式節目

右爲節目成給事 本府以交隣重鎭舘市 出入之貨 各有稅項 付之稅銀庫 逐朔

排納矣 一自開港之後 八路行商 唯以出入 爲弊多端 向所以額定客主者 爲是

禁□之意 而刱開無賴之徒 終不知□ □□之弊 去益爲甚 專有□□¹⁰之無定

也 故一依仁川元山港例 各物口錢從略磨鍊 使之收捧矣 今因商民等訴 更爲

査櫛 則所謂口錢收捧之際 不無濫觴爲弊之端 故使鄕武作廳 會同商民與各

客主 逐條敦定各物口錢 列錄于左 節目成給爲去乎 依此永遵施行 更勿加減

宜當者

使(수결)

座首 金(수결)

中軍 李(수결)

行首軍官 鄭(수결)

執事行首 鄭(수결)

兵房軍官 尹(수결)

公兄 李浩銓 金啓演 李相旭 尹浩鎰

....

4　좌수座首: 향청의 책임자이다.

5　중군中軍: 무청 소속의 하급 군관이다.

6　행수 군관行首軍官: 상인과 객주를 대표하여 회동한 이들로 보인다.

7　집사 행수執事行首: 상인과 객주를 대표하여 회동한 이들로 보인다.

8　병방 군관兵房軍官: 무청 소속의 하급 군관이다.

9　공형公兄: 질청의 주요 임원으로, 흔히 호장, 이방, 수형리 혹은 승발을 통칭하여 삼공형이
　　라고 한다.

10　□□: 口文으로 추정된다.

내구, 일본인에게 적용하는 구문	內口 彼人當條
별은 개당 2냥	別銀 每個 貳兩
백목 필당 5푼	白木 每疋 伍分
황사 근당 2전	黃絲 每斤 貳戔
해삼 칭당 1냥	海蔘 每稱 壹兩
황금 칭당 5전	黃芩 每稱 伍戔
진어미 칭당 1냥	眞魚尾 每稱 壹兩
인삼 근당 5전	仁蔘 每斤 伍戔
잉어 칭당 5전	鯉魚 每稱 伍戔
미삼 근당 5푼	尾蔘 每斤 伍分
우피 칭당 1냥	牛皮 每稱 壹兩
미태 석당 3전	米太 每石 參戔
백지 괴당 3전	白紙 每塊 參戔
창호지 괴당 5전	牕戶紙 每塊 伍戔
장지 속당 5푼	壯紙 每束 伍分
각종 약재 양두당 1푼	各樣藥材 每兩頭 一分
명주 필당 1전	明紬 每疋 壹戔
그 밖의 각종 잡화는 거래액의	其外各雜種 依錢數
백 분의 일을 구문으로 정함	百一條磨鍊
외구, 우리나라 사람에게 적용하는 구문	外口 我人當條
당목 필당 1전	唐木 每疋 壹戔
양사 통당 1전 5푼	洋紗 每桶 壹戔伍分

단·릉·라·양단령·양대포	緞·綾·羅·兩端令·兩大布
필당 각 1전	每疋 各壹戔
척동 칭당 1냥	尺銅 每稱 壹兩
생동 칭당 8전	生銅 每稱 捌戔
납 칭당 1냥 5전	鑞 每稱 壹兩伍戔
백동 근당 2푼	白銅 每斤 貳分
회 1필 1전 5푼	繪 壹疋 壹戔伍分
진피 칭당 1전 5푼	陳皮 每稱 壹戔伍分
양목사 속당 5푼	洋木絲 每束 伍分
홍양사 필당 5푼	紅洋紗 每疋 伍分
함석 칭당 3전	含錫 每稱 參戔
청납 칭당 1전 5푼	靑鑞 每稱 壹戔伍分
청피 칭당 5전	靑皮 每稱 伍戔
백염 포당 5푼	白鹽 每包 伍分
각종 화포(그림 바탕천) 필당 5푼	畵布各種 每疋 伍分
통단 필당 5전	桶緞 每疋 伍戔
각종 약재 양두당 1푼	各樣藥材 每兩頭 壹分
미태 석당 3전	米太 每石 參戔
북포(함경도 삼베)·길포(길주 삼베) 5푼	北布·吉布 伍分
북어 태당 1냥	北魚 每駄 壹兩

영원히 혁파되는 조목	永革秩
당황, 석유, 일포, 화기, 단목, 남비, 담욕,	唐磺 石油 日布 畵器 丹木

당속, 거핵, 홍염, 자염, 청염,	南飛　毯褥　糖屬　去核　紅染
자잘한 각종 철물, 자잘한 각종	紫染　靑染　鐵物小小各種
목물	木物小小各種

상민이 객주에게 사적으로 주는	商民與客主私給口文定式
구문의 정식(규정)	
명주 필당 1전	明紬　每疋　壹戔
장지 속당 2푼	壯紙　每束　貳分
백지 괴당 1전	白紙　每塊　壹戔
창호지 괴당 3전	窓戶紙　每塊　參戔
별은 개당 1냥	別銀　每個　壹兩
백목 필당 1푼 5리	白木　每疋　壹分伍里
황사 근당 1전	黃絲　每斤　壹戔
해삼 칭당 1냥	海蔘　每稱　壹兩
황금 칭당 1냥	黃芩　每稱　壹兩
진어미 칭당 1냥	眞魚尾　每稱　壹兩
인삼 근당 1전	仁蔘　每斤　壹戔
잉어 칭당 2전	鯉魚　每稱　貳戔
미삼 근당 2전	尾蔘　每斤　貳戔
미태 석당 5전	米太　每石　伍戔
천관 양당 5푼	天館　每兩　伍分
각종 약재 가격 양두당 1푼	藥材各樣價錢　每兩頭壹分
그 밖 각종 잡화는 거래액의	其外雜種以錢數百一條磨鍊

백 분의 일을 구문으로 정함

좌우도 도회 열명기	左右道都會列名記
도반수 오군필 진주	都班首 吳君弼 晉州
도회 도반수 이종후 김해	都會都班首 李宗厚 金海
도접장 김택서 창원	都接長 金宅瑞 昌原
부접장 최택겸 김해	副接長 崔宅兼 金海
도공사장 윤희중 동래	都公司長 尹禧重 東萊
좌도 공사장 윤경도 동래	左道公司長 尹敬道 東萊
우도 공사장 김학서 진주	右道公司長 金學瑞 晉州
좌우도 도공원 김경원 연산	左右道都公員 金敬元 燕山
공사 공원 박인영 대구	公司公員 朴仁榮 大邱
좌도 별공원 김춘일 경주	左道別公員 金春一 慶州
우도 별공원 심원중 함안	右道別公員 沈元仲 咸安
공사 별공원 박경진 연산	公司別公員 朴敬振 燕山
도서기 공원 이경오 경주	都書記公員 李敬五 慶州
별공원 구극신 진해	別公員 具極臣 鎭海
한산 반수 이치장[11] 고성	閑散班首 李致章 固城
한산 접장 조관오 안의	閑散接長 曹寬五 安義
한산 부접장 전치문 진해[12]	閑散副接長 田致文 鎭海
도집사 김학만 의령	都執事 金學萬 宜寧

....

11 이치장李致章: 동일한 성격의 다른 문서에는 이경장李敬章이라고 쓰여 있다.
12 진해鎭海: 다른 문서에는 김해金海라고 되어 있다.

별도 집사 김치서	別都執事 金致瑞
김춘원	金春元
이명숙	李明淑
김성보	金聖甫
정성언	鄭成彦
동몽 대방 윤재홍	童蒙大房 尹在弘
부대방 심명석	副大房 沈明碩
정계순	鄭桂順
한용석	韓用石
비방 이귀준	裨房 李貴俊
김성도	金聖道
잡사 권응곤	雜事 權應坤
백유복	白有福
송봉원	宋鳳元
윤치이	尹致伊
각 임소 참석기록	各任所時到記
진주 임소 7인	晉州任所 七人
창원 임소 9인	昌原任所 九人
김해 임소 12인	金海任所 十二人
함안 임소 5인	咸安任所 五人
진해 임소 5인	鎭海任所 五人
고성 임소 7인	固城任所 七人

통영 임소 3인	統營任所 三人
의령 임소 4인	宜寧任所 四人
좌도	左道
양산 임소 35인	梁山任所 三十五人
동래전원 120인	東萊廛員 一百二十人
밀양 임소 4인	密陽任所 四人
언양 임소 5인	彦陽任所 五人
경주 임소 7인	慶州任所 七人
기장 임소 3인	機張任所 三人
전라도 한산 55인	全羅道閑散 五十五人
충청도 한산 23인	忠淸道閑散 二十三人
강원도 한산 28인	江原道閑散 二十八人
평안도 한산 15인	平安道閑散 十五人
좌우도 도회소	左右道都會所

7

부산항 각물 내외구전 정식절목

釜山港各物內外口錢定式節目

(1888)

◆　　　　　　　　　　　◆

부산항 각물 내외구전 정식절목　釜山港各物內外口錢定式節目

광서 14년 무자년(1888) 2월 일　光緒十四年戊子二月日

◆

광서 14년 무자년(1888) 2월 일 부산항 각물 내외구전 정식절목

위 절목을 작성하여 발급하는 일이다. 본 부는 교린중진관시로서 출입
하는 화물에 각각 세금 항목이 있어서 세은고에 두었다가 매 달 배정
하여 사용했다. 개항하고부터 팔도의 행상이 오직 상품의 수출입 과정
에 폐단이 많다고 생각하였다. 그래서 이전의 객주 영업자의 정원을 제
한하였다. 그러나 방한(건달)과 무뢰배는 끝내 □□ 몰랐다. □□하는
폐단이 갈수록 더욱 심한 것도 전적으로 구문이 정해진 것이 없기 때
문이었다. 그러므로 인천항과 원산항의 예에 따라 각 물건의 구전을 간
략하게 마련하고 걷어 들이게 했던 것이다. 그러나 상민 등의 정소訴
에 따라 다시 샅샅이 조사하니, 소위 구전을 걷어 들일 때 지나치게 걷
는 폐단이 없지 않다. 그러므로 향청·무청·질청으로 하여금 상민과
각 객주와 함께 모여 각 물건의 구전을 조목조목 확실히 정하게 하여
다음과 같이 열거하여 절목을 작성하여 발급하니, 이대로 영구히 좇아
시행하고 절대로 가감하지 않는 것이 옳을 것이다.

사 (수결)

◆

光緒十四年戊子二月日 釜山港各物內外口錢定式節目

右爲節目成給事 本府以交隣重鎭館市 出入之貨 各有稅項 付之稅銀庫 逐朔

排用矣 一自開港之後 八路行商 唯以出入爲弊多端 向所以額定客主者 爲是

禁□之意 而幇開無賴徒 終不知□ □□之弊 去益爲甚 專由□□[1]之無定也

故一依仁川元山港例 各物口錢從略磨鍊 使之收捧矣 因商民等訴 更爲查櫛

則所謂口錢收捧之際 不無濫觴爲弊之端 故使鄕武作廳 會同商民與各客主 逐

條敦定各物口錢 列錄于左 節目成給爲去乎 依此永遵施行 更勿加減 宜當者

使(수결)

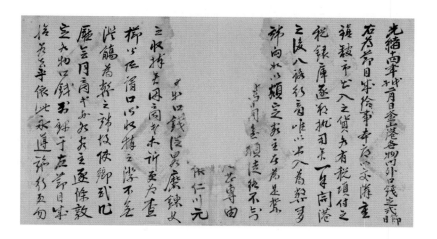

....

1 □□: 문맥상 '구문口文'이라는 말이 들어가야 한다.

좌수 김 (수결)	座首 金(수결)
중군 이 (수결)	中軍 李(수결)
행수 군관 정 (수결)	行首軍官 鄭(수결)
집사 행수 정 (수결)	執事行首 鄭(수결)
병방 군관 윤 (수결)	兵房軍官 尹(수결)
공형 이호전 김계연 이상욱 윤호일	公兄 李浩銓 金啓演 李相旭 尹浩鎰
내구, 일본인에게 적용하는 구문	內口 彼人當條
별은 개당 2냥-고을 납부는 1냥	別銀 每個 貳兩 邑納壹兩
백목 필당 5푼	白木 每疋 伍分
황사 근당 2전	黃絲 每斤 貳戔
해삼 칭당 1냥	海蔘 每稱 壹兩
황금 칭당 5전	黃芩 每稱 伍戔
진어미 칭당 1냥	眞魚尾 每稱 壹兩
인삼 근당 5전	仁蔘 每斤 伍戔
잉어 칭당 5전	爾魚 每稱 伍戔
미삼 근당 5푼	尾蔘 每斤 伍分
우피 칭당 1냥	牛皮 每稱 壹兩
미태 석당 3전	米太 每石 參戔
백지 괴당 3전	白紙 每塊 參戔
창호지 괴당 5전	惣戶紙 每塊 伍戔
장지 속당 5푼	壯紙 每束 伍分
각종 약재 양두당 1푼	各樣藥材 每兩頭 壹分

명주 필당 1전	明紬 每疋 壹戔
그 밖의 각종 잡화는 거래액의	其外各雜種 依錢數百一條磨鍊
백 분의 일을 구문으로 정함	

외구, 우리나라 사람에게 적용하는 구문	外口 我人當條
당목 필당 1전	唐木 每疋 壹戔
양사 통당 1전 5푼	洋紗 每桶 壹戔伍分
단·릉·라·양단령·양대포 필당 각 1전	緞·綾·羅·兩端令·兩大布 每疋 各壹戔
생동 칭당 8전	生銅 每稱 捌戔
척동 칭당 1냥	尺銅 每稱 壹兩
상납 칭당 1냥 5전	上鑞 每稱 壹兩伍戔
백동 근당 2푼	白銅 每斤 貳分
증 1필 1전5푼	繒 壹疋 壹戔伍分
진피 칭당 1전5푼	陳皮 每稱 壹戔伍分
양목사 속당 5푼	洋木絲 每束 伍分
홍양사 필당 5푼	紅洋紗 每疋 伍分
함석 칭당 3전	含錫 每稱 參戔
청납 칭당 1전5푼	靑鑞 每稱 壹戔伍分
청피 칭당 5전	靑皮 每稱 伍戔
백염 포당 5푼	白鹽 每包 伍分
각종 화포 필당 5푼	畵布各種 每疋 伍分
통단 필당 5전	桶緞 每疋 伍戔
각종 약재 양두당 1푼	各樣藥材 每兩頭 壹分

미태 석당 3전	米太 每石 參戔
북포(함경도 삼베)·길포(길주 삼베) 각 5푼	北布·吉布 每疋 各伍分
북어 태당 1냥	北魚 每馱 壹兩
영원히 혁파되는 조목	永革秩
당황, 석유, 일포, 화기, 단목, 남비, 담요, 당속, 거핵, 홍염, 청염, 자염, 자잘한 각종 철물, 자잘한 각종 목물	唐磺 石油 日布 畵器 檀木 南飛 毯 褥 糖屬 去核 紅染 靑染 紫染 鐵物 小小各種 木物小小各種
상민이 객주에게 사적으로 주는 구문의 정식	商民與客主私給口文定式
명주 필당 1전	明紬 每疋 壹戔
장지 속당 1푼	壯紙 每束 壹分
백지 괴당 1전	白紙 每塊 壹戔
창호지 괴당 3전	窓戶紙 每塊 參戔
별은 개당 1냥	別銀 每箇 壹兩
백목 필당 1푼 5리	白木 每疋 壹分伍里
황사 근당 1전	黃絲 每斤 壹戔
해삼 칭당 1냥	海蔘 每秤 壹兩
황금 칭당 1냥	黃芩 每秤 壹兩
인삼 근당 1전	仁蔘 每斤 壹戔
잉어 칭당 2전	鯉魚 每秤 貳戔

미삼 근당 2전	尾蔘 每斤 貳戔
미태 석당 5전	米太 每石 伍戔
천관 양당 5푼	天館 每兩 伍分
각종 약재 가격 양두당 1푼	藥材各樣價錢 每兩頭 壹分
그 밖의 각종 잡화는 거래액의	其外雜種以錢數百一條磨鍊
백 분의 일을 구문으로 정함	

좌우도 도회소	左右道都會所
도반수 오군필 진주	都班首 吳君弼 晉州
도회 도반수 이종후 김해	都會都班首 李宗厚 金海
도접장 김택서 창원	都接長 金宅瑞 昌原
부접장 최택겸 김해	副接長 崔宅兼 金海
도공사장 윤희중 동래	都公司長 尹禧重 東萊
좌도 공사장 윤경도 동래	左道公司長 尹敬道 東萊
우도 공사장 김학서 동래	右道公司長 金學瑞 東萊
좌우도 도공원 김경원 연산	左右道都公員 金敬元 連山
공사 공원 박인영 대구	公司公員 朴仁榮 大邱
좌도 별공원 김춘일 경주	左道別公員 金春一 慶州
우도 별공원 심원중 함안	右道別公員 沈元仲 咸安
공사 별공원 박경진 연산	公司別公員 朴敬振 連山
도서기 공원 이경오 경주	都書記公員 李敬五 慶州
서기 공원 구극신 진해	書記公員 具克臣 鎭海
한산 반수 이경장 고성	閑散班首 李敬章 固城

한산 접장 조관결 안의	閑散接長 曺寬結 安義
한산 부접장 전치문 김해	閑散副接長 田致文 金海
도집사 김학만 의령	都執事 金學萬 宜寧
별도집사 김치서·김춘원·이명숙·	別都執事 金致瑞·金春元·李明淑·
김성보·정성언	金聖甫·鄭成彦
동몽 대방 윤재홍	童蒙大房 尹在弘
부대방 심명석·정계순·한용석	副大房 沈明碩·鄭桂順·韓用石
비방 이귀준·김성도	裨房 李貴俊·金聖道
잡사 권응곤·백유복·송봉원·윤칠이	雜事 權應坤·白有福·宋鳳元·尹七伊

각 임소	各任所
진주 임소 7인	晉州任所 七人
창원 임소 9인	昌原任所 九人
김해 임소 12인	金海任所 十二人
함안 임소 5인	咸安任所 五人
진해 임소 5인	鎭海任所 五人
고성 임소 7인	固城任所 七人
통영 임소 3인	統營任所 三人
의령 임소 4인	宜寧任所 四人

좌도	左道
양산 임소 25인	梁山任所 二十五人
동래전원 120인	東萊廛員 一百二十人
밀양 임소 4인	密陽任所 四人

언양 임소 5인   彦陽任所 五人

경주 임소 7인   慶州任所 七人

기장 임소 3인   機張任所 三人

전라도 한산 55인   全羅道閑散 五十五人

충청도 한산 23인   忠淸道閑散 二十三人

강원도 한산 28인   江原道閑散 二十八人

평안도 한산 15인   平安道閑散 十五人

좌우도회소   左右道會所

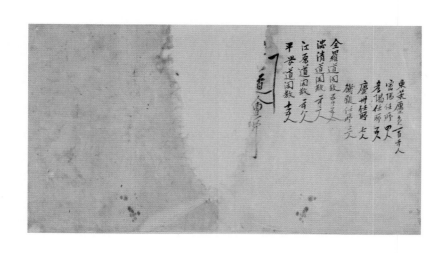

8

북어전 완문北魚廛完文

(1891)

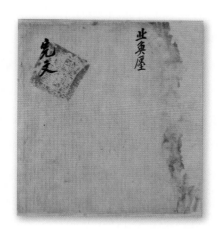

◆

북어전 완문

◆

北魚廛完文

◆

이 완문을 작성하여 발급하는 일이다. 지금 여러 장교의 등장[1]을 받아보니, 우리 고을은 병영이 있는 곳으로, 행정업무가 매우 많은 고을이다. 장교가 일은 많고 보수는 박하여 지탱할 길이 없다. 몇 년 전부터 이것을 호소해서, 구제할 방도를 열심히 의논했으나 고을에는 손을 쓸 곳이 없어

1 등장等狀: 여러 사람이 연명하여 관청에 올리는 소장訴狀을 뜻한다.

서 아직 조처할 대책이 없다. 다만 곰곰이 생각해보니, 지금 고을을 번거롭게 하지 않고 백성을 힘들게 하지 않고서도 충분히 구제할 길이 있다. 여러 고을에서 장시의 수세를 전적으로 장교청에 의지하는데 유독 우리 고을만 이러한 예가 오랫동안 없을 뿐더러, 우리 고을 장시에서 거래되는 각종 물건에는 거의 모두 구문(구전)이 있으나 북어전, 생어전, 남초전에는 본래 구전이 없다. 특별히 이로써 폐단을 구제하기 위하여 절목을 작성하여 발급하니 영구히 좇아 공무에 봉사하도록 한다. 장교의 일이 많고 보수가 박한 것을 전부터 걱정하며 그것을 구제할 방도를 생각했으나 손을 쓸 곳이 전혀 없어서 항상 고민해 왔다. 그러던 중 시전의 구전과 수세는 장시에서 통행되는 예인데 오직 이 3전에는 구전이 없다고 한다. 구전과 수세로 장교를 구제하면 실로 편의에 합당하지만, 수세하는 일을 만약 장교에게 일임하면 점점 수세의 대상이 확대되어 장차 반드시 침탈하고 토색하고야 말 것이다. 그러므로 수세의 절목과 구전의 수효를 참작하여 대략 결정하여 아래에 열거하고, 이에 완문을 작성하여 발급하니 이로써 영구히 준수하고 고치지 않는 것이 마땅할 것이다.

신묘년(1891) 3월 일

행사 (수결)
승발² 조종환 (수결)
호방 강백우 (수결)
이방 김종선 (수결)
호장 강문황 (수결)
□□ □□□ (수결)

◆

右爲成給事 卽接諸校等狀 則以爲本州以營下劇邑 將校之擧行 役繁賴薄 支
保末由 故粤自年前 以此呼訴 爛商矯救之方 而邑無着手之處 尙沒措劃之策
矣 第伏念 今有不煩於邑 不擾於民 而足可爲矯救之道者 列邑 則場市收稅 專
靠於將校廳 惟獨本邑久闕此例玆除良 本邑場市各種 擧皆有口文名色 而至於
北魚廛生魚廛南草廛 素無口錢 特爲以此救弊 成給節目 俾爲永遵奉公亦爲
置 將校之役繁賴薄 曾□汨慮 而其矯救之方 每一念及 全沒着手之處 恒所悶
然是在如中 市廛之口錢收稅 係是通行之市例 而惟此三廛 旣無口錢云 以此
矯彼 實合便宜 而其所收稅 若爲一任將校 則漸致滋蔓 必將侵索乃已 故收稅
之節 及口錢之數爻 參略裁定 列錄于左 玆以完文成給爲去乎 依此永遵母替
宜當者

辛卯三月日

行使(수결)

承發 趙宗煥(수결)

戶房 姜栢佑(수결)

吏房 金鍾善(수결)

戶長 姜紋璜(수결)

□□ □□□(수결)

....

2 승발承發: 문서의 수발 등 업무를 담당하던 향리로 호장, 이방과 함께 삼공형으로 불리기
   도 한다.

1. 북어 1태당 구전 5전.

1. 생염과 건잡어 1부(짐)당 구전 1전.

1. 남초는 품질의 고하를 막론하고 1포당 구전 1전.

1. 각종 구전은 한결같이 정식에 따라 징수하되, 매월 그믐날에 그 달에 걷은 돈의 다과를 계산하여 당시 근무한 장교 12인에게 나누어 주고, 수교³는 거론하지 않을 것.

1. 각종 생어나 건어를 막론하고 1부 미만인 것은 참작하여 징수할 것.

1. 한 해를 통틀어 걷은 구전 중 50냥은 봄, 가을로 나누어 군뢰⁴에게 떼어 줌으로써 폐단을 보충하도록 할 것.

1. 구전을 징수하는 등의 절차, 매월 걷은 돈을 액수를 확인하고 받아넣는 것, 현재 근무하는 장교에게 배급하는 것은 당시의 수교와 서청병교⁵가 전적으로 관리하고 살필 것.

1. 구전을 징수하는 일은 각 전으로 하여금 소임 중 부지런하고 유능한 1인을 관에 고하고 차지(임명장)를 작성하고 발급하여 거행하도록 할 것.

1. 비록 읍내 사람이라도 사적으로 각종 물건을 구하여 자기 집에 숨겨 두고 몰래 매매하는 자는 적발하여 구전을 징수하되, 완강히 거부하는 자는 관가에 알려 숨겨둔 각종 물건을 영원히 속공⁶시킬 것.

1. 장시가 서는 날이 아니라도 장시에 나온 생어와 건어는 규정에 따라 구전을 징수할 것.

....

3 수교首校: 장교의 우두머리를 말한다.
4 군뢰軍牢: 군영이나 관아에 속해 죄인을 문책하거나 형벌을 집행하던 군졸이다.
5 서청병교西廳兵校: 서청에 속한 장교를 말한다. 서청이 무엇을 지칭하는지 알 수 없으나, 진주목 진영鎭營의 진리청鎭吏廳을 말하는 것이 아닌가 생각된다.
6 속공屬公: 관아의 소유물로 넘김다는 뜻이다.

一 北魚 每壹駄 口錢伍戔式

一 生鹽乾雜魚 每壹負 口錢壹戔式

一 南草毋論品之好否 每壹苞 口錢壹戔式

一 各種口錢 一依定式收捧 而每朔晦日 計其當朔內所捧多寡 排給於時仕將
校十二人是遣 首校勿爲擧論事

一 無論各色生乾魚 未滿一負者 參酌收捧事

一 統一年口錢所捧中 伍拾兩 分春秋 除給軍牢 俾爲補弊事

一 口錢收捧等節 及每朔所捧錢照數推入 排給時仕將校 時首校及西廳兵校
專管照察事

一 口錢收捧事 使各其廛所任中勤幹一人 告官成給差紙 俾爲擧行事

一 雖邑底人 私覓各種 藏置渠家 潛相賣買者 摘發收捧口錢是矣 頑拒者 稟
告官家 匿置各種 永爲屬公事

一 雖非市日 場市上所出生乾魚 依定式 收捧口錢事

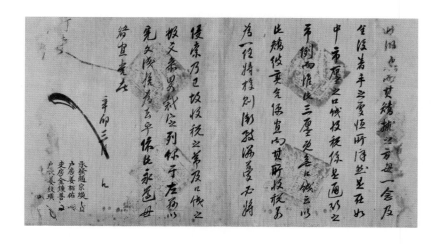

9

경남 상무시찰 완문慶南商務視察完文[1]

(1901)

◆　　　　　　　　　　　　◆

완문　　　　　　　　　　完文

진주 우지사　　　　　　晉州右支社

1　경남 상무시찰 완문慶南商務視察完文: 이 문서는 창녕상무사의 자료를 대조하여 결실된
　부분을 보완하였다.

◆

완문

경상남도 양산 원동포 도우지사안

대저 국가가 있고나서 백성이 있고, 백성이 있고나서 상민이 있다. 이것은 만국의 같은 법이요, 고금의 공통된 규범이다. 수년 이래로 상권을 모두 외부에 내어주고 내부에는 상품의 유통이 막혀, 거리가 한산하고 백성이 업이 없어 행상과 좌고가 폐업시키지 않았는데도 스스로 폐업했다. 그러므로 조정에서 칙명을 받들어 특별히 상무사를 중앙에 설치하고 지사를 각 도 각 군에 나누어 설치하여, 상업의 길을 확장하고 매매를 힘써 촉진시켰다. 내가 작년 12월에 상무를 시찰하라는 명령이 있어 각 군을 두루 시찰하니, 상무조직이 점차 질서가 잡혀간다. 내가 양산 원동포에 와 살펴보니 이들이 옛날 방식을 따르고 과감하게 혁신하지 못한 지 여러 해가 되었다. 대저 원동포의 형승을 보건대, 물길로 낙동강 7백리와 연결되어 강과 호수로 이어졌고, 부산은 외국인의 조계지이고, 서쪽으로는 진주와 접하였고, 북쪽으로는 대구와 통하였으니, 상품을 교역하는 곳이라고 할 만하고 정말 매매가 발달한 곳이다. 아, 저 주민들은 이익을 좇고 손해를 피하는 방법을 모르고 싸게 사서 비싸게 파는 이치에 어둡다. 그러므로 특별히 그 실정을 가련히 여겨 상무를 의논할 만한 사람 수십 인을 뽑아 따로 부보양상의 도내 도지사를 설립하였다. 그들로 하여금 출자하여 영업하게 하고, 홍판²의 의미를 힘써 요약하여 몇 가지 조목을 대략 써서 아래에 열거한다. 우리 상민이 준수하여 어기지 않음으로써, 위로 황실을 보호하고 아래로 재산을 풍성하게

◆

完文

慶尙南道梁山院洞浦都右支社案

夫有國而有民 有民而有商 萬國之同規 古今之通義也 粤自數年以來 商權盡
輸於外 貨路多塞於內 街路蕭條 民生無業 行商坐買 不廢而自廢 故自朝家奉
承勅命 另設商務社於中央 分置支社於各道各郡 擴張商路 務旺賣買 而余於
昨年臘月 有商務視察之命 周察各郡 則商務組織 漸次就緒 來審梁山院洞浦
因循未果 今已數載矣 第觀本浦之形勝 則水連洛東七百里 江湖陸續 釜港外
國人租界 西接晉州 北通大邱 可謂物貨交易之地 正是賣買發達之處也 而噫
彼居民不知趨利避害之方 不曉貿賤賣貴之理 故特戀其情 擇其可議商務者數
十人 另設負褓兩商道內都支社 使之出資營業 務要興販之意 略抄數件條規 臚
列于左 惟我商民遵守勿貳 上以保護皇室 下以豊殖財源 豈不美哉 豈不幸哉

光武五年辛丑三月日

宮內稅務兼慶南商務視察 金相鶴序

....

2 흥판興販: 상품을 흥정하여 매매하는 일이다.

키운다면, 어찌 아름답지 않으며, 어찌 다행스럽지 않겠는가!

광무 5년 신축(1901) 3월 일

궁내세무 겸 경남 상무시찰 김상학 서

다음과 같음

1. 제 사원은 각기 자본을 내어 회사를 설립하여 개업하고 한 마음으로 협의하여 황실을 보호할 것.

1. 사원 중 신실한 사람을 뽑아 사무를 분장시킬 것.

1. 임원을 출척[3]할 때는 두령의 지휘를 받아 결정할 것.

1. 장정 중 제5조 7건의 일은 일체 철저히 금지할 것.

1. 도회를 사사로이 설치하는 것은 나라에서 금지하는 것이므로 일체 금단할 것.

1. 원근의 상민을 막론하고 길에서 병이 나거나 객지에서 사망하거든, 힘을 합쳐 장사를 치를 것.

1. 좌우양상이 서로 권면하여 폐단이 없이 생업에 종사하고, 상품을 사고 팔 때 절대로 속이지 말 것.

1. 춘추의 부의 외에 돈을 걷는 명목은 일체 철저히 금할 것.

1. 혹 경향의 두령이라고 칭탁하고 약한 상민에게 토색하는 폐단은 일체 금단할 것.

1. 이 밖에 다른 여러 조목은 장정에 따라 받들어 행할 것.

....

3 출척黜陟: 출黜은 강등, 척陟은 승진을 뜻한다.

左開

一 諸社員各出資本ㅎ야 設社開業ㅎ고 同心協議ㅎ야 保護皇室ㅎ事

一 社員中擇定信實人ㅎ야 分掌事務ㅎ事

一 任員黜陟時의 頭領의 指揮을 承ㅎ야 擇定ㅎ事

一 章程中 第五條 七件事은 一切痛禁ㅎ事

一 私設都會은 係是國禁이니 一切禁斷ㅎ事

一 勿論遠近商民ㅎ고 街路得病이든지 寄旅死亡이거든 倂力救葬ㅎ事

一 左右兩商이 互相勸勉ㅎ야 無弊資業ㅎ고 物貨賣買의 切勿携貳ㅎ事

一 春秋時外 收錢名目은 一切痛禁ㅎ事

一 或稱托京鄕頭領ㅎ고 討索殘商之弊은 一切禁斷ㅎ事

一 外它諸件은 依章程 奉行ㅎ事

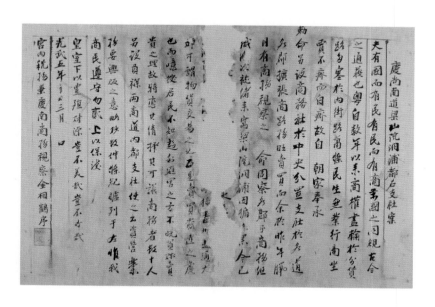

좌목

경상남도 상무시찰사　김상학

궁내부 세무위원 상무사 명사원　김중섭

궁내부 세무위원 상무사 명사원　이종환

전 주사 상무사 명사원　김한규

전 총순 상무사 명사원　유봉석

전 주사 상무사 명사원　이규면

전 오위장 명사공사원　박계순

장무원　유경호

구관 장무원　김창규

전 사과 명사원　박문옥

명사원 이용진　이선행

전 감찰 명사원　황필홍

공사원　김두호

재무원　정칠근

장무 서기원　최호종

간사　권수경

도공원　유치헌

도집사　정현수 윤사덕 지수경

전 오위장 경남도 좌우지사 구관명 찰원　고성종

座目

慶尙南道商務視察使　金相鶴

宮內府稅務委員商務社明查員　金重燮

宮內府稅務委員商務社明查員　李鐘煥

前主事商務社明查員　金漢奎

前摠巡商務社明查員　劉鳳錫

前主事商務社明查員　李圭晃

前五衛將明查公事員　朴桂淳

掌務員　劉慶浩

句管掌務員　金昌奎

前司果明查員　朴文玉

明查員 李庸鎭　李善行

前監察明查員　黃弼弘

公查員　金斗昊

財務員　丁七根

掌務書記員　崔昊鍾

幹事　權秀慶

都公員　兪致憲

都執事　鄭玄壽 尹士德 池秀景

前五衛將慶南道左右支社句管明察員　高聖鐘

상무 조직 절목

좌우 양상이 취급하는 물건의 종류는 구별이 있으나 자산에 해가 없게 하며, 상품을 팔 때는 서로 흥정하고 판매하여 상업을 확장하고, 병을 구완하고 죽은 사람을 장사지낼 때는 형편에 따라 부조하도록 한다. 이렇게 조직을 만든 후에 혹 침범하거나 변심하는 일이 있으면 한 사람을 징벌하여 많은 사람을 권면할 것이니, 삼가 준수하여 절대로 규정을 어기지 말 것이다.

상무시찰사 (주인)

商務組織節目

左右兩商之物種則 雖有分別이나 無弊資産ᄒ며 貨賣則互相興販ᄒ야 擴張商
業ᄒ고 病救死葬之際에 隨其物賻助니되 如是組織之後의 或有越侵携貳之
端이면 懲一勵百矣리니 懍遵毋違ᄒ야 切勿犯科是齊

商務視察使(朱印)

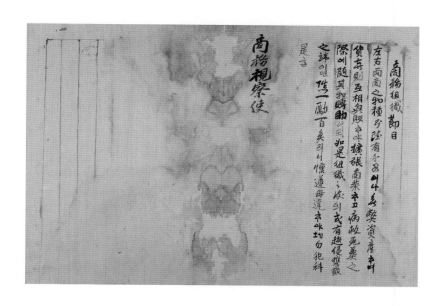

◆   ◆

소화 10년(1935) 4월 18일   昭和拾年四月拾八日

결의서   決意書

◆

서약서

진주시장 상설점포 사용자와 노점상업자 등이 진정서를 제출함에 대하여 아래 기록한 사항을 서약함.

1. 소화 10년(1935) 4월 18일부로 진주읍장에게 진정서를 제출할 것.
2. 시장요금의 인하를 요구하는 건.
3. 외등의 취소를 요구하는 건.
4. 공중수도의 가설을 요구하는 건.
5. 시장 구내의 완전한 설비를 촉진하는 건.
6. 시장 안에 위생기관을 완비하는 건.
7. 1차 교섭 이후의 대책에 관한 건.
8. 경비부담의 건.
9. 본 건의 목적을 관철할 때까지 실행위원 16명을 선거함.
10. 본 건의 목적을 읍 당국에서 해결치 못할 경우에는 군수, 도지사, 총독에게까지 온 힘을 다해 진정할 것.
11. 본 운동에 드는 비용은 본 서약서의 서명자가 부담하기로 함.

위와 같이 서약함.

소화 10년(1935) 4월 18일

실행위원
강선호 서기완 문장현 김진선 강문현 강석진 오경표 김봉옥

◆

誓約書

晉州市場 常設店舖使用者及露店商業者等이 陳情書를 提出함에 對ᄒᆞ야 左記事項을 誓約홈

一 昭和拾年四月拾八日付 晉州邑長의게 陳情書을 提出할事

二 市場料金 引下要求의 件

三 外燈 取消要求의 件

四 公衆水道 架設要求의 件

五 市場區內 完全設備促進의 件

六 市場內衛生機關 完備의 件

七 一次交涉以後 對策의 關한 件

八 經費負擔의 件

九 本件의 目的을 貫徹하기까지 實行委員 十六名을 選擧홈

十 本件의 目的을 邑當局에서 解決치못한 場合에는 郡守 道知事 總督迄 極力陳情할 事

十一 本運動의 要한 費用은 本誓約書署名者의 負擔하기로

右誓約홈

昭和十年四月拾八日

實行委員

姜善昊 徐奇完 文章現 金振銑 姜汶鉉 姜錫珍 吳景杓 金奉玉 裵克仲 朴德守

배극중 박덕수 김수범 장두남 김만두 김상우 박조원 서세완
하석금 신선준 공태학

서약인

소내진 공태학 이　　 정갑영 영도　 정신경 박진구 허사진
김의진 김영옥 황찬규 정성옥 전서식 김수범 정익근 김화선
김치구 김진선 김용근 배극중 김영숙 성재훈 박조원 이근필
김태룡 김갑룡 오경표 천석삼 정수성 강석진 신충실 정찬조
김점수 허남칠 장두남 하석금 이일대 이학찬 김중이 신선준
고재기 강순약 장명언 김지기 이인수 이주현 윤경로 이홍습
김만두 정민덕 정차성 허기세 박홍제 이두윤 문재영 백윤명
서영석 안재인 백□□ 김덕순 황한철 하만복 장지린 류일만
정종석 김진화 주재준 서차득 홍□□ 오□□ 박□□ 박상기
정우성옥 박성근 박한익 김진홍 임□□ □□□ □□□
양문엽 □성남 김여문 정우명수 김몽고이 김덕조 최성도
김치옥 김공옥 진□□ 강□□ 정□□ 윤병지 서한기 양주원
정봉규 정완석 허천세 강계두 박기수 김무용 김태익 김상언
박성실 김상선 조을룡 김세도 진재석 이봉기 강덕행 이극수
김판□ 정종락 이백석 김갑룡 서백련 정사원 배백도 김단옥

金守凡 張斗南 金萬斗 金尙宇 朴祚元 徐世完 河石金 申先俊 孔泰鶴

右誓約人

蘇乃珍 孔泰鶴 李　　鄭甲永 永島　　鄭辛京 朴珍九 許士辰 金義鎭 金榮玉
黃贊圭 鄭成玉

田徐植 金守凡 鄭翼根 金化善 金致九 金振銑 金龍根 裵克仲 金永淑 成在勳
朴祚元 李根必 金泰龍 金甲龍 吳景杓 千石三 鄭秀成 姜錫珍 申充實 鄭贊祚
金点守 許南七 張斗南 河石金 李日大 李學贊 金仲伊 申先俊 高在基 姜順若
張明彦 金地淇 李仁壽 李周見 尹京老 李洪智 金萬斗 鄭敏德 鄭且成 許基世
朴弘濟 李斗允 文載榮 白允明 徐英錫 安在寅 白□□ 金德順 黃漢喆 河萬濮
張志麟 柳一萬 鄭宗錫 金珍華 朱在俊 徐且得 洪□□ 吳□□ 朴□□ 朴相基
鄭又成玉 朴成根 朴翰益 金辰洪 林□□ □□□ □□□ 梁文曄 □聖南 金汝
文 鄭又命秀 金夢古伊

金德祚 崔聖道 金致玉 金孔玉 陳□□ 姜□□ 鄭□□ 尹炳之 徐漢基 梁主
元 鄭鳳奎 鄭完錫 許千世 姜桂斗 朴基洙 金武用 金泰益 金相彦 朴成實 金
相善 趙乙龍 金細道 陳載石 李鳳琪 姜德行 李克守 金判□ 鄭宗洛 李柏石
金甲龍 徐柏連 鄭仕元 裵柏道 金斷玉

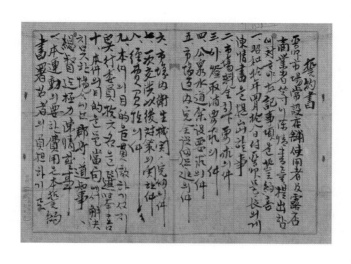

11   변영만 찬 봉은옹찬 병인 卞榮晚撰鳳隱翁贊幷引[1]

(1949)

봉은옹찬 병인

기축년(1949) 초가을 나는 영남을 유람했다. 처음에 문경읍에서 선유[2]
동부에 꺾어 들어갔다가, 다음에 동래 온천에서 가무를 보았으나 기쁨

....

1 이 자료는 진주상무사·진주상공회의소가 기증한 것은 아니다. 정상진鄭相珍(1878~1950)
   의 손자(정인화鄭仁和)가 소장하고 있는 것으로, 진주상무사와 정상진을 이해하는 데 참고
   가 되어 소개한다. 법률가이자 학자인 변영만卞榮晚(1889~1954)이 봉은鳳隱 정상진의 공
   덕을 칭송하기 위해 지은 글이다. 변영만은 대한민국 제5대 국무총리를 지낸 변영태卞榮泰
   (1892~1969)와 논개論介의 시인으로 유명한 변영로卞榮魯(1897~1961)의 형이다.
2 선유仙遊: 경북 문경 선유동 계곡으로 보인다.

이 없었다. 다음에 사천군의 삼천포에서 싱싱한 생선을 반찬으로 먹었다. 그리고 이충무공이 왜구를 소탕하고 인을 성취한 해도를 바라보았고, 뭇사람의 청이 있어 한글로 노래를 지어 공의 공렬을 크게 칭송했는데 장차 비에 새기기 위해서였다. 이내 진양에 들어가 의곡의 승사에 방을 빌렸다. 그러나 마음 속으로 노년에 떠돌아다니는 처지에 대한 슬픔과 나라의 어지러움으로 인한 아픔을 견딜 수 없어 밤에 누웠다가 자주 일어나 벽을 따라 돌며 방황하기도 했다. 날짜를 기억하지 못하다가 보름달을 보고 여러 번 놀랐다. 하는 일이 없이 가을을 뒤로 하고 겨울에 접어들자, 소위 적막감이 어느 때보다 심했다. 간혹 글을 쓸 때도 있었지만 모두 응대하는 것이었을 뿐이다. 오직 봉은 정옹의 찬을 쓴 것이 가장 만족스럽다. 옹의 아들 명수[3]가 석(승려) 제봉의 소개로 때로 와서 나를 만났다. 옹은 나이가 72세로, 지금 병들어 집에 있는데 세상일을 모른다. 나도 옹을 한 번 방문했는데, 그 풍채를 바라보니 소감이 많았다. 이에 그 가첩을 보고, 그가 한 일에 의거하고, 구비[4]를 참고하고, 직접 본 것을 모아 다음과 같이 찬한다.

鳳隱翁贊幷引

己丑初秋 余遊嶺中 始在聞邑 折入仙遊洞府 次在萊州溫泉 閱歌舞無驊 次在 泗郡之三千浦 躍魚佐飧 於是望見李忠武公掃寇成仁之海道 因有眾請 作邦音 一歌 大頌功烈 爲將刻碑 已乃入晉陽 借室於義谷僧舍 而一身之內頗不自勝 重以暮年流離之感 鄉國喪亂之痛 夜臥數起 繞壁彷徨 不記日數 累驚滿月 所作無事 背秋涉冬 所謂寂寞 於斯爲盛 間有文墨 皆在應酬 惟以得贊鳳隱鄭 翁 爲最愜心 翁子命壽 介釋濟峰 時來見我 翁年七十二 方病在家 不省世故

余亦爲一造訪 瞻其風標 所感多矣 乃考其家牒 卽其行事

參之口碑 扰以所覩 而爲之贊曰

위대하고 빛나는 봉은 옹   偉偉輝輝鳳隱翁

세상에서 만나기 힘든 큰 보살   一大菩薩世稀逢

가계는 포은의 십팔 대 손   系屬圃隱十八代

나는 장육상처럼 높은 불법의 빛을 보네   吾見法光丈六崇

젊어서 장사에 힘써 양친을 봉양하고   少劬商販養雙親

장년에는 산업을 더 경영하여 융숭한 부를   壯益經産富業隆
    이루었으나

자기 재산이라고 울타리 안에 쌓아두지 않고   然不自封藩籬內

곤궁한 사람을 두루 구휼하느라 사방에 유통시켜   周恤窮厄四流通

이로부터 베풀기 좋아하기를 모으기 좋아하듯 하고   從此耽施如耽蓄

모든 일이 대중을 위한 것이고 자신을 위하지   事事在衆不在躬
    않았네

넓은 혜택이 세간에 있었을 뿐 아니라   不徒覃澤在世間

토목공사를 희사하여 사찰을 바꾸었으니   土木喜捨煥梵宮

장사꾼의 도에 이런 일이 있었다고 들은 적 없는데   未聞賈道曾有此

....

3 명수命壽: 정상진의 아들 정명수(1909~2001)로 호는 은초隱樵이다. 서예가로 평생 진주에서 작품활동과 후진양성에 진력하였으며, 부친이 건립한 비봉루飛鳳樓(경상남도 문화재자료 제329호)에서 활동하였다. 작품으로는 해인사 「해탈문」, 진주성 촉석루 「남장대」·「서장대」, 「비봉루」 등이 있다.

4 구비口碑: 어떤 사람의 덕행이 여러 사람의 입을 통하여 전해짐을 뜻한다.

옹의 마음 넓고 거리낌 없음이 허공과 같네 翁自廓然若虛空

병든 옹을 내가 한 번 방문하니 値翁老病我一訪

구름 같은 눈썹과 별 같은 눈동자로 자태는 雲眉星眸姿仍雄
 여전히 웅장하네

말없이 침묵하며 철인을 모시고 但黙無言侍喆子

티끌세상을 굽어보니 모든 것이 혼탁하네 頻視塵寰都夢夢

내가 명수를 불러 이 글을 주며 我招命壽付此文

영원히 기려 잃어버리지 말고 귀머거리 永襲勿失詔群聾
 무리를 깨우치도록 하네

1949년 10월 1일 삼청산인 변영만 己丑初冬初吉 三淸山人 卞榮晩

논고

상무사와 진주상인

조재곤 서강대학교 연구교수

I. 진주의 장시와 상인층의 성장

경상남도에 소재한 진주는 남강유역권의 함양, 산청, 삼가, 단성, 의령, 함안의 한가운데에 위치한다. 다른 군현보다 해안과 가깝고, 낮은 산지로 구성되어 있어 해산물을 내륙으로 쉽게 유통시킬 수 있었으며, 남강 상류지역과 물자교류를 하는 데 중계지로서의 이점이 있었다.[1] 그 결과 일찍부터 지역경제의 중심지로 역할을 하여 19세기 전반부터 진주 읍내장을 중심으로 인접지역을 포괄하는 장시권을 형성하게 되었다. 1895년 조선의 전라도와 경상도 일대를 답사한 바 있었던 오카자키 다다오[岡崎唯雄]는 진주의 상황商況에 대해 경상도 서부의 큰 시장

---

1 이욱, 「18세기말~19세기 진주권의 상품유통과 성격」, 『歷史敎育論集』 41, 2008, 230~231쪽.

으로 상업과 농업이 서로 반반이며 목면木綿, 면화棉花, 명주[紬], 마포麻布, 종이 등의 생산액은 실로 거대한데, '전야는 광막廣漠하고 토질[地味]은 비옥하다'²고 기록하고 있다. 진주는 이후 1900년 무렵에 이르면 서북 내륙의 풍부한 곡물이 집산되고 그 시세를 결정하는 객주客主 100여 호 가 출현할 정도로 성장하였다.³

실학자 성호星湖 이익李瀷은 "진주晉州는 변한弁韓의 옛터로서 풍요하 고 화려함이 으뜸이다. 대개 해변에는 건어乾魚와 생선이 풍부하고 육 지에는 명주·베·삼[麻]이 풍부하다. 우도右道가 더욱 풍요하여, 호의호 식好衣好食하는 고장으로 이름나 있다"⁴라고 평한 바 있다. 19세기 초반 에 간행된 『임원경제지林園經濟志』를 보면 진주지역의 주요 거래 품목으 로 미米, 두豆, 모맥麰麥, 지마脂麻, 수소水蘇, 면포, 면화, 저포苧布, 마포麻布, 명주, 어염魚鹽, 지지紙地, 유기鍮器, 철물, 목물, 토기, 자기, 유기柳器, 연죽 煙竹, 인석茵席, 연석硯石, 여석礪石, 석류石硫, 황조黃棗, 밤栗, 배梨, 감柿, 우독 牛犢 등이 기록되어 있다.

이런 분위기 속에서 당시 진주지역에는 10여 곳에서 크고 작은 장 시가 개설되었는데, 진주 읍내장邑內場을 비롯해서 주내장州內場, 반성장 班城場, 엄정장嚴亭場, 말문장末文場, 마동장馬洞場, 대야장大也場, 문암장文巖場, 북창장北倉場 등이 성행하였다.⁵ 이러한 장시는 각기 생산물의 집산지이 자 소비지, 배출지로서 역할을 하였다. 진주는 육지로는 인근의 비옥한

2 岡崎唯雄, 『朝鮮內地調査報告』, 汲古堂[熊本], 1895, 132쪽.

3 이욱, 앞의 논문, 232~233쪽.

4 李瀷, 『星湖僿說』 제8권(人事門), 「生財」.

5 조용욱 외, 『지리산문화권』, 역사공간, 2004, 30쪽.

농업지대, 바다와 해안으로는 도서와 포구를 통한 해산물 유통의 거점 지역으로 성장하였다. 또한 개항 이후에는 일본상인들이 추동기秋冬期 진주권 주변의 풍부한 미곡구매를 위해 이 지역의 여러 장시로 몰려들고 있었다.[6] 진주부의 장시를 대표하는 진주 읍내장은 5일장으로 매 음력 2일과 7일에 개시하고 40리 내외에서 화물을 지고 온 상인들이 곡물, 염어, 야채, 닭, 신탄薪炭, 도기, 철물 등을 판매하였다. 1906년 당시 상인들의 전하는 말에 의하면 한 시장의 매매액이 1만 원에 달하고, 구해창海倉에서 수입한 일본상품은 한 달 판매액이 약 4천 원 정도 되는 등 경제계가 활발한 상황을 보이고 있다고 한다.[7]

일찍이 1830년대부터 진주지역 소상인들은 거래품목을 단위로 하는 상업단체를 조직하고 활동하였다. 이후 조직은 차츰 커져나갔고, 상품유통의 발달 및 활발한 상거래를 통한 거래규모의 확대, 상인층의 성장과 조직에 대한 행정관아의 공인 등의 요인에 따라 지역 전체를 통할하는 기구로 성장하는 추세였다. 개항 이후 정부가 주도하는 소상인 기구인 혜상공국惠商公局, 상리국商理局, 상무사商務社가 차례로 설립되는 과정에서 진주지역 소상인들도 이런 시대변화에 조응하면서 활동하였다.

그간 행상 및 보부상 조직 활동과 관련한 지역 자료들은 충남 예산·덕산·면천·당진 등 '예덕상무사' 자료, 경남 창령·현풍·영산의 '창녕 상무우사' 자료, 충남 부여·홍산·임천·한산·비인·남포·서천·

6 卞光錫, 「18·19세기 경상도 남부지역의 상품유통구조」, 『지역과 역사』 5, 1999, 184쪽.
7 『皇城新聞』, 1906년 11월 1일

정산의 '저산팔구' 자료, 홍성·광천·보령·결성·청양·대흥의 '원홍주 6군 상무사' 자료, 경북 고령군 '상무좌사' 유품, 아산·온양·신창·평택의 '행상단' 문서 등이 알려져 있다. 그러나 이번에 새로 발굴된 진주박물관 소장 진주상무사 자료는 일반에게는 생소한 처음 알려진 것으로 이를 적극 활용한다면 한말~일제하 지역 상인과 상인조직 관련 사례 연구에 자극과 새로운 활력이 될 것으로 기대된다.

II. 개항 이전의 진주 상인

조선 후기 상품화폐경제는 19세기에 이르러 더욱 발전의 추세에 들어가게 되었다. 그 결과 상품유통의 중심지로서 지방의 장시와 포구가 성장하고 상인층의 활동도 전례 없이 활발하게 되었다. 그러나 세도정치 기간 서울의 재상宰相과 감사監司에게 청탁하여 이들의 권세를 등에 업고 관행적으로 자행되는 중간수탈은 소상인들의 자활과 성장을 방해하는 큰 요소였다. 진주지역도 이에 자유로울 수 없었는데, 실학자 다산茶山 정약용丁若鏞은 이 시기 창원 마산포馬山浦와 진주 가산포駕山浦의 호민豪民들이 뇌물로 선주인船主人의 차첩을 얻어 이를 근거로 왕래하는 상인들에게 물가 조정과 과중한 수세 등의 방법으로 수만 냥을 수탈하는 사실을 지적한 바 있다.[8]

당시 조선 구래의 '사농공상'이라는 신분 질서 내에 있었던 소상인

---

8 다산연구회 역, 『(譯註)牧民心書』(III), 「吏典六條」 平賦, 창작과비평, 1978, 155~156쪽.

들은 경제적 처지에서도 열세를 면할 수 없었던 존재였다. 이런 상황에서 진주지역의 소상인들은 스스로의 자구책을 마련하기 위해 조직을 구성하고 규약을 정해 그간의 경과를 총 정리하여 1868년 이를 『천금록千金錄』이라 명명하였다. 다른 지역이 '청금록[靑衿錄, 靑襟錄]' 등으로 명명한 것과는 차이가 있다. 그러나 면주전綿紬廛, 사전四廛의 사례에서 알 수 있듯이 이후 1876년과 1884년부터는 다른 지역처럼 청금록으로 명명하였다.

"무릇 우리 동료가 남과 북에서 정은 부평초처럼 떠나니는 신세이면서, 물고기가 모이는 것처럼 만나게 된다. 혹은 형이라 부르고 혹은 아우라 부르며 스스로 관포지교管鮑之交에 비교하다가, 재물이 다하게 되면 처음에는 욕설을 하고 결국에는 서로 구타하여 살해하는 변고도 간혹 있다. 이것이 어찌 두렵지 않은가. □□□ 동료들이 이렇게 문란한 것은 다름이 아니다. □□□□□ 사람들을 평소에 경계시키는 □□□□□□ 정성을 대략 이렇게 □□□□□ 어기는 사람이 있거든 □□□□□ 절목의 조항에 따라 엄하게 징치할 것.

무신戊申(1848) 5월 일"[9]

이 문서는 영사營使의 확인을 받았다. 또한 상인조직으로서 지켜야 할 규약으로 아래의 내용을 정하였다. 그런데 이 자료는 세도정치 말기인 무신년, 즉 1848년 5월에 작성된 것으로 다른 지역과 연원을 비교

---

9 『魚果廛千金錄』(1842~1912).

해 보면 충청도 저산팔구^{苧産八區} 보상단^{褓商團}이 1845년 6월 지방관으로부터 조직을 공인 받은 사실에 이은 두 번째 사례로 판단된다. 이후 이어 원홍주^{元洪州} 6군과 예산^{禮山}·덕산^{德山} 일대는 1851년 4월과 7월에 각기 한성부의 완문으로 공인을 받았다.[10]

1. 어떤 동료를 막론하고 병으로 죽거든 통문을 내고 주검을 거두어 염하여 매장하도록 할 것.
1. 장유유서의 법을 모르고 함부로 욕하거나 모욕하는 자는 특별히 엄히 다스릴 것.
1. 주정하는 무법자와 노름과 같은 잡기를 하는 무뢰배 또한 엄히 다스려 금지시킬 것.
1. □□매매할 때 시세대로 사들인다. □□□□로 매매하는 자 또한 엄히 다스릴 것
1. □□□□□□□□한 곳에서 안면을 찡그리거나 사역을 □□하는 자는 엄히 다스릴 것.
1. 훔친 물건을 사들이지 않음으로써, 동료로 하여금 나쁜 처지로 섞여 들어가지 않도록 하며,
1. 어린 사람이 길에서 나이 많은 동료를 만나면 반드시 절하여 존경을 표하고 조금이라도 함부로 대하지 말 것.
1. 훈장^{訓丈}이 죽으면 상포^{喪布} 1필, 돈 3냥, 백지 1속^束을 부의로 할 것.
1. 공원^{公員}이 죽으면 상포 1필, 돈 1냥 5전, 백지 1속을 부의로 할 것.

10 李憲昶, 「朝鮮末期 褓負商과 褓負商團」, 『國史館論叢』38, 1992, 150~152쪽.

1. 집사가 죽으면 돈 1냥, 백지 1속을 부의로 할 것.[11]

이어 1834년부터 1912년까지의 그간 역대 간부 구성원의 명단을 상세하게 수록하였다. 이 기록은 진주지역과 그 주변을 아우르는 전체 소상인들 중 간부의 직책과 명단을 아울러 기록한 것으로 직종 단위로 구성한 것은 아니었다. 이에 따르면 이미 진주지역의 행상들은 조직이 지방관으로부터 공인받기 14년 전인 갑오년甲午年, 즉 1834년부터 훈장 訓丈과 공원公員, 집사執事의 직책을 두고 비공식적으로 활동하였음을 알 수 있다. 그해 훈장은 남춘생南春生, 공원은 이중대李仲大, 집사는 배태인 裵太仁이었다. 기록이 누락되어 있어 정확한 내용은 확인할 수 없지만 기유년己酉年인 1849년 직전에는 서면 공원西面公員, 단성 공원丹城公員 등의 새로운 직제가 나타나기 시작하였다.

1852년에는 별공원別公員의 직제가 처음 나타났고, 다음 해인 1853년부터는 종래 '훈장訓丈'은 사라지고 새로운 '훈장訓長'이 시작되었다. 1856년과 1857년에는 별집사別執事와 유사有司도 각기 새로운 직제로 시작되었다. 1859년에는 훈장이 접장接長으로 바뀌었고, 1860년에는 반수班首를 두어 이후부터는 반수와 접장을 중심으로 하는 계통적인 틀을 잡아갔다. 이 '반수-접장 체제'가 전형적인 지방 보부상 기구의 지휘체계였다. 이후 1868년에는 총각 좌상總角座上, 서면西面 좌상, 사천泗川 좌상, 단성丹城 좌상, 북창北倉 좌상이, 1869년에는 총각 대방總角大房의 직제가 등장하였다. 이상의 내용으로 보아 진주지역의 상인들도 타 지

....

11 『魚果塵千金錄』(1842~1912).

역보다는 일찍부터 상당히 체계적인 조직체를 갖추고 있었음을 알 수 있다.

진주는 사천의 삼천포三千浦 등 인근 주요 포구에서 어물을 공급받아 서부 경남권에 유통시키는 거점이었다. 1856년 2월 진주의 어물 상인들은 영사營使로부터 『건어전 완문乾魚廛完文』을 발급받으면서 조직이 공식적으로 인가되었다. 그런데 이 건어전은 그해로부터 3년 전인 1853년에 감당할 만한 사람들을 훈장 등으로 선정하여 '장시場市에서 매매할 때 법을 어기거나 규칙을 범하는 자가 있으면, 적발하여 경계하고 권면'하기 위한 방안을 마련하였다. 그 결과 훈장訓長 이선춘李先春, 공원 성선용成善用, 별공원 김창신金昌信, 집사 전치문全致文 등이 서로 구제하는 뜻을 모아 각기 재물을 모으고 이를 이자로 놓아 혹 동료 중 타향에서 죽은 사람이 있으면 초상과 장례를 치를 수 있게 하였다. 또한 그 돈을 함부로 써버리는 자는 병영兵營에서 엄히 다스릴 것을 기약하는 뜻으로 진주영사(경상 우병사)로부터 완문完文을 받은 것이다. 이때의 규약은 다음과 같다.

1. 위 돈을 빌려주어 매년 받는 이자로, 동료 중 죽은 사람이 있거든, 즉시 훈장소訓長所에 부고를 보내어 초상과 장례 때 비용으로 쓸 것.
1. 위 돈을 횡령하고 갚지 않는 자는 즉시 병영兵營에 고하여, 병영에서 찾아줄 수 있도록 할 것.
1. 노인을 공경하는 법을 모르고 스스럼없이 행패 부리고 욕하는 자는 특별히 □□□ 할 것.
1. 술에 취해 난폭한 행위를 하여 법을 무시하는 자와 노름하는 무뢰

배 또한 엄히 다스려 막을 것.

1. 물건 매매할 때 시세로 사야 하는데, 만약 혹 생억지를 부려 싼 값에 사려고 하는 사람이 있으면, 역시 엄히 다스려 금단할 것.[12]

진주의 건어전에는 개항 직후인 1878년 4월 사천군수로부터 또 다른 완문이 작성 지급되었다.[13] 이때는 과거 1856년에 비해 보다 조직화된 기구로 구성된 사실을 알 수 있다. 그간의 훈장, 공원, 별공원, 집사 등의 직책과는 달리 대방大房, 부수副首, 1·2·3번番 도사령都使令, 행수 등으로 세분화되어 있다.

아래의 기록은 1876년 6월부터 작성되기 시작한 『면주전 청금록綿紬廛靑衿錄』 관련 내용이다. 면주전은 명주 등을 파는 상점을 말한다. 주로 임방任房 설치와 역할 등에 관한 내용이다. 임소任所로도 달리 표현되는 임방은 지방시장의 통제기구이자 지방소상인들의 자치기구로, 개별 장시와 포구 단위까지 설치된 보부상 활동의 중심체로 상호부조 및 의견수렴과 의결 기구이자 권익옹호 기구 역할을 하였다.[14] 이로써 조직이 강화되는 계기가 마련된 것이다.

"다음과 같이 완문完文을 작성하여 발급한다. 지금 황화상荒貨商의 등장等狀을 보니, '저희는 모두 팔도의 사람으로 □□□□□ 진양晋陽 한 곳이 □□□□□□□□교통의 요지입니다. 그래서 각처의 상인이 이 시

---

12 『乾魚廛完文』, 丙辰(1856) 2月.

13 『完文』, 戊寅(1878) 4月.

14 조재곤, 『한국 근대사회와 보부상』, 혜안, 2001, 50쪽.

장에 서기를 원합니다. 뿐만 아니라 행상 중에서 임방任房 세 사람을 임명하여 상거래 질서를 가르치고 부정하게 강제로 빼앗는 것을 금지하게 함으로써 한결같이 상규商規를 따르고, 관청에 소송을 제기하여 어지럽게 다투는 폐단이 애초에 없었습니다… 심지어 남의 재물을 빼앗아 옥사를 빚어내는 일까지 있습니다.'라고 했다… 어떤 물종을 판매하는가와 관계없이 상인이 각각 임방을 설치하는 것은 팔도가 모두 그러하다… 오직 매매할 때 서로 지켜야 할 법규가 있기 때문이다… 옛 상규商規를 복구해야 한다. 그러므로 이렇게 완문을 작성하여 세 임방을 뽑아주니, 더욱 힘써 갈고 닦아서 상규를 바르게 하여 다시는 이러한 폐단이 없게 하라. 미진하지만 조건을 아래에 나열하니, 이를 영원히 준수하여 시행하는 것이 마땅할 것이다.

사使 (수결)"

"임방 안에 거간을 두되, 누구의 물건을 막론하고 받아내기 어려운 폐단이 있으면 임방에서 하나하나 받아낸다. 만약 기일에 맞추지 못할 사정이 있음에도 원근의 여러 동료를 시켜 기한내에 마련해 보내지 않으면, 특별히 엄하게 처벌하여 뒷날의 폐단이 없도록 할 것."[15]

『면주전 청금록』의 임원명단은 1876년부터 1912년까지 이어진다. 1876년 윤5월 반수 손택현孫宅賢, 접장 이윤실李允實을 시작으로 하여 별공원, 공원, 집사, 별유사別有司, 반성班城 공원, 사천 공원, 삼천三千 공원,

....

15 『綿紬廛靑衿錄』(1876~1912).

문서 공원 등의 직책을 두었고, 1880년 7월에는 연죽전煙竹廛 집사, 덕산德山 공원, 곤양昆陽 공원 등 이전에는 보이지 않던 새로운 직제를 확인할 수 있다. 1886년에는 방내房內 공원, 본장방本將房 공원, 본군방本軍房 공원, 진군방鎭軍房 공원 등도 추가되었다. 1888년에는 진장청鎭將廳 별공원, 동몽 대방童蒙大房이 새로운 직책으로 나타났다. 1897년에는 금전본방 공원錦廛本房公員이 추가되면서 직제가 완비되었다.

III. 개항 이후의 진주 상인

일찍이 1853년부터 건어전으로 시작했던 진주의 어물전은 1882년 6월에는 어각전魚各廛으로 구성을 달리하게 되었다. 이때 작성된 『어각전 완문魚各廛完文』을 보면 조직 설립의 정황을 이해할 수 있다. 완문에 따르면 당초 이 지역에는 어물 관련 상인들을 관할하는 임소나 임방이 없어 행상들의 규례가 많이 문란하였다고 한다. 그 결과 해당 상인들이 모두 모여 공적으로 의논한 결과 진주지역에 어물 상인들의 임소를 설치하고 임원을 정하는 한편 구제하고 금지하는 절차를 행할 것을 결의하여 이를 지방관으로부터 완문을 통해 인정받게 되었다. 어각전도 앞의 면주전에 비하면 임소가 5년 늦게 설치되었음을 알 수 있다. 이때 결의된 내용은 다음의 것들이다.

1. 상인 중 병자가 사망하거든, 임소任所에 부고를 전한 후 장례절차를 박하지 않게 후하게 하여, 유감의 뜻이 없도록 할 것.

1. 시장에서 매매할 때라도, 노소를 모르고 스스럼없이 행패를 부리고 욕하는 자는 임소에서 특별히 금하여 다스릴 것.
1. 행상 중 술에 취하여 사납게 굴거나, 노름을 하거나, 나약하고 게으른 자가 주막에 머물면 절도의 변고가 쉽게 일어날 수 있으니, 경계 밖으로 쫓아 보낼 것.[16]

한편 1883년 8월 정부에서 혜상공국惠商公局을 설립하고 10월에 절목을 발표하였다. 이같은 정책에 고무되어 전국 각처에서 새로운 상인 조직들이 설립되었다. 진주 내의 상인들은 1884년 정월부터 포전布廛, 어과전魚果廛, 금전錦廛, 지전紙廛의 4개 품종을 아우르는 상인들이 연합하여 '4전四廛'이라 칭하였다. 4전은 각종 포목, 해산물과 과일, 각종 비단, 종이류를 각기 취급하였다. 그런데 이들은 그해부터 1938년에 이르기까지 청금록을 남겼다.[17] 그 사이에 어과전은 한때 어곽전魚藿廛으로도 불리기도 하였는데, 어곽전은 해산물을 판매하는 가게를 말한다.

그런데『사전 청금록』서문에 의하면, 자신들은 빈한하고 천한 사람들로 곤궁하여 생계를 집에 맡긴 채 '집도 절도 없이' 부평초浮萍草처럼 이 시장 저 시장을 무시로 떠돌아다니는 신세로 병들어 누우면 목숨을 보존하기 힘들고 길에서 죽어도 장례도 치룰 수 없을 정도로 운명이 기구한 자들이라고 탄식하고 있다. 그러나 다행스럽게도 정부에서는 서울에 상리소商理所 공국公局[18]을 두어 여러 나라와의 상거래를 관

16 『魚各廛完文』, 壬午(1882) 6月.
17 『四廛靑襟錄』(1884~1938).
18 이는 혜상공국惠商公局을 말하는 것이다.

장하게 하는 한편 통령統領을 두어 전국 8도의 재화를 유통시키고 지방에는 각기 임방을 두어 상인들을 관할하게 하였다는 것이다.

그 결과 경상도에도 상소商所 우도소右都所를 창설하고 국왕의 전교로 어보御譜와 밀부密符 등을 공문책자로 받고 인신印信도 전달받게 되었다. 그 내용은 새로 만들거나 고친 각종 조목에 기강을 문란하게 하지 않을 것, 어지럽게 다투는 폐단이 없을 것, 살았을 때 봉양하고 죽으면 상을 치르는 것 등에 관한 것이었다.[19]

그 후속조치로 진주에서도 상인들이 장사를 의논할 장소로 시장에 집 하나, 즉 임방을 짓기로 결정하였다. 이에 따라 우도右道 도반수都班首 김우권金禹權, 도접장都接長 서홍준徐弘俊, 명사장明事長 오명신吳明信 등을 중심으로 하여 그 구체적인 규식規式 등에 관한 절목節目을 마련하고 진주부와 인접 지역 여러 사람들로부터 부조금을 모집하기 시작하였다.

진주 관내 4전의 사무소인 임방을 마련하기 위해 1885년 2월에 기부에 관한 권유문을 작성하여 관내 행상인 등에게 배포하였다.

"우리 행상은 본래 정해진 거처가 없는데, 처자도 식구도 없는 동료가 혹 몸이 아프면 제대로 치료받기 어려워 객사하는 경우가 자주 있으니, 어찌 한심하지 않은가. 지금 좌우사左右社를 창설한 후 도소都所를 설치하여 애경사에 서로 축하하고 문상하라는 경영京營의 관칙關飭이 또한 지엄하다. 상업이 비록 사농공상士農工商의 끝에 있다고 하지만 어찌 선성先聖의 유업이 아니겠는가? 아, 영남은 평소 추로지향鄒魯之鄕

19 『四廛靑襟錄』, 序文, 甲申(1884) 1월.

으로서 예의의 풍속이 아직 남아 있다. 그런데 유독 진주 관할은 남쪽의 대처라고 말만 할 뿐, 어찌하여 도소의 회당이 없는가? 이번에 도소 건립을 주제로 난상 토론을 한 후 이렇게 권조문을 작성하여 발표하니, 우사右社 각 전廛의 소속 상인은 능력대로 은혜를 베풀되 특히 은혜를 내려 도소를 세움으로써, 상규를 준수하도록 하는 것이 마땅할 것이다."[20]

이 권조문 작성에는 포전·금전·어곽전·지전의 모든 접장과 공원·집사가 참여하였고, 이번 기부에는 4전 외에 우전牛廛의 좌상座上과 공원, 모전毛廛, 선상船商은 물론 직책이 없었던 사람, 상인들의 어머니와 부인들도 여러 명이 참여하였음을 알 수 있다. 참여 지역도 진주 외에 하동, 통영, 고성, 단성, 산청, 곤양, 사천, 거제, 거창, 진해, 김해, 창원, 함안, 의령, 삼가, 합천, 초계 지역 등과 경북의 성주, 심지어 함경도 이원, 길주와 성진 거주 인사들도 참여하였다. '간산諫山[이사야마]'이라는 성을 가진 일본인 1명도 기록에 보인다. 직업군도 다양하여 각종 상인들은 물론 출신出身, 장청將廳 등의 직함을 가진 사람들도 기부에 동참하였다. 기부액수는 많게는 70량에서부터 적게는 1량까지 각자의 경제적 능력과 직분에 맞는 범위에서 제공하였다.

이 청금록에는 직책에 따른 인명이 수록되어 있다. 1884년 정월 진주에서 4전이 창설되는 처음 해에는 반수 박수오朴受五와 접장 이방호李芳浩를 중심으로 하면서 포전 공원, 어과전 공원, 금전 공원, 지전 공

20 『四廛勸助文』, 乙酉(1885) 2月 日.

원과 각 전廛에 소속된 집사의 명단이 수록되어 있다. 그로부터 1년 후인 1885년 정월의 기록에는 반수 오명신을 비롯하여 접장, 본방 공원, 서기 공원, 포전 공원, 어과전 공원, 금전 공원, 지전 공원과 각 집사, 방내房內 공원, 비방俾房 등의 명단이 수록되었다. 같은 기간인 1884년 진주지역 어과상魚果商들에게 호패 형식의 목패木牌로 된 신분증을 발급한 사실도 확인된다. 이 신분증 앞면에는 직종, 이름, 출생 연도, 활동 지역이, 뒷면에는 가입 연도가 새겨져 있는데, 채현옥蔡賢玉, 김창준金昌俊, 이두석李斗石, 김재근金載根, 박유만朴有萬 등 5명의 신원을 확인할 수 있다.[21] 이들 중 이두석은 35세로 가장 나이가 많았고, 박유만은 16세의 소년이었다.

1885년 8월 혜상공국은 다시 상리국商理局으로 개편되었고 전국의 소상인들은 이 기구에 속하게 되었다. 상리국 시절인 1887년 정월 진주의 보상들은 지역 소상인들의 중심기구인 우도소右都所의 창설부터 당시까지 그간 임원들의 직책, 시주자들과 이름을 음각한 현판을 작성하였다.[22] 또한 현판의 서문에는 당시가 우도소를 처음 창설하고 공사당公事堂 창건의 시초로 "시원하게 우뚝 솟은 집 한 채, 부평초처럼 정처 없이 떠도는 사람들과 부유하고 큰 상인 모두에게 편안한 휴식처가 되게 될 것이다"[23]라면서 앞으로 농공상農工商에 종사하는 '삼민三民'에게 큰 은택이 미칠 것으로 전망하였다.

같은 해 2월부터 진주우도소에서는 금전錦廛과 어과전魚果廛 주도로

---

21 『魚果商身分證』, 甲申(1884).
22 『右都所剏設初期任員及施主名單』, 丁亥(1887) 元月.
23 『右都所剏設初期序文』, 丁亥(1887) 元月.

매 장날마다 상인들에게 구문口文을 걷어 들이고 있었다. 금전의 경우 채소[靑物]를 비롯한 6가지 8종목의 상품에 대한 세를 규정하였다. 그 구체적인 내역은 다음 표와 같다.

표 1 진주 금전(錦廛)의 수세 품목과 징수액(1887년)

상품명	靑物	火石	乾金	琉黃	白礬	烟竹		
						烙竹	白竹	色竹
단위	斤	隻	隻	斤	斤	貼	貼	貼
징수액	1錢	5錢	5錢	1分	1分	3分	3分	5分

* 출전 : 『都所節目』, 丁亥(1887) 2月.

그런데 청물 이하 부싯돌[火石], 건금乾金, 유황, 백반, 담뱃대[烟竹]는 모두 비단을 판매하는 금전과는 취급 물종이 전혀 다른 것이었다. 이들 중 '건乾'자가 각인된 건금과 유황 등 일부는 일본으로부터 수입한 품목이었는데, 당시 이 같은 품목을 전담할 만한 별도의 조직이 없던 상황에서 금전에서 임의로 관할하게 한 것으로 보인다. 어과전은 멸치거래에서 생기는 구전을 말[斗]과 되[升]로 계량하여 징수하였는데 구문에 관한 구체적인 기준과 내역은 알 수 없다. 이들 모두는 도소의 소사所使와 총각 대방摠角大房이 담당하여 각자의 생활에 도움이 되도록 하였다.[24]

진주우도소는 1890년에 가선대부 겸 오위장 탁용학卓龍學의 숙부인 조씨趙氏를 비롯한 의령 남씨, 진양 강씨, 밀양 박씨, 경주 최씨, 전주 전씨全氏, 반남 박씨 등 상인들의 부인과 어머니들로부터 시주를 받아 기구를 운영하였음이 또 다른 현판 내용을 통해 알 수 있다.[25]

....

24 『都所節目』, 丁亥(1887) 2月.

1891년의 기록을 보면 종래 진주의 어과전 중 어물 관련 가게는 북어전北魚廛과 생어전生魚廛으로 다시 세분되었음을 알 수 있다. 그런데 이해에 진주 관아에서는 그동안 구전이 없었던 북어전과 생어전, 남초전南草廛에 완문을 발급하고 세금을 걷어 들이기 시작하였다.

표 2 진주 북어전, 생어전, 남초전의 수세 품목과 징수액(1891년)

상품명	北魚	生鹽	乾雜魚	南草
단위	馱	負	負	包
징수액	5錢	1錢	1錢	1錢

* 출전: 『北魚廛完文』, 辛卯(1891) 3月.

이 완문에 따르면 각종 구전은 한결같이 정해진 규정에 따라 징수하되, 매월 그믐날에 그 달에 걷은 돈의 많고 적음을 계산하여 당시 근무한 장교 12인에게 나누어 주게 하였지만, 수교首校는 이에 개입하지 못하도록 규정하였다. 남초는 품질의 고하를 막론하고 징수하였으나, 각종 생어生魚나 건어乾魚는 한 짐[一負] 미만의 경우 참작하여 징수케 하였고, 장시가 서는 날이 아니라도 장시에 나온 어물들은 규정에 따라 구전을 징수시켰다.

그런데 한 해 동안 걷은 구전 중 50냥은 봄과 가을로 나누어 군뢰軍牢에게 나누어주도록 하였다. 또한 구전 징수 절차와 매달 걷은 돈의 액수 확인, 당시 근무한 장교에게 배급하는 것 등은 수교와 서청병교西廳兵校에게 일임하였다. 다른 한편 구전 징수는 각 전廛으로 하여금 소임所任 중 부지런하고 유능한 1인을 관에 고하고 임명장을 발급한 후 거행토록 하였다. 거래 시의 농간을 막기 위한 조치로 사사롭게 각종 물

25 『施主名單』, 庚寅(1890) 3月.

건을 구해 자기 집에 숨겨두고 몰래 매매하는 자는 적발하여 구전을 징수하되, 완강히 거부하는 자는 관가에 알려 숨겨둔 각종 물건을 영원히 속공屬公시킬 것도 규정하였다.[26]

이들 상점에 대한 세금징수 절차에 관해서는 진주 장교청의 장교將校들의 청원을 받아들인 것이었다. 일찍이 진주지역은 18세기 말~19세기 초부터 진주 우병영右兵營에서 환곡을 운영하고 있었는데,[27] 지방군대가 세금을 걷는 그런 유제가 이 기간까지도 이어지던 것으로 보인다. 그렇지만 장교들이 구전과 수세를 하는데 침어하고 토색하는 폐가 우려되어 위와 같은 각종 조목의 절목을 작성하여 위반하지 않도록 규정한 것이다.

IV. 대한제국 시기의 진주상무사와 진주상인

그런데 대한제국 성립 직전인 1897년 3월 18일자 『독립신문』의 기사를 보면 당시 진주군 부상들의 폐해가 매우 심하였던 것으로 되어 있다. 즉, 진주군 장내場內 등짐장수[負商]들이 거리거리에 모여 앉아 누구든지 지게만 지고 가면 상납上納이라 칭하여 엽전 4·5·6전을 강제로 징수하여 시골의 백성들이 장을 볼 수가 없고 도로에 내왕하는 상인들에게 행악 작폐함이 크다고 되어 있다.[28] 그만큼 당시 지역유통경제에

....

26 『北魚廛完文』, 辛卯(1891) 3月.
27 이욱, 앞의 논문, 238쪽.
28 "진쥬군 쟝뇌에 등짐 쟝수들이 거리 거리 모하 안져 무론 누구던지 지게문 지고 가면 샹

서 진주장시가 점하는 위치와 그에 비례해서 보부상들의 위세 또한 막강했음을 유추해 볼 수 있을 것이다.

이후 대한제국 시기인 1899년 5월 『상무사 장정商務社章程』이 공포되고 6월에 상무사가 설치되었다. 이전의 상리국이 상무사로 개칭된 것이다. 그 과정에서 지방의 각 임방은 지사支社로 명칭이 변경되었다. 상무사는 이후 러일전쟁 시기인 1904년 2월까지 유지되었다. 그런데 보부상이 민간에 많은 폐를 끼치는 문제가 사회문제로 크게 부각되자 정부에서는 1901년 상무시찰을 전국 각지에 파견하여 이를 단속케 하였다. 경상남도 지역에는 그해 3월 궁내宮內 세무稅務 겸 상무시찰商務視察로 김상학金相鶴을 파견하였는데, 양산 원동포院洞浦에 왔다. 그는 낙동강의 큰 포구의 하나인 원동포는 경남의 진주晉州 및 경북 대구大邱와 통하는 곳으로 상품교역과 매매가 발달할 만한 곳이라 지적하면서 아래의 완문을 보냈다.

1. 제 사원社員이 각기 자본을 내어 회사를 설립하여 개업하고 한마음으로 협의하여 황실皇室을 보호할 것.
1. 사원 중에서 신실한 사람을 뽑아 사무를 분장시킬 것.
1. 임원을 출척黜陟할 때는 두령의 지휘를 받아 결정할 것.
1. 장정章程 중 제5조 7건의 일은 일체 철저히 금지할 것.
1. 도회都會를 사사로이 설치하는 것은 나라에서 금지하는 것이므로

....

랍이라 칭ᄒ고 ᄒ 사름의게 엽으로 ᄉ오륙 돈식 억지로 슈세 ᄒᄂᆫ 고로 촌간에 빅셩들이 장을 보아 먹을 슈가 업고 도로에 릭왕 ᄒᄂᆫ 샹민들의게 힝악과 작폐가 대단 ᄒ다니 이런 일은 농샹공부에셔 엄히 금단ᄒᆯᄃᆺ ᄒ다고들 ᄒ더라." 『독립신문』, 건양 2년 3월 18일자.

일체 금단할 것.

1. 원근의 상민商民을 막론하고 길에서 병이 나거나 객지에서 사망하거든 힘을 합쳐 장사를 치룰 것.[29]

김상학은 도내에서 상무를 의논할 만한 사람 10여 명을 별도로 발탁하여 부상과 보상 모두를 관장할 도지사都支社를 설립하고 이들이 출자하여 영업하는 회사설립을 전망하였다. 진주와 양산 대구를 잇는 상권을 염두에 둔 상무시찰의 언급은 주목할 만한 사실이다. 상무시찰 명단 제일 끝에는 전 오위장으로서 경상남도 좌우지사 구관 명찰원 고성종高聖鍾의 이름이 기재되어 있다. 그러나 상무사의 영향력 강화와 함께 실제 상무시찰의 권한도 막강하였지만 오히려 월권행위만 크게 부각되어 정부가 의도하는 효과는 전혀 이룰 수 없었다.[30]

1884년 초 진주에서 4종의 상점이 연합하여 조직을 구성한 18년 후인 1902년 9월에 이르면 진주군의 상무사商務社 우지사右支社의 중수重修를 위한 의연금 모금에 관한 기록이 보인다. 당시 반수 이용근李鏞根과 장무원掌務員 김경환金景煥 등은 큰 도회지에 자리 잡아 아침에 가고 저녁에 가며 저녁에 오고 아침에 올 때 어깨를 풀고 다리를 쉬는 편의를 위하여 집 하나를 사서 '우사右社'라는 현판을 붙이고 모이는 장소로 삼은 지 여러 해 되었는데, 건물이 낡아 비가 새고 건물도 좁아서 사社의

....

29 『慶南商務視察完文』, 光武 5年 辛丑(1901) 3月.
30 조재곤, 앞의 책, 207~208쪽 참조. 상무시찰의 위세는 '가짜 시찰'까지 속출하는 피해를 남겼는데, 1902년 진주에서는 가시찰假視察을 하다가 옥에 갇힌 하난감河蘭甘이라는 자가 탈옥 도주한 사건도 있었다. 『皇城新聞』, 광무 6년 2월 13일자.

모양새가 되지 않고 상인들을 수용할 수 없게 되었다고 주장하였다. 그래서 목공과 석공을 불러 보수하고 좁은 공간도 넓혔다고 한다. 그러나 여기에 들어간 경비의 액수가 적지 않아 감당하기 어렵기 때문에 십시일반의 마음으로 기부를 권유하였다는 것이다.[31]

이 기간 진주군수 서리를 겸하고 있던 사천군수 윤尹 아무개가 150량을, 진사 정종화鄭鍾和가 30량을 희사한 것을 시작으로 많은 의연금이 모였다. 현직 군수가 이처럼 많은 액수를 희사한 것은 당시 이 지역 상무사 좌우사左右社 도반수都班首를 겸직하고 있었기 때문이었다. 대한제국 시기 상무 각 지사의 보상과 부상을 전부 관할하는 최고 우두머리는 해당지역의 지방관이 겸임하는 것이 관례였기 때문이다.

중수 의연금 모집에는 진주관내의 각 동리는 물론 곤양, 성주, 한산韓山, 거제, 사천과 진해의 임소任所, 옥포, 김해와 동래, 기장, 울산, 언양, 밀양, 창원, 고성, 하동, 산청, 거창의 우지사右支社, 동래 백목전白木廛 [면포전] 공원公員, 동래항 객주회의소客主會議所, 남해 미조포彌照浦 공원, 진남장鎭南場 선주船主, 사천의 늑도勒島 동중洞中, 문선文善의 금전錦廛 등이 참여하였다. 그런데 특이한 것은 이때 진주의 좌지사左支社 도소都所와 진남의 좌우사左右社 도소가 기부에 참여한 사실이다. 여기서 좌사는 부상負商의 지방기구로 거래물종과 판매방식, 임원 등에서 보상褓商과는 완전히 다른 기구였다.

그러나 러·일전쟁(1904~1905)이 발발하고 「한일의정서」가 체결되는 가운데 1904년 2월 일제에 의해 상무사가 강제 해체되었고, 당연히

....

31 『募緣文』, 壬寅(1902) 9月.

전국 각 지역에 있던 지방지회도 모두 와해되었다. 그 결과 종래 정부의 비호를 받던 보부상 조직은 과거와는 다른 형태로 조직을 재구성하지 않을 수 없었다. 이후 통감부 시기 진주지역 상인들의 동향을 알 수 있는 것은 1908년 4월의 동아개진교육회東亞開進敎育會의『상무우단 장정商務右團章程』을 통해서이다. 동아개진교육회는 1905년 10월 전국의 보부상 조직을 통할하려는 목적으로 만들어진 사설단체로 그 산하에 상무과를 두고 활동하면서 주도권을 장악하기 위한 일환으로 지방지회를 창설하는 한편 조사위원을 파견하였다.[32]

그 결과 진주와 사천, 곤양, 단성의 4개 군을 주축으로 하는 이 지역에는 동아개진교육회 상무과의 부사무 김광희金光熙와 위홍석魏洪奭 명의로「지명서指明書」가 전달되었다. 이 지명서의 부제는 '경남 진주지회 상무좌우단 신구임新舊任 및 여러 상민商民'이라 되어 있다. 내용은 상무사 혁파 이후 지탱할 기반이 사라진 상인들을 위해 동아개진교육회에 상무과商務課를 두고 그 산하에 경남 진주지회 상무 좌우단을 두어 좌우단 사무장에 이규하李奎夏를 우단 도공사원에 김홍식金弘植을, 좌우단 도장무원에 정우석鄭禹錫을 임명하여 내려 보내니 그렇게 알고 이전에 사용하던 공문의 인장은 모두 거두어 보내라는 내용으로 되어 있다.[33] 이같은 동아개진교육회가 주선하는 진주군 일대의 보부상 단체 재건의 움직임은 당시 신문기사로도 보도된 바 있는데, 소기의 목적을 달성하지 못하고 경찰의 제지로 해산당해 실패로 돌아간 것으로 보인다.[34] 그

32 조재곤, 앞의 책, 258~267쪽.
33 「指明書」, 隆熙 2年(1908) 4月.
34 "(晋會被禁) 晋州郡 高潤明 安義郡 愼宗周 兩氏가 晉州郡 東亞開進支會長 李奎夏 氏와 周旋

해 8월 동아개진교육회는 스스로 회를 해체하면서 소멸되었다.

V. 일제 강점기의 진주상무사

진주는 조선시대부터 정기시장이 형성되어 서로 간에 '유무유통有
無有通'하여 매달 5일 간격으로 열리는 2, 7일의 정기시에는 진주를 중
심으로 하는 보상褓商의 일단一團이 돌아다니며 각지의 시장에서 행상
을 하였는데, 진주시市가 가장 유명한 중심시장이었다고 한다.[35] 부상負
商의 활동도 활발하였지만 진주는 그보다는 상대적으로 보상의 활동이
활발한 지역이었다. 상인조직도 보상 중심으로 운영되고 있었다. 이후
진주의 상인들은 일제강점 직전인 1910년 4월 18일에 윤경팔尹敬八 등
의 주도로 진주군 상무조합부商務組合部를 결성한 사실이 확인된다.[36] 그
러나 일제 강점 이후 일본상인들이 지역 상권을 좌우하는 상황에서는
일부 상인단체가 겨우 명맥을 유지하고 있었지만 과거와 같은 활발한
조직 활동을 기대할 수 없었다.

남아 있는 기록자료상으로 보면 1935년 4월에 진주시장의 상설점

....

ᄒ고 晉州, 泗川, 昆陽, 丹城, 山清, 咸陽, 安義 等 郡의 負商輩에게 通文ᄒ야 團體的으로 會集
ᄒ랴다가 警察署의 禁止를 被ᄒ야 因爲解散 ᄒ얏다더라." 『皇城新聞』, 1908년 3월 5일자.
이 내용은 연해주 블라디보스토크에서 발행되는 해조신문에도 보도되었다. 『海朝新聞』,
1908년 3월 17일자.

35 勝山伊助, 『晉州大觀』, 晉州大觀社, 1940, 134쪽.

36 그는 일찍이 1892년 부상 별공원을 하였고, 1910년 당시에는 부상 접장을 하고 있었다.
『魚果廛千金錄』(1842~1912).

포 사용자와 노점상업자들이 진주읍장에게 진정서를 제출한 사실이 있었음을 알 수 있다. 그 내용은 시장요금의 인하, 외등外燈의 취소, 공중수도의 가설, 시장 구내의 완전한 설비 촉진, 시장 안에 위생기관 완비 등에 관한 요구였다. 이들 상인들은 자신들의 의지를 관철시키기 위해 1차 교섭 이후의 대책과 경비부담에 관해 논의하였다. 그 결과 강선호姜善昊를 비롯한 16명의 실행위원을 선출하고 목적을 달성하지 못하면 군수, 도지사, 조선총독에게까지 극력 진정할 것을 결의하였다.[37]

한편 진주의 상무사에서 대대적인 의연금을 모집하는 사례는 1936년에도 보인다. 이는 그 해(병자년) 대홍수로 비바람에 기존의 사옥이 침수되고 무너졌기 때문이었다.[38] 5월 21일 문장현文章現 등 진주의 우상무사右商務社 소속 상인들은 진주읍내 옥봉정玉峰町 소재 진주상무사晉州商務社에 모여 취지서를 작성하고 의연금 모집운동을 전개하였다. 그 취지서에 따르면,

> "최근에 와서는 상업이 부진하고 생활이 곤란하며, 동서양이 개통한 이 시대에 지식이 천박하여 업무가 낙오됨에 따라 자연히 상무사商務社가 쇠퇴하여 위기일발에 빠지게 되었습니다. 이것을 목도하는 우리들로서는 통탄하지 않을 수 없습니다. 용이 구름을 얻지 못하면 서기瑞氣를 이루지 못하는 것처럼, 상업회의소商業會議所나 상공협회商工協會가 없이 우리가 난관을 당할 때를 생각하면, 그 만에 하나도 미루어 알 수

---

37 『決意書』(1935).
38 『懷舊文』, 戊寅(1938) 7月.

있을 것입니다. 이러한 상황에 대해 뜻이 있는 여러분이 개탄하지 않을 수 없습니다."[39]

라면서, 업무를 발전시키며, 여러 사업을 시도하고 전해 내려온 옛 풍습을 준수하며, 궁핍한 생활을 하는 사람들을 보호할 목적으로 이번에 새롭게 상무사商務社를 개축하게 되었다고 주장하였다. 그러면서 부족한 공사비 보조에 적극적인 동참을 요청하였다. 그 결과 다음 해인 1937년 12월까지 각계각층으로부터 1,755원圓을 모금하여 평당 27원의 공사비를 들여 진주상무사 건물을 시작할 수 있게 되었다.

이 상무사는 영위領位 강선호, 반수 이주현李周見, 사장 강기현姜琦鉉, 본방本房 신선준申先俊 등의 주도로 재구성된 것이었다.[40] 진주 봉산鳳山의 수정봉水晶峰 아래 신축한 이 건물은 특히 12, 13세경 어린 시절부터 석유 행상을 하여 자수성가한 이 지역 부호 정상진鄭相珍이 300원을 기부하였는데, 이듬해인 1938년에 7칸 5동으로 준공되었다.[41] 정상진은 진주의 대자본가로 성장하여 1918년 진주전기 주주, 1919년 진주토지건물(주) 이사, 1930년 진주협성운송 대표, 1931년 진주합동운송 이사, 1938년 진주정미소(주) 감사 등을 역임한 인물이다.[42] 그는 이후 1939년에도 진주 관립사범학교와 공립고등학교 설립을 위한 기성회에 1만 3천 원을 기부하였다.[43] 정상진은 사회봉사사업에도 관심이 있어 일찍

39 『右商務社義涓錄』, 1936년 5월 21일.
40 『商務社重建記』, 戊寅年(1938) 仲秋節.
41 『感賀實記』, 戊寅(1938)5月; 勝山伊助, 『晉州大觀』, 晉州大觀社, 1940, 35쪽.
42 한국역사정보통합시스템(http://www.koreanhistory.or.kr/) 정상진 관련 내용 참조.

이 1921년 3월 박재화朴在華 등과 함께 진주에서 무직자 구제회를 발기하기도 하였다.[44]

이때 다시 설립된 진주지역 상무사의 공식명칭은 '진주우상무사'였다. 진주우상무사에서는 규칙을 마련하였는데, 그 목적을 '서로 친목하며, 상업을 연구하며, 길흉사에 서로 문안하며 두터운 뜻으로 성실히 노력하는 것'[45]에 두고 있었다. 이는 과거 한말 이 지역 상인단체의 상호부조에 관한 유제를 그대로 답습하는 것이었다. 그러나 판매 물품에 대한 세금징수 권한은 없었다. 상무사의 위치는 진주 옥봉정 477-4번지로 정하고, 해마다 1월 18일과 10월 15일에 정기적으로 회의를 개최하기로 하였다. 가입회비는 3원이었다. 진주상무사의 임원으로는 영위, 사수社首, 사장, 재무, 서기, 간사 각 1인과 10인의 평의원, 3인의 감사를 두기로 하였다. 영위 이하의 임무와 권한, 임기도 규정하였다. 일제 강점기 진주우상무사는 1939년 1월 진주상공회의소가 출현하면서 활동을 종료하였다.

....

43 『東亞日報』, 1939년 1월 19일자.

44 『東亞日報』, 1921년 3월 23일자.

45 『晉州商務社規則』, 1938년. 해방 직후인 1949년 유명한 법률가이자 학자였던 변영만(卞榮晚; 1889~1954)은 이제는 72세의 노인이 된 정상진을 평하는 글에서 "젊어서 장사에 힘써 양친을 봉양하고/장년에는 산업을 더 경영하여 융숭한 부를 이루었으나/자기 재산이라고 울타리 안에 쌓아두지 않고/곤궁한 사람을 두루 구휼하느라 사방에 유통시켜/이로부터 베풀기 좋아하기를 모으기 좋아하듯 하고/모든 일이 대중을 위한 것이고 자신을 위하지 않았네"라고 기술한 바 있다. 『卞榮晚撰鳳隱翁贊幷引』, 己丑(1949) 初冬 初吉(10월 1일).

VI. 진주 출신 경남상무사 도반수 윤순백의 활동

진주지역 상무사 활동과 관련하여 이 지역 출신이자 오랜 기간 보부상 지도자로 활동하던 윤순백尹順伯이라는 인물이 주목된다. 그는 1880년대 한미한 지방 포교 출신으로 시작하여 화적 체포와 동학농민군 토벌에 공을 세울 무렵부터 보부상 기구에 주도적으로 참여하였다. 그 후 대한제국을 거쳐 일제식민지 시기 중반에 이르기까지 다방면에서 활동한 인물이었다.

1884년 7월 5일 경상우병사 한규설韓圭卨의 의정부 보고에 따르면 진주의 교졸校卒이 잡은 화적이 11명인데 칼날을 맞는 위험을 무릅쓰고 분투를 다해 기미를 염탐하고 붙잡은 기찰포교[기교譏校] 윤순백을 도내의 변장邊將으로 정해 보낼 것을 청하였고, 국왕의 윤허를 받았음을 알 수 있다.[46] 이 기간 그는 진주읍내 사전四廛 임방 건설비용으로 4량을 기부하였다.[47] 그는 그로부터 1년 후에도 진주의 수교首校로 있으면서 관내의 군졸과 함께 남의 무덤을 파헤친 화적 7명과 접주 2명을 체포하는데 공을 세우고 정부로부터 상을 받기도 하였다.[48] 1887년 정월 진주 우도소右都所 창설 관련 현판 시주자 명단에도 만호萬戶 윤순백의 이름이 각인되어 있다.[49]

그는 한규설의 포계褒啓로 국왕으로부터 특지特旨를 받아 영등永磴과

---

46 『備邊司謄錄』, 高宗 21年 7月 15日.
47 『四廛勸助文』, 乙酉(1885) 2月 日.
48 『備邊司謄錄』, 高宗 22年 12月 27日.
49 『右都所刱設初期任員及施主名單』, 丁亥(1887) 元月.

천성天城의 만호萬戶를 차례로 하였는데, 그 소식을 듣고 부근의 고을에 거주하는 도적무리들이 모두 흩어져 달아났다고 한다. 윤순백이 보부상 조직과 처음 인연을 맺게 되는 것은 1892년에 이르면서부터였다. 그 해는 큰 흉년이 들어 화적이 봉기하였는데 그는 개인적으로 재물을 희사하여 가난한 백성들을 진휼하였고, 도적들을 수색해서 잡아냈다고 한다. 이 일로 상리국商理局 당상堂上 이종건李鍾健이 윤순백을 영남 좌우사의 도반수都班首로 차임하여 도적 체포의 임무를 맡기자 그는 전후로 300여 명의 도적을 체포하였다.[50]

윤순백은 동학농민군 토벌에도 적극 참여하였다. 예컨대 1894년 전라도 남원에서 동학농민군을 토벌하던 박봉양朴鳳陽 관련 기록에 보면, 토벌 시 죽은 자를 장사 지내고 부상당한 자를 구원할 때 전주 전前 만호萬戶 윤순백이 촉영矗營[경상우병영]의 지시에 따라 구원병 200명을 이끌고 함양을 지나 전라도 남원 운봉면의 수성군守城軍에 합류시켜 농민군의 형세를 살핀 일이 있었다.[51] 윤순백이 실제로 동학농민군 토벌에 적극 참여하였음은 농민군 토벌이 완료된 후 조선정부에서 '군공록軍功錄'을 작성하는 등 논공행상 과정의 기록을 통해서도 알 수 있다.[52]

....

50 『承政院日記』, 高宗 35年 8월 5일. 晉州幼學 鄭基鎬 等 上疏. 이 상소는 정기호 등이 상경하여 군부와 내부를 거쳐 황제에게 올린 것이다. 『皇城新聞』, 광무 2년 9월 20일자.

51 『東學亂記錄』下,「雲峯郡前注書 朴鳳陽經歷書」.

52 "晉州前萬戶尹順伯自募商丁 連疊擒勒."『東學亂記錄』下,「甲午軍功錄」; "前萬戶尹順伯 洪州義旅."『東學亂記錄』下,「東學黨征討人錄: 義旅」. 다른 기록에 의하면 그는 운봉에서 농민군 70명을 사로잡았으며, 남원에서도 승리를 거두었는데 동학의 무리에 들어갔던 주민들을 해치지 않고 귀화의 다짐을 받고 풀어주어 주민들이 그의 기념비를 세우고 공을 기록하였다 한다. 『承政院日記』, 高宗 35年 8월 5일. 晉州幼學 鄭基鎬 等 上疏.

당시 윤순백이 스스로 소집하여 이끌고 온 민병은 상정商丁, 즉 진주의 보부상들이었다. 그러나 그를 충청도 홍주洪州의 반反 동학농민군 의려 義旅로 기록한 일부 자료는 착오로 보인다.

그는 이후 별다른 관직을 얻지 못하였다가 대한제국 시기인 1899 년 5월에 가서야 그의 이름이 다시 나타나기 시작하였다. '상민청상'이 라는 소제목으로 된 당시 『독립신문』 기사에 따르면 진주군의 상인 조 창모가 농상공부에 호소하기를 본군에 사는 전 만호 윤순백이 경상남 도 상무사 좌우사 도반수로 훈공과 효로效勞가 매우 많으니 정부에서 벼슬을 내리고 포상을 하여야 한다고 주장하였다는 사실을 알 수 있 다.[53] 이러한 분위기에 따라 그해 가을에 가면 서울에서 상무사 유사당 상 이한영李漢英 주재로 명사원明査員을 선발하는데 이때 모인 50여 명의 부상負商 중 공로와 행실을 논할 때 유공자 17, 18인에서도 진주의 윤순 백이 1등이었다 한다.[54] 그 결과 그는 그해 12월 상무사에서 각도 도두 령을 선발할 때 전라남도 도두령으로 임명되었다. 이때 경상남도에는 심상희沈相禧가, 강원도에는 나유석羅裕錫, 평안북도에는 민용호閔龍鎬가 임명되었다. 도두령들은 상무사에 각기 2만 량씩 보증금을 미리 내고 상표商票를 소지하고 각도에 파견되었다.[55] 윤순백은 1901년 중순 경남 칠원군수 현영운玄映運을 수행하여 2명의 도적을 체포하는 데 공을 세 우기도 하였다.[56]

53 『독립신문』, 광무 3년 5월 3일자.
54 『皇城新聞』, 광무 3년 11월 1일자.
55 『皇城新聞』, 광무 3년 12월 4일자.
56 『皇城新聞』, 광무 5년 9월 9일자.

윤순백은 1902년 3월 단성군수에 임명되었다가 춘하春夏 포폄褒貶 시에 치적이 거중居中이라는 이유로 그해 7월 1개월 감봉에 처해졌다.[57] 그해 10월에는 사천군수로 있었음이 확인된다.[58] 1903년 5월에도 사천 군수로 있던 그는 당시 신문 기사에 치정治政이 제일로 춘궁기에 연름 捐廩을 나누어 곤궁한 백성들을 도와주고 무곡貿穀을 시중에 풀어 빈민들의 자활을 도왔다고 한다. 또한 민요民擾 후 각종 해세海稅를 진주부에 보고하여 물린 결과 섬사람들도 감읍하여 목비木碑 수백 개를 세우는 등 칭송이 자자하다고 한다.[59] 이와는 달리 그가 군수의 직함으로 불법 행위를 하여 숨긴 돈이 20만 7천여 량이라는 내용으로 같은 해 10월 8일 서울 법부法部 앞에 익명의 글이 붙여지기도 하였다.[60]

그는 러·일전쟁 기간인 1905년 2월 사천군수로 있다가,[61] 이후 진 보군수로 옮겨 1906년까지 직무를 맡았다. 윤순백의 이름이 다시 나타나는 것은 1908년 12월 무렵부터이다. 대한협회大韓協會 발간 회보에 그는 진주지회의 회원으로 되어 있다.[62]

일제 강점기에도 몇몇 신문을 통해 그의 행적을 확인할 수 있다. 1929년 5월 경성상무연구회京城商務研究會가 설립되었는데, 이 회는 전국의 보부상을 망라한 조직을 전망하였다. 그 결과 상무연구회에서는 지방부원을 구성하고 경상남도 지부장에 김두영金斗英을 부지부장에 윤순

---

57 『日省錄』, 光武 6年 3月 2日; 『日省錄』, 光武 6年 7月 15日; 『皇城新聞』, 1902년 9월 6일자.
58 宮內府 內藏院 編, 『訓令照會存案』 제36책, 1902년 10월 15일, 奎章閣古文書. # 19143.
59 『皇城新聞』, 광무 7년 5월 28일자.
60 『皇城新聞』, 광무 7년 10월 9일자.
61 『皇城新聞』, 광무 9년 2월 27일자.
62 『大韓協會會報』 제9호, 1908년 12월 25일.

백, 좌우 장무원에 채준묵蔡俊黙 등을 임명하고 현지로 파견하였다.[63]

　그의 이름이 마지막으로 나타나는 시기는 1930년 3월과 5월이었다. 이때 그는 노인으로서 조선 전국 각지에 산재한 보부상들을 상대로 상무사 조직 재건을 계획하고 있었다. 그는 뜻을 같이 하는 여러 사람들과 합의하여 3월에 서울 공평동 121번지에 사무소를 두고 일제 강점 이후 지리멸렬 상태에 빠진 소상인 조직 부활을 위해 활동하였다.[64] 그 결과 그해 5월 11일 서울 중학동 107번지 사무소 내에서 상무사商務社를 공식적으로 발족시키는 창립총회를 개최할 수 있게 되었다. 이때 상무사의 총재는 자작 이윤용李允用이었고, 고문은 언론인 기쿠치 겐조[菊池謙讓]와 변호사 다카하시 아야노스케[高橋章之助], 사장은 윤순백 등이었다.[65] 당시 윤순백은 상인들의 상호부조와 상업상 편의를 기하려는 목적에서 이를 추진하였다.[66]

　이때 사장 이하로는 사무장, 부사무, 수공원, 수장무, 명사장, 찬성장, 서무부장, 재무부장, 사업부장, 교육부장, 지방과장 겸 감사, 학무과장 겸 공사원, 편집과장 겸 공사원, 위생과장 겸 장무원, 문서과장 겸 장무원, 공사원, 장무원, 명사원 등의 임원을 선정하고 명단을 발표하였다. 그러나 이후 활동내역은 기록상 확인할 수 없다. 다만 이후 1933년 충남 서천과 함남 북청 등 일부 지역 단위로 상무사 지방지회가 결성되어 총회를 개최하고 임원을 선출하고 운동회를 개최한 사례 등이

----

63 『每日申報』, 1920년 5월 1일자.
64 『每日申報』, 1930년 3월 24일자.
65 『每日申報』, 1930년 5월 18일자.
66 『中外日報』, 1930년 5월 14일자.

확인된다.[67] 1936년 진주상무사가 재구성될 때는 윤순백의 이름은 보이지 않는 것으로 보아 그의 말년 활동도 이 무렵 종료된 것으로 판단된다.

67 『中央日報』, 1933년 4월 5일자; 『每日申報』, 1933년 5월 20일자, 9월 9일자.

19세기 이후 진주지역 상인조직의 변천과 시장상인활동[1]

최윤경 부산대학교 한국민족문화연구소 전임연구원

I. 머리말

조선후기 지방의 상업경제는 잉여생산물과 수공업품 등의 상품교환체계가 형성되어 전국 주요 도읍을 중심으로 5일 장시場市체제가 구조화되고 있었다.[2] 교통이 발달하지 못한 조선후기 사회에서 장시체제를 유동적으로 상호연결한 상인은 보부상褓負商으로, 지역장시를 순회하며 물품판매와 상품유통을 담당하였다. 보부상은 보상褓商과 부상負商으로 분류되는 소상인으로 행상의 가장 원초적인 상인 형태이다. 보상은 일반적으로 값이 비싼 잡화 등을 보자기에 싸거나 질빵에 짊어지고

---

1 이 글은 (사)부경역사연구소와 BB21 부산 150년사 사업팀에서 주최한 2017년 상반기 공동학술심포지엄 「한말·일제강점기 부산경남지역 경제인연구」에서 발표하였다.
2 조선후기부터 일제시기의 장시체제에 대한 연구는 김대길, 『조선후기 장시연구』, 국학자료원, 1997; 허영란, 『일제시기 장시연구』, 역사비평사, 2009.

다녀 '봇짐장수'라고 하며, 부상은 보상에 비해 조잡한 일용품이나 가내수공업품 위주의 상품을 지게 등에 얹고 다녀 '등짐장수'라고 하였다. 보상과 부상을 합쳐 보부상이라 하며 이들 중 일부는 수운과 육상으로 다량의 상품을 일시에 운반·판매하여 대상인으로 성장하기도 하였다. 보부상은 별도의 조직체계를 갖추며 개별적 상단을 조직하였는데, 19세기 지방장시는 보부상단의 상업 활동을 통해 더욱 체계를 갖추며 성장·발달하게 되었다.

조선후기 전통적 상업중심도시였던 진주지역은 경상도 지역 내에서도 비교적 큰 장시 권역을 형성하고 있었다. 1809년 편찬된『만기요람萬機要覽』에 따르면 전국의 시장은 1,000여 곳이었고, 경상도는 276곳이었다. 경상도지역의 시장은 전국 8도에서 가장 많았으며 당시 진주의 장시는 10여 곳에 이르렀다. 진주지역에서도 보상과 부상으로 구성된 전통적 소상인 조직이 생겨났는데, 19세기 중엽 무렵부터 자신들의 상권보호와 상인 간 결속력을 위해 자체적인 조직을 형성하고 있었다. 개항 이후 근대적 상업체계로의 재편 속에서 진주지역은 사전四廛이 등장하는 등 상권과 상인조직에 변화가 나타나는데, 시대의 흐름과 정부의 상업정책 변화 등의 요인으로 전통적인 상인조직이었던 진주지역의 보부상조직의 구성과 성격에도 변화가 나타나게 된다.

이 글에서는 19세기 무렵 진주지역에서 조직되었던 상인조직의 변천과 그 활동에 대해 주목해 보고자 한다. 조선후기부터 형성되었던 진주지역의 장시체제를 앞서 살펴 본 후, 진주지역의『청금록靑衿錄』의 DB화를 통해 상인조직에 대한 구체적 분석을 시도해 보고자 한다. 세 종류의『청금록』에 기재된 각 연도별 임원명단을 데이터베이스화하여 임원 구성과 각 조직의 상호연관성을 분석한 뒤, 자료상으로 드러나는 진주지역 상인조직의 변천과정을 도출해 보고자 한다. 그리고 일제강점 이후 전통적 상인조직의 변화를 1930년대 재건된 '진주상무사'의 활동과 연관 지어 살펴보고자 한다. 이를 통해 조선 말기부터 일제강점기를 거치며 나타난 진주지역 상인조직의 변화양상과 활동에 대해 접근해 볼 수 있을 것이다.

II. 진주지역 상인조직의 구성과 변천

1. 진주지역의 장시場市체제

조선후기 진주는 서부경남지역의 중심도시였다. 1832년 작성된 『경상도읍지慶尙道邑誌』에 따르면 진주는 15,671호에 71,808명이 거주하고 전답을 합한 토지가 15,761결 22부 3속에 달하였던 경상우도의 가장 큰 고을이었다. 또한 진주는 경상우도 병영兵營이 설치된 군정의 중심이자 정3품 당상관 목사가 수령으로 파견되는 행정의 중심지였으며, 개항 이후에도 인근지역을 아우르는 대도읍大道邑이었다.[3]

이러한 사회·경제적 위상에 맞춰 진주의 상업경제도 상당히 발전

---

3 개항 이후 진주는 1896년에 13도제 실시로 경상남도 진주군이 되었고, 경상남도 도청소재지로서 관찰사가 상주하였다. 한일강제병합 직전인 1909년 진주의 규모와 인구는 50개 면 298동 18,535호에 87,837명이 거주하는 경남의 대도시 중 한 곳이었다. (《조선총독부 관보》1909년 통계조사 자료)

하였는데, 동강의 지류인 남강이 곡류하여 만든 넓은 충적평야를 끼고
있고, 자원이 풍부한 지리산과 남해에서도 가까운 지리적 조건 덕에 서
부 경남 일대의 각종 물산이 집산되는 곳이 바로 진주였다. 조선후기
부터 진주지역에는 10여 곳의 장시가 형성되어 있었는데, 기록에서 보
이는 진주의 주요 장시는 진주장晉州場(진주읍내장), 소촌장召村場(문산 지
역), 수곡장水谷場, 안간장安磵場(미천 지역), 창선장昌善場(남해 창선지역, 당
시 지명은 창선목장), 조창장漕倉場(당시 지명은 夫火谷), 반성장班城場, 마동장
馬洞場(대평), 북창장北倉場(대곡), 말문장末文場(삼천포) 등이 있었다.[4]

　　진주의 장시에서 거래된 주요 물품은 쌀·콩·보리·밀의 곡물류, 생
선·닭·돼지·소·과일·채소 등 어육·과채류, 삼베·무명·모시·명주
등 포목류, 소금·종이·유기·철물·토기·옹기·벼루 등 각종 생필품
및 수공업품으로 그 물종은 다양했으며, 특히 진주지역은 면포 생산이
조선에서도 제일 성행한 곳[5]으로도 유명하였다.

....

4　18세기말~19세기 진주지역의 장시는 거점 장시인 진주 읍내 장을 중심으로 장시가 발달
　　하였다. 진주지역에는 9~13개의 장시가 열리고 있었는데, 장시의 통폐합이 이루어져 그
　　수는 시기에 따라 다르다.『동국문헌비고東國文獻備考』(1770년대)에 따르면 읍내장(2·7
　　일), 소촌장(3·8일), 반성장(3·8일), 조창장(1·6일), 말문장(4·9일), 창선장(2·7일), 마동
　　장(3·9일), 수곡장(2·7일), 덕산장(4·9일), 북창장(4·9일), 안간장(3·8일)의 11장이 있
　　었는데,『임원경제지』(1830년대)에는 엄정장(6·10일), 대야장(4·9일), 문암장(3·8일)
　　이 추가되었다(이욱,「18세기말~19세기 진주권의 상품유통과 성격」,『역사교육논집』41,
　　2008, 222~226쪽; 변광석,「18·19세기 경상도 남부지역의 상품유통구조」,『지역과역사』
　　5, 1999, 190~191쪽).
5　진주지역은 전통적인 면작지대로 미곡 등의 곡물과 면화棉花, 면포綿布의 출시가 많았
　　고 이곳의 작황이 곧 장시의 매매물량을 좌우할 정도였다고 한다(김덕진,「18~19세기 지
　　방장시에 관한연구-장시 상업의 특징을 중심으로-」,『국사관논총』81, 국사편찬위원회,
　　1998, 306쪽).

진주지역 내 상품 교역과 광역 유통권이 수운 및 육상교통망을 통해 연결되면서 장시가 발달하였고,[6] 지역장시와 포구를 연결하는 보부상단褓負商의 수도 대폭 증가하였다. 심지어 유통 상품이 증대하고 세분화·특화되면서 특정물품을 취급하는 물종객주物終客主가 19세기 후반부터 등장하기도 하였다. 진주지역은 서부경남의 농업생산지를 끼고 있는 상업중심지였기에 곡물을 취급하는 객주가 많이 활동하고 있었는데, 진주성 북문통北門通시장[7]의 곡물객주가 무려 100여 호에 이르러 이들이 곡물시세를 결정하기까지 하였다[8]고 한다. 이곳 진주지역을 중심으로 다종다양의 물품을 거래하는 객주客主뿐 아니라 행상을 하는 소상인인 보부상의 숫자도 역시 많았는데, 이들은 주변의 군현뿐만 아니라 전국 각지의 장시까지 진출[9]하기도 하였다. 일제시기 이후까지도

....

6 진주지역의 조운창으로는 삼천포의 가산창이 있었고, 남강 강변의 나루[津]를 따라 낙동강으로 연결되는 교통망이 형성되었다(자세한 연구는 변광석, 앞의 논문, 1999; 이욱, 앞의 논문, 2008을 참조).

7 조선후기 진주성 외성 밖에서 객사로 가는 대로에 위치해 있었다. 현재의 중앙대로 부근이다.

8 객주는 상인의 물건을 위탁받아 팔아주거나 매매를 거간하며 여러 가지 부수 기능을 담당한 중간상인이자, '보부상의 주인'이었다. 포구주인이 점차 객주업을 겸하며 개항 이후부터 객주客主, 여각旅閣, 또는 여각주인旅閣主人으로 불리고 있었다. 1900년경 진주의 곡물객주는 100여 호, 통영의 곡물객주 78호, 하동의 곡물객주 20호로 진주의 곡물객주 수가 월등히 많았다(외무성통상국外務省通商局, 「한국경상도서남부내지정황韓國慶尙道西南部內地情況」, 『통상휘찬通商彙纂』181·189; 변광석, 앞의 논문, 1999).

9 1891년 고성 배둔의 행상이 석양夕陽(성냥)과 석유를 판매하고 있었는데, 그것이 생활상 편리하다는 말을 듣고 당시 12~13세이던 진주의 정상진씨가 부산에서 구매하여 행상을 시작한 것이 진주의 외국상품 판매의 시초라고 한다. 정상진씨는 1907년경부터 해창海倉으로부터 전남의 소금을 사들여 인근 장시를 돌며 소금 장사를 시작하였고, 1910년대에는 벼의 중간상을 시작하였다고 한다. 일제강점 이후 그는 진주지역의 대자본가로 성장하

진주의 장시권역은 계속 확대되고 있었다.[10]

각 장시를 순회하며 상업 활동을 하던 보부상 등 지역의 상인들은 그 활동 인구수가 늘어나자, 자신들의 이권을 대변하고 협동하기 위한 단체를 조직하게 되었다. 다음 장에서 진주지역을 중심으로 활동했던 상인 조직을 구체적으로 살펴보도록 하겠다.

2. 『어과전·면주전·사전청금록』의 내용과 임원구성

보부상들은 조직 내 위계질서와 규율을 중시하였고, 자신들의 상업 활동을 원활하게 하기 위해 절목節目 등의 조직 내 규약문서와 내부 임원들의 명단을 선생안先生案이나 청금록靑衿錄 등으로 만들어 영구히 보존하려 하였다.[11] 진주지역의 『청금록』에는 해당 기간 선출된 반수班首

여다(참고: 진주시, 『진주시사』, 진주시시사편찬위원회, 1995, 702쪽; 승전이조勝田伊助, 『진주대관晉州大觀』, 진주대관사, 1940, 16쪽).

10　표 1　진주지역 장시의 변화　　　　　　　　　　　　　　　　（ ）은 개시일

1770년대	1832	1926	1932	장의 위치(현재)
읍내장(2·7일)	읍내장(2·7일)	진주시장(2·7일/매일)	진주읍시장(매일)	진주시 대안동
소촌장(3·8일)	소촌장(3·8일)	문산시장(4·9일)	문산시장(4·9일)	문산읍 소문리
반성장(3·8일)	반성장(3·8일)	반성시장(3·8일)	반성시장(3·8일)	일반성면 창촌리
수곡장(2·7일)	수곡장(1·6일)	수곡시장(1·6일)	수곡시장(1·6일)	수곡면 창촌리
안간장(3·8일)	안간장(3·8일)	안간시장(1·6일)	안간시장(1·6일)	미천면 안간리
	엄정장(6·10일)	엄정시장(1·6일)	엄정시장(1·6일)	금곡면 검암리
		단목시장(1·6일)	단목시장(1·6일)	대곡면 단목리
		지수시장(5·10일)	지수시장(5·10일)	지수면 청담리

* 자료출전: 1770년대 - 『동국문헌비고東國文獻備考』, 1832년 - 『경상도읍지慶尙道邑誌』, 1926 - 善生永助, 『조선의 시장경제朝鮮の市場經濟』, 조선총독부朝鮮總督府, 1926·1932 - 『진주군향토조사晉州郡 鄕土 調査』

11　조재곤, 「보부상문서의 운영체계와 활용방안」, 『한국근현대사연구』 23, 2002, 9쪽. 보부

와 접장接長 등의 임원 명단과 지방 관할 임소任所 또는 임방任房[12]의 임원 등을 포함하고 있다. 조선후기 이후 진주지역 보부상 조직에 대한 자료 중에는 총 세 권의 청금록이 존재하는데, 『사전청금록四廛青衿錄』이라는 명확한 명칭이 드러난 한 권을 제외한 나머지 두 권은 겉장이 소실되어 정확한 명칭을 파악하기 어렵다. 다만 이 글에서는 어과전(魚果廛) 도장이 찍힌 청금록은 취급물품이 부상단負商團과 연관성이 있다고 파악하여 '부상'『千金錄』,[13] 그리고 면주전綿紬廛 인장이 찍힌 청금록은 보상단褓商團과 연결지어 '보상'『青衿錄』으로 칭하고자 한다.

1) '어과전'『천금록千金錄』(1934~1912)의 임원구성과 특징

진주지역의 보부상조직은 상당히 이른 시기인 1834년 형성된 것으로 파악되는데, 먼저 부상단으로 추측할 수 있는 어과전임방魚果廛任房 또는 어과전이라는 인장이 찍혀 있는 부상단의 임원명단이 갑오년(甲午年, 1834년으로 추정)부터 기재되어 있다. 이 어과전 인장이 찍힌 천금록(이하 어과전청금록)의 첫 부분에는 무진년戊辰年 3월[14]과, 무신년戊

상 조직의 임원구성과 역할에 대한 연구는 최진옥, 「한말 보부상의 변천」, 『정신문화연구』 여름호, 1986; 서진교, 「대한제국기 商務社의 조직과 활동」, 『한국민족운동사연구』 21, 1999.

12 보부상단은 전국의 군·현을 묶어 각 지점의 관할단위로 임소任所를 두었다. 임소의 대표로 본방本房 1인을 선출해 사무를 총괄하였고, 본방들 중 접장을 선출하였다.

13 천금록과 청금록은 임원명단대장으로, 명칭은 다르지만 내용과 구성은 동일하다. '青衿'은 '푸른 옷소매'란 뜻으로 유생들을 지칭한 용어로, 청금록은 유생, 선비들의 명단대장이었으나 조선 말기에는 보부상조직들도 이와 같은 명칭을 사용하여 임원명단대장을 사용하였다.

14 "…謂之千金錄 戊辰三月 日"『千金錄』.

^{甲年} 5월¹⁵로 명기된 절목^{節目}이 있다. 아마도 무진년은 문서가 처음 작성된 시기로 추정되며, 무신년인 1848년에는 관청의 공식적인 허가를 받았던 것으로 추측된다.[16] 상인조직에서 정한 규율인 청금록의 '절목'에는 아홉 가지의 규약이 있는데, 주요 내용은 부원들이 지켜야 할 상행위 규범과 임원 장례 시 부의품에 대한 것이다.[17]

이 어과전 청금록의 임원 구성은 훈장^{訓丈}과 공원^{公員}, 집사^{執事} 각 1인 체제인 갑오년^{甲午年}, 1834)을 시작으로 하고 있는데, 1848년부터 진주지역 인근의 서면^{西面}[18]이나 단성^{丹城} 등 지방 임소^{任所}의 임원이 등장했다. 지방 임소의 구성원은 필요에 따라 교체된 듯한데, 인원수는 시기마다 다르게 나타난다.

어과전청금록의 주요 구성원은 반수 1인, 접장 1~4인 외에 공원(^{道公員, 別公員, 公員} 등), 서기^{書記} 및 서기공원, 본방^{本房} 및 본방공원, 총각 임원(^{總角裨房·惣角公員} 등) 등이었으며, 연도별 총 임원 수는 3~30명으로 각

....

15 "戊申五月 日"『千金錄』
16 절목에 "영사營使"라는 수결이 있다.
17 9가지 절목의 내용은 다음과 같다. 1. 어떤 동료를 막론하고 병으로 죽거든 통문을 내고 주검을 거두어 염하여 매장하도록 할 것, 1. 장유서의 법을 모르고 함부로 욕하거나 모욕하는 자는 특별히 엄히 다스릴 것, 1. 주정하는 무법자와 노름과 같은 잡기를 하는 무뢰배 또한 엄히 다스려 금지시킬 것, 1. □□ 매매할 때 시세대로 사들인다. □□□□로 매매하는 자 또한 엄히 다스릴 것, 1. □□□□□□□□한 곳에서 안면을 찡그리거나 사역을 □□하는 자는 엄히 다스릴 것, 1. 훔친 물건을 사들이지 않음으로써, 동료로 하여금 나쁜 처지로 섞여 들어가지 않도록 하며 1. 어린사람이 길에서 나이 많은 동료를 만나면 반드시 절하여 존경을 표하고 함부로 대하지 말 것, 1. 훈장^{訓丈}이 죽으면 상포^{喪布} 1필, 돈 3냥, 백지 1속을 부의로 할 것, 1. 공원^{公員}이 죽으면 상포 1필, 돈 1냥 5전, 백지 1속을 부의로 할 것, 1. 집사가 죽으면 돈 1냥, 백지 1속을 부의로 할 것.
18 진주성의 서쪽지역인 평거동, 대평면, 수곡면 지역에 해당하는 옛 지명이다.

시기에 따라 임원수가 상이하였다. 어과전 내 북어전北魚廛, 문어전文魚廛 등 별개의 물품전物品廛을 따로 둔 해(年)도 확인된다. 1868년에는 총각 좌상이라는 임원이 등장하였다. 보부상조직 내에서는 결혼 여부에 따라 위계서열을 정하였는데, 성인인 경우 본방本房 또는 요중僚中, 미성년 인 보부상들은 동몽童蒙이나 비방裨房 (또는 비방청裨房廳), 총각總角으로 불렸으며 진주지역에는 이때 처음 등장한다.

1859년부터는 훈장訓丈에서 접장接長으로 임원 명칭이 변경되었고, 1860년부터는 반수班首라는 새로운 직책이 등장하였다. 1860년부터 마지막 임원명단이 기재된 임자년壬子年(1912)까지 반수-접장(=훈장)체제는 지속적으로 유지되고 있었다. 1887년 이후부터는 보상청금록에서 지방임소의 임원은 찾아볼 수 없게 된다. 전체 임원 수는 1887년 이후 일시적으로 증가하다가 1910년 이후부터는 감소하였고, 1912년부터는 임원 기록이 없다. 그리고 주목해야 할 점은 1889년 이후부터 1911년까지 사전청금록四廛青衿錄의 임원구성과 상당수 일치하는 부분이다.

2) '면주전'『靑衿錄』(1876~1912)의 임원구성과 특징

병자년丙子年인 1876년에 면주전綿紬廛의 임원들을 기록한 청금록(이하 면주전청금록)이 시작되는데, 면주전의 상품은 주로 면주綿紬, 명주明紬라고도 하는 비단으로 보상의 취급품목이었다. 보상단과의 연관성에 따라 이 책을 보상집단의 청금록으로 볼 수 있으며, 작성 초기부터 반수·접장 및 공원, 집사의 임원형태를 갖추고 있다. 면주전청금록에 수록된 절목에는 주로 임원의 상장례 시 부의금 및 부의물품에 대한 규

정,[19] 3·8·12월 잔치(명절) 시 걷는 돈의 액수,[20] 벌금 및 임방(任房) 내에 거간(居間)의 설치[21] 및 세금징수 등에 관한 규약 등이다.

보상청금록에 지방임소가 등장한 시기는 1879년으로, 사천·반성을 시작으로 단성·삼천포·곤양·덕산 등의 지명이 나타났다. 그러나 이들의 활동 영역이나 활동 임원의 수는 부상청금록에 나타난 지역이나 인원보다 적었다. 1880년에는 연죽전집사煙竹廛執事라는 보상단의 물종을 별개로 판매하는 임원이 존재했다.

자료의 소실로 반수-접장의 기재가 명확하지 않은 부분이 있지만, 앞서 살펴본 부상청금록에 나타난 것과 같이 1887년 이후 지방임소는 더 이상 기재되지 않았으며, 1887년부터 1911년까지의 임원구성이 사전청금록과 거의 동일한 점을 찾아볼 수 있다.

3)『사전청금록四廛靑衿錄』(1884~1938)의 임원구성과 특징

진주지역의 사전청금록은 갑신년甲申年(1884년) 정월正月부터 서문序文, 절목, 임원명단이 차례로 기재되어 있다. 진주지역에 상소우도소商所右道所가 설치되어 있음[22]을 서문에서 확인할 수 있으며, 서문 끝부분에

········

19 1. 반수영감 초상 때 부의는 삼베 대금 10냥, 별백지 2속, 백주 1동이이고 수직하고 호상한다. 장례와 소상, 대상 때는 술과 담배 대금을 2냥으로 할 것. 1. 접장 초상 때 부의는 포목 대금 10냥, 별백지 2속, 백주 1동이이고, 수직하고 호상한다. 장례와 소상, □□□□□□□□□□할 것. 이외에 본방집사, 한산공원 등의 상장례에 대한 규정도 있다.

20 1. 3월 잔치 때 걷은 돈은 들어온 것에 따라 배분할 것. 1. 8월 명절에 쓰기 위하여 걷는 돈은 80냥으로 할 것. 1. 12월 세의를 위하여 걷는 돈은 100냥으로 할 것.

21 …自任中有居間是矣 …

22 "…본도에도 상소우도소商所右都所를 창설한 후 특별히 어보御譜와 밀부密符를 위하여 전교傳敎하시고 인신印信을 하사하여 보내시며,…"라고 되어 있다. 1883년 혜상공국이

는 초창기 임원명단이 기재되어 있다.[23] 사전청금록의 규식절목規式節目은 여섯 항목으로 임원의 상장례시 부의금에 대한 내용이다. 이어서 갑신년 1월을 사전창설초년四廛創設初年으로 하여 임원명단을 연도별로 기재하였다. 사전四廛이 창설된 1884년부터 이듬해인 을유년乙酉年에는 사전을 담당했던 공원·집사가 등장하는데, 당시 진주에 설치된 시전은 포전布廛(삼베·모·무명 등 베 종류), 어과전魚果廛(어물과 과일류), 금전錦廛(비단류), 지전紙廛(종이류)로 확인된다.

이 사전청금록을 통해 보부상 조직과 지방에 설치된 시장조직의 연관성을 확인할 수 있는데, 앞서 살펴보았던 부상청금록은 '어과전' 임원명단이고, 보상청금록은 '면주전' 임원명단이므로 사전에 속해 있는 포전, 어과전에 해당된다. 그러므로 이 사전이 앞서 살펴보았던 부상·보상 조직을 아우르는 상인조직이 아닐까 추측해 볼 수 있다. 이것은 각 청금록의 임원명단을 비교해 보면 좀 더 명확히 드러난다. 앞서 보았던 두 조직의 임원구성은 사전이 설치된 이후 사전청금록과 어느 시점부터 반수-접장이 일치하기 시작하고, 그 외 주요 임원들도 사전청금록과 겹치고 있다. 사전창설 초기인 1884년부터 1886년까지는 각임원구성이 다르게 나타나지만, 보상청금록은 1887년부터, 부상청금

설립되어 현직 고관이 중앙조직에 참여하고, 지방의 각 도에는 중앙에서 임명한 도반수와 도접장이 도내를 통솔하는 조직체계를 갖추고 있었다. 진주지역은 우도 도반수의 권한 아래에 있었는데, 낙동강을 경계로 좌우로 나뉘었고 진주는 '상리소(혜상공국의 후신) 우도 도소'가 된다.

23 초창기 임원명단: 우도도반수右道都班首 김우권金禹權, 도접장都接長 서홍준徐弘俊, 명사장明事長 오명신吳明信, 반수공원班首公員 이화실李和實, 도공원都公員 김용식金用植 이경순李璟淳, 서기書記 최경우崔璟祐, 집사執事 박영식朴永植.

록은 1889년부터 그 반수-접장 및 주요 임원들이 사전청금록 임원명단 안에 포함되어 있었다.

1884년 진주에 사전이 설치된 이후 진주 보부상단의 부상과 보상은 각기 별개의 행상조직을 운영하다가 사전 아래 통합된 듯한데, 자료상으로 완전히 통합되었다고 확인 가능한 시점은 1889년이다. 1899년부터 1911년까지 반수와 접장의 임원은 부상·보상·사전청금록이 동일하며, 비방·도공원·집사 등은 보상과 부상청금록에 각기 다른 임원으로 구성되지만 사전청금록에는 거의 포함되어 있다. 그러므로 1889년 이후부터는 진주지역에 각기 별개로 존재하던 보상과 부상 조직이 사전 상인조직을 상위기관으로 하여 통합되었다고 할 수 있다. 1889년 이후에도 보상과 부상청금록이 각기 기재되고 있는 점으로 미루어 보아 보상과 부상의 조직은 통합된 이후에도 따로 운영되고 있었지만, 사전 상인조직이 부상과 보상 전체를 아우르던 상업기관이었다고 규정할 수 있다.

그러나 1889년부터 1911년까지는 반수와 접장의 성명이 일치하지만, 1912년에는 각 청금록의 반수 및 접장 등의 임원구성이 달라진다. 이 시점에 사전 아래 통합되어 있던 보상과 부상의 단체가 분리가 되거나 혁파되었을 가능성이 있는데, 1912년부터는 부상과 보상청금록에 임원명단이 기록되지 않았기 때문에 이후 보상과 부상조직이 소멸된 것으로 보인다.

1913년 이후 보상 및 부상 청금록에는 기록이 없지만, 그 상위기관이었던 사전 상인조직은 임원 수가 이전에 비해 축소되기는 하나 1938년까지 계속 기재되어 있다. 1913년 이후 사전청금록의 임원은 1932

년까지 반수 1인, 접장 1인, 공원 3~8인, 집사 3인 등 약 10명 내외였다. 1920년에는 공사장公事長, 1931년 사대전공원四大廛都公員, 명사장明事長, 서기書記, 1933년 이후부터는 영위領位, 사장社長이란 임원명칭이 새로 등장하고 있다. 1884년부터 1933년까지 약 50년 동안 반수-접장체제를 유지하다 1933년 전후 영위, 사장 등의 임원명칭이 등장하는 것은 1933년 이후 진주상무사가 재정비[24]된 점과 관련이 깊다.

진주상무사가 재건된 이후 1933~1938년의 연도별 임원명단은 자료의 한계로 확인하기 어렵지만, 1933년 이후 진주상무사 활동시기에 사전청금록의 임원구성이 사료상 동일한 부분이 있는 것을 찾아볼 수 있었다. 「상무사규칙」에 나타나는 임원구성과 1933년 이후 변화된 사전청금록의 임원명칭이 일치하고, 진주상무사가 혁파되는 시기인 1939년을 전후한 시기로 사전청금록의 임원이 동일한 점 등을 통해 1933년 이후 재건된 진주상무사와 사전이 해당 시기에 같은 임원으로 구성된 상인조직이었음을 알아낼 수 있다. 또한 진주상무사가 혁파되었던 1939년 이후 사전청금록도 역시 기록되지 않는 점도 그 근거가 된다.

3. 진주지역 상인조직의 변모양상

청금록을 통해 살펴본 진주지역의 상인조직에 대해서는 다음과 같이 정리할 수 있다. 첫째, 진주지역은 부상 조직이 먼저 조직되었으며,

---

24 1933년 1월 '진주상무사'가 다시 등장하는데, 주요 내용은 Ⅲ장에서 다루고 있다.

그 시기는 지금까지 발견된 보부상 자료 중 가장 앞선 시기인 1834년
이다. 현존하는 보부상 자료는 충북 예산, 경남 창녕·고령, 울산 등지
에서 발견되었는데, 이들 자료 중 진주지역의 부상청금록의 조직구성
시기가 가장 앞선 것으로 파악된다.[25] 둘째, 각 청금록에 기재된 임원구
성원의 상호연관성을 토대로 1884년 1월 이후 등장한 진주의 사전 상
인 조직은 1889년부터는 진주지역 보상과 부상 조직을 총괄하는 상위
기관으로 추정된다. 1880년대 이후 정부에서는 외국상인들의 진출에
대항해 자국의 상권과 상인들을 보호·육성할 필요성에 따라 1883년
군국아문 관할하에 혜상공국惠商公局을 설치하는데, 혜상공국의 설치는
각자 별개의 상인조직으로 형성되었던 부상과 보상조직을 하나의 조
직으로 일체시키는 계기가 되었다.[26] 진주 또한 사전 창설 이후 혜상공
국과 그 후속기관인 상리국[27]의 영향으로 보상과 부상조직을 통괄하게
된 것으로 보인다. 셋째, 시전은 도시상업을 대표하는 상업기관으로 점
포를 만들어 상행위를 하였기 때문에, 진주의 사전설치는 정주상인화定
住商人化와 깊은 연관성을 갖고 있다. 사전 설치와 함께 동종업계 종사자
의 조합이자 회의체인 우도소가 진주시장 내에 설치된 것 또한 정주상

....

25 조영준, 심재우, 양선아, 전경목(역해), 『장돌뱅이의 조직과 기록-예산·덕산·면천·당진
     편』, 한국학중앙연구원 출판부, 2016; 임경희, 「경상도지역 상무사의 변화와 보존」, 『담
     론201』17, 2014; 울산박물관, 『울산 보부상단 문헌자료』, 울산박물관, 2015.
26 원래 부상과 보상은 엄격히 구별되었고, 각자 독자적인 조직을 갖고 있다가 1883년 중
     앙에서 혜상공국惠商公局이 설치되고 두 조직이 합쳐져 군국아문軍國衙門에 부속되었다
     (국사편찬위원회, 『거상, 전국 상권을 장악하다』, 2005, 72쪽 참고).
27 1885년 8월에 혜상공국이 개칭되어 상리국이 되었다. 부상은 좌단, 보상은 우단으로 개
     칭되고 우도소는 상리국 산하로 들어가게 되었으며, 도소 또한 임소任所로 바뀌었다.

인이 진주시장을 중심으로 조직화되고 있었음을 추측해 볼 수 있다. 넷째, 보상·부상·사전청금록의 임원명단을 통해 진주지역의 보부상조직은 1912년 각기 혁파되었지만, 사전 상인조직은 1938년까지 지속되고 있었고 그 조직은 일제시기인 1933년 재건되었던 진주상무사로 연결되고 있음을 발견할 수 있었다.

한편, 한말~대한제국기의 보부상 조직은 정부의 정책변화에 따라 많은 변화를 겪고 있었다. 갑오개혁 이후 집권했던 정부는 1894년 7월에 상리국을 농상아문 상공국으로 귀속시켜 부상과 보상을 농상아문 관할 아래 두었고, 이듬해 3월에는 상리국과 산하 각 임방을 모두 해체시키고 보부상의 수세도 완전 금지하였다. 1895년 11월 상무회의소규례商務會議所規例를 제정·공포하였는데, 이것은 근대적 상인단체의 결성에 준거가 된 최초의 규범이었으나 당시 진주지역의 상무회의소와 관련된 자료는 현존하지 않아 그 존재 여부는 파악하기 어렵다.

1898년 6월에는 황국협회가 조직되어 다수의 보부상들이 가입하였으나, 독립협회와의 마찰로 해산되기도 하였다. 1894년 지방 임소의 해체 이후 보부상을 관리하는 상업기구가 존재하지 않다가 1899년 5월 12일에 보부상과 상인단체를 보호·관리하는 상무사商務社가 설립되어 보상은 우사右社, 부상은 좌사左社로 칭하게 되었다.[28] 진주지역에도

....

28 「상무사장정」에 따라 1899년 6월 5일 상무사가 설립되었고, 모든 부상과 보상은 상무사 체제로 흡수되었다. 상무사 조직은 서울에 본사를 두고 13도 지방에 지사를 두어 관찰사가 분사장을 겸임하였는데 목사·부윤·군수 등이 분사무장을 겸임하도록 하였다. 또한 공사원과 장무원 등 실질적 업무를 관장하는 임원들도 중앙에서 임명하는 등 조직체계의 구성이 명확하였다. 진주의 상무사도 각 고을의 단위지사를 분장하였다. 분사장은 관찰사, 분사무장은 진주군수가 맡게 되었지만, 보부상청금록과 사전청금록에서는 이들의

이 당시 상무우사商務右社가 설립되었음이 확인된 바 있다.

진주상무사는 1908년까지 활동을 지속해 오다 동아개진교육회東亞
開進教育會 상업과, 제국실업회帝國實業會 상무과[29]에 속하였다가 폐지된 이
후 상무조합商務組合, 상무회商務會[30]로 그 조직이 변화되고 있었다. 먼저,
동아개진교육회 상무과와 그 후속조직인 제국실업회 상무과는 1908
년의 자료로 확인 가능하다. 1908년 4월 '경남진주지회 상무좌우단'
지명서[31]의 주요 내용은 상무사를 혁파한 뒤 상인들이 의지할 곳이 없
다고 하여 동아개진교육회에 상무과를 두어 전례대로 상인들의 조직
을 새롭게 했는데, 상무좌우사를 좌우단으로 개칭하고 그 지소를 설치
하기로 하였다는 것이다. 이를 통해 1908년에 진주지역의 상무사가 혁
파되고 변화되었음을 알 수 있다. 일제강점 이후인 1910년 4월 18일에
는 상무조합 진주지부가 설립되는데, 상무사·상무회·제국실업회 상
무과 등이 정부기관의 산하조직이었던 점과 달리 상무조합은 민간에
서 설립된 민간조직으로『경남일보』에 실린 임원진은 회장 윤경팔, 총
무 강선호, 회계 박영숙이었다.[32] 당시 이들 임원진은 진주 상업계의 중
심인물로 볼 수 있는데, 그 중 윤경팔은 사전청금록에도 등장한다. 그

명단을 파악할 수 없다.

29 상무과의 위치는 진주이며, 관할구역은 곤양·하동·남해·고성·진남(통영)·함안·단
    성·산청·삼가·함양·안의·거창·합천·초계·의령 등 17개 군을 명시하고 있다. 당시
    경남지부 회장 겸 상무좌우소 팔상소 도공사원은 이채영李采榮이었다(『지명서指明書』,
    1908. 4).

30 『경남일보』, 1910년 4월 17일.

31 진주상무사 자료 중 商務會慶南晉州郡支部之印, 商務會慶南道支部印, 商務會晉州郡支部長
    章,商務會慶南道支部 등의 인장이 발견되었다.

32 각주 28 참조.

는 1892년 별공원·1910년 접장을 지낸 인물로 상무조합과 진주시장의 사전 상인 조직과의 관련성을 추측해 볼 수 있다. 그러나 일제시기 동안에는 사전청금록의 임원명부는 기재되고 있었지만 그 동향은 확연히 드러나지는 않다가, 1933년 이후 진주상무사가 재건되면서 진주의 상인조직이 재정비되어 활동하였음이 드러났다.

이상과 같이 진주지역의 상인조직은 1850년 전후로 보부상 조직으로 시작되어 1889년 무렵 사전상인 조직에 속하게 되었다. 진주의 상인조직은 중앙정부의 상업정책이 변화됨에 따라 상리국 우도소, 상무사, 상무회, 제국실업회 상무과 등에 소속되어 변화를 거듭하다가, 1912년 이후 보상·부상 조직은 소멸되고, 시전이었던 사전 상인조직만 남아 1938년까지 계승되었다.

III. 진주상무사와 진주시장 상인활동

1. 일제시기 진주 상인과 시장상민대회

1914년 9월 조선총독부령으로 제정된 『시장규칙』으로 시장설치·이전·폐지, 시장조직의 관리·감독 등 시장운영 전반의 제반 사항에 대해 도장관의 허가와 권한이 강화되었다. 일제의 시장규칙에 의해 노점상이나 행상도 정부관할의 단속의 대상이 되어 지역 상인들의 상업활동은 여러 제약이 있었으며, 상인단체들은 약화되었다. 즉 시장상업활동이 일제의 통제와 감시 아래 놓인 상황이 된 것이다. 앞서 살펴본 바와 같이 진주지역의 보상과 부상조직은 1912년 이후 와해되거나 사전조직에 흡수된 것으로 파악되었다. 그리고 1900년대부터 진주 지역에 일본인들이 정착하면서 일본 상인들이 일제의 비호를 받으며 진주지역 시장 영업이나 활동의 많은 부분을 잠식해 들어갔을 것이다. 이것은 일제강점 이후 총독부의 감시·통제하에 보부상 등의 영세상인들의 상업 활동이 축소되거나 타격을 받았을 것으로 이해할 수 있다.

일제의 시장관리·통제하에서 진주지역 시장상인들은 1930년 무렵부터 시장상권수호와 자신들의 요구사항 등을 관철하기 위해 조직적 움직임을 보이는데, 폐점·철시투쟁과 함께 여러 차례 시장상인 대회를 개최하였다. 진주지역의 대표적인 일본인 기업가인 청수좌태랑淸水佐太郞[33]이 운영하던 정미소에서 곡물을 사들일 때 도량형을 조작하여 인민과 곡물상인을 속이고 부당이득을 취득한 것이 1924년에 발각되었다.[34] 이때 진주 상인들은 시장을 중심으로 단합하여 일본인 자본가의 부정행위에 대해 공동 대응하고자 '철시撤市'를 단행하였고, 관청의

....

33 청수좌태랑淸水佐太郞은 1905년 이후 진주지역에 주둔하던 헌병경찰 등의 어용상인으로 진출하여 일한상회를 경영하다 자본을 모아 1919년 대사지 매립지에 조합을 조직하여 진주정미소를 창설하였다. 이후 다양한 사업에 진출하여 대자본가가 되었고, 진주에서는 손꼽히는 기업가가 되었다. 그는 1940년에 진주상공업회의소 창립을 주도한 인물이기도 하다.

34 '부정사건으로 열리인 시민대회, 삼천명청중의열렬한 시위운동진주군농회의 후원을 얻어 육지면전매陸地綿專賣하는 권리를 가지고 몇해동안 경상남도 각 국민이 가저오는 육지면을 납덩이를 넣은 부정한 저울로 샀을 뿐 아니라 정미소에서 벼 사는데도 부정한 저울을 써서 불상한 인민의 피를 빨라먹든 경남도평의원 청수좌태랑을 박멸하기 위하야 진주시민대회를 연다함은 긔보와 같거니와 팔일 오후 세시에 시민대회를 열게되었다 …(중략)…'(『동아일보』, 1924년 1월 11일) 실행위원들은 총 9개 조항의 결의안을 내걸었다.

비호를 받고 있던 일본 상업자본가들에게 항의하고 배상을 청구하기
도 하였다.

이듬해인 1925년에 경남도청을 부산으로 이전한다는 경남도지사
의 발표[35]로 진주 및 인근 지역민들의 저항과 반발이 극심해졌다.[36] 도
청 이전 반대 운동의 일환으로 시민대회를 연이어 개최하고 공동저항
의 표시로 거리 시위와 철시투쟁을 이어나갔다.[37] 부산으로의 도청 이
전은 진주 상업계에도 큰 타격을 가져올 것을 우려하여 한국인과 일본
인 모두 극렬한 저항을 이어나갔으나, 결국 총독부에 의해 도청 이전은
단행되었다. 이 시기까지만 하더라도 상인들의 단합과 조직화는 크게
두드러지진 못하였고, 상인세력의 집단적 저항을 주도하는 인물도 확
연히 드러나지는 않았다.

1930년 이후 시장사용료 문제 등이 대두[38]되자 진주시장에서 상민
대회를 개최하여 철시투쟁과 집단 저항의 움직임이 나타났다. 이 시기
가 되면서 시장상인을 대변할 구심점 및 단체의 필요성이 커졌고, 진주
상무사 재건의 움직임도 나타나게 된다.[39] 진주상무사는 1933년 이후

....

35 「慶南道廳移轉은 년래의 현안이 드디어 해결 今日釜山으로 確定發表」, 『時代日報』, 1924년
   12월 8일.
36 「진주시민대회 경남도청 이전반대」, 『동아일보』, 1924년 4월 13일; 「도청이전반대와 진
   주시민의 운동, 십이군 일만 명이 연서하야 총독에게로 진정서를 제출」, 『동아일보』,
   1924년 5월 13일; 「진주시민대회 도청이전반대운동 기세가 날로 높아가」, 1924년 5월
   17일; 「地方集會」, 『每日申報』, 1925년 3월 16일.
37 「決死隊組織(결사대조직)・□□□□□□□□□ 상점과 시장을 철폐하기로 하엿스며 또
   각군에서는 郡民大會(군민대회)」, 『동아일보』, 1924년 12월 15일.
38 晉州市場店舖 = 使用料減下運動」, 『동아일보』, 1930년 12월 26일; 「晉州商業界 廉賣戰演出
   外地商人의 挑戰으로 地方商人은 俄然蹶起」, 『每日申報』, 1931년 12월 26일.

재건되어 진주의 읍내 장을 중심으로 한 시장상인들은 단결하여 상민대회를 여는 등 일제 및 지방정권의 정책에 맞서 집단대응하기 시작한 것이다.

　진주시장의 상인들은 1935년도의 시장정리 사업 후 진주 읍에서 시장사용료(점포료)를 2~3배 이상 인상하고 부당한 요구를 하자 이를 거부하는 한편, 위생시설 설립 등의 요구사항을 개진하며 상인들이 단합하여 진정운동과 철시투쟁도 펼치게 된다.[40] 이때 당시 진주상무사 주최로 좌·우상민대회를 개최하였고 대회 의장에 강문현姜汶鉉을 추대하였다. 진주시장에서 열린 상민대회는 7조의 안건을 토의하고 실행위원을 선출하였다.[41] 이들 시장 상민대회 실행위원 일부는 사전청금록의 임원명단에서 확인된다. 강문현은 1935년 당시 사전청금록에 사장으로 기재되어 있으며 강선호(영위), 문장현(반수), 김만두·이봉옥(공원)등이 확인되었다. 상무사 실행위원들은 사전청금록의 임원경력이 확인되는데, 이것은 당시 시장 상인조직과 상무사과 밀접한 관련이 있음을 나타낸다.

39　「한말당년 역사깊은 보부상상무사, 한참 당년엔 무서운 단결력, 부흥운동 착착 진행」, 『동아일보』, 1930년 3월 22일; 「支離滅裂狀態에서 褓負商機關復活 그들을 위하야 치하할 일 尹順伯氏等의 活動」, 『每日申報』, 1930년 3월 24일.

40　「市場使用料問題로 晉州商人大會」, 『동아일보』, 1935년 4월 23일.

41　시장에서 열린 상민대회는 7조의 안건을 토의하고 실행위원을 선출하였다. '상설시장 점포 사용료 인하에 관한 건/외등 폐지 요구에 관한 건/공중수도 가설 요구의 조건/시장 구내완전 설비의 건/시장구내 위생청결의 건/일차 교섭 이후 대책에 관한 건/비용부담의 건'(「市場使用料問題로 晉州商人大會」, 『동아일보』, 1935년 4월 23일.)

2. 1933년 이후 진주상무사의 활동

1933년, 진주지역 상인들은 한말 보부상을 다스렸던 기관인 상무
사를 부활시키면서『진주상무사규칙』을 작성하였다. 진주상무사의 상
무사규칙은 총 16개 조항으로 이루어져 있으며, 상무사 조직의 의의와
목적, 임원 구성 및 계율과 회원 명단 등이 포함되어 있다. 규칙의 주요
내용을 살펴보면 아래와 같다.[42]

표 2 『상무사 규칙』의 조항과 내용

조항	주제	내용	비고
1조	본사 명칭	'晉州(右)商務社'	晉州商務社 명칭에 '右'자를 작성 이후 추가 기입함
2조	목적	상호친목과 부조, 상업연구 등	
3조	본사 위치	진주 옥봉정 477-4번지	현주소: 경상남도 진주시 옥봉길 15번길 5, 경상남도문화재자료 제533호
4조	회의일자	매년 1월 18일·10월 15일	
5조	신입회비	3원	
6조	임원구성	영위領位·사수社首·사장社長·재무財務·서기書記·간사幹事 각 1인, 평의원評議員 10인, 감사監事 3인	총 19명(임원 6명, 평의원 10명, 감사 3명)
7조	임원선출방식	영위는 종신직이며, 사수 이하의 임기는 1년. 재임도 가능함. 사수는 영위가 추천하고 사장은 투표를 통해 선출, 이하 재무 및 서기 등은 사장의 추천을 통해 선출	

....

42 진주상무사 건물은 1936년 수재로 인해 1938년 재건되어 진주시 옥봉동에 현존하는데,
재건 당시의 기록인『본사건축일기』『우상무사의연록』등을 통해 참여자·기부자 및 설
립상황에 대해 알 수 있다.

8조	운영경비	사원의 의연금(2회총회 개최 시 20전 회비 각출)
9조	상호친목과 부조의 내용	부모·처 사망 시 부의금 3원과 조기弔旗 송부, 부모가 없을 시 처 또는 친족에게 1회 가능. 보좌금 2원. 시골에 있는 사원에게는 임원 중 2인 파송 등
10조	벌칙	정기·임시총회 불참자 50전, 자퇴자의 신입회비는 무효, 질서를 문란하게 하는 자는 출사 또는 처벌함
11조	임시총회 개최	특별한 일이 있을 때 사장이 소집함
12조	식본殖本	매월 1원당 이자 2전
13조	회의비용	1월 20원, 2월 10원
14조	축의금	부모 및 처 (회)갑연 때 북어 1부
15조	부의금	대소상 및 혼례 때 북어 1부
16조	문병	중병임을 알리면 사원 2~3인 파송하여 문병

16조항으로 구성된 상무사 규칙을 구체적으로 살펴보자. 2조에는 '本社員은 互相親睦(호상친목)ᄒ며 商業(상업)을 研究ᄒ며 吉凶을 相問(상문)ᄒ며 厚意敦實(후의돈실)할 旨(지)로 目的'로, 상부상조를 목적으로 조직되었음을 알 수 있다. 6조와 7조의 임원 구성과 선출방식은 기존 상무사의 유습을 따르고 있는데, 1월과 10월 연 2회의 정기총회를 개최하였다. 9조와 14~16조는 회원의 관혼상제 시에 상호 부조하기 위한 규약으로 친목과 결속을 도모하고자 했음을 알 수 있다. 이를 통해 조선후기부터 존재하던 보부상조직의 상규인 절목 상무사규칙의 유사성을 발견할 수 있다.

이러한 규칙을 바탕으로 1933년에 재건되었던 상무사는 19세기 무렵 보부상 및 시전상인 조직을 계승하여 시장상인 간의 친목과 화합을 도모하고, 각종 공사 때 유지보수 비용 보조금과 부역을 담당하는 등 서로 협조하고 부조하는 전통적인 상인들의 조직을 복원하였다.

그렇다면 당시 상무사에 참여했던 인물들은 누구일까. 1935년 시장 상민대회를 개최할 당시 결의서 실행위원으로 강선호姜善昊 외 18명과 결의인 119명의 이름이 기록되어 있다. 상무사 규칙의 회원명부에는 강선호 외 93명의 성명이 기록[43]되어 있다. 이를 통해 상무사의 회원은 대략 100여 명 내외였고, 종신직인 영위 강선호는 앞서 살펴본 상민대회 개최등과 관련된 상무사 활동에 깊이 관여하고 있음을 알 수 있다. 자료[44]에 따르면, 강선호는 진주지역에서 활동한 개신유학자 출신으로 지역 최대 잡화상점인 보신옥補信屋을 경영하였다. 한말 참봉을 역임하였고, 대한자강회, 대한협회의 회원이기도 하였다. 한말부터 상업을 시작하여 근검절약으로 재산을 모아 상업자본가가 되었는데, 동재洞財의 회계사무와 대한협회 지부의 회계원으로도 일하였다. 저축계[45]·상무조합을 만들어 활동하였고, 중안면장도 지냈다. 1913년도에 경남

....

43 『상무사규칙』 11쪽~20쪽은 상무사 회원명부로 성명, 날인 기타 기재사항이 있다. 기타 사항의 기록을 정리해보면, 시장市場 35명, 자퇴自退(또는 退) 20명, 선仙(또는 入山) 8명, 사망死亡 2명, 제명除名(또는 除) 2명, 기타 지역명(동봉정 3, 서봉정 1, 옥봉정 2, 봉산정 1, 봉래정 1, 수정정 4, 소화정 1, 행정 2, 선정 2, 일출정 2, 남산정 2), 무기재 7명, 기타(叔母一位) 1명, 중복 3명, 1942년(소화17년) 입적자 4명, 시계점(박봉조) 1명이다. 이를 토대로 '시장'으로 표기된 자 30명, 자퇴자·사망자 수는 30명이다. 중복 표기된 자를 감안하더라도, 상무사 회원은 약 100여 명이다. 이 기록은 규칙작성 이후에 기록된 것으로 보이는데 정확한 작성 일자는 알 수 없다.

44 「姜氏 公益熱」, 『경남일보』, 1910년 12월 10일; 「조선인물관: 勇敢明敏하고 勤儉穩健한 실업가 姜善昊氏」, 『每日申報』, 1913년 3월 18일.

45 「貯蓄契 好績(진주)」, 『每日申報』, 1915년 2월 13일.

일보사 이사, 1920년대 경남일신고보기성회 간부, 진주금융조합 평
의원으로 활동하며 사회운동에도 헌신하였던 지역 유지이자 상업가
였다. 사전청금록에서 강선호는 1907년 공원, 1923년 접장을 지냈고,
1924·25·27·28·30·32년 총 6년에 걸쳐 반수를 역임한 뒤 1933년
부터는 종신직인 영위가 되었다. 『상무사 규칙』에 기재되어 있는 회원
94명 중 진주상무사 및 상민대회에서 활동한 이력이 있는 회원들의 직
업과 주요 경력은 다음의 〈표 3〉를 통해 확인할 수 있다.

표 3 일제시기 진주상무사 회원의 활동과 경력

성명	직업 및 업종	활동	주요경력	비고
강문현 姜汶鉉	포목상 (강문현상점 운영)	1934·35년 사장 (사전청금록)	진주상공회평의원 (1928) 진주면협의원(1928) 진주상공회의소 교통부장(1940)	1931년 31세
강석진 姜錫珍		시장상민대회 실행위원 (1935), 회계		
소내진 蘇乃珍	잡화상	1910·1919·1920년 집사(보상청금록) 1922년 공원(사전) 1933년 사장(〃) 시장상민대회실행위원 (1935), 회계	진주시장번영회 회장(1938)	
김봉옥 金奉玉		1921년 공원, 1932년 접장 시장상민대회실행위원 (1935)		
김만두 金萬斗		1932년 공사장, 1935년 공원(사전) 시장상민대회실행위원 (1935)	진주상업청년회 조사 부(1925)	

이홍습 李洪習		1931~32년 서기 1933년 공원(사전)	진주상업청년회 서무부(1925)	
허사진 許士珍	잡화상· 문구상			
신선준 申先俊	잡화상	1936~38년 본방(사전) 시장상민대회 실행위원 (1935)		
한우수 韓又守	비료상		진주상회의소 의원 (1940)	1940년 35세
김상우 金尙宇				
백계수 白季秀	잡화상		진주상회의소 의원 (1940)	1940년 42세
김갑룡 金甲龍	곡물유통·운 송업·해산물 비료상(김갑 룡상점운영)			
장두남 張斗南	고물상	시장상민대회 실행위원 (1935)	진주상회의소 의원 (1940) 진주상공회의소 공업부장	
강주순 姜柱淳	토목건축청 부업			東鳳町
박조원 朴祚元		시장상민대회 실행위원 (1935)		
정상진		일반회원		
서세완		일반회원		

*정상진 – 미곡상 어염상. 보부상 출신. 상무사와 깊은 관련은 없으나 산업과 교육문제 등에 독실한 기부가
로 상무사 개축 당시 거금을 회사했음. *서세완 – 진주상업청년회 서무

　그러나 상무사는 1936년에 진주지역에 발생한 대홍수로 큰 타격
을 입게 된다.[46] 시장상인들이 주축이었던 상무사 회원들의 피해도 극
심했을 것이며, 상무사 건물도 무너져 2년이 지난 1938년에 상무사 본

사건물을 신축할 수 있었다.[47] 이후 진주의 상무사조직은 상인들의 구심점 역할을 담당하지 못하고 결국 와해되었다.[48] 자료에 따르면 1937년에 일본인들에 의해 진주상무사는 '진주시장진흥회'로 이름을 바꾸게 되었는데, 이로 인해 1939년에는 상무사서류들도 인수인계되었다. 1939년 상무사 서류를 인계할 당시의 기록을 살펴보면, 영위領位 강선호, 반수班首 이주현, 사장社長 강기현, 본언本彦[49] 신선준, 집사執事 박윤식으로 기록되어 있는데, 1938년의 사전청금록의 마지막 임원명단과 일치하고 있다. 이후 '진주시장진흥회'는 '시장번영회'로 명칭이 변경되었고, 1940년에는 진주 상공회의소가 설립[50]되었다. 이 무렵부터 상무사회원들의 이탈이 있었을 것으로 추측되는데, 위의 〈표 3〉에서 살펴본 바와 같이 상무사 회원 중 소내진蘇乃珍은 시장번영회의 초대회장을 맡았으며, 진주 상공회의소 임원 및 일반회원에도 회원 다수가 참여하

---

46 「물 지옥의 흔적을 바라보며 망연자실한 이재민, 무엇보다도 식량이 걱정, 참해를 입은 진주읍」, 「진주의 대참사, 건물피해 20만원 돌파, 홍수피해에 대한 응급책과 치수촉진을 진정, 긴급 진주읍회에서」, 「사상자, 행방불명 230여명, 가옥 유실과 붕괴가 500여호(진주)」, 『부산일보』, 1936년 9월 1일.

47 '진주상무사는 지난번 소화 십일년 칠월(1936년)의 풍수해로 말미암아 사옥이 전복되어 그동안 그 복구신축공사를 진행하고 잇던 바 요지음 시내 옥봉정에 순조선식사옥이 준공 되엇으므로 십일일 오후 2시부터 그 낙성식을 거행하엿는데….' 「상무사개축」, 『동아일보』, 1938년 12월 15일. 1936년 대홍수 때 피해를 입은 상무사 건물은 옥봉동으로 옮겨 신축하였다. 진주상무사 건물은 현재도 잔존하며, 1938년 신축 당시의 상황을 기록한 『상무사건축일기』가 남아 있다.

48 진주상무사 조직이 해체되는 과정에 일제의 압력이 있었다는 설도 있으나, 이 시기의 정확한 사료가 남아 있지 않다.

49 서기를 잘못 기재한 듯하다. 1935년 상무사 규칙의 임원명단에는 없다.

50 「상의창설을 협의 진주서 사십 여명이 회합」, 1939년 11월 12일; 「진주상공회의인가」, 『동아일보』, 1940년 5월 24일.

였다. 1940년 결성된 진주 상공회의소는 일본인 상공업자를 주축으로 결성되었지만, 한국인의 참여자 수는 타 지역에 비해 비교적 많은 편이었다.[51] 진주상공회의소의 설립을 전후한 시기인 1930년대 후반부터는 진주시장경제가 일본인 주도로 상업계가 변화하였고, 결론적으로 진주상무사가 재건된 지 얼마 되지 않아 그 조직이 와해되었다.

IV. 맺음말

진주지역은 조선후기 상업의 발달과 함께 성장하여 전통적인 5일장 체제를 구축하며 서부경남 지역 상권의 중심이 되었다. 진주성 내·외에서 개최되었던 진주장시는 산해물산이 집산되어 대장시를 이루었고, 상품을 유통하는 객주 및 보부상도 증가하였다. 진주지역의 보부상 조직은 1834년 부상단인 어과전청금록을 통해 처음 확인되고, 1876년 이후 면주전청금록을 통해 보상단도 조직되었음을 확인하였다. 1883년 혜상공국 체제 아래에서 진주지역에는 1884년에 사전이 새롭게 창설되었다. 1889년 이후 진주지역의 보부상 조직은 사전의 상인조직에

---

51 진주지역의 대표적 일본인 자산가인 청수좌태랑(淸水佐太郎)이 발기인 대표가 되어 1939년 1월 15일 진주상공회의소 창립총회를 가졌다. 당시의 상의 조직은 보통의원 20명, 특별의원 3명 등 상공의원 23명과 한국인 230명, 일본인 93명, 법인 33명 등 356명이었으며 예산은 1만 73원이었다. 창립 당시 회두 청수좌태랑, 부회두 최두환, 의원 한우수·백계수·최두정·박기용·조경제 등이었고, 이사는 석천서언石川瑞彦이었다. 이후 진주상의는 전시체제하에서 남선상공회의소 연합회·경남상공경제회 진주지부가 되었으며, 일본인이 주요 임원으로 구성되었다.

소속된 형태를 띠게 되는데, 부상·보상·사전청금록의 해당 시기 임원 구성을 분석해 보면 보상과 부상조직이 사전의 하위조직이었음을 유추해 볼 수 있다. 대한제국 시기의 상업정책의 변화와 함께 진주지역의 상인조직도 상무사, 동아개진교육회, 제국 실업회 등을 거치며 많은 변화를 겪게 되었다. 1912년 이후 보상과 부상조직이 혁파되었고, 진주지역에는 시전인 사전만 남게 되었다. 일제강점 전후 진주지역의 상인조직은 위축되었으나 1930년대를 전후로 시장상민대회 등을 개최하며 조직적인 움직임이 나타난다. 이후 진주지역 상인들은 보부상 조직의 옛 절목이었던 상호간의 친목과 상부상조정신을 계승하며 1933년 진주상무사를 재건하였다. 진주상무사는 진주 시장상인들의 권익보호와 대변단체로 활동을 이어나가다 1938년 무렵 해체되는데, 이 무렵 진주의 사전도 소멸하였다. 진주상무사는 진주 상공회의소 설립 시기와 맞물려 소멸하게 되었지만, 해방 이후에는 새롭게 정비[52]되어 진주지역의 상인들을 대변하는 단체가 되었다.

이 글에서는 상무사 관련 자료를 토대로 조선후기부터 일제강점 이후 시기까지 진주지역의 보부상조직의 존재양상과 활동에 대해 기초적 접근을 시도해 보았으나, 미흡한 점과 앞으로 개선해나가야 할 부분이 많다. 진주지역의 상인조직과 관련한 자료는 이 글에서 소개한 청금록 및 진주상무사 규칙 외에도 많은 자료가 남아 있으므로, 자료를 활용하여 좀 더 다각적인 연구가 이루어져야 할 것이다. 그리고 조선후기

---

52 1970년 진주상무사 회원명부 및 역원 명부, 1978년의 출석부가 남아 있고 1980년대 초반까지 활동한 것으로 전해지나, 오늘날까지 그 활동은 이어지지 않았다.

와 근대기 보부상 및 시전상인에 대해 축적되어 있는 연구성과와 다른 지역의 사례연구도 함께 비교·검토해 보아야 할 것이다. 1900년 이후 진주지역으로 진출한 일본인, 특히 일본 상공업자에 대한 연구는 1910년 전후 진주지역 보부상조직의 축소나 쇠퇴 등과 관련이 있어 일제시기 진주지역의 상업경제구조의 모습을 복원해 내기 위해 필요할 것이다. 이 글의 미진한 부분은 향후 과제로 남겨두고 앞으로 보충해 나가고자 한다.

부록

부록 1. 연도별 주요 임원 명단[1]

1. 魚果壜千金錢

연도							임원 명칭							비 고
干支 (西紀)	반수 班首	접장 接長	훈장 訓丈	공원 公員	별공원 別公員	도공원 都公員	분방 本房	검사 執事	비방 裨房	총각영수 總角令首	총각조사 總角助事	총각비방 總角備房	
甲午 (1834)			南春性	李仲大				裵太仁					
乙未 (1835)			金大成	李性大				趙合城					
丙申 (1836)			趙覽一	李春大				卞三介					
丁酉 (1837)			李仲大	黃咸安				李西月					
戊戌 (1838)			徐萬億	洪萬石				金禮周					
己亥 (1839)			吳仁采	金成億				韓淸州					
庚子 (1840)			黃成伊	金萬大				金西京					
辛丑 (1841)			□□□	□□□				鄭玉千					…洪萬陳
壬寅 (1842)			□□□	□□□				金守元					…李先春

[1] 이 표는 어과전 청금록魚果壜千金錄, 면주전 청금록靑金錄, 사전 청금록靑金錄靑襟案에 나오는 연도별 주요 임원을 정리한 것이다. 사람 이름 중 동일인으로 추정되나 한자가 다르게 적혀 있는 경우, 원문 표기를 존중하게 따랐다. 이에 비해, 임원 명칭 중 '비방'과 '총각'의 경우에는 통일성을 기하기 위하여 '裨房'과 '總角'으로 사용하였다. 원문에는 '비방'은 '裨', '備房', '裨房', '검사'는 '執事', '執', '총각'도 '총각', '總角', '惣角', '惣', '總角, 惣角' 네 가지의 한자가 혼재되어 사용되었다.

연도 干支(西紀)	반수 班首	접장 接長	훈장 訓文	훈장 訓長	공원 公員	별공원 別公員	도공원 都公員	본방 木房	검사 執事	비방 裨房	총가영수 惣角令首	총각/조사 惣角/助事	총각비방 惣角備房	비 고
癸卯 (1843)			□□						姜京黻					…金道汝
甲辰 (1844)														기록없음
乙巳 (1845)														기록없음
丙午 (1846)														기록없음
丁未 (1847)														기록없음
戊申 (1848)			□□□		□□□				崔秋奉					…州 朴允甫 西面公員 韓首得 丹城公員 韓首得 執事 崔秋奉
己酉 (1849)			文道興		金宗雲				羅輪重 尹億					
庚戌 (1850)					崔玉得				崔定出					
辛亥 (1851)			朴宗爀		趙在仁				成龍					
壬子 (1852)			文道興		韓守得	崔玉得			尹長短					

연도 干支(西紀)	반수 班首	접장 接長	훈장 訓文	훈장 訓長	공원 公員	별공원 別公員	도공원 都公員	본방 本房	검사 執事	비방 裨房	총각영수 摠角令首	총각조사 摠角助事	총각비방 摠角裨房	비 고
癸丑 (1853)				李先春	成善龍 金興烈	金昌臣			全致文					
甲寅 (1854)				趙在仁	崔玉得	崔乬夢			金日得					
乙卯 (1855)				韓守得	全道性	黃學技			李廣應					
丙辰 (1856)				金宗雲	琴順萬	閔元喆			金八百					別執事 文慶鎬
丁巳 (1857)						韓得禰			金仁得					…金日得 有司李春川
戊午 (1858)				成善用	尹口烈				朴根出					
己未 (1859)		成松澤			金成業	趙成業			李幸祿					
庚申 (1860)	金斗洪	李夢致			任永春				禹命徧					
辛酉 (1861)	金斗洪	崔玉得			卞晋文	朴月孫								
壬戌 (1862)	崔千金	尹長短			羅文沾	朴月孫								
癸亥 (1863)	金斗洪	琴鳴舜			李幸祿	趙成業			宋大孫					□□員 柔哲隱

연도 干支 (西紀)	임원 명칭													비 고
	반수 班首	접장 接長	훈장 訓丈	훈장 訓長	공원 公員	별공원 別公員	도공원 都公員	본방 本房	집사 執事	비방 裨房	총각영수 惣角令首	총각/조사 總角/助事	총각비방 惣角備房	
甲子 (1864)					金日得	崔成龍								⋯金哲成
乙丑 (1865)	金斗洪	成松澤				趙成業								
丙寅 (1866)	金斗洪	金道成			朴允弘	朴喜								改次接長崔玉得
丁卯 (1867)	金斗洪	洪聖道			高致寬	梁哲隱			金韓山					
戊辰 (1868)	金斗洪	卜喜文			金乃成	石學壁			曹宗水					總角座上金昌原 西面座上文成旭 公員 河必潤 別公員 安國信 泗川公員 朴昌福 ⋯ 執事 尹秉文 丹城公員 金孝洞 北倉公員 柳鳴甫 惣角大房 李佑成
己巳 (1869)	金斗洪	洪聖道			崔錫龍				姜古未					
庚午 (1870)	成松澤	崔敬出			崔成龍	徐壹石			朴基哲					
辛未 (1871)	成松澤	金乃成			李春業	徐壹石			金化瑞					文書公員崔景希

임 원 명 칭

연도 干支 (西紀)	반수 班首	접장 接長	훈장 訓丈	훈장 訓長	공원 公員	별공원 別公員	도공원 都公員	본방 本房	검사 執事	비방 裨房	총각영수 總角令首	총각조사 總角助事	총각비방 總角備房	비 고
壬申 (1872)	成松澤	琴鳴舜			李有舜	徐壹石			金化瑞					文書公員 崔景希
癸酉 (1873)	成松澤	高聖凡			鄭萬弼	朴根成			朴再用					文書公員 姜百淳 總角大房 姜元伊
甲戌 (1874)	成松澤	崔錫用			朴應五	朴根成			朴壽哲		許己成			文書公員 姜百淳
乙亥 (1875)	成松澤	河七奉			李文哲	徐日成			李化實		姜元伊			
丙子 (1876)	成松澤	李右成			李文哲	徐文日 金道應			金在根		金奉吉			改次令首 許己成
丁丑 (1877)	金道成	李業伊			朴根善	金化伯 崔致覽 申泰玉			姜院伊		朴用伊			
戊寅 (1878)	金道成	□昌福			裵周蘇				□在和					外村 文善座上 金信畝 公員 金處文 北魚廛上 文徹仲 泗川公員 姜敬五 班城公員 諸德俊 執事 金順安 北倉公員 仍任 召村公員 黃化殷 西面公員 李成實 欌亭公員 鄭兩善

연도 干支(西紀)	반수 班首	접장 接長	훈장 訓丈	훈장 訓長	공원 公員	별공원 別公員	도공원 都公員	본방 本房	집사 執事	비방 裨房	총각영수 摠角令首	총각/조사 摠角/助事	총각비방 摠角備房	비고
己卯(1879)	卜儁文	卜儁文			李和實				金煥伊 李恩津		金仁壽			惣角公任金貴仁
庚辰(1880)	金廷世	李文喆			姜元伊				成斗弘 玄甲得		鄭厳禹	金石元		改差令首金圦川 公員金貴仁
辛巳(1881)	崔慶出	高聖範			鄭萬弼	朴德源 千昌錫					鄭厳回	李光燁		都執事金容植 金永哲 公員朴聖萬
壬午(1882)	河七龍	卜基成			千昌錫	朴德源 金英哲 金聖彙			劉漢弼 王希錫			金者斤老未		惣角大房鄭厳回 公員李用大 丹城公員朴聖哲 執事成石金 西面座上安國信 公員孫京告 執事朱文石 昆陽座上金秦補 公員崔許容 執事鄭碩九 泗川座上諸碩俊 公員尹獻和 執事李孝甲

임원 명단

연도 干支 (西紀)	반수 班首	접장 接長	훈장 訓丈	훈장 訓長	공원 公員	별공원 別公員	도공원 都公員	본방 本房	집사 執事	비방 裨房	총각영수 總角令首	총각/조사 總角助事	총각비방 惚角備房	비 고
壬午 (1882)														櫟亭公員 白洛球 召村公員 金鳳元 執事公員 李珦俊 班城公員 白希得 執事 金稿品 北倉公員 林致彦 文善北魚座上 金大鎭 公員 鄭基安
癸未 (1883)	卞喜文	李和實			趙昌勳	金龍禎 金聖秉			韓德三 金錫元		韓周石	吳文俊		丹城公員 朴聖哲 西面座上 黃化殷 公員 孫京咨 執事 朴祥根 昆陽座上 金泰輔 公員 崔詳咨 陜橋公員 金恒伊 執事 鄭石九 泗川座上 諸碩俊 公員 金漢端 執事 李孝甲 櫟亭公員 白樂球 召村公員 金連俊 班城公員 白希得 北倉公員 黃淸一 文善文魚座上 姜致文 公員 朴學元

연도 干支 (西紀)	반수 班首	접장 接長	훈장 訓丈	훈장 訓長	공원 公員	별공원 別公員	도공원 都公員	본방 本房	집사 執事	비방 稗房	총각영수 樓角令首	총각/조사 惣角/助事	총각비방 惣角備房	비고 備考
癸未 (1883)														北魚座上 姜敏普 公員 鄭以範 大也川公員 徐春甫
甲申 (1884)	朴長根				金容植 姜化聖 金克明	成斗洪 □□向 □□石			王希碩 朴彩元		李容大	金少老未		昆陽座上 金泰輔 公員 金作之 執事 金祚淸 西面座上 徐文一 公員 文甲申 執事公員 朴春根 丹城公員 李艾石 執事 金周宅 北倉公員 黃千萬 班城公員 李福文 召村公員 金達俊 槐亭公員 白樂球 泗川公員 崔基伯
乙酉 (1885)	諸錫俊				千富貴	韓英俊			李容大 金斗天		朴在寬	吳少俊		丹城公員 姜守永 執事 鄭今用 班城公員 李鳳文 執事 金道石 …朴景植 執事 金道永 公員 林致彦

연도 干支 (西紀)	임원 명칭													비 고
	반수 班首	접장 接長	훈장 訓丈	훈장 訓長	공원 公員	별공원 別公員	도공원 都公員	본방 本房	집사 執事	비방 裨房	충각영수 摠角令首	충각조사 摠角/助事	충가비방 摠角備房	
乙酉 (1885)														西面座上 孫敏俊 公員 李禑萬 執事 朴春根 泗川公員 金漢瑞 執事 徐敏必 昆陽座上 崔希用 公員 鄭元石 執事 崔今石 辰橋座上 金煥伊 執事 金向文 文善座上 姜京五 公員 金克明 別公員 姜華善 執事 曺頑順 文魚盧座上 金致永 公員 金敏振 別公員 金處洪 公員 裵子俊 執事 韓路涉 召村座上 盧向文 執事 鄭可屆
丙戌 (1886)	吳明信	李和賓			金用植	朴廣德							李基萬	…金斗五 □房公員 金壽業 木軍房公員 崔□□ 鎭軍房公員 姜泰成

연도 干支 (西紀)	반수 班首	접장 接長	훈장 訓丈	훈장 訓長	공원 公員	별공원 別公員	도공원 都公員	본방 本房	검사 執事	비방 裨房	총각영수 總角令首	총각/조사 總角/助事	총각비방 總角備房	비고 備考
丙戌 (1886)														木房執事 金基彦 李容大 西面座上 孫仁善 公員 朴存根 公員 姜順瑞 丹城公員 崔德錫 昆陽公員 金德甫 班城公員 盧加音 召村公員 金漢瑞 泗川公員 金□善 文善座上 金信裁 公員 李基成 北魚鹽公員 朴觀覽
丁亥 (1887)	李禰龍	李景春							李振金 孫景燁 李景先				李基萬	木房公員 姜源伊 金致洙 書記 金斗昊
戊子 (1888)	河琦龍	姜源伊 李老人			朴廣德 □洙 鄭麟回				李振金 孫景燁				李基萬	書記 金斗昊
己丑 (1889)	徐允華	金用植			鄭米鳳 金淑汝	玉敬善	朴永植			權必俊				書記 金斗昊 都執事 金基祥
庚寅 (1890)	吳君弼	河乃淑			金斗昊 金淑汝		玉敬善		李任瑞	權必俊				金富一

干支(西紀)	반수 班首	접장 接長	훈장 訓丈	훈장 訓長	공원 公員	별공원 別公員	도공원 都公員	본방 本房	검사 執事	비방 裨房	총가영수 惣角令首	총가/조사 總角/助事	총가비방 惣角備房	비 고
辛卯 (1891)										權必守				…李順龍 □□朴義權
壬辰 (1892)	朴長根	趙昌雲			鄭今福	尹致祚 李鎭少	姜聖云		金栢壽 朴義權	權必守				
癸巳 (1893)	河琦龍	孫慶仁				金希甫	金基祚		金栢壽 鄭致彦					木房公員 姜聖元 □□ 石學用
甲午 (1894)										石學用				李□□ 金雲五
乙未 (1895)	徐九華	朴長根			金永鎭 李潤琦	李抆潤			姜敏五 崔奉春 歐時華	金小同				公事長 崔國成
丙申 (1896)	朴長根	曺俊吉			崔雲兼 權昞守	文達五 □□龍								
丁酉 (1897)	朴長根	鄭今福			金基祚	徐渭先 姜敏玉			吳三用 鄭又玉	鄭又玉				錦鏖木房公員 崔云金
戊戌 (1898)	朴長根	李潤琦				千命守		權必守	李基大 安基祚	李明夫				公事長 李一權
己亥 (1899)	河琦龍													公事長 李日權
庚子 (1900)	朴長根	李鵬根					千應伯		金周元 薛永必					木房公員 金基彦 金文七 金尙玉 安聖瑞

干支(西紀)	班首(반수)	接長(접장)	訓文(훈장)	訓長(훈장)	公員(공원)	別公員(별공원)	都公員(도공원)	本房(본방)	執事(집사)	裨房(비방)	總角領首(총각영수)	總角/助事(총각/조사)	總角裨房(총각비방)	비 고
辛丑(1901)	李鏞根	韓周碩				金永主 金小童	朴同根	千命世 尹干福 李致玉 金淑汝	裵奉俊 朴尙五					
壬寅(1902)	朴長根					鄭口玉 金基凡	千命世	尹致酢	鄭又㻶 鄭慶道	車仁守				…煥
癸卯(1903)	朴應洙	崔柱顥				金應洙		姜永彦 李漢斗	鄭又一 裵元金	朴泰文				…加玉 童蒙 盧命守
甲辰(1904)	朴長根	崔柱顥						姜永彦 李漢斗						…朴泰文
乙巳(1905)	李鏞根	玉希石				趙春瑞 姜和仲	朴道錫	崔洛得 李漢斗	盧命守					…萬
丙午(1906)	崔柱顥	姜覓翼			鄭㡌用			李在瑞	裵德五 姜成玉					童蒙 金基萬
丁未(1907)	金斗吳													원문 '쇄'
戊申(1908)	金斗吳	尹應仲				鄭文一	朴汝順 裵德五	趙春瑞 金欽洙 金汝玉	盧德瑞					副班首 孫仁善 童蒙 申萬石
己酉(1909)	姜永彦	徐允甫 金欽洙			金應守 金文七 金加玉 盧德瑞									

연도 干支(西紀)	임원 명칭														비고
	반수 班首	접장 接長	훈장 訓丈	훈장 訓長	공원 公員	별공원 別公員	도공원 都公員	본방 本房	집사 執事	비방 裨房	총각영수 惣角令首	총각조사 惣角助事	총각비방 惣角備房	
庚戌 (1910)	□□□	尹敏八 朴沙順			吳周見 鄭擇守 李贊敬				崔成烈 孫土仁 蘇乃珍					
辛亥 (1911)	徐渭甫	金如玉 金敏淑 金如原			尹敬七 咸敬泰 李贊敬				朴大允 朴和質 李允彦					
壬子 (1912)	□□珍	趙春瑞 裵德五 洪敬玉 李贊敬							朴大允 尹泰根 朴和質					

2. 紹鈿廛書任錄

年度 干支 (西紀)	비수 班首	접장 接長	부접장 副接長	공원 公員	별공원 別公員	도공원 都公員	본방 本房	방내공원 房內公員	집사 執事	연죽전집사 烟竹廛執事	비방 粃房	동몽 童蒙	비고 備考
丙子 (1876)	孫宅賢	李允廣		徐允華 孫德源	李性化				朱日瑞 曹仲吉				
丁丑 (1877)	□□□	□□□		徐允華 金希善 孫德源					金必瑞 林士亨 曹相云				
戊寅 (1878)	吳君必	池得華		崔漢秉 宋自貞 徐允華 金學瑞					李化景 姜周甫 金□□				
己卯 (1879)				徐允華 李學振 金希善 金學瑞 金允燮 崔煥漸					姜周甫 金國賢 曹醉元				別有司 尹應福 班城公員 李允三 泗川公員 洪永道 三千公員 李在化
己卯 (1879)		姜敏彦		李學振 金希善 姜德守									
庚辰 (1880)				慎允執 金學瑞 金明在 尹應福 金景謨					黃星斗 黃宗玉 姜景淑	黃義若			童蒙誘首 朴斗文 班城公員 趙義睦 執事 金正龍 泗川公員 朱大連 文書公員 金周化 執事 韓德守

연도 干支(西紀)	반수 班首	접장 接長	부접장 副接長	공원 公員	별공원 別公員	도공원 都公員	본방 本房	방내공원 房內公員	검사 執事	연죽전검사 煙竹廛執事	비방 婢房	동몽 童蒙	비 고
庚辰 (1880)	李允實	金□								黃伊學			金國賢 姜景淑 童蒙領首 朴允文 班城公員 李允三 執事 裵玉衡 德山公員 崔漢秉 執事 全明頑 昆陽公員 曺祥源 執事 金子賢 泗川公員 金允俠 執事 崔洛賢 三千公員 李在化 執事 金景七
辛巳 (1881)		金□			徐允華 愼允執 金希善				金士秉 金國賢 林元仲 金文七			金碩根	泗川公員 朱大連 執事 韓德守 三千公員 李在化 執事 金乃京 班城公員 羅子宥 執事 德山公員 朴聖化 執事
壬午 (1882)	□□□	金□			金希善 李元五 金學瑞				金士秉 蘇善洧 朴聖瑞	金致伯		林永淑	文書公員 李子仲 泗川公員 朱大連 執事 高云五 三千公員 李在化

연도 干支 (西紀)	반수 班首	접장 接長	부접장 副接長	공원 公員	별공원 別公員	도공원 都公員	본방 木房	방내공원 房內公員	집사 執事	연죽전검사 煙竹廛檢事	비방 裨房	동몽 童蒙	비 고
壬午 (1882)												童蒙	執事金乃京 班城公員李允三 執事李允明 昆陽公員金敎謨 執事金必端 德山公員□□化
癸未 (1883)	□□□	徐□□			孫德源 徐相鎬 朴聖賓 曹祥源				崔明學 朴性化 金貞根			鄭澤成	三千公員金漢九 執事 泗川公員金頉賢 執事 昆陽公員金局瑞 執事林淸五 班城公員金成玉 執事 德山公員□文金
甲申 (1884)	吳□□		李學振	李德守 姜周甫 金乃瑞	朴淸元	洪文伯			林淸五 金光瑞	劉明瑞			別有司蘇善淸 童蒙 三千公員尹賢五 執事 泗川公員金頏鉉 執事曹成伯 …… 丹城公員張德基 執事金成禎

임원 명칭

연도 干支 (西紀)	반수 班首	접장 接長	부접장 副接長	공원 公員	별공원 別公員	도공원 都公員	본방 本房	방내공원 房內公員	검사 執事	연죽전검사 煙竹廛執事	비방 裨房	동몽 童蒙	비 고
乙酉 (1885)	吳君弼	徐允華		李奇順 徐相鏑 郭善端 蘇善淯 金致伯	李世景	李德秀			朴漢瑞				泗川公員 □□瑞 執事 文聖必 執事 諸永守 班城公員 諸永守 昆陽公員 李和春 執事 崔文瑞 執事 李化瑞 丹城公員 金鶴瑞 執事 德山公員 執事
乙酉 (1885)	吳君弼	金明在											
丙戌 (1886)					曹相元			李瑞景	林淸五 金應天				…德秀 木將房公員 朴載淳 木軍房公員 姜 鎭軍房公員 姜泰成 書記 郭善有 總角大房 李基萬 文善公員 尹致五 泗川公員 崔乃伯 丹城公員 姜順瑞 昆陽公員 朴斗文 西面公員 孫景善 班城公員 諸永守

임원 명단

연도 干支 (西紀)	반수 班首	접장 接長	부접장 副接長	공원 公員	별공원 別公員	도공원 都公員	본방 本房	방내공원 房內公員	검사 執事	연죽전집사 煙竹廛執事	비방 神房	동몽 童蒙	비고 備考
丁亥 (1887)	李華貴	李□和							金基彦 李敬善 孫泰一		李基萬 金萬權		鄭□五 金淑汝
戊子 (1888)	姜景賢	曹祥元			李景善有 蘇善有								公事長 石鳳仙 木房公員 朴聖瑞 鎮將廳別公員 申永圭 木房執事 林青好 金仁俊 童蒙大房 權花成 □□李敬善
己丑 (1889)	徐允華	金用植											
庚寅 (1890)	□□□	河乃淑		申正三		李敬善			金道仁 尹應俊		權必俊		
辛卯 (1891)	李鳳龍	朴相東		韓周石		金景煥			金富一		權必守		
壬辰 (1892)	朴長根	趙昌雲		韓周石		姜□云							
癸巳 (1893)	□□□	孫慶仁							金永贊				木房公員 王敬善
甲午 (1894)	徐允華	申正三					朴聖瑞		金仁俊 李澤坤		石學用		
乙未 (1895)	徐允華	朴長根		金永鎭 李間埼	李採潤				姜敬□ □□□		□□□		公事長 崔國成

임원 명칭

연도 干支(西紀)	반수 班首	접장 接長	부접장 副接長	공원 公員	별공원 別公員	도공원 都公員	방내공원 房內公員 본방 木房	검사 執事	연죽전검사 煙竹廛執事	비방 裨房	동몽 童蒙	비고 備考
丙申 (1896)	□□□	曹□□		崔雲秉 權昞守	吳忠國	文達五 金燮龍		金小同 朴道鎭		薛仁奎		
丁酉 (1897)	朴長根	鄭今福		金圭祚	徐渭先 姜敬玉			吳三用		□□□		錦鑿木房公員崔云金 公事長李一權
戊戌 (1898)					金南柱		徐渭先	咸時化		李明天		
己亥 (1899)	河錤龍	朴正燦		金南柱				柳在璜		金孝秦 張尙伊		
庚子 (1900)	朴蕭根	李蕭根		金圭彦				金甲頃				金…
辛丑 (1901)	李蕭根	韓周領			金永圭 金小童	朴同根	千命世 尹應仲	裴奉俊 朴尙五		張奇生		執事盧命壽
壬寅 (1902)	李蕭根	金景煥					李漢斗	朴尙五		車仁守 鄭慶道		
癸卯 (1903)	朴長根	崔柱顯					姜永彦 □漢斗					
甲辰 (1904)	朴長根	崔柱顯			李在瑞		姜永彦 李漢斗 金致殊 金汝玉	鄭文一 朴秀五			張尙伊 朴秦文	…汝 … 朴希文
乙巳 (1905)	李蕭根	王希石			文章見		李漢斗	朴秦文		嚴在萬		

3. 四廛靑孽錄

연도 干支(西紀)	임원 명칭															비 고
	반수 班首	부반수 副班首	접장 接長	부접장 副接長	사장 社長	공원 公員	별공원 別公員	도공원 部公員	공사장 公事長	서기 書記	본방 本房	본방공원 本房公員	검사 執事	비방 裨房	비방/검사 裨房/執事	
甲申 (1884)								金用植 李璟淳		崔璟祐			朴永植			右道都班首 金禹權 都接長 徐弘俊 明首公員 吳明信 班首公員 李和貴
甲申 (1884)	朴受五		李芳浩													布廛公員 朴漢瑞 執事 全相吉 魚果廛公員 金用植 執事 朴聖和 銷廛公員 李璟淳 書記公員 崔璟祐 紙廛公員 李□□ 執事 金淑汝 房內公員 朴□□
乙酉 (1885)	吳明信		河璋龍									金用楨 李璟淳		韓周暘		書記公員 崔璟祐 都執事 朴永植 布廛公員 崔周儀 執事 金景瑞 魚果廛公員 于富貴 執事 金希甫 銷廛公員 徐相五 執事 林淸五 紙廛公員 金淑汝

연도 干支 (西紀)	반수 班首	부반수 副班首	접장 接長	부접장 副接長	사장 社長	공원 公員	별공원 別公員	도공원 都公員	공사장 公事長	서기 書記	분방 木房	분방공원 木房公員	집사 執事	비방 검사	비방/검사 木房執事	비고
乙酉 (1885)															禅房	執事 孫泰一 房內公員 李瑞景 禅房 韓周陽
丙戌 (1886)	吳明信		李和實			李璟淳 金用植 金淑汝	朴廣德 曺相元						金膺天 李容大 孫泰一			書記公員 崔瑢祐 曹記公員 金斗五 都執事 金基祥 房內公員 李世景 總角大房 李基萬
丁亥 (1887)	李華實		李春和			姜元伊 趙祥元 金淑汝 金萬權	鄭君五			金斗昊			金基祥 金小老未 林清好 李敬善 孫泰一	李基萬		
戊子 (1888)																
己丑 (1889)	徐允華		金用植			鄭來鳳 李敬善 金淑汝 李允玉 石學用	玉敬善 朴聖化 朴敬守			金斗昊				權必俊		都執事 金基祥 別執事 金富一 林清好 金祥玉 孫泰一 金仁俊
庚寅 (1890)	吳君弼			河乃淑		金斗昊 申正三	玉敬先	李敬善 李允玉 金淑汝					金道仁 李在瑞 尹膺俊	權必俊		

연도 干支(西紀)	반수 班首	부반수 副班首	접장 接長	부접장 副接長	사장 社長	공원 公員	별공원 別公員	도공원 都公員	공사장 公事長	서기 書記	본방 木房	본방공원 木房公員	집사 執事	비방 裨房	비방/집사 裨房/執事	비 고
辛卯 (1891)	李鳳龍		朴相東									王稀石 韓周錫 李鏞根 金淑汝	朴義權 金富一 吳忠國 羅昌允 姜聖九	權必守		
壬辰 (1892)	朴長根		趙昌雲	孫仁善			尹敏五 李元五	姜元金				鄭君五 韓周石 朴元吉 金淑汝	金栢壽 朴義權 林清淑	權必守		
癸巳 (1893)	河錡龍		孫慶仁	金東彦			金希甫	金基祥					金栢壽 鄭致彦 金永賛	石學用		
甲午 (1894)	朴長根		金鍾國				姜永植 李文汝			金斗昊		姜聖元 王敬善 安聖瑞	金仁俊 朴聖福 金雲五 李律坤 李萬五 文德瑞	石學用		
乙未 (1895)	徐允華		朴國根			金永鎭 李潤琦	李採渭		崔國成				姜敬五 崔奉春 咸時年	金小同		
丙申 (1896)	朴長根		曺俊吉			崔雲兼 權弼守	吳忠國	文達五 金雙龍					金小同 朴道鑽	薛仁奎		
丁酉 (1897)	朴長根		鄭今福			金基祥	徐渭先 姜敬王		李一權				吳三用	吳文王	鄭文王	鋪鑿木房公員 崔云金

연도 干支 (西紀)	반수 班首	부반수 副班首	접장 接長	부접장 副接長	사장 社長	공원 公員	별공원 別公員	도공원 都公員	공사장 公事長	서기 書記	본방 本房	본방공원 本房公員	집사 執事	비방 裨房	비방/집사 裨房/執事	비고 備考
戊戌 (1898)	朴長根		李渭琦			權兩守 徐渭先	金南柱 千命守		李日權	趙明彦			李基大 咸時化 安基貴	李明天 盧明沫 李富貴	張尙伊	
己亥 (1899)	河珣龍		朴正爍				千應源		李致彦				柳南黃 金甲碩	金學奉	張尙伊	
庚子 (1900)	朴鑪根		李鑪根					千應源		李漢斗	金基彦 金文七 金尙玉		金周元 薛永必	鄭又學	盧命守	
辛丑 (1901)	李鑪根		韓周碩				金永主 金小童	朴同根		李漢斗	千命世 尹千福 李致玉 金淑汝		裵奉俊 朴尙五	張奇生	盧命守	
壬寅 (1902)	李鑪根		金景煥				鄭又鶴 姜基凡	千命世			尹致祥 李漢斗 金淑汝 李敏芝	鄭又鶴	鄭又鶴 朴尙五	車仁守	鄭慶道	
癸卯 (1903)	朴長根	金應瑞	崔柱顯	金聖佑			金應守				姜永彦 李漢斗 金淑汝 金如玉		鄭又一 裵元金	盧命守	朴泰文	

연도 干支 (西紀)	반수 班首	부반수 副班首	접장 接長	부접장 副接長	사장 社長	공원 公員	별공원 別公員	도공원 都公員	공사장 公事長	서기 書記	본방 本房	본방공원 本房公員	집사 執事	비방 裨房	비방/집사 裨房/執事	비 고
甲辰 (1904)	朴長根	姜有信	崔柱顥	金聖佑			李在瑞				姜永彦 李漢斗 金致洙 金汝玉		鄭文一 朴尙五	張生伊 朴秦文		
乙巳 (1905)	李鵬根		玉希石				文章見 趙春瑞 姜和仲	朴道錫			崔洛得 李漢斗 吳有重		盧命守 朴秦文	嚴在萬		
丙午 (1906)	崔柱顥		姜覣翼	金頓見		李在瑞 文章見 金汝玉	鄭宅用	姜東植					裵德五 姜成玉 姜和仁 姜順擧			童蒙 金基萬 丹城座上 朴仁善 公員 曹永振 鄭士仁 西面公事長 黃見善 座上 李化善 公員 李柄五 昆陽座上 金溅汝 公員 朴君伯 白洛善 文善座上 金處信 公員 姜威振 金性範 泗川座上 李化善 公員 朴致五 尹擧瑞 班城座上 朴士玉 公員 金錄長

연도 干支 (西紀)	반수 班首	부반수 副班首	접장 接長	부접장 副接長	사장 社長	공원 公員	별공원 別公員	도공원 都公員	공사장 公事長	서기 書記	본방 本房	본방공원 本房公員	집사 執事	비방 裨房	비방/집사 裨房/執事	비고
丁未 (1907)	李潤琦		金泰祚			朴仁五 姜善昊 李慶支	裵德五	金元汝								崔鶴瑞 文山 朴士玉 嚴亭公員 再乃珍 都執事 申成守 姜允明 李朱弘 布攄座上 金允鐸 丹城座上 朴仁善 公員 鄭若回 曺太善 西面公事 李化善 公員 黃文仲 昆陽座上 金太仁 公員 裵壬戌 朴成化 文善座上 金慶昌 公員 朴仁辰 金祥有 班城座上 曺成辰 公員 金君行 李周興 文山公員 諸覽瑞 嚴亭公員 安順明 本所別公員 金仁俊

임원 명칭

干支(西紀)	班首 반수	副班首 부반수	接長 접장	副接長 부접장	社長 사장	公員 공원	別公員 별공원	都公員 도공원	公事長 공사장	書記 서기	本房 본방	本房公員 본방공원	執事 집사	裨房 비방	裨房執事 비방/집사	備考 비고
戊申 (1908)	金斗昊	孫仁善	尹應仲				鄭文一	朴汝順 裵德五			趙春瑞 金敬淑 金汝玉		盧德瑞			童蒙申黃碩 文善座上李和見 公員趙在佑 金致道 班城座上金周弘 公員李周弼 姜信宇
己酉 (1909)	姜永彦		徐允甫	金敬淑				盧德守		李貞駿	金應守 金文七 金汝玉		孫士仁 姜汝明 朴和賁			總務金原如
庚戌 (1910)	姜永彦		尹敬人	朴汝淳						千應七	吳國見 鄭毛七 李贊敏		崔成烈 孫士仁 蘇乃珍			
辛亥 明治44 (1911)	徐允甫		金汝玉 金敬淑	金元如						鄭在旭	尹敬七 咸泰景 李贊敏		朴大允 朴準賁 李允彦			
壬子 大正元年 (1912)	文章見		趙春瑞			裵德五 洪慶玉 李贊敏							朴大允 尹泰根 朴準賁			
癸丑 大正二年 (1913)	朴汝純		金文七			朴乃董 姜泰敏 姜順彈							朴大允 朴準賁 朴德賢			
甲寅 大正三年 (1914)	金敬淑		李贊敏			盧德瑞 咸泰奎 尹士衡							李周見 朴化賁			

연도 干支 (西紀)	임원 명칭 반수 班首	부반수 副班首	접장 接長	부접장 副接長	사장 社長	공원 公員	별공원 別公員	도공원 都公員	공사장 公事長	서기 書記	본방 本房	본방공원 本房公員	검사 執事	비방 裨房	비방/검사 裨房/執事	비 고
乙卯 大正四年 (1915)	李贊敏		李在瑞			朴大允 姜和因 千應三							朴化實 羅文五			
丙辰 大正五年 (1916)	朴汝純		吳國現			安性甫 朴化實							曹間五 裵萬守 朴致洪			
丁巳 大正六年 (1917)	徐允甫		金元如			申成守 朴文仲 朴化實							裵萬守 河元善 曹間五			
戊午 大正七年 (1918)	金原如		尹敬七			李周賢 李武燁 朴華實							裵萬守			
己未 大正八年 (1919)	金尙玉		裵萬守			裵萬守 朴致洪 朴華實							河元善 蘇乃珍 張應順			
庚申 大正九年 (1920)	金敏淑		咸部京			裵萬守 朴致連 朴華實		林孝汝	南榮旭				河元善 蘇德守 曹間五			
辛酉 大正十年 (1921)	金敏淑		文章現			裵萬守 朴華實 朴致連 文載榮 金奉玉							蘇德守 曹間五			

연도 干支 (西紀)	반수 班首	부반수 副班首	접장 接長	부접장 副接長	사장 社長	공원 公員	별공원 別公員	도공원 都公員	공사장 公事長	서기 書記	본방 本房	본방공원 本房公員	검사 執事	비방 裨房	비방검사 裨房檢事	비 고
壬戌 (1922)	金敏淑	裵德五				蘇乃珍 曹閏五 河元善 嚴相根 梁致云 鄭衡魯							蘇德守 李又鎮 姜覓成 李泰根			
癸亥 (1923)	文章現	姜善昊				蘇德守 曹閏五 崔成烈 尹京志 鄭英善 張道仁 嚴相根 文歡榮							李又鎮			
甲子 (1924)	姜善昊	洪慶玉				嚴相根 崔成烈 姜覓成	金春根	黃鎮鵠					李允鎮 白東基			
乙丑 (1925)	姜善昊	朴東根				文歡榮 趙閏五 金春根							白東基 高石順			
丙寅 (1926)	洪慶玉	柳厚根				鄭芙善 姜琦鉉 高石順							金成大 白東基			都執事 李德三

년도 干支(西紀)	반수 班首	부반수 副班首	접장 接長	부접장 副接長	사장 社長	공원 公員	별공원 別公員	도공원 都公員	공사장 公事長	서기 書記	본방 本房	본방공원 本房公員	검사 執事	비방 裨房	비방/검사 裨房/執事	비고 備考
丁卯 (1927)	姜善昊		盧德瑞			尹京志 姜琦鉉 金春根 李正珍							金成大 白東基			
戊辰 (1928)	姜善昊		厥相根			姜永台 白東基							李德三 朴明龍			
己巳 (1929)	洪慶玉		朴華質			鄭贊日 李成俊 崔金守							朴明龍 金日聖畔			
庚午 (1930)	姜善昊		文載榮			崔金守							朴明龍			
辛未 (1931)	文章現		李周見			金成大 崔金守			金永淑	李洪智			朴德龍 朴明龍			閑散公員 金今守 明査長 李仁壽 四大墜都公員 朴弘濟
壬申 (1932)	姜善昊		金奉玉			金永淑 崔金守			金萬斗	李洪智			朴德龍 李幸玉			閑散公員 金振化 明査長 朴弘濟 四大墜都公員 朴成根
癸酉 (1933)	洪慶玉				蘇乃珍	李洪智 崔金守							高在基 朴明龍			領位 姜善昊
甲戌 (1934)	李周見				姜琦鉉	高在基 崔金守							李和日			領位 姜善昊
乙亥 (1935)	文章現				姜汶鉉	金萬斗 李奉玉							鄭甲伊			領位 姜善昊

연도	임원명칭															비고
干支 (西紀)	반수 班首	부반수 副班首	접장 接長	부접장 副接長	사장 社長	공원 公員	별공원 別公員	도공원 都公員	공사장 公事長	서기 書記	본방 本房	본방공원 本房公員	집사 執事	비방 裨房	비방/집사 裨房/執事	비고
丙子 (1936)	文章現				姜汶鉉						申先俊		朴允植			領位 姜善昊 布廛公員 李奉玉
丁丑 (1937)	文章現				姜琦鉉						申先俊					領位 姜善昊 布廛公員 李奉玉
戊寅 (1938)	李周見				姜琦鉉						申先俊		朴允植			領位 姜善昊

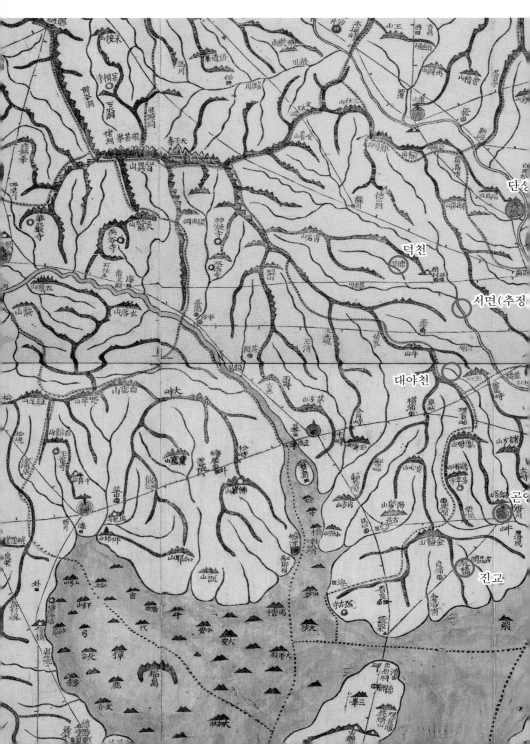

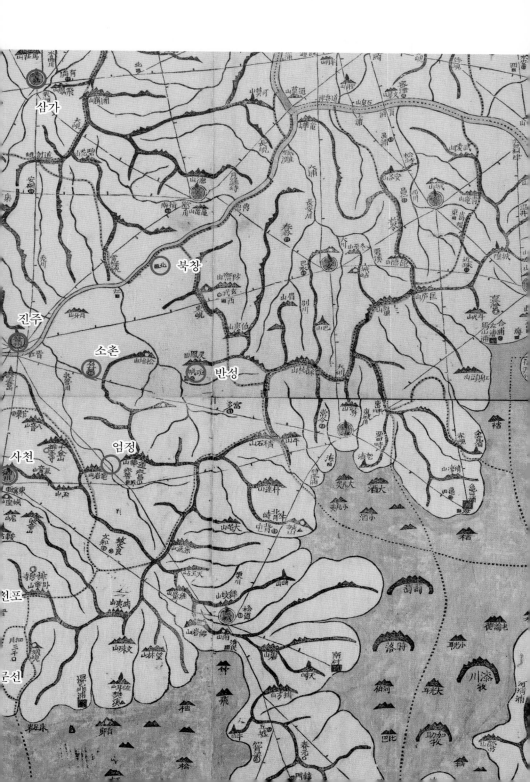

1834년	진주 지역 부상負商 조직의 임원 명단이 최초로 기록
1866년	대원군이 보부청裸負廳을 창설
	보상청裸商廳과 부상청負商廳을 별도 운영
1883년	보상청과 부상청이 통합되어 혜상공국惠商公局 설치
1884년	진주에 혜상공국 경상도慶尙道 우도소右都所와 사전四廛 설치
1885년	상리국商理局으로 개칭. 진주의 상인조직도 상리국 경상우도 임소任所로 개칭
1894년	상리국, 농상아문農商衙門으로 소속 이동
1998년	보부상 조직, 황국협회皇國協會에 소속
1899년	보부상과 육의전이 통합되어 상무사商務社 창립
	진주에 상무사商務社 임소任所 설치
1904년	2월 상무사 해체
1904년	11월 26일 상민회 설립, 동년 11월 29일 진명회로 개명, 동년 12월 6일 공진회로 개명
1905년	2월 공진회 해산
1905년	10월 동아개진교육회 설립, 1908년 8월 제국실업회로 변경
1905년	동아개진교육회東亞改進教育會 상업과商業課 진주 지부 설치
1908년	제국실업회帝國實業會 상업과商業課 진주 지부 설치
1920년	상무회商務會 경남慶南 진주군晉州郡 지부支部 명칭 사용
1934년	진주상무사晉州商務社 명칭 사용. 이후 진주상무사로 통칭하여 활동

I. 진주상인과 그 조직에 관한 자료

1. 회칙과 임원 명부

연번[2]	명칭	수량	크기(단위:cm)[3]	작성년도	비고
1	魚果廛千金錄	1	35.0×30.9	1848년 5월	규정(상부상조), 임원명단(1834-1912)
2	綿紬廛靑衿錄	1	33.4×24.2	1976년 7월	규정(상부상조), 임원명단(1876-1912)
3	四廛靑襟錄	1	36.2×39.4	1884년 정월	규정, 임원명단(1884-1938)
4 *	晉州商務社會錄	1	23.9×16.6	1935년 정월	
5 *	會員名簿	1	26.0×19.0	1970년 5월	
6 *	役員名簿	1	26.5×19.0	1970년 5월	
7 *	출석부	1	26.5×19.0	1978년	
8	晉州商務社規則	1	23.5×16.5	1938년 이후	상무사 조직 운영 규칙(초상 부조 등)
9	會則	1	30.0×26.8	1969년	상무사 조직 운영 규칙(초상 부조 등)
계		9			

2. 인장

연번	명칭	수량	크기	제작년도	비고
10	惠商公局右社慶尙右都班首	1	7.0×4.5	1883년	
11	惠商公局右社江原道都班首	1	7.0×4.5	1883년	
12	晉州商理局任所班首標	1	D5.3, H5.2	1884년	

....

1 진주상무사와 진주상공회의소는 2014년 12월과 2016년 2월 두 차례에 걸쳐 86건 98점의 상무사관련 자료를 국립진주박물관에 기증(1차-63건 75점, 2차-23건 23점)하였다. 이후, 자료집 발간을 준비하면서 자료의 성격에 따라 다시 분류하고, 보존처리를 거치면서 87건 87점으로 정리하였다.

2 기증자료 중 이 자료집에 내용을 소개하지 않은 것은 연번 옆에 '*'로 표기하여 구분하였다.

3 크기는 세로×가로 순으로 표기하였다. 단 지름은 D, 높이는 H로 구분하였다.

연번	명칭	수량	크기	제작년도	비고
13	晉州商理局任所接長標	1	D5,8, H5.0	1884년	
14	晉州商務社印	1	2.0×2.0×5.7	1937년	
15*	晉州商務社	1	7.4×5.8×1.7	1937년	고무인
16	慶尙南道商務右社都商務院章李運永	1	7.6×4.7×3.8	1890년대	
17	晉州右社事務員之章	1	2.9×2.9×2.7	1890년대	
18	慶尙南道支部長之章	1	2.8×2.8×5.7	1890년대	
19	商務會慶南晉州郡支部之印	1	4.3×4.3×6.1	1920년대	
20	商務會慶南道支部印	1	4.4×4.4×5.8	1920년대	
21	商務會晉州郡支部長章	1	2.8×2.8×5.7	1920년대	
22	商務會慶南道支部	1	9.0×6.7×1.4	1920년대	고무인
23	晉州商友親睦稧章	1	1.7×1.7×6.0	광복이후	
24*	引受	1	2.9×1.8×6.0	광복이후	고무인
25*	接受	1	5.9×5.7×1.6	광복이후	고무인
26*	印章片	1	D1.8, H5.0,	광복이후	
27	錦廛新章	1	2.3×2.3×5.9	1884년경	
28	泗川郡八湖右支社章	1	3.7×3.7×2.7	1880년대	
29	慶尙金泉信標	1	9.0×6.0×5.7	1880년경	
30	滿洲日報社慶南支局長之印	1	2.3×2.3×5.8	1940년대	
31	滿洲日報慶南支局印	1	2.7×2.7×5.8	1940년대	
32	滿洲日報慶南支局	1	7.0×2.2×4.2	1940년대	고무인
33	內容 未詳 印章	1	5.3×4.1×3.1	1880년대	
계		24			

3. 신표본 및 어과전신분증

연번	명칭	수량	크기	제작년도	내용	비고
34	신표본	1	26.4×16.5	1883년		
35	魚果廛身分證	1	9.7×2.0	1884년	어과상 채현옥	
36	魚果廛身分證	1	8.1×2.3	1884년	어과상 이두석	
37	魚果廛身分證	1	9.3×1.9	1884년	어과상 박유만	

연번	명칭	수량	크기	제작년도	내용	비고
38	魚果廛身分證	1	8.0×2.0	1884년	어과상 김재근	
39	魚果廛身分證	1	9.3×2.5	1884년	어과상 김창준	
계		6				

II. 진주상인들의 회합장소에 관한 자료

1. 회합장소 건립 관련 문서

연번	명칭	수량	크기	작성년도	비고
40	四廛勸助文	1	36.4×40.0	1885년 2월	회당 건립 기금 마련, 명단
41	募緣文	1	41.1×27.0	1902년 9월	회당 중수 기금 마련, 명단
42	右商務社義涓錄	1	30.9×27.3	1936년	신축 기금 마련 취지서, 명단
43	本社建築日記	1	23.2×16.0	1937년	
계		4			

2. 회합장소 보관 현판

연번	명칭	수량	크기	제작년도	비고
44	右都所刱設初期任員及施主名單	1	51.0×120.0	1887년 1월	
45	右都所刱設初期序文	1	52.0×130.0	1887년 1월	
46	施主名單	1	48.0×76.0	1890년 3월	
47	商務社重建記	1	80.0×146.0	1938년 3월	
48	感賀實記	1	58.0×100.0	1938년 5월	
49	懷舊文	1	54.0×104.0	1938년 7월	
50	喜捨芳名	1	63.0×151.5	1938년 경	
계		7			

3. 회계문서

연번	명칭	수량	크기	작성년도	비고
51 *	金錢出納簿	1	24.1×16.0	1917년	금전출납(1917-1938)
52 *	金錢收支簿	1	23.2×16.5	1937년	금전출납(1939-1951)
53 *	現金出納簿	1	29.5×19.5	1970년 5월	
54 *	84년 정기총회경비결산서	1	26.0×17.5	1984년 5월 30일	
55 *	85년 정기총회결산서	1	27.0×19.5	1985년 5월 30일	
계		5			

4. 관련 집기류

연번	명칭	수량	크기	제작년도	비고
56 *	궤짝(대)	1	100.5×60.5, H44.5		
57 *	궤짝(소)	1	70.0×28.0, H38.0		
58 *	제기함	1	53.0×23.0, H11.6		
59 *	벼루	1	17.3×13.0, H5.3		벼루함, 인장 포함
60 *	위패	1	5.7×8.0, H29.2		
계		5			

III. 경제적 이익보호 노력에 관한 자료

1. 중앙정부 발급 문서

연번	명칭	수량	크기	작성년도	내용
61	漢城府完文謄	1	33.9×27.2	1880년 1월	완문과 절목, 경상우도도접장 유익보 등서
62	判下商理所完文節目	1	40.3×30.0	1882년 3월	상리소완문과 절목
63	判下公局右社慶尙右都所節	1	39.5×28.5	1884년 3월	혜상공국우사절목서, 경도소 좌목 수록
64	判下商理局節目 (商理局序文 等)	1	38.2×27.3	1885년 8월 10일	상리국 조직에 관한 글, 도청 좌목 수록
65	東亞改進敎會商業課章程	1	38.8×26.3	1905년 9월	동아개진교육회상무과규칙

연번	명칭	수량	크기	작성년도	내용
66	商務右團章程 (경상남도 진주 등)	1	32.9×23.6	1908년 3월 25일	東亞改進敎育會商務細則
67	指明書	1	33.2×66.0	1908년 4월	상무사 관련 인장 및 문서 반환 요청
계		8			

2. 경남 및 진주 작성 문서와 자료

연번	명칭	수량	크기	작성년도	내용
68	乾魚廛完文	1	33.2×25.5	1856년 2월	초상 부조 등 규칙
69	(乾魚廛)完文(무인 4월)	1	31.5×26.2	1878년 4월	사천 장교들과 상호부조 (초상 부조 등)
70	魚各廛完文	1	36.0×25.5	1882년 6월	초상 부조, 장세 늑징 금지 (임방 자체규칙 제정)
71	都所節目	1	34.0×23.4	1887년 2월	도소에서 일하고 있는 총각비장에게 준 글(구문)
72	釜山港出入各物內外口錢定式節目	1	30.2×28.5	1888년 2월	부산항 유통 물품에 대한 구문 (동래부)
73	釜山港各物內外口錢定式節目	1	29.8×26.9	1888년 2월	부산항 유통 물품에 대한 구문 (동래부)
74	北魚廛完文	1	32.3×27.0	1891년 3월	북어전, 생어전, 남초전 구전 신설과 폐단 방지
75	慶南商務視察完文	1	44.4×28.9	1901년 3월	경상남도상무시찰 김상학의 글, 규칙, 임원명단
76	決意書	1	24.1×16.3	1935년	시장세 완화 청원을 위한 결의 및 연명서
계		8			

3. 진주상무사 관련 기타 문서

연번	명칭	수량	크기	작성년도	내용
77 *	接長望	1	23.7×46.3	1915년 정월 18일	
78 *	商務會繁用綴	1	27.2×20.2	1928년 3월 24일	
79 *	商務會參考綴	1	27.0×19.3	1928년 3월 24일	

연번	명칭	수량	크기	작성년도	내용
80 *	一括 文書	1	23.0×33.0	1938년 경	
81 *	缺席簿	1	24.0×16.5	1946년 6월 9일	
82 *	領收證	1	13.6×19.0	1949년 7월 12일	
83 *	회의록	1	26.0×19.0	1970년 5월	
84 *	증빙서류철	1	26.5×19.0	1970년 5월	
85 *	잡기장	1	26.5×19.0	1970년대 말·1980년대 초	
86 *	참고철	1	25.5×17.0	1983년	
87 *	내용미상 노트	1	21.0×15.5		
계		11			

부록 5. 참고문헌

I. 저서

鮎貝房之進,「東學党及褓負商」,『朝鮮』25, 日韓書房, 1910.

勝田伊助, 진주신문사 역,『진주대관』, 진주신문사, 1995.

조재곤,『한국 근대사회와 보부상』, 혜안, 2001.

이창식,「한국의 보부상」, 밀알, 2001.

조재곤,『근대격변기의 상인, 보부상』, 서울대출판부, 2003.

국사편찬위원회,『한국문화사 3 - 거상, 전국 상권을 장악하다』, 두산동아, 2005.

정승모,『한국의 전통 사회 - 시장』, 이화여자대학교 출판부, 2006.

진주상공회의소 편,『진주상공회의소 120년사』, 진주상공회의소, 2006.

강민구·강석화·김대길·김종서·설석규·오수창·이선희·이지양·차미희·최
　　기숙,『역사, 길을 품다 - 풍찬노숙에 그려진 조선의 삶과 고뇌』, 글항아리,
　　2007.

임경희,『조선부보상과 고령상무사』, 고령군·영남대학교민족문화연구소,
　　2007.

허영란,『일제시기 장시 연구 - 5일장의 변동과 지역주민』, 역사비평사, 2009.

조철제·오세윤,『돌에 새긴 백성의 마음 - 조선시대 경주부 선정비』, 경주학연
　　구원, 2010.

고령군 대가야박물관·경북대학교 퇴계연구소 편,『고령문화사대계 5 - 민속
　　편』, 고령군 대가야박물관·경북대학교 퇴계연구소, 2010.

황의천,『마지막 보부상 6군상무사』, 대천문화원, 2012.

조영준·심재우·양선아·전경목 역,『장돌뱅이의 조직과 기록: 예산·덕산·면
　　천·당진 편』, 한국학중앙연구원출판부, 2015.

울산박물관 편,『울산 보부상단 문헌자료』, 울산박물관, 2015.

II. 논문

류교성, 「충청우도 산팔구 상무사우사 – 이조 말기 보부상의 조직과 기능에 대한 일고찰」, 『역사학보』 10, 역사학회, 1958.

류교성, 「충청우도 저산팔구 상무사좌사 – 이조부상의 연구」, 『역사학보』 17·18, 역사학회, 1962.

한우근, 「동학란 기인에 관한 연구(上), (下) – 특히 일본의 경제적 침투와 관련하여 – 」, 『아세아연구』 7-3·7-4, 고려대학교 아세아문제연구소, 1964.

최진옥, 「한말 보부상의 변천」, 『정신문화연구』 29, 한국정신문화연구원, 1986.

리광린, 「갑신정변과 보부상」, 『동방학지』 49, 연세대학교 국학연구원, 1985.

이훈섭·장병지, 「보부상의 경영활동에 관한 연구」, 『논문집』 20, 경기대학교, 1987.

이창식, 「보부상 민요의 현장론적 분석」, 『비교민속학』 7, 비교민속학회, 1991.

이헌창, 「조선말기 보부상과 보부상단」, 『국사관논총』 38, 국사편찬위원회, 1992.

조재곤, 「한말 근대화 과정에서의 보부상의 조직과 활동」, 『백산학보』 41, 백산학회, 1993.

황의천, 「개항기 보부상의 조직과 활동에 대한 연구 – 충남 서남부 지방을 중심으로」, 『대보문화』 3, 대보문화연구회, 1993.

윤원호, 「19세기 고부의 사회경제」, 『전라문화논총』 7, 전북대학교 전라문화연구소, 1994.

이상찬, 「대한제국시기 보부상의 정치적 진출 배경」, 『한국문화』 23, 서울대학교 한국문화연구소, 1999.

조재곤, 「대한제국 말기(1904~1910) 褓負商 단체의 동향」, 『북악사론』 5, 국민대학교 북악사학회, 1998.

조재곤, 「1894년 농민전쟁과 보부상 활동의 추이」, 『한국근현대사연구』 9, 한국근현대사연구회, 1998.

이진영, 「한말 일제하 보부상의 조직과 정치활동」, 인하대 역사교육과 석사학위논문, 1998.

서진교, 「대한제국기 상무사의 조직과 활동」, 『한국민족운동사연구』 21, 한국민족운동사연구회, 1999.

조재곤, 「대한제국기 특권상업 체제의 폐설과정 – 보부상 기구를 중심으로」, 『국사관논총』 93, 국사편찬위원회, 2000.

조재곤, 「보부상 문서의 운영체계와 활용방안」, 『한국근현대사연구』 23, 한국근현대사학회, 2002.

배은아, 「19세기 말 상업세의 징수와 성격 – 경상도 함안의 장세 징수를 중심으로 –」, 『이화사학연구』 29, 이화사학연구소, 2002.

조재곤, 「'부상감의비'와 보부상의 동학농민군 토벌」, 『아세아문화연구』 7, 경원대 아세아문화연구소, 2003.

조재곤, 「대한제국의 개혁이념과 보부상」, 『한국독립운동사연구』 20, 독립기념관 한국독립운동사연구소, 2003.

홍성찬, 「해방 직후 '상무사'의 재건과 정치세력」, 『한국근현대사연구』 43, 한국근현대사연구회, 2007.

이 욱, 「18세기말–19세기 진주권의 상품유통과 성격」, 『역사교육논집』 41, 역사교육학회, 2008.

조영준, 「19–20세기 보부상 조직에 대한 재평가 – 원홍주6군 상무우사를 중심으로」, 『경제사학』 47, 경제사학회, 2009.

오용원, 「고문서를 통해 본 고령 상무사와 그 관련 의례」, 『퇴계학과 한국문화』 47, 경북대학교 퇴계학연구소, 2010.

조재곤, 「대한제국의 식산흥업정책과 상공업기구」, 『한국학논총』 34, 국민대학교 한국학연구소, 2010.

진주상무사

보부상에서 근대 시장상인으로

초판 인쇄	2017년 12월 15일
초판 발행	2017년 12월 22일
기획	최영창(국립진주박물관장)
	이효종(국립진주박물관 학예연구사)
논고	조재곤(서강대학교 연구교수)
	최윤경(부산대학교 한국민족문화연구소 전임연구원)
해제	이효종
편집	이정근(국립진주박물관 학예연구실장) · 이효종 · 최윤경
한문 번역 및 탈초	하영휘(성균관대학교 동아시아학술원 교수)
윤문 및 감수	이 욱(순천대학교 사학과 교수)
인장자문	박철상(고문헌연구자)
교열 및 교정	이정근 · 김미경(국립진주박물관) · 최윤경
사진	김광섭
북디자인	김진운
발행	국립진주박물관
	경상남도 진주시 남강로 626-35
	055-742-5952
출판	(주)사회평론아카데미
	서울특별시 마포구 월드컵북로 12길 17
	02-2191-1133
ISBN	979-11-88108-50-3 93910
값	38,000원

잘못 만들어진 책은 바꾸어 드립니다.
Copyright © 2017 Jinju National Museum
이 책의 내용은 국립진주박물관의 허가를 받아 사용할 수 있습니다.